U1012532

广告学专业“十二五”规划教材

# 品牌传播理论与实务

杜国清 陈 怡 等著

中国传媒大学出版社
·北京·

本教材由中国传媒大学广告主研究所“品牌传播理论与实务创新研究”课题组撰写完成。

课题组成员名单

杜国清　陈　怡　张　驰　苏东静　魏曼曼　程　弓
耿翠婷　陈　欣　陈　智　王昳昀　申璐璐　谭志鹏
冉桓宇　李月月　张心淼　董　楠

# 序　言

品牌传播是广告主营销传播活动的重中之重，亦是关系到企业建立竞争优势的重要战略投资活动。中国传媒大学广告主研究所连续十余年面向全国广告主开展广告主营销传播活动研究，其中的重点研究内容就是对广告主品牌传播理念、投入与策略变化与调整的持续追踪。由于品牌传播对于广告主而言十分重要，因此，本教材的一个突出特点就是站在广告主视角，解决广告主的需求，把握广告主的变化，从广告主出发去阐释品牌传播相关理论与实务的发生、发展与变化。

在此基础上，本教材力求达到三大目标。第一，简洁、系统。本教材是面向本科同学的一本入门级教材，对专业知识了解尚不深入的初学者而言，我们力求去除冗杂信息，尽量为初次接触品牌及品牌传播的同学们提供一本简洁的、逻辑清晰的、能够系统了解品牌传播相关理论与实务的工具书。本教材在总体的逻辑框架上采取了总分的结构。首先，第一篇和第二篇重点介绍了品牌传播的主体——广告主及其相关的品牌传播组织机构，以及这一活动主体总体的角色与任务，即对其品牌及品牌传播活动的概述。接下来，第三、四、五、六、七篇分别按照广告主品牌传播活动的基本流程和逻辑，介绍了广告主品牌传播的定位、内容设计及制作、媒体投放活动、策略手段运用及效果评估。

第二，我们也希望本教材能够与时俱进，与一线实践的发展接轨。因此，本教材在编纂时也融入了中国传媒大学广告主研究所多年调研积累的、大量的直接来自一线的数据和案例，力求让同学们在全面了解、把握品牌传播相关理论与实务的同时，能够及时掌握一些业界的前沿变化趋势。

第三，我们希望这本教材让同学们不仅能够了解品牌传播是什么、怎么做、未来如何发展，还能够在一定程度上了解广告主品牌传播的历史，即过去发生了什么，为什么有这样的沿革与变化。我们力图通过对广告主品牌传播相关理论历史演变的梳理，加深同学们对广告主品牌传播内在规律的了解与把握。

伴随我们研究的深入，以及在教学中与同学们的不断互动，我们在未来还将不断调整本教材的相关内容。欢迎广大业界朋友与师生不吝指正。

# 目　录

## 第一篇　广告主与品牌传播篇



## 第二篇　品牌传播组织机构篇

## 第三篇 定位篇

## 第四篇 内容篇



## 第五篇 媒体篇

## 第六篇　手段篇

## 第七篇 效果篇

# 第一篇　广告主与品牌传播篇

◎ 第一章　广告主

◎ 第二章　品牌与品牌传播

# 第一章　广告主

## 第一节　广告主的概念

### 一、广告主的概念

《中华人民共和国广告法》（2015 年修订）界定，广告主是指为推销商品或者服务，自行或者委托他人设计、制作、发布广告的自然人、法人或者其他组织。

作为法人的广告主主要指企业法人、事业单位法人和社会团体法人；其他组织是指依法从事商品经营或者提供服务的社会组织。本书中讨论的广告主主要是指企业法人。广告主既可以自行设计、制作、发布广告，也可以委托他人进行设计、制作、发布广告的全部或部分业务。广告主不仅是广告信息传播活动得以实现的出资人①，也是广告主一切品牌传播活动得以实现的出资人，广告主是品牌传播的行为主体之一，是品牌传播关系链的中心。

**链接：中国广告主相关组织机构**

**1. 国家工商行政管理总局**

中华人民共和国国家工商行政管理总局是中华人民共和国国务院主管市场监督管理和有关行政执法工作的正部级国务院直属机构，由原中华人民共和国国家工商行政管理局升格而来。国家工商行政管理总局是我国广告业的监管机构，其下设广告监督管理司，主要职责是拟定广告业发展规划、政策措施并组织实施；拟定广告监督管理的具体措施、办法；组织、指导、监督、管理广告活动；组织监测各类媒介广告发布情况；查处虚假广告等违法行为；指导广告审查机构和广告行业组织的工作。广告监督管理司内设综合处、广告监督与案件指导处、广告经营规范管理处、广告业规划发展处。②

**2. 中国广告主协会**

中国广告主协会成立于 2005 年 11 月 27 日，是经国务院批准、民政部注册登记的全

---

① 杜国清. 广告即战略［M］. 北京：北京广播学院出版社，2004：22.

② 资料来源：国家工商行政管理总局网站，http：//www.saic.gov.cn/。

国性协会，业务主管部门为国务院国有资产监督管理委员会。2006 年中国广告主协会正式加入世界广告主联合会，成为中国在世界广告主联合会中唯一的合法代表。中国广告主协会已经成为全球最重要的五大国家广告主协会之一。中国广告主协会是以广告主企业为主体的国际化行业组织，是中国营销传播的引领者，是中国优秀品牌企业的集群、优秀品牌的维护者，是汇聚世界 500 强企业以及中国主流媒体、杰出广告公司、顶级研究机构强强合作的市场化、国际化广告主之家。①

### 3. 中国企业联合会

中国企业联合会（原中国企业管理协会）、中国企业家协会是经中华人民共和国民政部核准注册的全国性社团法人组织。中国企业管理协会成立于 1979 年 3 月；中国企业家协会成立于 1984 年 3 月；1999 年 4 月 24 日中国企业管理协会更名为中国企业联合会。中国企业联合会是以企业、企业家（企业经营管理者）为主体，有专家、学者、新闻工作者参加的，为推进企业改革和发展、提高企业经营管理水平、沟通企业与政府的联系、维护企业和企业家合法权益的全国性群众团体。企业联合会拥有 56.4 万家会员企业、36 家全国性企业团体、43 个省级企业联合会、260 家各地方工业城市企业联合会，是代表中国加入世界雇主组织的唯一机构。②

## 二、广告主广告活跃度不断攀升

中国广告市场规模从 2000 年的 712.7 亿元增长到 2014 年的 5 605.6 亿元，规模在 15 年间扩大了近 8 倍，年均增长率达到了 16.24%，远远高于 GDP 年均 9.69% 的增速。广告经营规模占 GDP 的比重从 2000 年的 0.718% 上升到 0.881%。无论从规模还是从增速上看，中国广告市场在 2000 年之后都取得了较大的发展，在国民经济中的重要性正不断提升。广告主是广告活动的出资人和发起者，广告市场的繁荣与否直接取决于广告主的广告投入花费。中国广告市场规模的增长，也从一个侧面反映了我国广告主广告活动活跃度的不断攀升（如表 1–1）。

表 1–1　2000 年—2014 年广告市场规模及 GDP

| | 广告市场规模（亿元） | GDP（万亿） | GDP 占比（%） | 广告市场增长率（%） | GDP 增长率（%） |
|---|---|---|---|---|---|
| 2000 年 | 712.7 | 9.92 | 0.718 | 14.32 | 8.43 |
| 2001 年 | 794.9 | 10.97 | 0.725 | 11.54 | 8.30 |

① 资料来源：中国广告主协会官网，http：//www.zggz.org.cn/。

② 资料来源：百度百科“中国企业联合会”词条，http：//baike.baidu.com/link?url=V7–YwMCzsyHA4rP2BKAqK3p3KZJNXZHMqHWW2UTY4Otsc000yEdmAd8NOk0JPrcCMTVm9UwdOxKse_MUbuHdgq。

续表

| | 广告市场规模（亿元） | GDP（万亿） | GDP 占比（%） | 广告市场增长率（%） | GDP 增长率（%） |
|---|---|---|---|---|---|
| 2002 年 | 903.2 | 12.03 | 0.751 | 13.62 | 9.08 |
| 2003 年 | 1 078.7 | 13.58 | 0.794 | 19.44 | 10.03 |
| 2004 年 | 1 465.0 | 15.99 | 0.916 | 17.32 | 10.09 |
| 2005 年 | 1 416.4 | 18.49 | 0.770 | 12.00 | 11.31 |
| 2006 年 | 1 573.0 | 21.63 | 0.727 | 11.06 | 12.68 |
| 2007 年 | 1 741.0 | 26.58 | 0.655 | 10.68 | 14.16 |
| 2008 年 | 1 899.6 | 31.4 | 0.605 | 9.11 | 9.63 |
| 2009 年 | 2 041.0 | 34.09 | 0.599 | 7.45 | 9.21 |
| 2010 年 | 2 340.5 | 40.12 | 0.588 | 14.67 | 10.45 |
| 2011 年 | 3 125.6 | 47.28 | 0.663 | 33.54 | 9.30 |
| 2012 年 | 4 698.0 | 51.93 | 0.905 | 50.31 | 7.65 |
| 2013 年 | 5 019.8 | 56.88 | 0.882 | 6.84 | 7.70 |
| 2014 年 | 5 605.6 | 63.64 | 0.881 | 11.67 | 7.40 |
| 平均值 | | | | 16.24 | 9.69 |

数据来源：根据国家工商行政管理总局、国家统计局数据计算所得

# 第二节　广告主的分类

## 一、根据广告主服务的市场、所生产的产品或提供的服务分类

根据广告主服务的市场、所生产的产品或提供的服务，可将广告主分为不同的种类，例如消费品广告主、工业品广告主、零售业广告主等。消费品广告主主要是为消费者市场生产耐用或非耐用消费品的组织；工业品广告主则主要是为工业市场生产或销售产品的组织。前者主要使用电视、消费者杂志和报纸等大众媒体；后者则使用一些专业杂志、专业报纸、商业展览等，其受众不是普通消费者而是一些专业人士，工业类的广告费用相对少一些。而且，就生产资料商品和一般消费品相比较，广告的作用是不一样的：对于前者，人员推销的作用相对重要；然而，对于后者，广告的效果会更好。[①]

① 杜国清．广告即战略［M］．北京：北京广播学院出版社，2004：22.

## 二、根据广告主的行业分类

为了方便广告业的统计，2014 年国家工商行政管理总局采取的行业分类包括食品、汽车、化妆品及卫生用品、房地产、药品、家用电器及电子产品、酒类、信息传播 / 软件及信息技术服务、金融保险、服装服饰及珠宝首饰、医疗服务、服务业、保健食品、信息产业等行业。①

广告行业研究公司如艾瑞咨询、尼尔森网联、央视市场研究股份有限公司（CTR）等根据各自的监测需求分别建立了自己的一套分类方法。如艾瑞咨询将广告主分为交通类、房地产类、食品饮料类、网络服务类、化妆浴室用品类、金融服务类、IT 产品类、娱乐及消费类、消费电子类、医疗服务类等行业类别。② 尼尔森网联则将行业划分为化妆品 / 个人卫生用品、饮料、药品及健康产品、食品、商业 / 工业 / 农业、家居产品、零售服务、汽车及有关产品、电器、服装及饰品、旅行 / 运输、电信、房地产、媒体及相关、电脑及配件、娱乐休闲、杂项、政府 / 社会 / 政治组织、金融业等行业。③CTR 则将行业分类为农业、交通、饮料、清洁用品、衣着、电脑及办公自动化产品、金融业、食品、家用电器、家居用品、工业用品、娱乐及休闲、酒精类饮品、个人用品、药品、房地产 / 建筑工程行业、商业及服务性行业、化妆品 / 浴室用品、烟草类、邮电通讯、杂类和活动类等 22 大产品类别。每一个产品大类中还分有产品中类，产品中类中又分为各个产品小类。如交通大类中分为机动车及相关服务、交通工具、交通运输服务等产品中类，在交通运输服务这一产品中类中又包括航空公司、速递服务、其他物流公司这三个产品小类。

从下表可以看出，近几年广告投放比较活跃的广告主主要来自食品、汽车、化妆品及卫生用品、房地产、药品、家用电器及电子产品、酒类、信息传播，软件及信息技术服务、金融保险和服装服饰及珠宝首饰等行业（如表 1–2）。

**表 1–2　连续十五年排名行业广告投放总额**　　单位：人民币 亿元

| 行业 | 2000 年 | 2001 年 | 2002 年 | 2003 年 | 2004 年 | 2005 年 | 2006 年 | |
|---|---|---|---|---|---|---|---|---|
| 药品 | 74.96 | 96.69 | 95.02 | 127.48 | 122.39 | 141.09 | 149.01 | |
| 家用电器 | 73.51 | 65.88 | 78.74 | 88 | 76.51 | 77.4 | 88.61 | |
| 食品 | 69.24 | 89.95 | 92.55 | 100.37 | 107.4 | 136.97 | 135.81 | |
| 房地产 | 59.59 | 69.48 | 101.39 | 159.15 | 125.31 | 127.48 | 159.95 | |
| 化妆品 | 47.47 | 63.34 | 66.21 | 73.01 | 86.7 | 111.67 | 109.11 | |

① 国家工商行政管理总局 . 2014 年中国广告行业统计分析报告［R］. 2014（5）.

② 艾瑞咨询 . 2015 年 4 月热门行业品牌网络广告投放数据［EB/OL］.（2015–05–28）［2017–11–01］. http：//report.iresearch.cn/html/20150528/250445.shtml.

③ 尼尔森网联 . 数据会说话，2015 广告市场去向何方？［EB/OL］.（2015–03–18）［2017–11–01］. http：//www.adquan.com/post–13–30226.html.

续表

| 行业 | 2000 年 | 2001 年 | 2002 年 | 2003 年 | 2004 年 | 2005 年 | 2006 年 | |
|---|---|---|---|---|---|---|---|---|
| 汽车 | 42.5 | 22.86 | 40.49 | 47.33 | 52.59 | 70.48 | 96.68 | |
| 医疗服务 | 30.51 | 32.61 | 48.97 | 52.54 | 62.1 | 76.36 | 98.22 | |
| 服装服饰 | 21.19 | 24.27 | 24.64 | 44.23 | | | | |
| 服务业 | | | | | 35.53 | 47.93 | 61.31 | |
| 保健食品 | | | | | 48.08 | 51.61 | 53.91 | |
| 信息产业 | | | | | | | 51.85 | |
| 酒类 | 24.33 | 41.2 | 34.63 | 44.01 | 36.8 | 45.81 | | |
| 信息服务 | | | | | | | | |
| 金融保险 | | | | | | | | |
| 服装珠宝 | | | | | | | | |
| 医疗器械 | 21.62 | 18.73 | 31.85 | 31.86 | | | | |
| 行业 | 2007 年 | 2008 年 | 2009 年 | 2010 年 | 2011 年 | 2012 年 | 2013 年 | 2014 年 |
| 药品 | 147.97 | 158.16 | 156.87 | 164.35 | 195.03 | 266.06 | 234.47 | 267.8 |
| 家用电器① | 94.4 | 87.92 | 98.67 | 119.43 | 140.34 | 205.09 | 229.73 | 246.8 |
| 食品 | 141.14 | 147.63 | 175.64 | 205.63 | 225.03 | 379.71 | 537.51 | 766.5 |
| 房地产 | 182.65 | 234.25 | 207.01 | 239.77 | 339.33 | 408.03 | 586.33 | 601.3 |
| 化妆品② | 106.73 | 114.04 | 127.26 | 172.3 | 210.92 | 509.58 | 456.32 | 613.7 |
| 汽车 | 119 | 138.11 | 151.6 | 177.36 | 308.31 | 437.177 | 603.96 | 637.8 |
| 医疗服务 | 91.29 | 95.15 | 129.07 | 106.1 | 151.89 | 152.59 | | |
| 服装服饰 | | | | 84.87 | | | | |
| 服务业 | 83.2 | 107.13 | 132.25 | 131.39 | 229.09 | 356.83 | | |
| 保健食品 | 70.76 | 86.77 | 92.5 | 98.81 | | | | |
| 信息产业 | 56.7 | 68.23 | 70.43 | | 112.81 | 164.56 | | |
| 酒类 | | | | | 104.09 | 171.41 | 206.35 | 211.2 |
| 信息服务③ | | | | | | | 174.86 | 195.2 |
| 金融保险 | | | | | | | 149.26 | 169.1 |
| 服装珠宝 | | | | | | | 143.47 | 162.6 |

数据来源：根据中国广告协会、国家工商行政管理总局数据整理

广告投放行业的变化从一个侧面反映了社会发展的一些特点，比如说消费水平的提高、生活品质的提升、市场竞争激烈程度的变化等。

① “家用电器”从 2014 年的统计类别变更为“家用电器及电子产品”。

② “化妆品”从 2014 年的统计类别变更为“化妆品及卫生用品”。

③ “信息服务”从 2014 年的统计类别变更为“信息传播、软件及信息技术服务”。

从广告投放前十名的行业演变我们可以发现以下三个趋势：

1. 行业在竞争中日益成熟，广告投放趋于理性和稳健

从广告投放前十的行业可以看到，近十年来，行业营销在激烈的竞争中日趋理性，其中比较典型的是家电行业和药品行业。2000 年广告投入前三名的是药品、家用电器、食品。在 2000 年之后，家用电器就再也没有进入过前三名。2000 年是国内家电市场竞争最为激烈的时候，各大家电商大打广告战和价格战以夺取市场，在此之后，各大家电厂商意识到价格战和广告战的害处，开始转向理性的广告投入和品牌建设，其后投入长期排在第五名左右，特别是在 2008 至 2010 年国家开展家电下乡政策的时期，本土家电品牌在产品品质和市场占有率方面都巩固了领先地位。药品行业也是在 2006 至 2009 年经历了成本上涨和利润缩水的考验，更多的药品企业回归产品策略，加之广电总局对电视购物和电视药品广告的进一步规范，药品企业结束了漫天广告狂轰滥炸的时代，进入日益理性和规范的新时代。

2. 消费升级成为引领广告投放变化的主要原因

新世纪以来，伴随我国经济的快速发展，消费市场也开始进行结构升级，除了作为生活必需品的食品、家电、药品之外，消费者对于化妆品、汽车、金融保险、珠宝的需求有明显提升。十多年来从行业广告主投放排名我们发现，2013 年金融保险和服装珠宝成为新晋黑马行业，汽车和化妆品行业在前十名中的排序也逐年提升，2012 年化妆品行业广告投放排名第一，汽车行业广告投放在 2013 年荣登榜首。

3. 国家经济走势和行业政策成为影响行业投放的重要因素

从十余年的广告投放行业变化中，我们可以看出国家经济走势和行业政策对广告主的影响。房地产在 2002 年到 2011 年的十年间九次占据广告投入行业第一名，这也从侧面反映出中国房地产市场十多年间的快速发展。随着国家对房地产市场的调控力度逐渐加大，房地产广告投放从 2011 年开始降至第三、四位。

## 三、根据广告主的资本属性分类

根据中国广告主的资本属性来划分，广告主可以分为内资企业和外商投资企业[①]。外商投资企业分为外资企业[②]和外商股份企业；内资企业分为国有企业和非国有企业。如宝马汽车中国有限公司属于外资企业；神龙汽车有限公司则属于外商股份企业；东风汽车公司

① 国家工商行政管理总局：国统字〔2011〕86 号，《关于划分企业登记注册类型的规定》，外商投资股份有限企业是指经外经贸部依法批准设立，其中外资的股本占企业注册资本的比例达 25% 以上的股份有限企业。凡其中外资股本占企业注册资本的比例小于 25% 的，属于内资企业中的股份有限企业。外商投资企业是一个总的概念，包括所有含有外资成分的企业。

② 外资企业是指企业全部资本均为外商出资和拥有，不包括外国企业、企业和其他经济组织在中国境内设立的分支机构，所以外商投资企业包含外资企业。

属于国有企业；华为技术有限公司则属于非国有企业中的私营企业。

据国家工商行政管理总局数据显示，截止到 2015 年 2 月底，外商投资企业 46.59 万户，增长 4.45%，注册资本 14.43 万亿元，增长 14.94%。与此同时，中国内资企业数量亦有所增长。截止到 2015 年 2 月底，内资企业 1 824.9 万户，增长 21.53%，注册资本（金）115.38 万亿元，增长 33.28%，私营企业 1 598.56 万户，增长 25.40%，注册资本（金）64.4 万亿元，增长 58.95%。[①]

## 四、根据地理位置进行分类

对广告主的分类，还可以根据企业所处的地理位置进行划分。企业地理位置的分布与经济发达程度密切相关。南、北经济发展的不均衡和东、中、西部经济发展的不均衡，直接导致广告主分布的不均衡。据世界品牌实验室（World Brand Lab）发布的数据，2014 年中国五百最具价值品牌以北京、广东、浙江、山东、福建、上海、江苏、四川、河南、湖北等地居多（如图 1–1），位居前十。从地理位置上看多以经济发达的沿海省市为主，与国家工商行政管理总局发布的各省广告经营情况有相互印证的关系。

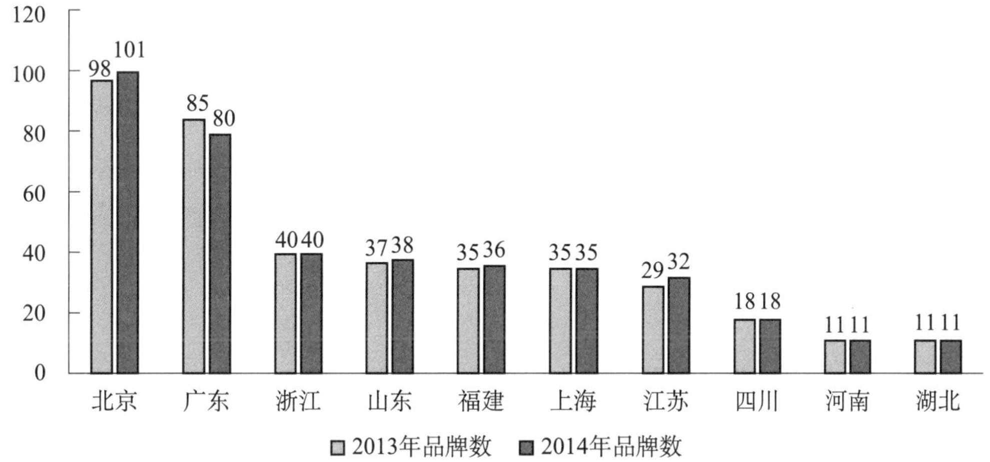


**图 1–1 中国五百最具价值品牌区域分布前十地区**

数据来源：世界品牌实验室

2014 年广告区域状况表格显示，北京、广东、上海、江苏、浙江位居我国各省广告经营额前五名。可见不同地区的广告经营额差异较大，经济发达地区的广告经营额较高，广告主的分布也更加集中。（如表 1–3）

① 国家工商行政管理总局. 国家工商行政管理总局发布 2015 年 2 月全国市场主体发展报告［EB/OL］.（2015–03–13）［2017–11–01］. http：//www.zgswcn.com/2015/0313/596825.shtml.

表 1–3 2014 年广告经营区域状况 （单位：亿元）

| 地区 | 广告营业额 | 地区 | 广告营业额 |
| --- | --- | --- | --- |
| 北京 | 1 921.84 | 黑龙江 | 48.56 |
| 广东 | 688.55 | 吉林 | 39.11 |
| 上海 | 463.65 | 江西 | 37.12 |
| 江苏 | 424.13 | 云南 | 36.78 |
| 浙江 | 315.46 | 山西 | 35.08 |
| 山东 | 282.84 | 广西 | 23.73 |
| 天津 | 217.38 | 新疆 | 23.7 |
| 湖南 | 176.4 | 内蒙古 | 21.46 |
| 福建 | 158.56 | 陕西 | 12.46 |
| 河南 | 131.2 | 青海 | 7.31 |
| 湖北 | 124.83 | 海南 | 6.41 |
| 四川 | 116.73 | 宁夏 | 3.22 |
| 安徽 | 111.89 | 西藏 | 2.91 |
| 辽宁 | 98.79 | 贵州 | 2.89 |
| 重庆 | 64.22 | 甘肃 | 2.62 |
| 河北 | 57.4 | | |

数据来源：国家工商行政管理总局

# 本章思考题

1. 广告主是什么？
2. 中国广告市场规模与广告主之间的关系如何？
3. 广告主如何分类？

# 第二章　品牌与品牌传播

## 第一节　认识品牌

品牌一词最早来源于英文单词"brand"或"trademark"，原指中世纪烙在马、牛、羊身上的烙印，用以区分不同的饲养者，划分动物的所属权。后来，随着商品经济的发展，由于消费者对于商品的评价越来越多地影响到最终的购买选择，商家纷纷开始积极地向消费者推广自己的品牌，宣传商品。品牌的概念进入广告营销界，成为广告界重要的关注对象。

在中国，品牌的概念其实可以追溯到一个世纪以前。比如明清时期出现的一批"金字招牌"：全聚德烤鸭店、同仁堂药店、六必居酱菜园，等等，都是延续至今、耳熟能详的老品牌，拥有相当高的市场影响力与营销功用。但后来因为历史原因未能有明确的品牌概念的提出与研究，直到近一二十年，国外品牌相关研究的引入，才又激起了中国人对搁置已久的品牌观念的重视，它与国外品牌概念一起，成为国内企业和研究者讨论的热点。

总之，从"品牌"第一次作为营销和传播的专有名词提出至今，已经经历了半个多世纪的发展，品牌的内涵也随着营销和传播环境的时代变迁发生着变化。对品牌的不同认识与理解，成为广告主品牌传播决策的重要出发点。

### 一、品牌的定义

从品牌实践活动的发展来看，我们可以从以下几个角度认识品牌：

#### （一）符号论

品牌符号论是最早兴起的关于品牌定义的讨论，展现了人们对品牌本质最初的认识，也是品牌的最基本内涵。在品牌符号论中，品牌的重要作用是作为一种识别标志，是一种产品的功能和特色所能给予消费者利益方面的承诺和保证，各类观点主要侧重于对品牌"表层元素层次上的认识"①，建立差异化识别。代表性的定义有：

---

① 舒咏平，吴希艳．品牌传播策略［M］．北京：北京大学出版社，2007：100.

1960 年，美国营销协会（AMA）提出品牌的定义："品牌是指用以识别一个（或一群）卖主的商品或劳务的名称、专有名词、标记、符号或设计，或者上述元素的组合，用以识别一个销售商或销售商群体的商品或服务，并且使它们与其竞争者的商品与服务区分开来。"[①] 这是关于品牌比较早的定义。

《营销术语词典》（*Dictionary of Marketing Terms*，1988）随即在其词条中也采用了这一定义，即：品牌是指用以识别一个或一群卖主的商品或劳动的名称、术语，记号、象征或设计，及其组合，并用以区分一个或一群卖主和竞争者。

后来这个观点在 1967 年被美国市场营销学的权威人物菲利普·科特勒在《营销管理：分析、计划、执行和控制》中采用，菲利普·科特勒在其书中是这样解释品牌的：品牌是一种名称、术语、标记、符号或图案，或是它们的总和。其目的是识别企业提供给某个或某群消费者的产品或服务，并使之与竞争对手的产品或服务相区别。该定义引入中国后得到了广泛传播，成为目前最有影响力的定义之一，也是中国大多数广告主对品牌的基本认知。

《品牌管理》作者里克·莱兹伯斯（Rik Riezebos）也表示："品牌是能够使某个企业的产品或服务与其同类区别开来的，并能在物质和精神方面为消费者带来意义的一切标志。"这表明品牌的主要功能是作为一种速记标志，与产品类别信息一同储存在大脑里，成为消费者搜寻记忆的线索，成为他们在产品类别中选择特定产品的指示牌。[②]

综上，我们看到对品牌概念的初步理解为品牌是一系列符号标志的组合，强调品牌的标识和图形符号的重要性，如耐克的"勾"型标识、苹果的"残缺苹果"标识、麦当劳的"M"字母标识，这些品牌可以通过他们独特的标识被迅速识别出来，是实现区分目标的基础。

### （二）形象论

20 世纪 60 年代之后，西方社会生产力进一步发展，产品空前丰富，买方市场逐渐形成，机器大规模生产造成了产品的同质化程度日趋严重。在这样的背景下，人们对品牌的认识逐渐从识别区隔上升到个性区分。品牌除了在功能和物理识别上有所区分，还要形成不同的情感、印象、感觉。品牌形象论的观点也随即出现。

广告大师大卫·奥格威在《一个广告人的自白》中对品牌的论述是品牌形象论的代表。他认为品牌形象不是产品固有的，而是消费者对产品的质量、价格、历史等内容进行关联的形象。[③] 因此每一种品牌、每一个产品都应发展和投射一个形象，形象经由各种不同的推广技术，特别是广告，传达给顾客及潜在顾客。消费者购买的不止是产品，还购买品牌所承诺的物质和心理利益。

品牌形象论的基本要点[④] 是：

---

① 凯文·莱思·凯勒 . 战略品牌管理 : 第 3 版［M］. 北京：中国人民大学出版社，2009：4.

② 里克·莱兹伯斯 . 品牌管理［M］. 北京：机械工业出版社，2004：5.

③ 余明阳 . 品牌传播学［M］. 上海：上海交通大学出版社，2005：4.

④ 资料来源：品牌形象论，http：//baike.baidu.com/view/1035434.htm。

● 塑造品牌是广告最主要的目标，广告就是力图使品牌具有并且维持一个高知名度的品牌形象；

● 任何一个广告都是对品牌的长线投资，广告应该尽力去维护好的品牌形象，而不惜牺牲追求短期效益的诉求重点；

● 随着同类产品的差异性减小，品牌之间的同质性增大，消费者选择品牌时所运用的理性就越少，因此描绘品牌的形象要比强调产品的具体功能特性重要得多；

● 消费者购买时追求的是“实质利益＋心理利益”，对某些消费群来说，广告尤其应该重视运用形象来满足其心理的需求。

品牌形象论在提出后对广告界产生了巨大的影响，很多专家学者也纷纷开始对品牌形象论的研究探索。如营销学家莱威提出：“品牌不仅是用以区别不同制造商品的标签，它还是一个复杂的符号，代表了不同的意义和特征，最后的结果是变成商品的公众形象、名声或个性。品牌中的这些特征比产品中的技术因素显得更为重要。”①我们看到，形象论观点其实是站在品牌符号的基础上，更强调品牌符号所构筑的整体形象在消费者心中的印象。

这一阶段中品牌的内涵有所延伸，超出了品牌的功能利益，进而突出品牌带来的心理利益，注重品牌所带来的品牌联想。

### （三）关系论

在“品牌关系论”中，品牌不再被简单地作为一个名称、标识、图形，或可联想的形象来进行传播，它转而关注消费者在品牌中的作用、对品牌认知的加工以及两者间的相互关系，这成为一种动态的过程。品牌关系论的出现可以说是人们认识品牌的一个较大突破，这与当时的市场竞争趋势不无关系。

随着商品市场不断扩大，买方主导的市场开始形成，消费者对产品的选择和消费有了更高的需求。消费者不仅首要考虑自己熟知的、了解其风格的品牌，也会在越来越多有认知、有记忆的品牌群中加以判断和比较，最终选择某一种或某几种品牌。众多的广告主与广告从业人员发现，除了广告主单方面强调品牌固有的标识、口号，宣传品牌个性形象以外，还有一项重要的工作就是让品牌与消费者发生某些关联，在与消费者互动中建立更为深入的关系。品牌关系论的观点逐渐被广泛讨论。奥美公司指出：品牌是消费者与产品的关系，品牌的最终拥有者是消费者，品牌是消费者经验的总和。②波士顿咨询公司则认为：品牌是联系企业的主观努力与消费者客观认知的桥梁。

研究学界也基于此开始对品牌关系论的观点进行论述。大卫·阿诺在《品牌保姆手册》一书中说道：“品牌就是一种类似成见的偏见。而正如所有的偏见一样，对于较占下

① 余明阳．品牌传播学［M］．上海：上海交通大学出版社，2005（4）．

② 唐·舒尔茨，海蒂·舒尔茨．整合营销传播：创造企业价值的五大关键步骤［M］．北京：中国财政经济出版社，2005：100.

风的一方总是有些不公平。品牌化，不仅是加强产品的特性而已，而且和顾客如何看待与购买这个产品有关。”①

可以看出，这一阶段人们已经隐约感觉到品牌已经不是单纯进行理性的或感性的品牌塑造和形象内容的单向重复发声，而开始偏向于将这些内容与消费者进一步互动来构筑良好关系。品牌被视为一种消费者能亲身参与其中的、更深层次的关系，一种与消费者进行理性和感性互动的总和，强调品牌的最终实现是由消费者来决定的，是在产品与消费者的互动过程中形成的。当然这种良好的互动与关系的建立和维持，最终也会为企业带来好的效益。

### （四）价值论

品牌专家约翰·菲利普·琼斯认为品牌就是一种价值表现：“品牌是能为顾客提供其认为值得购买的功能利益或附加值的产品。”琼斯认为附加值是品牌定义中最重要的部分。

提出品牌资产五星模型理论的大卫·艾克则是将前几个阶段关于品牌的认识与讨论进行了综合阐释。他认为，“品牌形象的建立可以为品牌提供方向、目标和存在的意义，也是品牌战略愿景的核心内容，而且驱动着品牌联想。同时，品牌形象通过创建包含功能利益、情感利益和自我表达利益的价值主张，帮助建立品牌与消费者的关系。”②他在书中提出“品牌形象系统”，并通过作为产品的品牌、作为组织的品牌、作为个体的品牌和作为符号的品牌四个角度，全面阐释品牌内涵。其中既包含品牌作为符号的基本功能，又阐明了品牌形象的重要性，同时还表示，品牌与消费者建立关系的关键是能够为消费者提供一系列的价值利益。当然，这些价值利益的实现，离不开品牌那些基本要素的建立。

我们看到，在品牌价值论的探讨中，人们将注意力集中在品牌向消费者传达一定信息及构筑关系后带来的附加价值，是对品牌内涵的一种延伸与深化理解。这种附加价值其实是品牌概念发展过程中的一个积累，既有独特的、可有效记忆的标识、口号等，也有品牌给人带来的个性形象、赋予消费者的身份、给予消费者的感知，以及在互动关系中带来的感觉、给消费者提供的利益。如，购买耐克的产品感受到的是“我是专业的”“我是个性的”，穿上李维斯的牛仔裤就能够帮助消费者形成“个性、自由、时尚”的形象，为消费者带来其他人的认可以及自己内心的满足。这些都是品牌价值论中关注的：建立品牌形象，与消费者沟通建立关系，最终为其提供价值利益。品牌是一种更加综合全面的概念，正如世界品牌大师米尔顿·科特勒在访谈中就表示：“好的品牌意味着在外观、质量与知名度等方面都达到了一种理想状态，那些风靡全世界的著名品牌都实现了这一点。”③

### （五）资源论

2003 年，中国人均 GDP 突破 1 000 美元大关，中国社会发展进入新的阶段。中国的

①② 大卫·艾克．建立强势品牌［M］．北京：机械工业出版社，2012：51.

③ 张惠辛，米尔顿·科特勒．放谈中国品牌与广告［J］．中国广告，2002（2）：58-59.

消费者更加富裕，购买力水平提高，中国成为全球新兴市场。由于中国消费者富裕了，中国劳动力成本开始上升，由此中国企业在全球价值链条上的位置开始发生变化。① 这些因素都促成了中国广告主更新品牌观念，以适应新的市场环境。

在“品牌是资源”的观点中，广告主认为品牌是一种超越生产、商品及所有有形资产以外的无形资产，能整合企业内外部的不同资源，从而带给企业更大的收益。在这种观念下，品牌传播的对象不再局限于目标消费者，而是企业内外部各种相关的利益群体，而品牌传播策略通常与企业整体发展战略相协调，品牌传播的内容仍然以产品信息、企业信息等为主，然而检验品牌成功的标准变为销售量增加、品牌知名度提高、美誉度提升，以及企业经营目标的达成。

（六）企业论

品牌的企业论意味着“品牌即企业”，强调企业是社会公民，而品牌是企业社会公民的身份证。企业品牌战略和企业发展战略是一个有机组成体，检验品牌成功与否的标准是品牌是否得到社会公众的爱戴，这类观点的提出与企业和学者对企业社会责任建设的逐渐重视不可分割。还有很多学者认为，企业社会责任建设就是品牌传播建设。

从 21 世纪开始，企业在纯粹地进行商品或服务销售并获得利润的基本任务之外，开始关注自身作为社会存在的价值，以及企业对社会的影响，包括产品的设计是否符合环保要求，是否从人类健康出发，自己的经济效益是否能够回馈社会并对他人有所帮助，即企业社会责任建设（Corporate Social Responsibility，简称 CSR）开始出现。企业社会责任建设的观点认为，企业在创造利润、对股东承担法律责任的同时，还要承担对员工、消费者、社区和环境的责任，企业的社会责任要求企业必须超越把利润作为唯一目标的传统理念，强调要在生产过程中关注人的价值，强调对环境、消费者及社会的贡献。②

企业的社会责任建设逐渐成为品牌建设所关注的内容，与之类似被关注的概念还有企业声誉管理、企业文化等。这些涉及企业持续发展的重要战略内容，一方面它们同样需要被传播，在社会公众面前建立企业的良好声誉与社会形象，另一方面它们的内容构成了消费者心中品牌印象的一部分：企业社会责任、企业文化内容影响着一个企业的行事与生产服务标准，而这些标准下的行为、产品和服务与消费者直接对接，在交流互动的过程中，消费者将最终形成良好的或不好的印象与感知，这直接嫁接于企业的品牌形象，影响企业的品牌价值。

因此，许多企业，尤其是大品牌、大企业，在品牌建设、企业社会责任建设、企业声誉管理和企业文化建设等重大的企业战略规划中，逐渐倾向于一种“品牌即企业”的品牌观。

---

① 资料来源：2003 年我国国内生产总值增长 9.1%——人均 GDP 首次突破 1 000 美元，http：//www.redsh.com/view/9999/928.shtml，2004 年 1 月。

② 匡海波．企业社会责任［M］．北京：清华大学出版社，2010：10.

### 链接：企业社会责任发展简述

企业社会责任是随着全球经济和社会的进步，对企业提出的一项新的要求。即：企业不仅要盈利，而且要对环境负责，并承担相应的社会责任。

其最初兴起发生在20世纪80年代的欧美发达国家，包括环保、劳工和人权等方面的内容。这一时期消费者的关注点由单一关心产品质量，转向关心产品质量、环境、职业健康和劳动保障等多个方面。一些涉及绿色和平、环保、社会责任和人权等的非政府组织以及舆论也不断呼吁，要求社会责任与企业运营挂钩。迫于日益增大的压力和自身的发展需要，很多欧美跨国公司纷纷制定对社会作出必要承诺的责任守则（包括社会责任），或通过环境、职业健康、社会责任认证应对不同利益团体的需要。

20世纪90年代初期，美国劳工及人权组织针对成衣业和制鞋业发动“反血汗工厂运动”。如利用“血汗工厂”制度生产产品的美国服装制造商Levi-Strauss被新闻媒体曝光后，为挽救其公众形象，制定了第一份公司生产守则。在劳工和人权组织等NGO和消费者的压力下，许多知名品牌公司也都相继制定了自己的生产守则，后演变为“企业生产守则运动”，又称“企业行动规范运动”或“工厂守则运动”。企业生产守则运动的直接目的是促使企业履行自己的社会责任。①

但这种跨国公司自己制定的生产守则有着明显的商业目的，而且其实施状况也无法得到社会的监督。在劳工组织、人权组织等NGO组织的推动下，生产守则运动由跨国公司“自我约束”（self-regulation）的“内部生产守则”逐步转变为“社会约束”（social regulation）的“外部生产守则”：

到2000年，全球共有246个生产守则，其中除118个是由跨国公司自己制定的外，其余皆是由商贸协会、多边组织或国际机构制定的所谓“社会约束”的生产守则。这些生产守则主要分布于美国、英国、澳大利亚、加拿大、德国等国。

2000年7月“全球契约”论坛第一次高级别会议召开，参加会议的50多家著名跨国公司的代表承诺，在建立全球化市场的同时，要以“全球契约”为框架，改善工人工作环境、提高环保水平。“全球契约”②行动计划已经有包括中国在内的30多个国家的代表、200多家著名大公司参与。

2001年2月，全球工人社会联盟公布了一份长达106页的由耐克公司资助完成的报告。报告的内容是关于印尼9家耐克合约工厂的劳工调查。这份报告的新意在于它是由耐克出钱完成并公布的，而耐克又不能拒绝公布。耐克对这些问题的反应将会为服装公司设立新的基准。

2002年，联合国正式推出《联合国全球协约》（*UN Global Compact*）。协约共有9条

---

① 崔丽．当代中国企业社会责任研究［D］．吉林大学，2003：28.

② 联合国“全球契约”是目前世界上最大的企业社会责任倡议组织。中国石油化工集团公司、中国远洋海运集团有限公司等跨国企业也都陆续加入其中。

原则，联合国恳请公司对待其员工和供货商时都要尊重其规定的9条原则。

2010年11月1日，联合国发布了IS026000企业社会责任国际标准，对社会责任各个方面的议题进行了较为全面的、清晰的解释，并描述了以可持续发展为目标、将社会责任融入组织战略和日常活动的方法。①

在我国，1979年改革开放之后，社会主义市场经济体制经历了从无到有、从不完善到逐步完善的过程，并不断融入经济全球化的进程，成为世界重要的经济主体，企业也由计划经济时期政府的附属物逐步转变为独立的市场经济主体。就在我国经济和企业获得快速发展的同时，也引发了一些前所未有的重大社会问题，如企业安全事故频发、食品安全问题严重、社会诚信体系缺失、生态环境不断恶化，等等。当代中国企业社会责任问题的建设也随之被提出，企业存在的价值与意义被提升到了新高度。

2010年，在由17PR主办的第六届中国公关经理人年会上，“2010企业社会责任优秀案例”评选揭晓，企业社会责任自此成为中国企业在战略发展上的一项重要活动。

### 扩展阅读：品牌在中国

尽管当下中国已有的品牌定义主要来自于西方研究理论，但其实早在一个世纪以前，我们已然拥有过品牌的概念与发展，曾经造就出一批享有世界声誉的传统品牌，如茅台酒、龙井茶、景德镇陶瓷、同仁堂中药材、全聚德烤鸭等。这些品牌有着中华民族深厚的文化积淀与历史人文内涵，不仅代表着经营者的产品信誉，还包含了中国文化中的商业经营管理特色与文化，并随着中国传统商队（如晋商）的发展开拓传播至全国全世界。这些老品牌经过上百年的发展，成为独具中国特色的品牌文化。无论是上海广泛流行的月份牌（如图2–1），还是京城大街小巷上叫卖的吆喝，都反映出早期的中国社会已经具有一定的品牌意识与品牌传播行为。

**图2–1　安安色布月份牌中反复宣传其品牌名称（左）；健胃固肠丸月份牌（画面底端用了大篇幅来阐述产品功效）（中）；三狮牌香烟月份牌（画面仅在底端出现了品牌商标）（右）**

① 赵钧.转型背景下的责任考量——第六届金蜜蜂企业社会责任国际论坛召开［J］.WTO经济导刊，2011（7）：49.

新中国成立后，伴随着计划经济逐渐在经济领域中占据主导地位，中国市场上品牌的发展进入了停滞期。直到1979年，国务院在批复国家工商行政管理总局关于全国工商行政管理局长会议的报告中指示，要快速恢复商标统一注册制度，才又重新开启了中国品牌的建设之路。中国政府部门颁布的这一系列与"商标"有关的法律法规，大大鼓励了企业创立驰名商标和名牌产品，也开启了我国现代意义上的品牌探索。"这就是市场竞争从当初的'杂牌对杂牌'到后来的'名牌对杂牌'，再到'名牌对名牌'"。[①]

改革开放最初的十年间，中国市场处于品牌管理与品牌理论的启蒙阶段。[②]这段时期，"商标"和"名牌"作为品牌的代名词和延伸词被关注。政府的改革开放政策带动了中国社会生产力水平提高的同时，也引入了大量国外市场品牌商品，消费者对商品的要求越来越高，市场竞争愈发激烈。在这样的环境下，一方面中国本土企业的品牌意识逐渐增强，以企业与广告业带头，开始积极探索品牌的建设之路；另一方面，大量随外国企业进入中国的著名广告公司，如奥美、电通、BBDO等，也将西方成熟的品牌营销传播理论带入了中国市场。自此，"品牌"成为中国广告界关注的焦点，我国广告业与广告主纷纷开始大量学习模仿外企与广告公司的做法。

经过最初十年的探索与实践积累，到20世纪90年代至21世纪初，中国广告界又将"如何运用国外的品牌建设经典理论和国外企业的品牌建设经验来创建中国的名牌"作为讨论的重点和热点。广告学界对品牌、广告主、媒体、消费者的研究也逐渐建立起来，《营销管理》《品牌战略管理》等经典书籍也从那个时候陆续被引进中国，广泛流传。近十年，我国众多业内专家学者经过对品牌、营销、管理理论的长期学习与研究，又结合中国本土企业的实际操作需求、市场营销环境与消费情况，也陆续发表了诸多我国的品牌理论专著与研究成果，如舒咏平教授的《品牌传播教程》、张树庭教授的《有效的品牌传播》等。

加入WTO后，我国企业发展面临着国际竞争压力，品牌的发展已不仅仅是中国企业和市场关注的焦点，更是国家经济软实力在国际市场的体现，品牌战略发展已经上升到了国家建设战略高度。2011年，我国"十二五"计划的开局之年，从"中国制造"到"中国品牌"就成为两会代表的热议话题。"中国已成为制造大国，标注'中国制造'的产品已经成为全球一道独特的风景线。而与此同时，'中国制造'还大多处于低价低质量的尴尬局面，如何扭转'中国制造'过去的形象，重塑中国品牌的整体品牌形象和国际地位，已成为当务之急。"[③]

① 余明阳.品牌传播学［M］.上海：上海交通大学出版社，2005：50.

② 解艾兰.中国品牌发展现状及趋势［J］.中国饲料，2005（20）：1-3.

③ 张如果."中国创造"再上议程品牌应是国家名片［EB/OL］.（2011-03-10）［2011-11-02］.http：//finance.ifeng.com/roll/20110310/3616625.shtml.

## 二、品牌的类型

品牌发展至今，在数量上与类型上都极大地增加了。“品牌分类是深化市场营销和区分消费者特征的客观需要，也是品牌自身发展的内在必然性。”[①]按照一定标准对品牌的类型进行划分，可以帮助我们强化品牌识别与品牌定位，并进一步指导传播，确定品牌的诉求定位和诉求策略，开发相应的目标市场。当下，品牌可以依据不同的划分标准进行分类。

### （一）根据品牌辐射区域划分

根据品牌的知名度和辐射区域划分，品牌可分为当地品牌、地区品牌、国内品牌、国际品牌。其中，当地品牌指主要在一个区域内生产、销售的品牌。如北京本地酸奶品牌健生酸奶只在北京销售，一般也只有本地人才知道并购买这个品牌。而地区品牌比当地品牌范围稍大，是指在一个较小的区域之内生产销售的品牌。这些产品一般在一定范围内生产、销售，产品辐射范围有限。国内品牌是指国内有较高知名度、美誉度的品牌，产品辐射全国，例如海尔、红塔山、娃哈哈等。国际品牌则是指在国际市场上知名度、美誉度较高，产品辐射全球的品牌，例如可口可乐、麦当劳、万宝路、奔驰等。

### （二）根据品牌属性不同划分

根据品牌的不同属性，它可分为：本土品牌、外资品牌与合资（合作）品牌。本土品牌即本国人原创且由本国人持有的品牌，如家电行业的海尔、TCL、康佳、海信；汽车行业的红旗、奇瑞、长安；食品行业的娃哈哈、伊利、张裕等。与本土品牌相对，非本国人原创且持有的品牌则称为外资品牌，如索尼、三星等。还有部分企业是中外合资品牌，如上海大众、华晨宝马、北京奔驰等。

### （三）根据品牌发展阶段不同划分

根据品牌不同的发展阶段，品牌可分为初创品牌、上升品牌、成熟品牌和衰退品牌。

处于初创期的品牌，在消费者中认知度低，消费者对品牌的定位、特色可能都不了解。品牌的上升期，也叫品牌成长期，是指经过一定时期的宣传，在市场建立了一定的知名度，有很多消费者能够认识到该品牌的存在，并有一定数量的消费者认同该品牌。成熟期的品牌大多已经具有较为强势的竞争力，拥有较多数量的忠实消费者，品牌在市场具有较大的影响力。经历了品牌初创期、上升期与成熟期之后，品牌会逐渐走下坡路，进入品牌衰退期。衰退期的品牌在市场的占有率、销售额、销售利润上都会呈现大幅的持续下降。

---

① 蒋璟萍．论品牌的本质、类型和特征［J］．湖南商学院学报，2010.

（四）根据品牌所属行业不同划分

根据品牌所属行业不同，品牌可分为家电业品牌、食用饮料业品牌、日用化工业品牌、汽车机械业品牌、商业品牌、服务业品牌、服装品牌、网络信息业品牌等几大类。

除了上述几种分类外，品牌还可依据产品或服务在市场上的态势划分为强势和弱势品牌；根据品牌的原产国不同，又可分为中国品牌、英国品牌、美国品牌、日韩品牌等。

## 三、品牌的重要性

（一）品牌是企业产品或服务品质的基本表现

根据品牌的定义，品牌的基本价值表现在对企业产品或服务等有形资产的标注上，代表着企业产品或服务的基本属性、个性形象以及产地品质，赋予企业产品或服务以独特性等。

品牌往往承载着企业对产品或服务的承诺，也承载着他人对其产品以及服务的认可。当人们的视觉触及品牌的时候，在内心深处通常弥漫着一种复杂的感觉。这种感觉在消费者购买具体产品时，会帮助消费者形成消费决策。根据凯文·莱恩·凯勒（Kevin Lane Keller）教授的解释，对于消费者来说，品牌标志了产品的来源，成为消费者与产品生产者之间的一种纽带、契约和承诺，是生产者对产品品质的保证。波士顿咨询公司（Boston Consulting Group，BCG）也表示：品牌是客户对公司产品或服务的主要理解，代表公司产品／服务所做出的承诺、表现的价值、提供的好处，以及客户对这些承诺、价值、好处的主观评估。

（二）增加企业的无形资产

一方面，品牌作为企业的无形资产，拥有资产价值，并且可以不断升值。

1990年，Dorden以公司商标为抵押，向花旗银行贷款4.8亿美元；可口可乐公司声称，假如有一天，可口可乐在世界各地的工厂都毁于一旦，但只要它想东山再起，那么用不了多长时间，就能恢复到原来的规模。原因很简单：它有为世人所信赖的品牌（2006年可口可乐的品牌价值达到670亿美元）。普华永道2001年对德国市场的研究表明，平均来看，各公司的品牌价值已占公司全部价值的56%，在快速消费品行业，这一数字更高达62%。[①]

① 舒咏平，吴希艳．品牌传播策略［M］．北京：北京大学出版社，2007：12.

我们看到，品牌除了对产品或服务进行基本的标识以外，品牌拥有者还可以凭借品牌形成的优势不断获取利益，可以利用品牌的市场开拓力形成扩张，积累资本，发展企业，构成企业重要的无形资产。这种价值并不能像物质资产那样拥有看得到摸得着的一系列实物，但这股无形的力量能使企业的资产迅速增加，并且可以作为商品在市场上进行交易。

另一方面，品牌是企业的无形资产，表现在品牌还能够帮助企业获得消费者的信任和忠诚，帮助企业产品或服务获得合理溢价。①

品牌对于消费者而言，可以视为一种合同或者协议，消费者对品牌的信任和忠诚来源于品牌所包含的关于产品或服务的质量、属性、价格、个性等方面的承诺，以及消费者根据检验获得的对该承诺真实性的认可。

品牌是企业的一种无形资产，它所包含的价值、个性、品质等特征都能给产品带来重要的附加价值。一个成熟的品牌给消费者提供更多的信赖和可预测性，该品牌在消费者心目中的价值就更高。即使是同样的产品，贴上不同的品牌标识，也会产生悬殊的价格。品牌也由此避免了单纯的价格战。

中国的品牌创造虽起步较晚，但国内的名牌发展较为迅速，像红塔山、娃哈哈、海尔、长虹等知名品牌，也都价值不菲。2014 年 6 月，世界品牌实验室发布《中国 500 最具价值品牌》排行榜。在这份基于财务分析、消费者行为分析和品牌强度分析而获得的中国品牌国家队阵容中，中国工商银行以 2 562.19 亿元的品牌价值荣登本年度最具价值品牌榜首。占据榜单前五名的还有国家电网（2 415.62 亿元）、中国石油（1 795.86 亿元）、中国移动（1 789.28 亿元）、中国人寿（1 745.36 亿元）。从品牌价值角度分析，这些品牌已经迈进世界级品牌阵营。②

正如美国品牌学家亚历山大·拜尔认为：品牌资产是一种超越生产、商品及所有有形资产以外的价值……品牌带来的好处是可以预期未来的进账远超过推出具有竞争力的其他品牌所需的扩充成本。法国品牌专家让·诺尔·卡菲勒相信，企业最宝贵的财富是品牌。品牌对于公司而言代表了一份价值连城的合法财产，这份财产能够影响消费者的行为，在它被购买和出售的过程中，能够确保它的主人以后会有源源不断的收入。

### （三）帮助企业获得竞争优势

综合来看，品牌又可以帮助企业获得竞争优势。其表现在：

① 舒咏平，吴希艳．品牌传播策略［M］．北京：北京大学出版社，2007：8.

② 2014 年（第十一届）《中国 500 最具价值品牌》揭晓！［EB/OL］．(2014-06-24)［2017-11-03］．http://brand.icxo.com/htmlnews/2014/06/24/1453628.htm.

首先，品牌是企业核心竞争力的载体，特别是无形资产形成的核心竞争力。

其次，品牌在体现企业产品或服务品质的过程中、与消费者的不断交流与互动过程中，建立了消费者的品牌认知度、好感度、品牌联想以及品牌忠诚等内容，这些内容都构成了企业的竞争优势。品牌建立了良好的形象，在消费者那里得到了认同，就必然会吸引相应的消费者，从而形成品牌特有的消费群体，并在品牌持续经营中使得消费群体得到巩固，从而形成消费者的品牌忠诚效应。而在商品信息的不断传播中，品牌忠诚消费者的口碑推荐以及在销售场所的购买示范行为，必将深刻地影响着其他犹豫不决的消费者。如此下来，品牌将拥有越来越多的忠诚消费者，在市场竞争中将获得优势。

## 第二节　品牌传播

### 一、品牌传播的定义

所谓“品牌传播”，就是企业以品牌的核心价值为原则，在品牌识别的整体框架下，选择广告、公关、销售、人际等传播方式，将特定品牌推广出去，以建立品牌形象，促进市场销售。品牌传播是企业满足消费者需要，培养消费者忠诚度的有效手段。简而言之，所谓品牌传播，就是指品牌所有者通过各种传播手段持续地与目标受众进行沟通、交流与互动，以期最大化地增加品牌资产的过程。

### 二、品牌传播的地位

品牌传播在品牌建设中起着巨大的作用，而且地位十分重要。品牌传播是品牌和消费者之间的纽带，是消费者认知品牌的重要手段。品牌传播建立了品牌的认知度、美誉度与忠诚度，树立了品牌形象，促进了商品的销售。可以说，品牌传播对品牌力的塑造起着关键性的作用。

商品力、品牌文化和品牌联想等构成品牌力的因素，只有在传播中才能体现出它们的力量。传播是品牌触达消费者心智的渠道和方式。如果少了传播这一环节，那么消费者将无从对商品的效用、品质进一步地了解，品牌文化和品牌联想的建立也几乎是不可能的。品牌之所以成为品牌，都是一系列的传播活动塑造出来的。比如三星在 1984 年就开始赞助奥运会，此后的每一届奥运会都不曾缺席，凭借强大且持续的品牌传播活动，三星的世界名牌地位日益稳固。

## 三、品牌传播运作的一般流程

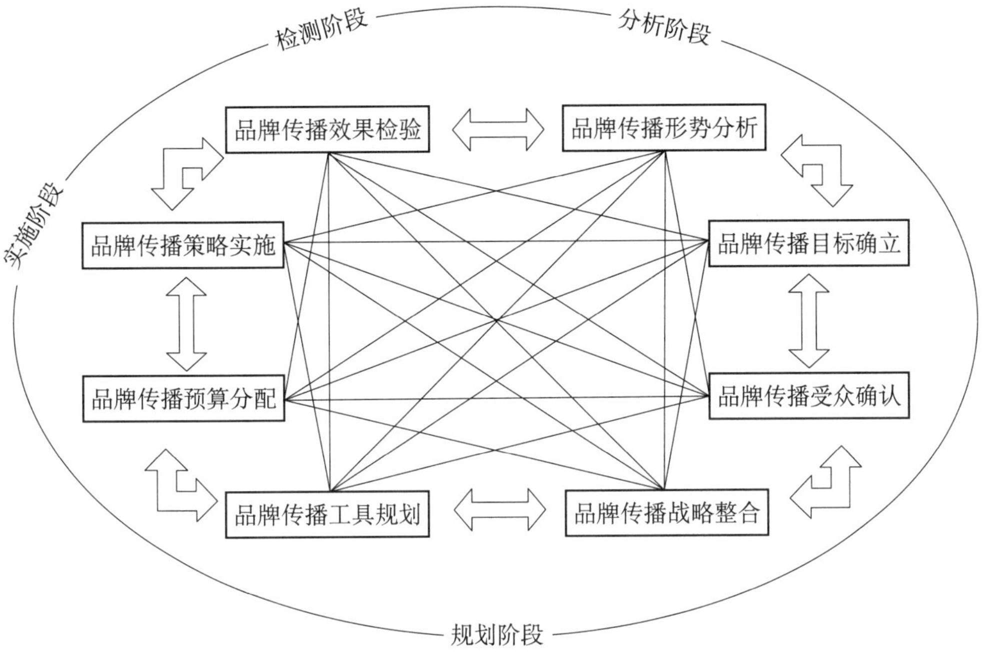


图 2–2　品牌传播运作流程图

品牌传播一般分为四个阶段。（如图 2–2）

### （一）分析阶段

通过回顾、总结和分析现有资料，全面把握当前的品牌传播形势是整个品牌传播规划过程的起点。通过掌握品牌传播的整体现状，能够指出目前品牌与目标对象之间的沟通所存在的问题，明确哪些因素影响了品牌传播的效果、其产生的影响是正面的还是负面的、影响程度如何。

### （二）规划阶段

根据所总结的亟待解决的品牌传播问题，推导出品牌传播的战略性目标，确定差异化的传播定位。在此基础上，进一步推导出各阶段以及各细分传播策略的战术性目标。明晰的传播目标不仅便于操控各种品牌传播工具执行传播策略，而且还将作为既定标准检验传播成果。

确立品牌传播目标之后，需要确认传播的目标受众，分析他们对品牌的既有态度、消费形态以及信息接触行为。一般来说，品牌传播的对象有三类：消费者、员工、其他利益相关者（供应商、媒体、营销传播代理商、政府、当地社区、金融投资者、特殊利益群体）。企业需根据目标受众的特征制定特定的传播策略。

在确认目标受众的基础上，推出品牌传播的整合战略，以确保实现长期、稳固且具有协作效应的传播活动。传播工具规划、预算编制等所有传播决策和行为都将以此为准绳。

接下来是规划传播工具，在整合传播策略的指导下进行选择和组合。企业需要检验各传播工具是否具有实现传播目标的能力，以及彼此之间的关系结构。根据传播目标对传播工具的重要性进行排序，确定由主导工具及辅助工具构成的品牌传播系统。

此后，按照既定传播目标和预期销售额等指标进行预算编制，以便充分利用已有的资金，实现最佳的传播效果。企业还应对各阶段以及各传播工具的金额进行合理的规划和分配。

#### （三）实施阶段

本阶段是整个品牌传播战略的执行期。企业确定品牌传播的具体信息，制定品牌传播所采取的具体途径和方式策略，并通过特定传播渠道将信息送达目标受众。

在实施过程中，首先需由专门的部门或人员负责品牌创建和传播计划，以保证品牌传播的效率；其次品牌传播需要来自企业内部各方的支持，尽量减少来自组织的制约，企业高层应给予高度的重视。只有组织成员统一思想、戮力而行，品牌传播才能顺利进行，品牌的创建才能顺利开展。

#### （四）检测阶段

在一个周期的品牌传播活动执行完毕之后，需要及时对该阶段的传播活动进行检验，并确认以下几个方面的问题：既定目标是否实现；哪些传播策略的效果最为明显；投入的预算带来哪些收益，等等。通过检验，企业得以在第一时间认识到品牌传播在战略制定和策略执行上存在的问题，并及时采取相应的补救措施。

## 第三节　品牌传播的外部影响因素

### 一、市场环境因素

#### （一）竞争者环境

在考察广告主品牌环境时，不得不分析的就是竞争者的品牌传播。竞争者分析是指企业识别出竞争对手，并对它们的目标、资源、市场力量和当前战略等要素进行评价。在品牌传播中，竞争者分析指的是广告主在进行品牌传播时对其竞争对手在品牌传播上的目标、定位、手段、媒体选择、资源投入、优势劣势等情况的分析。如三星手机在进行品牌传播的时候，就要考虑苹果在品牌传播上的目标、定位等方面的内容，明确苹果在品牌传播上的优势、劣势，从而结合自身情况确定品牌传播策略。进行品牌传播竞争者分析一般分为以下几个方面：

首先，识别企业品牌传播的竞争者。从行业的角度来看，企业品牌传播的竞争者包括三种。第一，现有有直接竞争关系企业的品牌传播，即现有厂商的品牌传播。第二，潜在的新加入者，当某个行业有利可图、未来有发展前景的时候，就会引来新的竞争企业。如手机行业除了三星、苹果、华为、小米等厂商之外，格力、三一重工也宣布进军手机行业，而它们进入手机行业之后，必然会在品牌传播上有所作为。这时候，品牌传播环境就加入了新的品牌传播竞争者。第三，替代品厂商的品牌传播。与某一产品具有相同功能，能满足同一需求的不同性质的其他产品，属于替代品。随着科学技术的发展，替代品将越来越多，某一行业的所有企业都将面临与生产替代品的其他行业的企业进行竞争，品牌传播上也必然受到影响。如大屏手机对平板电脑有替代性，微软的 surface 对笔记本电脑和台式机有替代性，如果前者在品牌传播上重点宣传其替代性及其优越性，那么后者的部分消费者可能就会流失。

其次，确认竞争者的品牌传播目标。在识别了品牌传播的主要竞争者之后，广告主应该回答的是竞争者的品牌传播目标是什么。目标是多种多样的，有长远目标和短期目标，又可以分为大目标和小目标，也可能是一个目标系统。品牌传播或是为了维持并提升品牌形象，或是为了促进销售，或者是为了打击竞争对手。在明确了竞争者的品牌传播目标之后，广告主才能依据自身条件进行调整，做出品牌传播的应对方案。

再次，明确竞争者品牌传播的优劣势和传播策略。在品牌传播的竞争中，企业需要分析竞争者品牌传播的优势与劣势，做到知己知彼，才能有针对性地制定正确的品牌传播战略，以避其锋芒、攻其弱点、出其不意，利用竞争者的劣势来争取市场竞争的优势，从而实现企业品牌传播目标。竞争者品牌传播优势劣势以及传播策略可以从以下几个方面分析：传播目标、传播的渠道、传播手段、传播的内容、传播的资源支撑、传播的组织、传播的管理能力等。

最后，要明确竞争者的反应行为，预判对手的下一步传播行为，进而作好应对准备。根据反应程度和类别可分为三种。第一，迟钝型竞争者。这类竞争者在品牌传播中反应不强烈，行动滞后，可能是因为自身传播费用投入、人员水平、合作媒体资源等传播资源受限制，也有可能源于其管理机制冗杂、反馈滞后等多种因素。第二，选择型反应者。即对竞争性品牌传播行为区别对待，视竞争者品牌传播具体情况而进行不同程度、不同层面的反应。第三，强烈反应型竞争者。这类竞争者对于竞争性的品牌传播行为会作出针锋相对的反应，如王老吉和加多宝的广告公关战。

### （二）广告主品牌传播的消费者环境

随着互联网时代的到来，受众也发生了诸多变化。无论是目标消费者还是利益相关群体均受到了数字化的“改造”。

1. 消费者数字化、移动化、碎片化生存

伴随着互联网的快速发展，消费者的数字化和移动化生存成为常态。从数量上看，据中国互联网信息中心发布的数据显示，截止到2014年年底，中国网民达到了6.49亿人，手机网民达到了5.57亿人，中国网民通过台式电脑和笔记本电脑接入互联网的比例分别为70.8%和43.2%；手机上网使用率为85.8%，较2013年年底提高4.8个百分点。从受众使用的时间来看，2014年，中国网民的人均周上网时长达26.1个小时，较2013年年底增加了1.1个小时。[①] 网络应用涵盖了消费者生活的方方面面，互联网已经成为人们生活不可或缺的一部分。随着数字化和移动化的加快，消费者的信息接收、信息生产、媒体使用都呈现出了碎片化的趋势。

2. 消费者对传播的控制力加强，“人人皆传播”

从传统媒体发展到数字媒体，再到媒介融合，传受两者关系也随着技术的革新不断改变。从传受关系上来说大致经历了四个阶段：第一阶段，大众传媒时代的单向传播，是自上而下的传播流程，话语权掌握在传者手中，受者只能被动地接收信息，信息传受双方的地位是不对称的；第二阶段，以受者为中心。这个阶段经历了从大众传媒注重受众需求发展到与受众共享信息，受者的地位逐渐提高；第三阶段，Web2.0带来了“去中心化”，互联网的盛行消解了大众传播者的权威，传受双方进入互动共享信息的时代；第四阶段，传受合一的时代，数字媒体赋予受者自主选择媒体的权利。此外，随着微博、微信等自媒体的使用，打破了传统的单向传播模式，受众不仅是信息的消费者，也可以是信息的制造者，实现了媒体与个人、个人与个人之间的一对一传播。

从以上的变化中我们可以看出，消费者不再是信息的被动接受者，而是主动参与传播过程的内容创造者和传播者。消费者对传播的控制力逐渐加强，“人人皆传播”的时代到来。

## 二、传播媒体环境因素

### （一）媒体产业化，传播渠道极大丰富

在传统媒体生态环境下，大众媒介是政府的一个组成部分，其对政治功能的强调，较大程度上掩盖了媒介的经济功能。1992年，我国确立了“事业性质，企业经营”的媒介管理体制，媒介的经济功能得到重视和强调。随着我国媒体产业化进程的加快，媒体的经济功能得到前所未有的发挥。1996年，广州日报报业集团成立，开始了媒体集团化、上市的浪潮，完整的产业链条开始形成。经过近二十年的发展，我国的媒体产业达到了一个相当大的规模。截至2013年年底，全国共设播出机构2 568座，包括：电台153座，电

① 资料来源：CNNIC：《第35次互联网发展统计报告》，2015年1月。

视台 166 座，教育电视台 42 座，广播电视台 2 207 座。2013 年全国广播电视行业创收 3 242.77 亿元，比 2012 年的 2 803.35 亿元增加 439.42 亿元，增幅 15.67%。[①] 另据国家工商行政管理总局的数据显示，2014 年全国广告经营额达到了 5 600 亿元。20 多年以来广告市场的增长速度非常迅速，年均为 17%。[②]

近几年，随着互联网的快速发展，博客、微博、微信等各类新媒体形式层出不穷，信息传播的渠道也极大地丰富起来。据中国互联网信息中心发布的报告显示，截止到 2014 年 12 月，我国网站总数已达到 335 万个，网民达到了 6.49 亿。[③] 由此，除了传统媒体传播机构以外，数量庞大的数字媒体也成为我国广告主品牌信息传播的重要渠道。

### （二）自媒体风行

过去品牌传播的主体一般是广告主，广告主是品牌传播信息的制定者和品牌传播的发起者。然而在互联网时代，这种情况正在改变。互联网的"去中心化"和消费者赋权的特点使得广告主对品牌传播的控制在不断减弱，消费者也可以创造品牌信息并传播品牌信息。这对广告主既是挑战也是机遇。如果不能够迅速响应消费者，不能够与消费者建立关系，那么品牌传播就会受到影响。如果能够与消费者打成一片，充分调动消费者的积极性和创造性，让消费者与广告主共创品牌，那么这个品牌必然充满了活力和生命力，品牌传播的目的也通过这种方式达到了。

受众数字化、移动化生存的一个重要结果就是自媒体的繁荣。那么何谓自媒体？美国新闻学会媒体中心于 2003 年 7 月发布了由谢因波曼与克里斯威理斯两位联合提出的"We Media（自媒体）"研究报告，其对自媒体定义为："We Media 是普通大众经由数字科技强化、与全球知识体系相连之后，一种开始理解普通大众如何提供与分享他们自身的事实、新闻的途径。"简言之，即公众用以发布自己亲眼所见、亲耳所闻事件的载体，如博客、微博、微信、论坛 /BBS 等网络社区。自媒体具有传统媒体所不具备的三个特点。

首先，多样化。多样化指的是自媒体构成多样化以及信息多样化。自媒体可以是一个专业团队、一个某方面的专业人士，也可以是普通大众。自媒体构成的多样化决定了其产生内容的多样化。在自媒体上，消费者可以寻求自己感兴趣的个性化内容。

其次，去中心化和平民化。互联网的一个重要特征就是去中心化、去权威化，在互联网上人人平等，权威信息在互联网的信息洪流中被消解和挑战，自媒体让普通大众有了便捷的发言手段。自媒体的传播主体来自社会底层，自媒体的传播者因此被定义为"草根阶层"。

最后，普泛化。自媒体最重要的作用是它将话语权交给草根阶层、普通民众，它张扬

---

① 全国广播机构 2 568 座共有频道频率 4 199 个［EB/OL］.（2014-07-12）［2017-11-03］.http：//www.iliuye.com/index.php/wap/Index/article/id/47347.

② 冯青，张子鹏 . 工商总局副局长：2014 年我国广告经营额超过 5 600 亿元［EB/OL］.（2015-04-24）［2017-11-03］.http：//money.163.com/15/0424/17/ANVVU1T900253BOH.html.

③ 资料来源：CNNIC：《第 35 次互联网发展统计报告》，2015 年 1 月。

自我，助力个性成长，铸就个体价值，体现了民意。这种普泛化的特点使“自我声音”的表达愈来愈成为一种趋势。

### （三）媒介消费“碎片化”时代到来

未来学家托夫勒指出：“就个人而言，我们被一些矛盾、零散的形象所包围，传统的观念受到考验，注入我们脑海的是支离破碎的弹片。”这是西方早期对碎片化的描述。“碎片化”是描述当前中国社会传播语境的一个形象性的说法。“碎片化”改变了传统社会关系、市场结构及社会观念的整体性，从精神家园到信用体系，从话语方式到消费模式都瓦解了，取而代之的是一个个“利益族群”和“文化部落”的差异化诉求及社会成分的碎片化分割。社会阶层在不断碎片化的同时，消费者的媒体接触和生活形态都发生了碎片化的改变。普通消费者一天可能好几个小时都在观看电视的情况正在发生改变，移动互联网的蓬勃发展及移动智能终端的普及在不断割裂消费者的媒体接触时间。

一方面，媒介“碎片化”其实是消费者“碎片化”在媒介消费领域的体现。此时，消费者深陷在各类媒介、各类信息中，所谓的“权威”声音很快被湮没在信息的海洋中。对于消费者而言，媒介“碎片化”更多体现的是“个性化”。广告主希望用一个节目或一个出版物获得大量受众已经不再可能。广告主不得不以多元化的视听形态吸引比以往更狭窄和更确定的受众，媒体组合的重要性尤为显著。

另一方面，生活方式和态度观念是导致消费者“碎片化”的直接原因，媒介内容的度身定做可能加剧这种生活形态的隔离。它将允许甚至是鼓励个人生活在他们自己构筑的世界中，与那些他们不关心或者不愿意因此而烦心的议题相隔绝。这就出现了“渠道多，无权威”“信息多，无观点”“言语多，无行动”的局面。因此说，“权威”的坍塌与自我意识的崛起是“碎片化”时代最突出的特点。

### （四）UGC 成为品牌信息的重要组成部分

当前，受众不仅仅是信息的接收者，更是信息的制造者、传播者。UGC，全称为 User Generated Content，即用户生成内容。UGC 的概念最早起源于互联网领域，即用户将自己原创的内容通过互联网平台进行展示或者提供给其他用户。UGC 是伴随着以提倡个性化为主要特点的 Web2.0 概念兴起的。当前，UGC 已经成为品牌信息的重要组成部分。UGC 中可能会包含品牌信息，也可能不包含品牌信息，但是不可否认的是消费者创造并传播品牌信息已经成为事实，对于这些广告主无法控制的品牌传播，广告主必须找到应对之策，并加以引导和利用。

### （五）数字媒体和传统媒体激烈竞争

数字媒体市场规模近年来获得了快速增长。据艾瑞咨询数据显示，2014 年中国网络广告市场规模达到 1 540 亿元，同比增长达到 40.0%，在 2018 年将达到 3 930 亿元的市场规模。在数字媒体快速发展的同时，传统媒体产业也取得了规模上的巨大飞跃。截至 2013 年年底，全国广播电视行业总收入达到 3 734.88 亿元。[①] 传统媒体受到数字媒体的冲击，其自身也在不断改革以适应新形势。

但是，受总体经济下行态势的影响，伴随着广告主媒体广告投入上的持续紧缩，传统媒体和数字媒体对广告客户的争夺愈发激烈。据中国传媒大学广告主研究所的调研数据显示，2005 年到 2015 年，广告主媒体广告投放费用在整体营销推广费用中的分配比例由 39.1% 下降到 2015 年预期的 32.6%，呈现出下降的趋势。可以预见的是，未来数字媒体和传统媒体的竞争会更加激烈。

#### （六）数字媒体和传统媒体融合发展

面对竞争，传统媒体如何守住自己的市场份额？ 2014 年 8 月 18 日上午召开的中央全面深化改革领导小组第四次会议审议通过了《关于推动传统媒体和新兴媒体融合发展的指导意见》，指出要推动传统媒体和新兴媒体融合发展，要遵循新闻传播规律和新兴媒体发展规律，强化互联网思维，坚持传统媒体和新兴媒体优势互补、一体发展，坚持以先进技术为支撑、内容建设为根本，推动传统媒体和新兴媒体在内容、渠道、平台、经营、管理等方面的深度融合，着力打造一批形态多样、手段先进、具有竞争力的新型主流媒体，建成几家拥有强大实力和传播力、公信力、影响力的新型媒体集团，形成立体多样、融合发展的现代传播体系。

随着中央层面对于媒体融合的重视，媒体融合成为传统媒体未来转型的重要方向。实际上，已经有许多传统媒体集团进行了媒体融合的探索，并且取得了一定的成绩，如浙江日报报业集团、上海报业集团、湖南广电集团等。

## 第四节　品牌传播的内部影响因素

广告主的品牌传播活动往往受到以下几个因素的影响：

### 一、广告主对品牌的理解

从第一节品牌的定义中我们可以看到，品牌概念有诸多内涵，认识品牌也可以从不同的角度出发。广告主对品牌的理解与认识直接决定了其品牌传播的走向。当下我国广告主对品牌概念的理解表现得参差不齐、各式各样、差异很大。因此，探究广告主对品牌的认

① 李逢静 . 2014 广电蓝皮书发布［EB/OL］.（2014-07-09）［2017-11-02］. http：//www.cnr.cn/gundong/201407/t20140713_51583 6494.shtml.

识是我们了解其品牌传播观念的基础。

## 二、广告主自身的发展层次

企业自身发展层次与所属行业的不同是影响广告主对不同品牌的认识与品牌传播观念的主要因素。

广告主自身的发展层次可从多个维度理解。首先是企业领导人维度。企业领导人作为企业的最高决策人，其自身发展层次与经营理念构成其对品牌的认识。其次是企业的成长生命周期与品牌的发展阶段维度：一方面，处于初创期、成长期、成熟期和衰退期的企业，在持有资源、企业活力、创新能力、市场竞争力上都所有不同，发展途径与企业需求自然也就不同，那么对事情的看法也会产生差异；另一方面，对于一个品牌在初创期、成长期、成熟期与衰退期中，应对不同的品牌发展目标，企业也会有不同的品牌传播策略。最后是企业或品牌所属行业的发展层次。行业也有新兴行业、成熟行业、衰退行业，行业的不同发展层次影响着企业品牌建设的思路，将决定品牌传播的目标设定。

## 三、广告主所处的竞争环境

广告主所处的竞争环境一般来说是指广告主所处的行业环境。一方面，不同行业属性的广告主提供的产品和服务存在较大差异，因此品牌对于企业的价值和意义体现在不同层面。品牌传播的理念、行为在很大程度上受广告主所从属的行业属性影响。

## 四、广告主所处不同地区的经济发展状况

广告是经济的晴雨表。不同地区因经济发展速度与规模的不同，其地区的营销传播活动也会各有特色。北京、上海、广州和深圳可以说是中国经济发展最为迅速、风格又各不相同的几个城市。在这几个城市中汇集着国内外最有实力的企业和有抱负的企业家。在中国传媒大学广告主研究所《2008—2009 年中国广告生态调研》中，项目组将北上广深地区的广告主和其他地区的广告主在营销各个层面进行了比较，调研结果体现出了鲜明的地区差别。

从结果看，就全国而言，广告主判断广告活动有效性的标准以“市场占有率”为重点，但是北上广深地区（北京、上海、广州和深圳）的广告主对于广告作用于“品牌”层面的诉求则更为强烈，“品牌知名度的提高”一项的选择超过全国的平均水平，排在第一位，除此之外，“品牌好感度的提升”也是北上广深广告主的重要诉求。与北上广深地区

广告主表现出的“品牌理想”不同的是，其他地区的广告主更多的还是关注自身的市场份额的扩张，和如何利用有限的资金尽可能地抢占更大的市场份额。

## 本章思考题

1. 品牌的定义与优势是什么？
2. 品牌传播的定义与基本运作流程是什么？
3. 品牌传播的影响要素是什么？

# 第二篇　品牌传播组织机构篇

# 第三章　品牌传播组织

对于广告主而言，为了更有效地进行品牌传播，广告主往往会设立专门的组织部门对整个过程进行协调管理。那么在企业内部，都由谁来组织和开展品牌传播工作？他们的职能任务都有哪些？他们又是如何进行分工合作，以保证品牌传播顺利进行的？一个好的品牌传播组织应该具备哪些素质？

## 第一节　品牌传播组织的设立

品牌传播组织是广告主为了更有效地实现品牌传播任务、实现品牌价值而在企业内部建立的统一负责品牌传播活动的职能部门，它与其他职能部门共同构成了企业的组织系统。了解品牌传播的组织，主要目的在于认识品牌传播过程中涉及的工作、角色，及其在品牌传播过程中是如何发挥作用的。

"组织"一词是管理学中的重要概念，也是管理的四大基本职能之一。之所以开展"组织"工作，是为了有效地实现计划所确定的目标，并在组织中进行部门划分、权利分配和工作协调。它是计划工作的自然延伸，包括组织结构的设计、组织关系的确立、人员的配置以及组织的变革等。[①]

品牌传播活动作为企业一项长期的、复杂的、系统的工作，是企业经营管理中的一项重要计划，并且拥有若干环节，涉及多方的利益，面对多重的传播对象。因此，为了有效地实现品牌传播任务，大多数广告主都在企业内部设立了专门的组织系统与职能岗位。这个组织系统的核心使命是：

完成企业品牌建设、传播及管理相关工作，保证品牌传播的有效进行，最终形成竞争差异与品牌优势，提升品牌价值，保证企业的持续盈利和不断发展。

广告主在进行品牌传播组织的具体建设时，也始终围绕这个使命来进行，包括组织架构设计、职能任务设置、人力物力资源分配等等。同时，根据企业不同的规模结构、产品属性、发展阶段及品牌传播任务在企业中的重要级别，品牌传播的组织系统既可能是企业内部的某一部门，也可能是企业外设的子企业，还可能是从企业领导人到企业各个部门的

① 斯蒂芬·P. 罗宾斯. 管理学［M］. 北京：高等教育出版社，2012：350.

负责人，再到企业组织结构末端宣传管理员共同构成的分工明确、具备多个层次的庞大的组织体系。

当然，除了企业内部设置专门的品牌传播组织部门以外，广告主开展品牌传播活动也会需要一些外部支持机构的协助。由于品牌传播既可影响企业的核心生存与发展，又可辐射到企业所有的利益相关者，因此，当下大多数广告主都实行企业内外部配合的品牌传播组织建构策略，即：制订战略计划、审批策划创意、分配资金花费、监督管理任务执行情况等工作由企业内部的品牌管理组织部门负责；而策划、创意、制作、执行等专业性的、业务性的工作既可以由企业内部专门的广告公关策划部门负责，也可以委托给外界的专业广告公司、公关公司负责。

总之，品牌传播的组织是广告主品牌传播活动中的监督者、管理者、协调者，以及执行者，是品牌传播的责任主体。合理的品牌传播组织既是保障品牌良好运转并提高竞争力的先决条件，又是避免品牌资产流失的基础保障。

## 第二节　品牌传播组织的主要职责

### 一、品牌传播的战略管理

#### （一）品牌传播战略管理的基本内容

1. 企业品牌传播战略的制定与管理

企业品牌传播战略，是指企业在进行品牌建设管理的过程中对企业的品牌定位、传播内容、传播媒体、实施原则等内容进行整体的规划部署，最终实现品牌信息的有效传达、品牌形象的成功塑造和品牌价值的不断提升。

品牌传播战略规划的基础是企业的品牌战略管理，二者息息相关、不可分割。企业的品牌战略是指企业将品牌作为核心竞争力，以获取差别利润与价值的企业经营战略。品牌战略是市场经济竞争的产物。[①] 具体包括创建品牌识别，确立品牌核心价值及定位，设计品牌传播信息，规划并执行品牌营销活动，制定新品牌推出的原则，评估和阐释品牌绩效等有关品牌发展的长期的、系统的、整体的规划部署[②]。

就组织的品牌传播战略任务来看，如果企业只拥有一个品牌，只需要对这一个品牌进行营销传播，那么企业的品牌传播战略也相应简单明了，即，按照企业品牌的精神内涵及发展战略，制定包括定位、内容、传播渠道等任务方向的品牌传播战略。然而，就目前来

① 让·诺尔·卡菲勒．战略性品牌管理［M］．王延平，曾华，译．北京：商务印书馆，2000：20.

② 凯文·莱恩·凯勒．战略品牌管理（第三版）［M］．北京：中国人民大学出版社，2009.

看，我国众多大中型企业普遍拥有复杂的品牌架构与产品类别，每个品牌都可能面对不同的业态、竞争环境和目标市场，更有甚者，同一企业还会拥有在同一品类中有竞争关系的多个品牌。如统一集团旗下的统一品牌覆盖了包括茶饮料、方便面等众多品类，而其茶饮料品牌又包含茗茗是茶、植觉以及小茗同学等多个子品牌。

而每一个品牌都需要注重通过整合的、多样的传播手段开展品牌传播，不同区域内的传播手段与传播目标也不尽相同。这种情况下，单一层级的品牌传播战略显然不能够解决如此复杂的问题。因此，这就需要企业的品牌传播战略管理组织分层级、分情况地进行系统的企业品牌战略传播规划。

总结来看，关于企业品牌传播战略的规划与管理大致有以下几个方面的内容：

（1）企业整体品牌的传播战略及下属品牌在传播中的战略地位及相互关系

企业层面的品牌传播战略规划可以帮助企业明晰当前品牌所处环境、品牌发展规划等问题。企业层面的品牌传播战略规划通常需要确定企业整体品牌的定位、发展愿景、品牌使用策略以及企业整体品牌与下属产品或服务品牌的关系。

首先，在处理企业整体品牌与下属产品或服务品牌的关系时，要注重二者之间的相互配合：整体品牌领导下属品牌，下属品牌对整体品牌进行有效的配合。如在中国移动通信集团（以下简称“中国移动”）中，“移动通信专家”是其企业品牌的整体核心定位与传播诉求，并以此作为下属三大类客户品牌（全球通、动感地带、神州行）的统一支撑，覆盖各类目标人群。在三大客户品牌尚未成熟时，中国移动曾在2—3年内投入大量的传播费用，专门用于“移动通信专家”的企业品牌形象塑造。而这一部署就源自中国移动在企业整体品牌传播上的战略规划。其下属的三大类客户品牌又分别有各自的品牌定位、目标受众与传播战略。[①]

其次，企业需要根据自身情况选择合适的品牌使用策略。通常，企业品牌使用策略有：“单一品牌，多元产品”“多品牌，不同产品大类使用不同品牌”“多品牌，不同产品使用不同品牌”“主副品牌，多元产品”“单一品牌，单一产品”等五类。不同的品牌使用策略直接关系到企业品牌传播的规划、决策与实施，对企业的品牌传播有着重要的意义。

从中国传媒大学广告主研究所对广告主的调研访问结果中可以看到，“单一品牌，多元产品”始终是广告主普遍使用的产品品牌策略，即广告主拥有的诸多产品都采用一致的品牌名称与品牌形象，典型代表为银行类企业。这类广告主在对外进行品牌传播时，需要始终注重统一不同产品的品牌信息与品牌形象，包括品牌口号、标识以及品牌风格，统一的品牌定位等，以免给消费者带来“同一品牌，风格却截然不同”的印象。企业在对外传播与品牌建设时，只需进行这一品牌的形象塑造与宣传即可。（如图3-1）

---

① 苏月．品牌传播的管理之道［D］．成都：四川大学，2007.

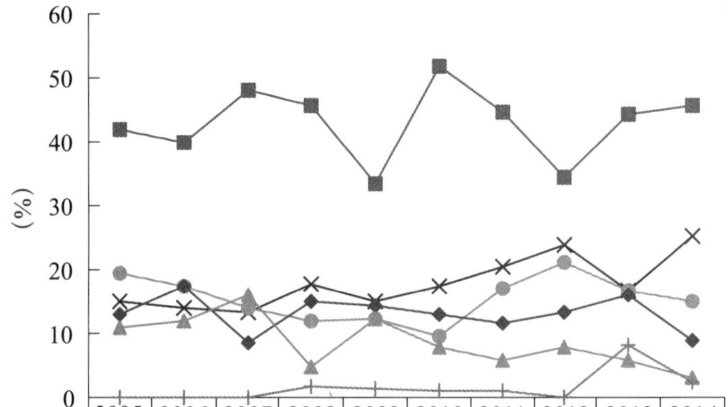


| | 2005年 | 2006年 | 2007年 | 2008年 | 2009年 | 2010年 | 2011年 | 2012年 | 2013年 | 2014年 |
|---|---|---|---|---|---|---|---|---|---|---|
| 单一品牌，多元产品 | 41.9 | 40 | 47.9 | 45.5 | 33.3 | 51.7 | 44.7 | 34.3 | 44.2 | 45.7 |
| 多品牌，不同产品大类使用不同品牌 | 15 | 13.8 | 13.4 | 17.5 | 14.9 | 17.2 | 20.3 | 23.8 | 16.7 | 25.2 |
| 多品牌，不同产品使用不同品牌 | 19.4 | 17.2 | 14 | 11.9 | 12.3 | 9.5 | 17.1 | 21 | 16.7 | 15 |
| 主副品牌，多元产品 | 12.9 | 17.2 | 8.6 | 15.1 | 14.3 | 12.9 | 11.4 | 13.3 | 15.8 | 8.7 |
| 单一品牌，单一产品 | 10.8 | 11.7 | 16.1 | 4.8 | 12.3 | 7.8 | 5.7 | 7.7 | 5.8 | 3.1 |
| 其他 | 0 | 0 | 0 | 1.6 | 1.3 | 0.9 | 0.8 | 0 | 8 | 2.4 |

2005 年 *n*=186，2006 年 *n*=145，2007 年 *n*=151，2008 年 *n*=126，2009 年 *n*=154，2010 年 *n*=112，2011 年 *n*=123，2012 年 *n*=143，2013 年 *n*=120，2014 年 *n*=127

**图 3-1　2005 年—2014 年，广告主产品的品牌使用策略情况对比**

数据来源：中国传媒大学广告主研究所

“多品牌，不同产品大类使用不同品牌”的多品牌策略近年来在广告主品牌策略选择中呈现不断上升的趋势，代表企业有中国移动等。相对于单一品牌策略，多品牌策略有助于广告主针对不同的产品大类所面临的竞争环境、消费者特征进行更有针对性的品牌定位与形象设立，实现更加准确有效的品牌传播。

在多品牌策略中，除“不同产品大类使用不同品牌”外，还有更为细分化的“不同产品使用不同品牌”，代表企业有宝洁、联合利华、统一等。在这类品牌策略中，企业根据每个细分产品的定位与消费市场进行品牌传播规划。一方面可以防止某一产品品牌声誉不佳而影响整个企业声誉，另一方面也有利于不断开拓新的品牌形象，开拓新的消费市场。如提到 OPPO 品牌手机，消费者往往想到的是“韩范”十足，以年轻群体为目标消费人群的音乐手机。而提到步步高手机，消费者则会联想到较为廉价、低端、以县域市场消费者为主要目标消费群体的国产手机品牌。但其实两者都属于步步高这个企业。

在品牌传播中突出品牌形象还是企业形象是多品牌策略中最为关键的决策。如在宝洁、联合利华早期各类产品的广告中，我们几乎看不到宝洁与联合利华的字样，消费者大多只知道自己所使用的产品品牌，如海飞丝和潘婷，力士和多芬，甚至常常做的选择也是在一个集团下的各个产品品牌之间，产品品牌广告宣传在定位、形象、风格上各不相同，甚至差异很大，形成了诸多不同的消费细分市场。这便是企业在传播中采取淡化企业形象，突出产品品牌形象的结果。但一个独立产品的品牌力量与影响力毕竟是有限的，近年来，为了让产品尤其是新品可以共享企业长久以来建立的品牌的良好信誉，使企业品牌的整体品牌价值为其他品牌带来支撑，宝洁开始将企业品牌名称加入各品牌的宣传中。在海飞丝、潘婷的广告最末尾，开始不断出现“宝洁”的字样，并附带企业 logo，突出强调“宝洁”的整体企业品牌形象。

“主副品牌，多元产品”的品牌策略是指企业采用统一的标志性品牌，兼与独立的标志性品牌进行组合开展品牌传播活动的品牌策略。典型代表如苹果手机，其企业品牌是主品牌，而 6 系列、6plus 系列则作为副品牌代表不同功能序列的产品品牌。采用这样的品牌策略，主品牌可以为产品带来文化、利益、价值，副品牌又可以塑造具体的品牌个性。另外，副品牌往往不单独进行宣传，而是和主品牌一同开展品牌宣传。这样的品牌策略，既有助于主副品牌的区隔，也可以借助主品牌持续的品牌累积效用节省宣传费用。

（2）不同地区的品牌传播规划

对于全国性品牌，或者国际性品牌，这一层面的战略规划显得十分重要。基于不同地区的经济发展与政府政策情况，品牌在该地区的建立与传播都需要视情况而定，也由此需要针对不同地区制定品牌战略。在营销传播层面，我们也将这个层面的战略规划叫作本土化战略或区域战略。麦当劳就是典型的本土化战略代表。麦当劳的品牌虽然单一，但作为全世界覆盖的快餐品牌，面对截然不同的饮食习惯与文化风俗。在这种情况下，先是由企业层的整体品牌战略规划确定了麦当劳品牌的识别元素，如“M”的企业标志、“I LOVE IT”的品牌口号、红黄的配色、企业文化、品牌定位等。具体落实在中国地区，根据中国人的家庭文化习惯，麦当劳在品牌传播战略上注重中国传统文化、集体与家庭的概念，同时关注中国的诸多传统节日与本土明星。落实到具体的传播计划中，便是我们常常看到的麦当劳充满人情味、家庭温暖元素的广告与节日活动。

品牌与品牌传播战略计划往往被认为是品牌及传播管理中最困难、耗时最长但又最为重要的内容，对于企业来说，进行品牌战略规划有着十分重要的意义：首先，品牌战略决定着品牌传播战略的基础，解决企业内多地域、多品牌的传播定位与相互关系；其次，品牌战略规划决定着传播活动的长期目标与发展方向；最后，明确清晰的品牌战略规划有助于帮助企业更加全面地了解品牌传播的环境和品牌的竞争对手，帮助企业调配内外资源的相互协作，提高传播效率，避免资源浪费。

2. 对常规性品牌传播计划的审核与评定[①]

品牌传播战略管理还包括对常规品牌传播计划的审核与评定，需要审核和监测日常的品牌活动中涉及的传播定位、形象规范、整合传播、媒介组合和效果评估五大方面的问题：

✓ 传播定位：规划一个品牌在其实际竞争市场中的具体定位，包括品牌传播消费者定位、竞争环境定位、品牌传播基本调性定位等。

✓ 形象规范：规定品牌传播的各种形象规范，含语言规范、视觉规范、行为规范等。

✓ 整合传播：广告、公关、媒介、终端等各种传播手段的推广策略及实施原则。

✓ 媒介组合：电视、广播、报纸、杂志、互联网、户外等媒介组合的策略和实施过程。

✓ 效果评估：品牌传播过程中实施信息反馈、效果监测及评估的原则与策略方法。

3. 品牌传播预算的分配与决策

品牌传播投入的资金分配与决策也是品牌传播战略管理的重要内容。企业对品牌传播活动的投入一方面要与其品牌战略、营销战略目标结合，另一方面也要从当前开支的实际情况出发，企业品牌传播的预算计划要做到在这二者之间取得平衡。

（1）企业品牌传播预算的大致内容

一般来说，广告主品牌传播的预算分配大体包括五个内容：

✓ 面向消费者的终端推广费用：指直接与终端消费者接触的推广费用，包括促销宣传单、促销人员补贴、终端活动补贴、终端布置设计等费用。

✓ 中间商推广费用：中间商指企业产品的渠道经销商，包括总经销商、二级经销商等。中间商推广费用指企业针对这些产品渠道经销商的活动花费，包括中间商会议费用、折扣返点奖励、经销商覆盖区域的特别营销广告支持等。

✓ 媒体广告投放费用：企业使用广告媒体投放广告的费用。如我们常见的电视广告、户外广告、网络广告等媒体广告所花费的费用。

✓ 公关传播费用：企业进行政府关系建设、社区关系建设等公关活动、人员沟通等所花费的费用。

✓ 其他推广或宣传费用：指以上几类之外的费用，如直复营销的推广宣传花费。

**扩展阅读：2005 年—2015 年预期，广告主营销推广费用的分配情况**

根据中国传媒大学广告主研究所连续性调查结果显示，广告主营销推广费用的分配比例不断发生着变化，但媒体广告费用和面向消费者的终端推广费用始终占据着主要位置。近年来，随着国家整体经济增速放缓，广告主营销推广费用缩减，压力增大，广告主在制定营销传播预算时也表现出更加谨慎的态度，趋向将有限的预算投向效果最直接的环节。因此，面向消费者的终端推广费用占总营销推广费用比例呈现逐年稳步上升的趋势，相应媒体广告花费呈现一定的下滑态势。（如图 3-2）

---

① 苏月 . 品牌传播的管理之道［D］. 成都：四川大学，2007：34.

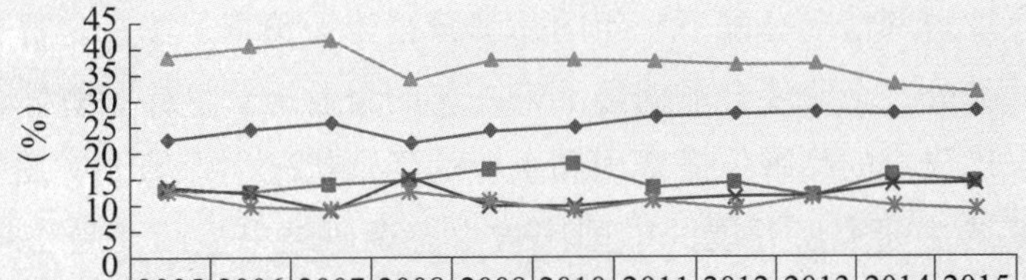


| | 2005年 | 2006年 | 2007年 | 2008年 | 2009年 | 2010年 | 2011年 | 2012年 | 2013年 | 2014年 | 2015年 |
|---|---|---|---|---|---|---|---|---|---|---|---|
| —◆— 面向消费者的终端推广费用 | 22.6 | 24.6 | 26 | 22.4 | 24.4 | 25.1 | 26.8 | 27.5 | 28.2 | 27.6 | 28.27 |
| —■— 中间商推广费用 | 12.4 | 11.8 | 13.8 | 14.3 | 16.6 | 18 | 13.1 | 14.3 | 11.5 | 15.31 | 14.07 |
| —▲— 媒体广告投放费用 | 39.1 | 40.9 | 12.1 | 34.5 | 38.4 | 3.8 | 37.8 | 37.3 | 37 | 33.02 | 31.81 |
| —×— 公关传播费用 | 13.4 | 12.7 | 9 | 15.6 | 9.8 | 9.8 | 10.8 | 11.56 | 11.3 | 14.25 | 14.13 |
| —*— 其他推广或宣传费用 | 12.5 | 10 | 9.1 | 13.2 | 10.8 | 9 | 11.5 | 9.191 | 12 | 9.775 | 9.351 |

2005 年 $n$=148，2006 年 $n$=114，2007 年 $n$=96，2008 年 $n$=108，2009 年 $n$=127，2010 年 $n$=92，2011 年 $n$=91，2012 年 $n$=112，2013 年 $n$=88，2014 年 $n$=91，预期 2015 年 $n$=84

**图 3-2 2005—2015 年预期，被访企业营销推广费用的分配情况**

数据来源：中国传媒大学广告主研究所

（2）企业品牌传播预算制定的方法

企业品牌传播预算是企业在品牌传播活动中对市场投入产出的一种基本分析。过去，许多企业仅仅是把品牌传播预算简单地当作一种会计核算，忽略了其投入产出比例。实际上，一些昂贵的媒体广告资源虽然投入巨大，但是往往可以为企业带来更为巨大的品牌传播效益。

另外，品牌传播预算决策建立在经济学的边际效益分析理论之上。以广告预算投入为例，按照边际效益分析理论，企业要实现销售就必须保持一定量的广告。如果广告产生的边际收益大于所增加的广告投入，那么企业就应该考虑对某一品牌或某一区域或某一媒体增加广告预算。但是，品牌传播投入所能产生的效益并不是无限增长，当品牌传播投入足以满足市场需求时，过度的品牌投入并不能继续带来品牌效益的增加。（如图 3-3）

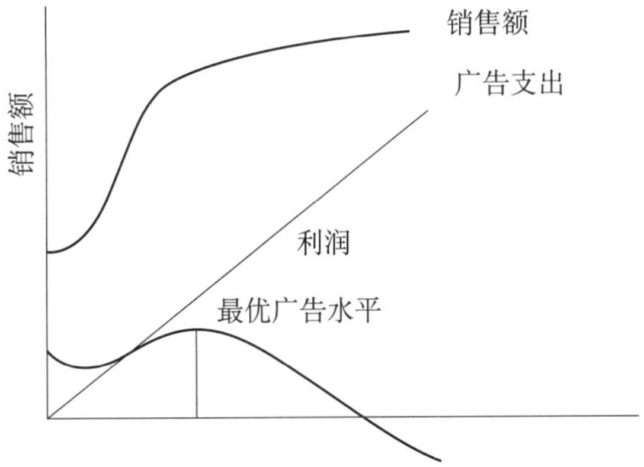


**图 3-3 边际分析的销售、利润及广告投入曲线**

当前企业最常见的预算编制方式是上下年比较法。即企业根据上一年度产品销量情况、企业盈利情况分配下一年的品牌营销传播预算，按一定百分比进行或上升或下降的调整。另外，企业还会根据接下来一年的企业运营目标和整体预算来进行品牌传播预算编制。广告主的品牌传播费用和企业的经营状况、市场经济发展息息相关。如中国传媒大学广告主研究所开展的中国广告生态调研结果显示，受 2008 年全球经济危机影响，广告主的营销推广费用自 2008 年开始就出现较大幅度收紧，并伴随经济变化呈相应变化态势。

### （二）品牌传播战略管理的机构设置

品牌传播战略管理多由企业中负责战略管理的组织进行。品牌传播战略组织是整个企业品牌传播活动的最高领导组织——多由专门的企业品牌负责人与企业领导人、部分职能部门的主管（如企业社会责任部、市场部、产品部、渠道部等）以及区域负责人组成，旨在解决企业品牌发展过程中的战略性问题。当前，在诸多企业中，品牌传播战略管理组织与企业的品牌战略管理组织基本为同一组织。

在具体落实方面，国外企业的品牌管理理念普遍起步较早，战略性品牌管理组织的建立也相对较为成熟。以全球日化行业巨头宝洁集团为代表，品牌建设一直是企业经营发展的重中之重，宝洁一直致力于品牌战略管理的积极探索，并开发了世界长期广为适用的"品牌经理制"。2014 年，随着数字媒体的发展与品牌传播重要性的提升，宝洁更将市场营销部直接改为品牌管理部，整体布局全体验营销。

相比之下，我国战略性品牌管理组织的建立则起步较晚，并且起初的实施现状并不乐观。首先，许多企业并未实施品牌战略管理。上海鼎慧品牌咨询有限公司 2003 年 7 月对我国食品、饮料、化妆品、白酒、家电、润滑油等行业 120 个知名品牌进行的调研结果显示："有 50% 的企业从来没有聘请过外部品牌战略咨询企业或由企业内部管理人员进行过品牌战略规划。"其次，企业即使制定了品牌战略，但也常常缺乏品牌战略管理的专门组织与品牌战略管理人员。正是由于这种战略性品牌管理组织的缺失，导致那一时期的品牌传播整体缺乏统筹的高度。

后来，经过不断的市场探索与实践，随着广告主对品牌认识的改变，当前中国广告主对品牌战略管理的重视度达到了新的高度。许多企业，尤其是多品牌、多地域部署的大型企业，如中国移动、海南航空、红牛集团以及中国华夏地产等都在企业内部设有专门的战略性品牌管理组织部门，进行专门的品牌建设与传播工作。具体到每个企业时，因企业经营内容或文化的不同，该组织在具体名称上会有所不同，常见的有"品牌中心""品牌战略中心""品牌管理委员会""品牌战略部""品牌部"等。

如拥有多达上百种复杂产品及品牌的中国电信集团公司，其战略性品牌管理组织就叫作"产品及品牌委员会"。其中，"委员会分为职务型和非职务型两类。职务型由企业领导、集团总部相关部门的二级经理、部分省企业领导、研究院领导及其他领导人员组成。非职务型由集团总部相关部门和研究院的技术骨干、业务骨干等相关人员组成。委员会委员应具备相应的管理能力、组织能力，并且具备通信行业的业务、广告、营销、技术、法律和财务等方面的专业知识。”其委员会成员不定期聚在一起，对企业品牌提出建议、作出某种决策、协调相关工作或监控某个项目的进行。这与管理学组织设计中的“委员会结构”类似，委员会成员大多资历较高、经验丰富、具有战略视野和判断能力、能应付复杂情况并作出决策，从而推动企业品牌科学、良性发展。①

除此之外，也有直接由企业战略研究部开展企业品牌战略管理的情况，其负责制定包括品牌在内的一切战略内容。如腾讯集团内部直接设有企业发展事业群，负责集团的品牌管理、业务规划、投资者关系管理等。

战略性品牌管理组织在整个传播管理的组织体系中基本居于最高地位，各品牌的品牌传播组织、危机传播管理部门和下设各级的品牌传播责任中心等均在其管辖范围内。但同时也因本企业自身发展需要的不同而略有差别，主要有以下几种类型：

1. 一个部门负责，且受企业最高领导直接管辖，对企业所有品牌产品的战略规划进行管理。如中国联通、红牛集团等。

2. “一个总指挥中心 + 多个品牌部门”组成。通常出现在拥有众多产品大类、多区域、多品牌的企业中。这时企业的战略性品牌管理组织除了有一个统一的战略指挥中心外，各个事业部内部又设有专门的品牌管理部门，由若干个产品经理或者品牌经理来负责某一品牌的经营管理，包括计划、预算、销售以及获取利润。与品牌相关的一切传播活动的审核、规划、制定也都由各个事业部中的品牌管理部门进行。这多见于品牌之间较为独立、名称关联较小的集团企业中，常见于大型日化集团企业、食品企业与汽车企业中。

## 二、品牌传播的常规性管理

### （一）品牌传播的常规性管理的主要内容

品牌传播的常规性管理指的是对具体的品牌传播活动进行计划并执行的过程，包括品牌传播的沟通工作，制订品牌的常规传播计划。

1. 制订品牌的常规传播计划

在企业整体的品牌战略统领下，广告主明确了品牌传播的发展方向、品牌形象定位、品牌传播的重心，接下来广告主就需要根据不同品牌、不同品类或不同区域的情况与战略规划内容，为实现传播目标制订具体可行的传播计划。我们把这一类传播计划称作企业品牌传播的常规计划，可分为日常工作计划和项目进度计划两部分。

① 苏月．品牌传播的管理之道［D］．成都：四川大学，2007：40.

（1）日常工作计划

A. 以时间角度划分

以时间角度划分，日常工作计划可分为年度传播计划、季度传播计划、月度传播计划等。品牌传播的年度计划是全年品牌传播工作的统领，其制订依据主要来源于两方面：企业年度营销计划和企业品牌战略在该阶段的主要目标任务。

首先，要注重企业的年度营销计划。企业年度营销计划包括"对整个企业或产品线的策划、实施和管控职能"，包括"营销目标的陈述，并且产生特定的战略和战术来达到这些目标"①。年度传播计划作为营销计划的重要支撑，为实现年度营销目标而服务，其传播项目及进度安排需与各品牌的营销项目和进度安排相匹配，以避免传播脱节的现象。

其次，需要考虑企业品牌战略在该阶段的主要目标任务。计划实行的年度在品牌战略规划中所处的阶段是制定年度品牌传播战略的重要依据。例如，中国电信品牌战略明确提出品牌战略实施的第二阶段"应向创新、科技转变，形成用户对中国电信创新进取、推陈出新的创新感受"②。因此，企业在制订该年度品牌传播计划时，在传播调性、重点传播活动和评估指标上都应服务于"创新、科技"的品牌战略要求。

此外，上一年度的传播效果、取得的成绩、出现的问题、消费者的反馈、传播竞争环境的变迁也是制订年度计划的依据。年度计划应注重其策略性和指导性，不拘泥于具体细节，而季度计划和月度计划大多为年度计划的分解，涉及更具体的时间区间内的内容，计划更加细致完善。

B. 以内容类型划分

这是指以特订传播主题与传播内容进行的计划，如国庆传播计划、情人节特别策划、奥运会传播方案、世界杯赞助方案等。这类计划有些是在企业的年度计划中就设定好的，有些则是临时性的特别策划活动。

C. 以媒介、手段类型划分

这是指以主要使用的传播媒介或手段进行的计划。如微信新媒体传播方案、户外媒体品牌传播方案、网络门户品牌传播方案与广告传播方案、公关活动方案、终端推广方案等。这类计划也是当前企业比较常用的计划方式，对特定媒体或特定传播媒介上的传播内容、传播方式进行特别的策划。

（2）项目进度计划

项目进度计划是一种帮助企业更明确地安排各项传播计划的方式。企业散布于月度的、季度的、年度的传播活动纷繁复杂，应如何安排？这就需要管理者制订一份项目进度计划以保证各项内容顺利如期进行。

另外，在每一个特定品牌传播活动中，也会包含调查分析、内容制定、评审方案、选

① Rajeev Batra，John & Myers，等. 广告管理：第五版［M］. 赵平，等，译. 北京：清华大学出版社，2003：29.

② 资料来源：罗兰·贝格：《中国电信品牌战略核心内容》，2004 年 8 月，第 40 页，http：//doc.mbalib.com/view/5dad11ae051f162f61oc633c2co.html。

择支持机构、项目执行、评估反馈等若干工作环节，任何一个阶段出现问题都会影响下一阶段的工作实施。因此，企业也常常会针对这些工作内容再制订相应的项目进度计划。

无论哪种情况，项目进度计划都是帮助企业顺利实施日常品牌传播活动的重要工具。在具体应用时，大部分企业会使用甘特图（如图 3–4）。通过甘特图企业工作人员可以清楚地看到一定时期内各个项目的实施计划。[①]

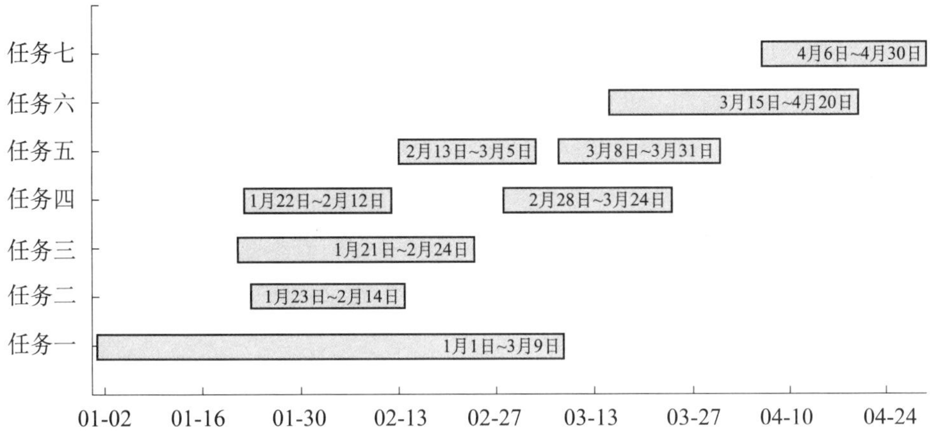


图 3–4　项目进度计划表示例

2. 监督品牌传播活动执行

常规性品牌传播组织还需对整个传播活动的执行过程与效果评估负责，通过有效的监督管理保证品牌传播活动的顺利进行。对于具有分支机构的省级或全国性大型企业来说，监督品牌传播活动执行工作的一项重要内容是对不同地区的品牌传播方案的执行与落实情况进行监督管理。由此也就催生了企业品牌传播责任中心的概念。

品牌传播责任中心的核心职能在于“执行与监督管理”，即根据企业总部的品牌传播指导内容和要求，结合当地业务的发展情况与资源，执行当地的品牌传播活动，对外部组织进行监督管理。在这种情况下，各个大区下一般都会设有相应的区域品牌传播管理专职人员，以区域的小型部门、专职岗位或兼职岗位的形态，架构在下属各级对应的组织中。（如图 3–5）

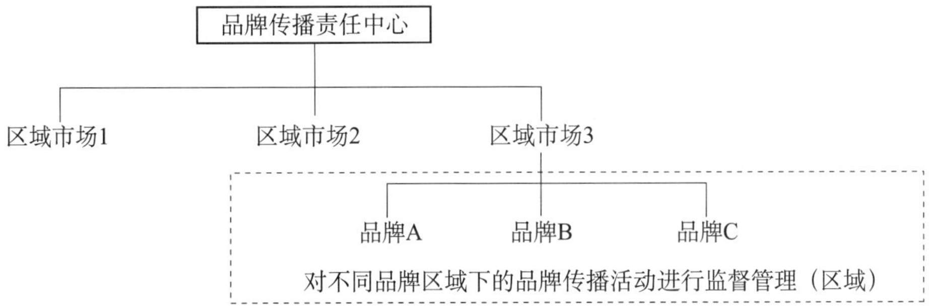


图 3–5　品牌传播责任中心的监督管理工作分工

① 苏月 . 品牌传播的管理之道［D］. 成都：四川大学，2007：48.

品牌传播责任中心的监督管理任务与上下级品牌传播管理任务的关系，大致有两种：

一种为品牌 A 或品牌 B 的经理统领自己品牌在所有区域传播计划的制订与执行评估，区域经理负责承接内容与执行、品牌经理主要负责品牌的传播方案制定、预算控制、监控与评估等工作，然后品牌经理负责和各区域经理或区域品牌传播管理组织负责人对接沟通传播计划，区域经理和区域品牌传播管理组织负责人只是具体执行者与配合者。

另一种为品牌传播责任中心在总部品牌传播管理组织制定的方向策略下，以地区划分为主，区域经理与区域常规品牌传播管理组织是该地区品牌 A 或品牌 B 等所有品牌传播计划的制订者、预算控制者，进行领导监督与评估审核工作。这种情况下，每个区域又会设置有矩阵式职能结构，即每个地区的每个品牌经理进一步进行日常传播计划的制订与执行。

通常，多品牌、多市场区域的广告主多采用前者，后者虽然有利于区域传播策略的灵活发挥，但往往由于层级管理复杂，容易造成品牌形象与传播上的混乱，广告主采用的相对较少，多出现在全球性品牌的传播管理中。

3. 协调品牌传播工作中各职能部门之间的关系

企业品牌传播活动中，品牌传播组织还需要协调企业内部负责公共关系活动、媒体投放、终端促销等多元化职能部门之间的关系，统一其工作节奏、步调、目标，协调可能出现的矛盾、冲突。

4. 引进并管理外部服务平台

在品牌传播活动中，品牌传播活动的具体执行与创意往往需要企业外部服务平台的支持和帮助。品牌传播效果的成败，一方面取决于企业内部的管理水平，而另一方面，则有赖于外部组织的专业服务水平及与之合作的和谐顺畅度。优秀的外部团队能为品牌传播带来生机与活力，能为品牌传播达到预期目标起到重要的参考作用。因此，与外部服务团队沟通是企业品牌传播组织的一项重要工作内容。

（1）选择外部组织的考虑因素

选择合适的外部支持服务平台并尽量与其保持良好、顺畅的合作关系是广告主品牌传播管理的重要工作之一。随着传播手段的日益丰富，为广告主提供服务的外部组织种类也越来越多元。选择外部组织的标准或条件变得更为复杂，但通常着重考虑以下几个主要因素：

A. 相容性。外部组织是否有自己的经营原则？该原则是否与企业或品牌相容？外部组织的规模是否符合广告主的要求？

B. 外部组织的构成。外部组织的工作人员都是什么人？他们在广告业中的声誉如何？为本企业品牌传播部门提供具体服务的工作小组都是什么人？他们是否还承担着别的工作？是否能指派足够的人员替企业提供良好的服务？这些外部组织的人员培训工作如何？员工流动、更新情况如何？

C. 稳定性。外部组织的稳定性如何？尤其是它的财务记录、为现有客户提供的服务范围以及每年的营业情况如何？

D. 经验。外部组织过去是否提供过同类产品的广告服务？其工作成果如何？

E. 能力。外部组织如何为其现在的客户服务？外部组织的专业能力与协作能力在行业中处于何种水平？它有哪些优势和弱点？

F. 报酬。外部组织要求的酬金对企业是否合适？

G. 财务。外部组织的财务状况是否良好？

H. 信誉。外部组织的信誉是否良好？之前是否有过和客户合作的纠纷以及其他不道德或不符合职业操守的行为？

（2）品牌传播外部组织的准入机制

目前，在我国各大企业，特别是国有大中型企业，纷纷采用“招标”作为外部服务团队的准入机制。招标即企业公开向具有资质和信誉的品牌传播专业企业发送标书，通过多家单位投标文件、提案的比较，最终选择自己的服务商。招标对于企业及意欲提供相关服务的外部组织而言，都是一种“双赢”的选择。[①] 对企业而言，招标可以：

A. 树立企业公正和公平的企业形象，体现市场经济所需要的公平竞争原则。

B. 可以通过制度和规范处理各种人情关系和权利关系。

C. 可以通过比稿和比价，实现品牌传播的最佳效果。

D. 招标以内容和创意为导向进行选择，可以通过招标模式，发现新的合作对象，给现在的合作对象以压力，消除现在合作对象的惰性，激发其活力与积极性；另外，新合作对象的引入，也可以为企业品牌传播注入新鲜力量。

对于外部合作组织团队而言，招标的过程是稳定并提高内部作业水平的机会，并在客户竞争中更加公平。招标项目一般分为年度招标和项目招标。

A. 年度招标。即以年度为维度，选择年度合作伙伴，这种招标的对象通常是品牌传播咨询顾问企业、广告策划创意企业和媒体企业。因其服务形态具有长期性和稳定性的特点，若频繁更换，容易影响品牌传播信息的一致性和品牌传播费用的性价比。

B. 项目招标。在品牌传播管理中，企业常常针对时间周期较短或任务相对独立的项目，如某博览会的会展展场制作，进行具体的项目招标。

招标中，比稿是常见的项目招标形式，是企业希望得到更好的传播效果而邀请多家服务团队就某个具体传播项目展开比较的招标模式。对于品牌传播管理者而言，比稿的困惑主要在于评价标准。“广告主在面对多项选择时，由于缺乏专业性或者量化的考核指标，难免以高级管理者的话语权或者其他随意性因素进行取舍，这对广告主作出准确的判断较为不利。”[②]

---

① 苏月 . 品牌传播的管理之道［D］. 成都：四川大学，2007：49.

② 张晓舒 . XS 表：给比稿打分!［J］. 市场观察，2004（3）：66.

### （二）品牌传播常规性管理的机构设置

不同企业中，常规性品牌传播管理的人员设置各不相同，构成的组织部门具体形态与名称都不尽相同，我们在企业中常见的广告部、企划部、市场部等，都是企业的品牌传播常规管理组织，担负着品牌传播的一定任务。但从职能架构方式来看，可以简单分为两类：基本职能架构与复杂职能架构。

#### 1. 基本职能架构

基本职能架构是进行品牌传播日常工作最简单的职能单元，也是复杂职能架构的基本组成，多由一到两名部门经理与专业职能岗位主管组成。（如图 3–6）

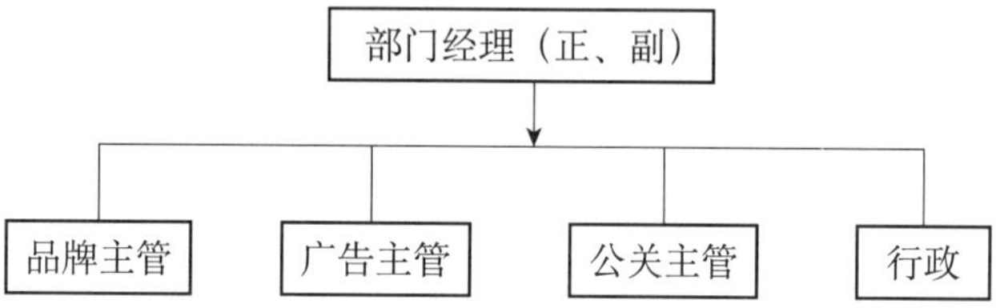


**图 3–6　简单的品牌传播组织架构**

其中，品牌传播管理的部门经理主要负责该部门各项工作的统筹安排和协调。

品牌主管的主要职责在于该品牌的调研、开发、制定并管理年度品牌传播规划和预算、对接品牌传播的外部合作团队，制定并监控该品牌的传播规范等。

广告主管的核心工作则围绕“广告”进行，一方面，包括负责对接媒体代理公司或媒体广告部，管理外部合作广告服务团队，开展媒体广告的刊播和效果监播；另一方面，则需管理广告策划、广告创意、广告物料制作的执行过程，监控广告传播规范、调查广告效果等。

公关主管主要负责品牌的媒体事务、新闻管理，甚至社会责任等内容，是品牌传播管理组织中与媒体对接的主体。其需要与各媒体的报道部门或经营部门保持良好的沟通关系，以开展企业的新闻宣传、软文刊发、专题报道等事宜，同时规避或补救媒体相关负面报道。另外，公关主管还是企业或品牌公关活动的管理者与执行者。公关活动包括企业或品牌的新闻宣传活动、各种规模的会展活动、礼仪活动等。会展活动和礼仪活动亦可通过专业的公关企业来执行，公关主管只需与公关企业开展日常对接工作，并对其实施管控。

行政部门则主要负责部门合同及财务管理等日常行政事宜。

以上这些职能部门构成了一个简单的企业品牌传播日常组织的职能架构。企业品牌数量较少、品牌下属产品种类单纯、品牌传播费用不高的小型企业，其品牌传播管理组织也相对较小，多采用这样简单的组织架构。有些规模较小的企业还会在此基础上再简化，有些将职能岗位缩减到 1—2 个，有些则用 1—2 个品牌传播主管将品牌、广告、公关等多个专业职能聚集于一身。

这种简单的职能架构主要通过以下三种形式存在于企业中：

（1）独立部门，直接对最高一级的分管领导（如品牌经理）和战略性品牌管理组织负责。这时架构中的部门经理可能是品牌经理，也可能是战略性品牌管理组织的主管或其中的某一位管理者。

（2）隶属营销体系下，作为营销中心或市场部的职能部门或岗位之一。这时部门经理就是企业的营销部门主管。应用到复杂的、多品牌、多地域的企业中，还需要考虑企业是以市场为基础的管理组织类型还是以产品为基础的管理组织类型，这又会有不同的存在方式。

（3）将品牌传播的职能嫁接在企业办公室下，由办公室主任或最高一级分管领导直接管理。如红塔山集团进行品牌传播日常管理的企划科则是设置在集团办公室下，直接受红塔集团董事长的管理，这时架构中所谓的部门主管其实就是企业领导。

总之，具体的组织的存在形态与方式由广告主对品牌传播的认知与管理模式决定。在销售配合型观念下，品牌传播的日常管理组织多架构在营销部门之下，宣传配合型多架构在企业社会责任部门下，战略配合型则直属于企业领导人或企业品牌战略管理中心。

2. 多层级复杂的职能架构

当企业成长到一定阶段，往往会涉及开发子品牌、增设品类、开拓地域等更为复杂多元的发展问题。这时企业需要以简单的职能架构为基础，进行更多层级的职能架构的设置。最常见与广泛应用的是以宝洁品牌经理制为基础的组织架构。

美国的大部分消费品营销组织，都使用一种以品牌（产品）为基础的组织结构和管理制度，即为人们所熟悉的“品牌经理制”。品牌经理制最早于 1929 年出现。当时，宝洁为改变新产品佳美皂销售情况不佳的局面，特别指定一位年轻经理负责该产品的宣传和促销工作，大获成功。于是，宝洁开始接二连三地给所有品牌委任品牌经理，让他们担负起各品牌营销及广告活动的全部责任。由于宝洁品牌经理制的成功，其他企业纷纷效仿，品牌经理制获得大面积推广。到 20 世纪 90 年代初，品牌经理制已不太能够适应市场的新发展，一些企业又在品牌经理之上设置部门品牌经理，负责同类产品不同品牌的广告与营销市场。品牌经理制的管理应用至品牌传播组织架构中，则大致形成图 3–7 结构。

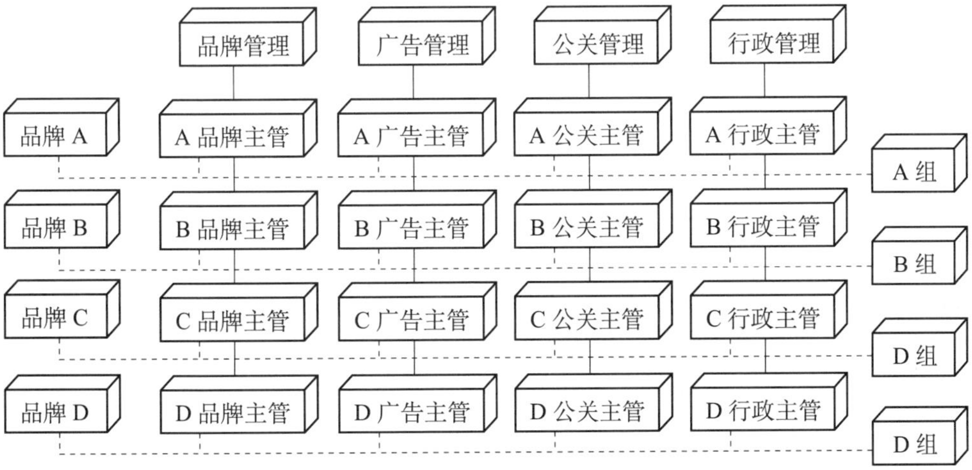


图 3–7 品牌经理制负责的职能架构

其中，A 组、B 组、C 组、D 组的负责人即品牌经理。这种架构形成了品牌传播管理的矩阵模型。其优势在于每一类品牌（品类）在传播管理上拥有了品牌专门的职能专家团队，在品牌传播的每一专业职能岗位上的员工均能专注于该品牌（品类），能够促使整合传播性的品牌行为取得协调一致。拥有这种复杂品牌矩阵的企业，往往可能涉及不同大区和众多区域的传播与管理，组织的构成范围进一步扩大。

此外，随着整合营销传播思想的发展，企业品牌传播更加强调资源的整合性与信息的统一性，有的企业会成立更高层次的传播中心或者营销中心，然后分设广告、直销、促销活动、公共关系等职能来配合企业的整体品牌战略规划。伴随产品、定价、渠道的同质化程度逐渐升高，建立独立的高组织层次的整合营销传播部，有利于专业地领导、协调和实施整个企业的品牌管理和整合营销传播工作。

概括而言，企业的组织架构设置往往不仅要考虑到方便管理的问题，还要考虑到企业整个市场开发与品牌传播作用的合力问题、产品和品牌策略是否和广告资源以及组织职能相适应的问题，等等。

## 三、品牌传播的危机传播管理

在经营过程中，企业内部或外部总会出现各种各样的问题，很多问题稍不留意就会发展成为企业危机，这些危机对企业品牌形象、产品经营都会造成诸多不良的影响，严重的甚至可能危及企业生存。因此，就广告主的品牌传播而言，品牌的危机传播管理是当下许多企业不可忽视的内容，是品牌传播管理中的重要内容，很多企业因此成立了专门的危机传播管理组织。

### （一）危机的界定和类型

1. 危机的界定

关于危机的界定，国内外学者有过不少的研究，从不同层面给予了不同的定义。（如表 3–1）

**表 3–1　危机传播的定义**

| 学者 | 定义 |
|---|---|
| 赫尔曼 | 危机是一种形势，在这种形势下，决策者的根本目标受到威胁，作出反应的时间有限，形势的发生出乎决策者的意料。① |
| 福斯特 | 危机具有四个显著特征：亟须快速作出决策，严重缺乏物质资源，处理时间极其有限。② |

① 刘刚. 危机管理［M］. 北京：中国经济出版社，2004：2.

① 罗伯特·希思. 危机管理［M］. 北京：中信出版社，2004：13.

续表

| 学者 | 定义 |
| --- | --- |
| 罗森塔尔和皮内伯格 | 危机是一种具有严重威胁、不确定性和有危机感的情景。① |
| 巴顿 | 危机是一个会引起潜在负面影响的具有不确定性的大事件，这种事件及其后果可能对组织及其员工、产品、服务、资产和声誉造成巨大的损害。② |
| 龙泽正雄 | 危机即事故，它的发生具有可能性、不确定性和危险性。③ |
| 班克思 | 危机是对一个组织、企业及其产品或名称等产生潜在的负面影响的故事。④ |
| 里宾杰 | 危机是对企业未来的获利性、成长乃至生存发展具有潜在威胁的事件。一个事件发展为危机，必须具备如下三个特征：一是该事件对企业造成威胁，管理者确信威胁会阻碍企业目标的实现；二是如果企业没有采取行动，局面会恶化且无法挽回；三是该事件具有突发性。⑤ |
| 斯哥 | 危机是一种能够带来高度不确定性和高度威胁的、特殊的、不可预测的、非常规的事件或一系列事件。⑥ |
| 增永久二郎 | 危机妨碍到企业的存亡、高级干部和员工的生命。⑦ |
| 鲍勇剑和陈百助 | 危机是系统的失控和变态，是相对稳定状态的打破。⑧ |
| 刘刚 | 危机是一种对组织基本目标的实现构成威胁，要求组织必须在极短的时间内作出关键性决策和进行紧急回应的突发性事件。⑨ |
| 胡百精 | 危机是由组织外部环境变化或内部管理不善造成的可能破坏正常秩序、规范和目标，要求组织在短时间内作出决策，调动各种资源，加强沟通管理的一种威胁性形势或状态。⑩ |

可以说，对于危机的认识是多样的，但危机不论是一种情景形势还是一系列事件或是一个状态，都一定具有突发性、潜在性、危害性的特征，一般拥有“危机潜伏期”“危机爆发期”“危机扩散期”“危机处理期”“危机恢复期”五个阶段，对品牌的影响极大，需要广告主及时认识到危机并快速作出反应。

同时，危机也具有双重性的特征。危机并不是绝对的坏事，有时反而可以成为一个契机。对于一个品牌和组织来说，危机几乎是灾难性的。但从管理的角度来看，它也意味着机遇。一方面，危机的到来，可以暴露出企业运营环节中的漏洞，可以帮助企业更好地完

① Rajeev Batra，John & Myers，等．广告管理：第五版［M］．赵平，等，译．北京：清华大学出版社，2003：29.
② 胡百精．危机传播管理［M］．北京：中国传媒大学出版社，2005：4.
③ 朱延智．企业危机管理［M］．中国纺织出版社，2005：9.
④ Rajeev Batra，John & Myers，等．广告管理：第五版［M］．赵平，等，译．北京：清华大学出版社，2003：3.
⑤ Rajeev Batra，John & Myers，等．广告管理：第五版［M］．赵平，等，译．北京：清华大学出版社，2003：6.
⑥ Rajeev Batra，John & Myers，等．广告管理：第五版［M］．赵平，等，译．北京：清华大学出版社，2003：5.
⑦ 苏月．品牌传播的管理之道［M］．成都：四川大学，2007：9.
⑧ 鲍勇剑，等．危机管理——当最坏的情况发生时［M］．上海：复旦大学出版社，2003：38.
⑨ Rajeev Batra，John & Myers，等．广告管理：第五版［M］．赵平，等，译．北京：清华大学出版社，2003：3.
⑩ 苏月．品牌传播的管理之道［M］．成都：四川大学，2007：8.

善管理和运营。另一方面，危机处理中，企业也可以借用危机的高关注度，加强正面宣传，转危机为机遇。著名企业危机管理与公关专家奥古斯丁先生认为："每一次危机的本身既包括导致失败的根源，也孕育着成功的种子。发现、培育以便收获这个潜在的成功机会就是危机公关的精髓。"

最后，我们还应认识到，危机是长存的且普遍的，危机传播管理应纳入企业品牌传播的常态管理中。如今，随着数字技术的推动，舆论传播行为不断发生变化，传播主体由单一化向多元化转变，传播渠道由简单化到平台化，传播及互动的反馈加快，结构的、草根的、平等的舆论文化正在形成。同时，消费者维权意识开始觉醒，对危机问题的关注度加深。在危机常态化的严峻形势下，企业更应该未雨绸缪，建立好危机预警机制；一旦危机发生，亦迅速积极地采取应对措施，防止危机进一步扩大化。正如全球知名危机管理专家史蒂文·芬克所说："危机就像死亡和纳税一样难以避免，必须为企业危机作好计划，充分准备，才能与命运周旋。"①

2. 危机的类型②

根据品牌危机发生的源头划分，品牌危机的类型可以分为以下几类，不同类型中，其相应的传播管理也各有侧重。

（1）外部因素引发的品牌危机

A. 宏观政治、经济环境改变导致的品牌危机

此类品牌危机的发生通常是由于品牌所属行业在创造经济效益的同时也存在较大的社会负面影响（如烟草行业、直销行业、医药保健品行业等）。这类品牌在市场推广过程中，往往容易受国家或地区出台的行业政策限制，导致行业内品牌在推广、销售时受到一系列的阻碍。对于这类品牌危机的应对，首先要及时、透彻地了解宏观政策出台的宗旨与目的，积极寻求与政府和公众的沟通，顺势而为，寻找品牌的应变之策。

B. 社会文化与公众意识不认同导致的品牌危机

随着经济全球化程度的进一步加深，文化的多元性也逐渐被"世界大同"的普遍性蚕食。然而，每个地区的文化形成有其身后的历史背景与地域渊源，无论是东方还是西方，进行全球化思考在品牌传播中都显得极为重要，要避免品牌遭遇民族情绪的阶段性抵制危机。

以 2008 年中国家乐福遭遇公众抵制事件为例。大量抵制的宣传和口号是通过 QQ、MSN、手机短信等人际传播方式口口相传的。2008 年 4 月 9 日开始，数十家海内外网站论坛的一部分中国网民，先后发起了抵制家乐福的行动，理由是奥运火炬在法国传递期间遭到干扰，家乐福涉嫌捐赠达赖集团。随后几天之内网络上出现了铺天盖地的关于抵制家乐福的帖子，此消息还通过手机短信的形式迅速传遍大街小巷，顿时，家乐福陷入了一场巨大的品牌危机中。然而，家乐福在危机爆发 7 天后才进行反馈。4 月 15 日晚，家乐福

---

① 资料来源：《广告主蓝皮书》，2008 年。

② 张树庭，吕艳丹. 有效的品牌传播［M］. 北京：中国传媒大学出版社，2008：232.

中国区官方网站发布声明。但此时的公众已经在 7 天的网络信息、手机信息以及口口相传中开始抵制家乐福，家乐福迟缓的行动为时已晚，只是加深了公众心目中家乐福同法国政府、巴黎市政府一样的傲慢形象。

C. 行业竞争或株连导致的品牌危机

这类危机常发生在新兴行业（如无烟锅）或区域产品（如重庆火锅料、金华火腿）上，这类行业本身缺乏或尚未建立较强的自我约束机制，品类的产品属性差异较小，在产品信息传播上缺乏有效的品牌壁垒，导致部分品质良好的品牌也容易受到危机的影响。

D. 信息传播误导导致的品牌危机

此类危机通常由谣言、怀疑引起，由于竞争对手、个别机构等通过媒体发布不实消息，引发媒体报道或转载相关新闻报道，使品牌受到质疑。

（2）内部因素引发的品牌危机

内部因素引发的品牌危机往往是由企业内部管理制度的不完善或松懈导致的。防范这一类型的危机最重要的还是加强企业内部管理，建立有效的内控机制，时刻保持警醒，形成未雨绸缪的危机意识。

A. 产品质量或服务瑕疵导致的品牌危机

此类危机是所有危机类型中对品牌伤害最严重的类型。品牌是消费者用以识别产品的标志，产品质量是消费者信任品牌的基础。这一类型危机的发生主要是因为企业内部质量管理体系出现漏洞。如果危机没有得到妥善的处理，将导致品牌影响力衰减甚至消失。

B. 内部经营管理缺失导致的品牌危机

此类危机通常指的是由于企业的自律机制缺失，引发外界对企业社会责任的质疑或者是企业高管涉嫌违法引发外界对企业经营能力等问题的质疑，进而累及品牌的销售和形象。

C. 市场营销推广策略失误导致的品牌危机

此类危机通常是指企业在品牌定位、品牌延伸、品牌传播等策略上出现失误，导致原有的品牌形象与新的品牌形象定位互相矛盾，使消费者产生心理冲突和障碍，从而导致品牌危机。

### （二）当前中国广告主危机管理部门设置现状

1. 超过六成的广告主设置了专门的机构来进行危机公关

根据中国传媒大学广告主研究所的调研数据显示，2014 年有 65.9% 的广告主有专门的机构和制度进行危机公关。从 2005 年至今，广告主对危机公关的重视程度越来越高，其重要表现就是越来越多的广告主有专门的制度和机构进行危机公关（如图 3-8）。

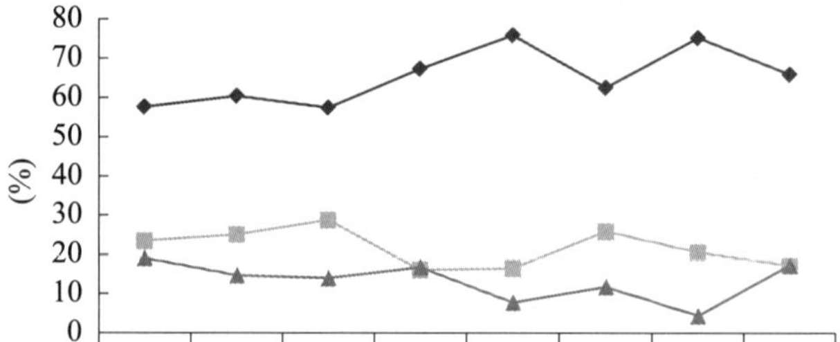


| | 2005年 | 2007年 | 2008年 | 2009年 | 2010年 | 2012年 | 2013年 | 2014年 |
|---|---|---|---|---|---|---|---|---|
| 是 | 57.6 | 60.4 | 57.4 | 67.3 | 75.9 | 62.5 | 75.2 | 65.9 |
| 否 | 23.4 | 25 | 28.7 | 16 | 16.4 | 25.8 | 20.5 | 17.1 |
| 否，但是正欲建立相应的机构机制 | 19 | 14.6 | 13.9 | 16.7 | 7.7 | 11.7 | 4.3 | 17.2 |

2005 年 n=184，2007 年 n=96，2008 年 n=101，2009 年 n=150，2010 年 n112，2012 年 n=112，2013 年 n=117，2014 年 n=123

**图 3–8　2005 年，2007—2010 年，2012—2014 年被访广告主是否有专门的机构和制度进行危机公关**

数据来源：中国传媒大学广告主研究所

2. 公关部、市场部、广告部或品牌部是企业进行危机公关的主要机构

从 2014 年的调研数据来看，广告主处理危机公关的机构或者是制度的负责人主要是公关部负责人、市场部或广告部负责人和品牌管理或经营部门负责人。历年对比数据显示（如图 3–9），近年来被访广告主处理危机公关的机构或制度的负责人归属于公关部的比例逐年上升，2014 年攀升至第一位，从一定程度上反映出企业内部危机公关管理机制的日趋专业化。

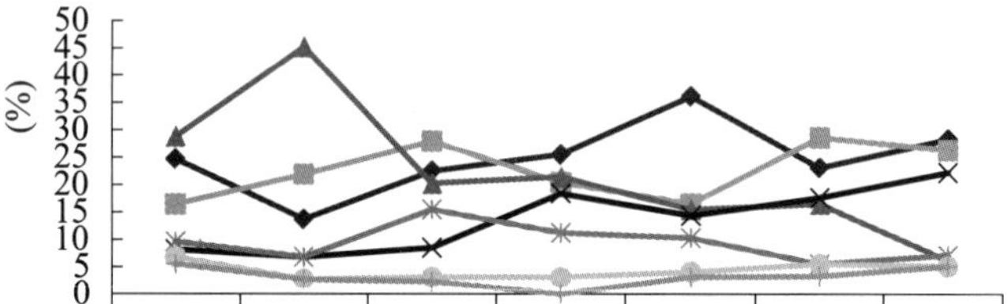


| | 2007年 | 2008年 | 2009年 | 2010年 | 2012年 | 2013年 | 2014年 |
|---|---|---|---|---|---|---|---|
| 公关部负责人 | 24.7 | 13.7 | 22.5 | 25.5 | 36.1 | 23.1 | 28.3 |
| 市场部/广告部负责人 | 16.4 | 21.9 | 27.9 | 20.4 | 16.5 | 28.6 | 26.3 |
| 企业总裁/董事长 | 28.8 | 45.2 | 20.2 | 21.4 | 15.5 | 16.5 | 6.1 |
| 品牌管理/经营 | 8.2 | 6.8 | 8.5 | 18.4 | 14.4 | 17.6 | 22.2 |
| 企业办公室负责人 | 9.6 | 6.8 | 15.5 | 11.2 | 10.3 | 5.5 | 7.1 |
| 其他 | 6.8 | 2.7 | 3.1 | 3.1 | 4.1 | 5.5 | 5.1 |
| 营销部负责人 | 5.5 | 2.7 | 2.3 | 0 | 3.1 | 3.3 | 5.1 |

2007 年 n=73，2008 年 n=73，2009 年 n=129，2010 年 n=98，2012 年 n=97，2013 年 n=91，2014 年 n=99

**图 3–9　2007—2010 年，2012—2014 年被访广告主处理危机公关的机构或制度的负责人**

数据来源：中国传媒大学广告主研究所

### （三）危机传播管理的组织构成与基本职责

1. 危机传播管理组织的人员构成

鉴于危机管理的重要性，当前，我国大部分企业都设立了专门的机构和制度进行危机管理。而危机传播管理组织的人员大多来自企业的公关部、市场营销部、企业品牌管理部或企业社会责任部等，负责人则由公关部负责人或市场部负责人、广告部负责人、品牌管理负责人担任或由企业总裁（董事长）直接管理。

2. 危机传播管理组织的基本任务

伴随媒体传播以及企业运营活动的日益活跃，企业品牌经营活动出现危机是正常的。危机的存在成为企业需要正视的一种常态化问题。因此，处理该类问题的焦点不是压制危机、掩盖危机，而是应对危机，将危机的危害面控制在最小的范围之内。在日常中，企业需要制订并执行一系列的常规传播计划，当品牌出现异动时，企业方能够及时捕捉相应信息，了解并预判发展动态。当事态发展为危机时，便需要企业及时调动危机应急计划以及时应对。

对于危机传播管理组织，在危机的不同阶段，都要设定不同中心与内容的危机传播管理计划，大致可从事前、事中和事后三个部分来看。

（1）危机事前管理——进行信息监测，准确识别品牌危机。这一部分最主要的任务是在源头上发现并控制危机。危机传播管理组织需要进行企业信息监测，及时、准确地识别品牌危机，对组织的潜在危机作出预警。

通常情况来说，品牌有三种状态：常态、异态与危机态。

品牌常态指的是企业运作与环境数据的呈现为正常状态，包括企业的内部和谐运转、企业与合作伙伴的良好协作、产品质量稳定、市场销售在预期幅度内增长、客户评价均呈正向，且品牌通过各种媒体适度传播、各个指标稳步提升等。

品牌异态则指在品牌运行中，由于各种内部或外部的因素，导致品牌的市场反映与舆论评价均呈现异常。这种异常可能是正面的，如销售额激增、股市表现上扬、获得重大荣誉、消费者给予好评等；也可能是负面的，如销售额开始衰减、股价异常下挫、内部某环节出现矛盾等。这些正面或负面的异常情况，往往尚在萌芽之中，这就需要品牌传播管理者能够敏锐地发现并跟踪，以作出相应的调整。

品牌危机态则指在品牌运行中，出现了明显的负面倾向，并可能呈现重大危机的态势。引起危机态的原因多种多样，如自然原因、社会原因、内部原因、外部原因、产品原因、服务原因等。危机态一旦呈现，如果不能迅速控制，就会很快对品牌造成严重影响。这也就是我们常常说的企业危机的到来。

企业危机传播管理组织需要对可能引起危机的各方面信息动态进行监测与采集，并通过处理分析，准确识别企业品牌所处状态，并对可能的问题进行有效的隔离和纠正，实现从源头控制危机的目的。

（2）危机事中管理——危机应急反应。危机发生之后，危机传播管理组织需要经过“分析危机产生的原因”“细分危机、隔离危机”“处置危机”“总结危机”等步骤，整合各类资源，进行媒体关系的管理、企业形象及公共关系的修复等，有条理、有步骤地开展各类工作，对突发危机情况有针对性地进行调控与沟通。

（3）危机事后管理——恢复和学习管理。危机在得到控制后，危机传播管理组织还需要努力挽回危机造成的损失。企业需要在事后仔细分析和评估危机造成的破坏，并有针对性地查漏补缺，同时还须对品牌发展战略进行调整。

### （四）危机传播管理组织的工作原则

引起危机的原因各异，危机影响的范围、波及的层面各有不同，危机传播管理组织在进行品牌危机处理时有以下原则：

1. 及时反应，正面应对

由于危机具有极强的“破坏性”，所以在危机事件的处置上，企业需及时反应，正面应对。危机发生后，随着媒体的报道与传播，危机带来的负面影响将逐渐被放大，越来越多的公众都将开始关注。这时企业需要积极应对，正面回应，在危机中赢得主动，避免给社会公众留下逃避问题、不负责任的印象。

2. 开诚布公，坦率面对媒体和公众

随着互联网的发展，公众获取信息的途径和手段日渐丰富，公众的任何猜测和怀疑都会使危机的影响扩大，企业在危机中的回应需要注重与公众之间的沟通与互动，赢得媒体与公众的理解与支持。

3. 言辞一致，统一对外

在危机传播中，企业传播的信息是否统一常常被媒体及别有用心的人所关注及引用，决定着企业危机公关活动的走向。因此，无论是对内还是对外发布信息时，都应通过官方的渠道（如：企业网站、官方微博、新闻发布会等），保持信息的一致性，对于可能出现的谣言和小道消息，应该及时地辟谣。通过这种正式的、言辞一致的信息，有助于企业形象和信誉的塑造与恢复。

### （五）新媒体环境下的企业危机传播管理①

在传统媒体环境下，企业公关危机的影响范围往往具有较强的地域性，如果控制得当且及时，很少会升级成为全国范围乃至全球范围的危机事件。但到了新媒体环境下，尤其是经济全球化的大时代背景下，技术的进步使得信息具有高度的可复制性和繁殖性，信息的海量生产与传播成为可能。信息传播的时间、空间无限性导致地域性的企业公关危机很

① 杜国清，邵华冬，卢燕 . 新媒体环境下的企业危机传播管理［J］. 现代传播，2009（3）：110-113.

容易演变成全国乃至全球范围的危机。对跨国企业来说，这更是一个重大挑战。“很少有一个危机事件是独立的，连锁反应越来越明显。”而且危机信息的自我繁殖能力与扩散能力极强，信息可被多次反复循环传播，并且在一定时间内都会持续，这些都使本来就处于困境中的企业更是雪上加霜，企业需甄选、鉴别大量网络信息来源以进行有效的媒体监控。

在这种情况下，企业必须要对任何一个市场发生的负面事件和新闻进行持续的监控和准备。[①] 企业在危机应急制度上需要及时适应新媒体的特性，建立起企业危机公关媒体关系管理的快速反应机制，针对危机的迅速蔓延及时开展一系列的危机公关活动。

1. 新媒体传播在企业危机传播管理中的角色

（1）角色一：诱因

新媒体的飞速发展和持续创新几乎使得每个个体皆可能成为信息发布者，彻底颠覆了传统媒体信息传播秩序。一直以来由传统媒体编辑部门承担的“把关人”角色和权利迅速转向成千上万的普通大众。以互联网和手机为例，个体发布的信息大部分没有经过筛选和过滤，个体可以自由地表达自己的意见和评论别人的观点，信息在一个公开透明的环境之下横向地转移、自由地流通，这几乎颠覆了以往企业信息操控的全部理念。企业的危机传播管理难度大大提高。新媒体传播正成为社会大众乃至媒体记者或者危机事件的首要渠道，直接引起危机的爆发。

（2）角色二：催化剂

新媒体传播带来的“快捷”是前所未有的，也是传统媒体无法企及的。无论是信息的发布还是信息的传播，新媒体都表现出惊人地“快”。新媒体传播完全突破了以往媒体信息传播的时空限制。

在人人都可能是自媒体的时代，一则关于企业的公关危机的信息会在瞬间吸引上千人的眼球，一个小小的危机也可能借由新媒体如病毒般蔓延，无法控制。中国传媒大学广告主研究所调研数据显示，最先曝光企业公关危机的媒体类型为报纸及电视，但传播危机的主要媒体类型则为互联网，排在其他媒体类型之首。新媒体的高传播速度及传播广度缩短了本来就非常短暂的危机反应时间，使得管理者对危机传播的掌控能力受到极大的挑战。

（3）角色三：工具

新媒体是企业危机传播管理过程中最为快捷的沟通工具之一。在新媒体环境下，利用新媒体的即时性与互动性，企业在发生危机后可迅速通过新媒体在第一时间及时地表明自己的态度，还可以随时关注来自公众的反馈与信息并及时作出调整修改，与受众实现良好的双向对等的沟通互动，这就使新媒体成为危机传播管理中不可缺少的工具。

① 危机处理“非常道”跨国企业为何集体失效中国［N/OL］. 东方早报，(2005-06-13)［2017-11-10］. http: //www.mie168.com/CEO/2005-06/75397.htm.

（4）角色四：对象

新媒体成为企业危机传播管理的直接对象。尽管在危机事件中由技术手段屏蔽危机事件相关信息的争议不断，百度、谷歌等都纷纷遭到质疑，但通过技术手段控制危机信息传播在企业危机传播管理中却是必要的一环。

另外，对企业自身的新媒体传播渠道进行管理也是一个重要内容。以汶川大地震时期万科王石事件为例。2008 年 5 月 12 日，四川汶川大地震当天，万科宣布捐款 200 万元。5 月 15 日，王石写下一篇名为《毕竟，生命是第一位的（答网友 56）》的博客文章。文中称："200 万是个适当的数额。中国是个灾害频发的国家，赈灾慈善活动是常态，企业的捐赠活动应该可以持续，而不应成为负担。万科对集团内部慈善的募捐活动中，有条提示：'每次募捐，普通员工的捐款以 10 元为限。'"此回应立刻遭到网友的一致批评与指责。不少人甚至自发组织"抵制购买万科住宅、抵制持有万科股票"的活动。在资本市场上，从 15 日到 20 日，万科股价大跌 12%。

在日常品牌传播中获得诸多荣誉的万科，却因企业领导人这篇不经意的博文，引来了消费者对万科品牌的集体抗议，之前众多努力的成果也付之一炬。如此深刻的教训让我们看到，即使是广告和公关处理相当成熟的荣誉企业，如果缺乏对当前传播环境的敏感认识以及对危机的有效管理，对企业和品牌造成的损害亦是不容小觑。敏锐洞察传播环境，建立舆论监督机制，建立应急反应机制以及有效的内部信息审核机制，将危机扼杀在摇篮里都是企业危机管理计划中的重要内容。广告主在进行品牌传播活动时，一方面要求对已经发生的品牌异态、品牌危机作出及时快速的反应，制定相应有针对性的传播策略；另一方面，面对更加复杂的新媒体环境与消费者心理，企业需要在制定品牌传播策略时考虑到可能发生的危机与问题，以在决策和执行时尽量避免。

2. 新媒体传播环境下企业危机传播管理应对策略

（1）危机潜伏期，建立专门的危机新媒体传播预警机制，防止新媒体传播成为企业危机公关的诱因。

新媒体的传播特点注定了危机的不可预测性，企业不可能知道由新媒体传播所引发的危机在何时、何地，以何种形式、何种规模发生，所以必须在专门人员的指导下，于危机来临前就建立和健全企业危机新媒体传播预警机制。这个机制将保证企业能够充分考虑新媒体环境下危机发生时可能出现的状况，提前制定危机应对的措施、步骤和人员安排。当新媒体环境中出现引起关注的负面报道时，企业的新媒体危机管理人员应立即对危机发生的源头——论坛、社区、门户网站等进行沟通，及时找出危机信息传播的源头，迅速化解可能的危机隐患。

（2）危机爆发期，发挥新媒体传播沟通工具作用，快速灵活地给出对策，削弱危机破坏性。

长期以来依赖于传统主流媒体的企业，采用的信息传播模式是"垂直传播模式"：企业传送信息到传统媒体，媒体传送信息到利益相关群体。这种模式在新媒体时代的影响力已非常有限。在新媒体环境下，企业应当变革其传播模式，由“垂直传播”转向“水平传播”，通过一些更加快捷高效的新媒体平台于利益相关群体展开双向对话。

（3）危机处理期，整合新媒体与传统媒体资源，实现新媒体与传统媒体互补。

新媒体具有方便、快捷、即时等优势，但相对传统媒体，其公信力仍然较低，企业在进行危机传播管理时，必须一方面注意有效地利用影响力较大、公信力较好的媒体来发布信息，取得公众信任；另一方面，对新媒体传播进行有效管理，可以防止危机信息的快速广泛蔓延。

（4）危机扩散期，加强对新媒体意见领袖的引导，培养危机应对的正面力量。

互联网飞速发展的同时，网民也日益成熟，对互联网的驾驭能力越来越强。他们不但是企业的公关传播对象，也是潜在的批判者、评论人。他们已经由传统媒体时代单纯的信息接受者，发展成为信息的制造者、传递者。在这样的传播环境下，新媒体中的舆论领袖更会产生巨大的引导作用。

（5）危机恢复期，利用新媒体受众特性开展情感引导。

相关研究显示，以网民为代表的新媒体受众在信息的传授行为中具有较强的非理性特征：网民倾向于把网络作为显示“本我”的窗口，危机事件的发生更是人们宣泄心理不满和压力的一个突破口。因此，在危机恢复期，需考虑新媒体受众非理性化的特点，积极开展正面的情感引导，而互联网的双向沟通性，使得这种情感引导的效果能够比传统媒体更加有效。

# 本章思考题

1. 品牌传播组织有哪些基本职责？
2. 品牌传播组织的设立有何规律？

# 第四章　品牌传播涉及的其他机构

## 第一节　品牌传播涉及的外部组织

与企业以法律关系缔约的、为品牌传播提供专业服务的专业团队，可统称为品牌传播的外部组织。这个组织既可能是企业与第三方服务平台以劳动关系缔约的，也可能是企业独资赞助成立的品牌传播服务子公司。而无论是哪一类外部服务平台，其既可能只服务于一家企业品牌，只有一个客户；也可能服务于多家企业品牌，同时为其提供服务（但为保证客户隐私，通常这类公司同品类下只能选择一家企业为其提供专业服务）。

品牌传播外部组织的出现其实源自于“广告代理制”的实施。“广告代理制是国际上通行的广告经营体制，是指由广告客户委托广告公司实施广告宣传计划，广告媒介通过广告公司承揽广告业务。在广告活动中，广告公司处于中介位置，为广告客户和广告媒介提供双向服务，起着主导作用。”[①]1993年7月，国家工商行政管理局发布《关于在部分城市进行广告代理制和广告发布前审查试点工作的意见》，其出台标志着我国广告代理制的正式实施。在广告代理制推行的这20多年来，随着整合营销传播的推广和深入人心，品牌传播行为早已不仅限于广告这一单一形态，公关活动、事件营销、媒介策划、公益营销等多种传播手段不断涌现，使得品牌传播外部组织类型也更加多样。诸多的外部组织除了能够帮助广告主进行广告媒介购买与投放以外，还能够提供专业的公关活动策划与执行支持、品牌建设与传播战略诊断、品牌传播效果评估、公关舆情监测、广告投放效果评估等服务内容。

按照当下外部组织机构经常提供的服务类型，我们可以大致划分出七大类，如表4-1所示。

在提供这些服务支持的外部组织中，有些外部组织只是专注于以上某一类型的服务支持，如一些数字新媒体营销公司、广告制作公司。有些外部组织则向综合性服务发展，集咨询企划、策划创意、媒体策略及代理和公关服务为一体，为广告主提供多方位的支持服务，如奥美、智威汤逊、BBDO等国际4A公司。这类公司广泛存在于北京、上海、广州

① 王军华. 我国广告代理制存在的问题及对策分析［J］. 理论观察，2006（2）：129.

等经济发达地区，带来全面的服务与较高的品牌传播效果的同时，企业也需向其支付较高的服务费用。

表 4-1　外部组织提供的服务类型

| 外部组织提供的服务类型 | 具体服务内容描述与代表公司 |
|---|---|
| 品牌传播咨询 | 提供品牌传播战略咨询、品牌传播管理及流程建设等。<br>如麦肯锡、汉普、奥美公关。 |
| 广告策划创意 | 帮助进行品牌形象传播规划、广告策划、广告创意、广告设计等。<br>如奥美广告、电通等传统广告公司。 |
| 数字媒体传播服务 | 专门提供数字新媒体上广告主品牌的传播策略与创意设计等。<br>如环时互动、电众数码公司。 |
| 广告制作 | 各类广告成品的制作，包含音 / 视频广告、印刷品、礼品、空间环境物料等。 |
| 媒体代理 | 媒体投放策略及计划的制订、媒体广告代理及购买等。<br>如实力传播、群邑、恒美广告等。 |
| 媒体资源提供 | 直接提供广告媒体资源与相应媒体资源上的传播策略、营销服务等。<br>各大电视台、搜狐、爱奇艺等网络视频媒体都已提供这类服务。 |
| 公关活动支持 | 提供公关活动的策划与执行、客户关系管理、消费者关系维护服务，包括新闻活动及媒体策划、公众事件、会展及论坛、赞助服务、企业网络媒体平台的日常运营与维护等等。<br>如万博宣伟、宣亚、奥美公关等。 |
| 监测评估 | 广告监测及效果评估。<br>如 CTR、央视索福瑞、梅花等互联网企业。 |
| 市场调查 | 提供品牌传播的市场研究分析报告、传播效果的测评调查等等。<br>如艾瑞咨询、尼尔森网联等。 |

# 第二节　广告公司生存现状

广告公司是广告主进行品牌传播的重要外部组织之一，依靠为广告主提供服务而生存。同时，广告公司是广告业的主体，贡献了广告业发展的半壁江山。广告公司的发展规模和专业水平反映了广告业的整体实力和发展水平。随着媒体传播环境、消费者行为的变化，广告主的需求发生着变化，对广告公司的发展带来了新的挑战。

## 一、定义及分类

1. 广告公司定义

广告公司全称为广告代理公司。根据美国广告公司协会（4A）的定义，广告代理公司指由专门从事广告和营销计划、广告作品以及其他促销工具的制作与准备的创意人员和工商人员组成的独立机构。广告公司代表不同的广告主或卖主，即广告公司的客户，向各种媒介购买广告空间和时间，为他们的商品和服务寻找顾客。①

**链接：**《中华人民共和国广告法》（2015 年修订）界定，广告经营者是指接受委托提供广告设计、制作、代理服务的自然人、法人或者其他组织。广告发布者，是指为广告主或者广告主委托的广告经营者发布广告的自然人、法人或者其他组织。

我们通常所说的广告公司多为广告经营者，媒体则多为广告发布者。

广告经营者②有：

1. 综合型广告企业

具有提供设计制作和全面代理服务能力的广告企业（包括：有限责任公司、股份有限公司、中外合资经营、中外合作经营等经济形式）。

2. 广告设计、制作企业

从事影视、广播、霓虹灯、路牌、印刷品、礼品、灯箱、布展等广告设计和制作的企业。

3. 个体工商户

从事影视、广播、路牌、印刷品、礼品、灯箱、布展等广告设计和制作的个体工商户。

广告发布者③有：

1. 新闻媒介单位

利用电视、广播、报纸等新闻媒介发布广告的电视台、广播电台、报社等。

2. 具有广告发布媒介的企业、其他法人或经济组织

利用自有或自制音像制品、图书、橱窗、灯箱、场地（馆）、霓虹灯等发布广告的出版（杂志、音像）社、商店、宾馆、体育场（馆）、展览馆（中心）、影剧院、机场、车站、码头等。

2. 广告公司的分类

（1）按照资本属性划分

按照资本属性划分，广告公司可以分为外商投资广告企业和内资广告企业。

外商投资广告企业，是指依法经营广告业务的中外合资经营企业、中外合作经营企业，以及外资广告企业。④例如，北京电通广告有限公司、上海奥美广告有限公司属于中外合资广告企业；恒美广告公司、灵狮广告公司则属于外资广告公司。（如表 4–2）

内资广告企业，是指除外商投资广告企业之外的广告企业。例如，昌荣传媒有限公司

---

① 威廉·阿伦斯. 当代广告学：第 7 版［M］. 北京：华夏出版社，2000：92–93.

②③ 资料来源：1995 年印发的《广告经营者、广告发布者资质标准及广告经营范围核定用语规范》，于 2004 年废止。

④ 资料来源：《外商投资广告企业管理规定》。

（以下简称为“昌荣”）、广东省广告股份有限公司（以下简称为“省广”）等属于内资广告企业。（如表 4–3 至 4–5）

**表 4–2　五大外资广告传播集团**

| 名称 | 基本信息 |
|---|---|
| 宏盟集团（Omnicom Group） | 总部设在纽约，旗下拥有 BBDO、TBWA、Chiat/Day、DDB、Ketchum、Fleishman-Hillard 等代理商。在 100 多个国家为超过 5 000 个客户提供广告、战略性媒体计划和购买、直效行销、促销、公共关系和其他专业传播咨询服务。 |
| WPP 集团 | 总部位于英国伦敦，WPP 集团拥有 60 多个子公司，主要服务于本地、跨国及环球客户，提供广告、媒体投资管理、信息顾问、公共事务及公共关系、建立品牌及企业形象、医疗及制药专业传播服务。 |
| IPG（Interpublic Group） | 旗下拥有三个全球运作的广告公司（McCann-Erikson 麦肯环球广告、Lowe&Partners 灵狮广告、FCB 博达大桥广告）和优势麦肯、Initiative 媒介以及公关公司万博宣伟（Weber Shandwick）等。业务范围包括广告、直效行销、市场研究、公关、healthcare 健康咨询、会议与活动、媒体专业服务、体育行销、促销、企业形象策略等。 |
| 阳狮（Publcis Group） | 创建于 1926 年，总部位于法国巴黎。拥有三个全球运作的代理商（Publicis，Saatchi & Saatchi 和 Leo Burnett）、两大媒体公司（实力媒体与星传媒体）。以广告代理服务、媒介服务、媒体经营、公共关系服务和市场营销服务为主要业务。 |
| 电通（Dentsu Group） | 总部位于日本东京，并在 30 多个国家设有子公司，50 余个国家成立了合作据点。以广告为中心的综合一体型沟通服务，涉及市场调查、咨询、品牌设计管理、公关、促销、大型会展运营、大型体育赛事运营、广告策划、创意、制作、媒体整合、区域规划等一系列高端服务领域。 |

资料来源：根据百度百科资料整理

**表 4–3　2013 年度中国内资广告企业（非媒体服务类①）广告营业额②TOP5**

单位：人民币 万元

| 序号 | 公司全称 | 广告营业额 |
|---|---|---|
| 1 | 广东省广告股份有限公司 | 559 090 |
| 2 | 昌荣传媒有限公司 | 550 000 |
| 3 | 北京广告公司 | 190 000 |
| 4 | 思美传媒股份有限公司 | 163 849 |
| 5 | 北京互通联合国际广告有限公司 | 92 950 |

资料来源：2013 年度中国广告经营单位经营情况排序

① 非媒体服务类指主要从事品牌营销传播、广告设计制作、专项策划执行等服务，而非媒体广告销售 / 代理 / 策划 / 购买的广告企业。

② 广告营业额是指从事广告策划、设计、制作、发布代理业务以及其他与广告有关的业务活动的全部实际收入（以给客户开出的发票数额为准）。

表 4–4　2013 年度中国内资广告企业（媒体服务类[①]）广告营业额 TOP5

单位：人民币 万元

| 序号 | 公司全称 | 广告营业额 |
|---|---|---|
| 1 | 上海分众德峰广告传播有限公司 | 335 888 |
| 2 | 华扬联众数字技术股份有限公司 | 226 071 |
| 3 | 北京未来广告有限公司 | 183 768 |
| 4 | 杭州萧山振华广告有限公司 | 156 455 |
| 5 | 北京首都机场广告有限公司 | 155 999 |

资料来源：2013 年度中国广告经营单位经营情况排序

表 4–5　2013 年度中国内资广告企业户外广告营业额 TOP5

单位：人民币 万元

| 序号 | 公司全称 | 户外广告营业额 |
|---|---|---|
| 1 | 上海分众德峰广告传播有限公司 | 335 888 |
| 2 | 北京首都机场广告有限公司 | 155 999 |
| 3 | 上海定向广告传播有限公司 | 95 927 |
| 4 | 上海新分众广告传播有限公司 | 72 788 |
| 5 | 上海驰众广告传播有限公司 | 63 390 |

资料来源：2013 年度中国广告经营单位经营情况排序

（2）按照主要业务划分

按照主要业务划分，广告公司可分为综合广告公司、创意设计广告公司、媒介代理广告公司、媒体策划广告公司、户外广告公司、终端营销公司（如表 4–6）。

表 4–6　主要的广告公司类型

| 类型 | 主要业务 | 举例 |
|---|---|---|
| 综合广告公司 | 提供广告与非广告范围的整体服务 | 奥美、昌荣、省广 |
| 创意设计广告公司 | 提供创意设计相关的服务 | 创意艺术家公司（CAA）、上海天与空广告公司 |
| 媒介代理广告公司 | 以媒介代理业务为主要经营业务 | 实力传播、传立媒体 |
| 媒体策划广告公司 | 提供媒介策划等相关业务 | 实力传播、传立媒体 |
| 户外广告公司 | 专门提供户外广告相关业务 | 分众传播、凯帝珂 |
| 终端营销公司 | 提供终端活动策划、宣传单设计、销售人员培训等相关业务 | 大唐策划 |

① 媒体服务类是指为媒体提供代理、销售、品牌运营以及为广告主提供媒体策划、媒体广告资源购买等专项服务的广告企业（例如，电视、平面、户外、网络等媒体的销售、代理企业，媒体广告资源策划购买企业等）。

## 二、广告公司的规模和分布

1. 广告公司的规模

2014 年我国广告经营单位[①]数量快速增长 22.08%，达到 543 690 户；广告从业人员数量则小幅增长了 3.66%，达到 271.79 万人。[②]我国的广告公司数量已经达到了 10 万，其类型和层次也比较丰富。但是广告营业额的增幅低于广告公司数量的增幅，广告公司的平均年营业额呈现下降的趋势。

2. 广告公司的分布

从地区发展看，北京、上海、广州仍为广告公司的高度集中区域。从规模上看，两极化发展特点明显，具有较大影响力的国际广告集团尚未形成，而小型公司数量庞大。从经营收入看，私营企业是当下中国广告公司中占比绝对领先的群体，但人均、户均营业额非常低。这是造成中国广告公司整体面貌出现小而散特征的重要因素。从类型上看，根据《中国广告市场生态研究》[③]结果显示，由于综合代理广告公司的服务范围广，在广告公司总体中，综合代理广告公司占比预计达到三分之二。

## 三、机遇与挑战共存，广告公司积极谋求转型

1. 政策利好，广告公司迎发展机遇

2012 年以来，国家工商行政管理总局先后出台了《关于推进广告战略实施的意见》和《广告产业发展“十二五”规划》，大力服务广告产业园区建设与发展，截至 2013 年上半年，全国广告产业试点园区已达 29 个。中央财政投资 8 亿元，地方财政投资 172 亿元，对广告的拉动效用显著。国家财政立项投资广告产业发展是改革开放以来的新举措。原来广告业是一个以民间力量为主，自下而上推动的行业，现在各级政府的进入使行业的发展方式变为自下而上与自上而下协同发展的新格局。[④]

2. 数字化时代，广告公司面临全面挑战

（1）数字化时代的变化：媒体环境的变化、受众的变化、媒介资源购买方式的变化

数字化时代，营销传播环境发生了变化，其中两个要素就是媒体环境和受众。前者是广告与营销的载体，后者则是通过自身的媒体接触行为、消费行为影响着广告主的营销需求、广告投放及分配比例。

首先，媒体环境因数字技术而产生了巨大变化。传统媒体借助数字技术打造全媒体，

① 《关于对广告经营单位 2010 年度广告经营情况进行统计的通知》中表示，“广告经营单位”包括“广告企业和媒体单位广告部门”。具体来说，它包括广告企业、兼营广告企业、电视台、广播电台、报社、期刊社，以及其他。

② 数据来源：国家工商行政管理总局。

③ 中国广告市场生态研究是中国传媒大学广告主研究所的年度研究。

④ 国家广告研究院.2013 年中国广告业发展白皮书［M］. 北京：中国工商出版社，2014：63.

涵盖大多数的媒体类型。互联网也发生了很大的变化，过去只有简单的门户网站，现在有搜索引擎、网络社区、社交媒体等多种多样的媒体形态。媒体环境向海量化、碎片化转变。

其次，受众也发生了变化。在最初的传播模型中，受众处于接收端，是整个链条的终端。但在新的媒体环境下，受众开始参与到信息传播、内容生产之中，不再满足于被动"接收"，积极地成为信息的生产者与传播者，出现了"人人皆媒体"的局面。伴随媒体的海量化，受众的媒介接触习惯、媒介使用行为等出现"碎片化"趋势。另外，不断升级的技术使受众可以利用多种手段屏蔽广告，导致广告无法触及目标受众。

随着数字时代的到来，媒介的采购方式也发生着巨大的变化，最典型的就是媒介资源的程序化购买方式的采用。程序化购买即通过数字平台代表广告主，自动地执行广告媒体购买的流程。与传统人工采购不同，这种方式基于大数据分析和数据驱动，对接多屏媒体资源，帮助客户实现动态预算分配，全程通过计算机完成，替代了传统广告公司中媒介策划人员原本的工作，无疑会对传统广告公司的媒介业务带来较大冲击。

（2）广告公司在专业经验、专业工具和专业人才方面均遭遇挑战

媒体环境的变革、受众的变化、媒介资源购买方式的变化，使广告公司在专业经验、专业工具和专业人才方面都遭遇挑战。

首先，传统广告公司的既有广告与营销方式失灵。传统的广告与营销方式利用大众媒介，低成本覆盖尽可能多的受众，但受众的碎片化使得这一传统方式受到挑战。

其次，传统的市场调查与分析工具失效。传统的广告与营销将大样本的受众调查作为重点，这是一种较为单纯的量化研究方式。但目前的传播环境以及受众变化使得关注消费者内心的"洞察"方式更受欢迎。然而，这种研究手段由于包含很多的经验性和主观性因素而无法实现大规模的复制。① 据此而作出正确的市场预判就显得难上加难。广告公司需要能够应对网络化时代海量数据的搜集、存储、管理、分析、挖掘与利用的全新技术体系。

最后，专业人才短缺。当下，广告公司普遍存在人才短缺的问题。面对新的营销传播环境，这一问题变得更加紧迫。中国广告市场生态调研结果显示，广告公司面临的主要挑战中，选择专业人才短缺这一项的被访广告公司比例持续增加，已经由 2012 年的 13.5% 提升至 2014 年的 33.8%。

在新的形势下，广告公司需要新型的专业人才，对从业人员的素质要求也更高，广告行业人才的流动性较大。数字营销环境下，广告公司专业人才的流向主要是两大方向：一是广告主方面，广告主自身的营销传播水平和需求提升，以更优异的条件吸引专业人才，进而在与广告公司合作时的主动性也越来越强；另一大方向就是互联网公司，它们担当起

---

① 黄升民，刘珊. 三网融合下的"全媒体营销"建构［J］. 现代传播，2011（2）：3.

满足广告主数字营销传播需要的服务公司角色，也迫切需要广告专业人才的加入。除了广告专业人才遭到分流，创意精神和专业能力不足也成为专业人才中存在的一个突出问题。

3. 广告公司积极谋求转型

在数字营销环境下，媒体的多样化导致广告主对媒体的了解与认知困难加剧，另外消费者的碎片化导致广告主了解消费者需求与心理的困难加剧，广告主产生了新的需求。广告公司为了生存下去，进行了多方面的调整，以适应对接广告主的新需求，更好地为广告主提供服务。

（1）布局数字媒体业务和其他多元业务

第一，积极拓展数字媒体业务。

在新的营销环境下，互联网和移动互联网的营销价值被广告主看好，在广告主的营销传播活动中的地位升级。广告主对营销传播活动的精准度要求越来越高。而相对于传统媒体，数字媒体在技术上能够实现精准化。因此，广告主的营销费用向数字媒体倾斜。

相应地，广告公司在业务上也作出了调整。根据 2014 年中国广告生态调研课题的调研结果显示，2014 年，在被访广告公司未来一年拓展新业务的选择情况中，数字媒体策划及技术支持的选择率为 57.7%，位于首位。从连续三年的对比数据中也能看出，该项选择率逐年上升，今年与去年同期相比增长了 8.8 个百分点。

就目前来看，数字营销市场依旧以专门的数字营销公司为主导，传统广告公司在数字营销业务领域依旧面临着较大的挑战。

凭借技术优势、颠覆性的商业模式，以及精准营销这一“杀手锏”，新兴数字营销广告公司迅速崛起：诸如聚胜万合、易传媒、华扬联众等一批专注于精准营销的广告公司应运而生，并获得迅速发展。

反观传统广告公司，一直以来赖以生存的运作方式是根据受众特点进行广告创意制作，购买相关媒体广告位，以创意和媒介资源赢得客户。这种对于受众特性的界定与互联网技术主导的“精准”相比，显然比较模糊，无法满足广告主的要求。一些大型广告公司已经意识到这个问题，并对拓展数字营销技术给予高度重视。

北京电通广告有限公司人士曾表示，“单纯靠创意来做广告的模式已经不存在了，要想使广告主希望传播的内容有效、能够吸引消费者，我们首先要做的是界定目标消费者，并且要对目标人群进行精准度分析。我们电通总部有一个专门的数据处理系统，会在数据处理的基础上为客户做决策。我们有专门的数字营销部门和数字研发中心，这是一个大趋势，也是我们未来的重点。”①

蓝色光标传播集团董事长兼 CEO 赵文权也曾说过：“不转型就得死。”随着市场消费环境和媒体环境的急剧变化，消费者主权正在确立，信息技术的发展使得对消费者需求和

① 资料来源：2014 年度中国广告市场生态调研。

行为的洞察变得更加重要而且可能，一个智能营销（Intelligent Marketing Communication，IMC）的时代正在来临。智能营销将是建立在商业智能（Business Intelligence）基础上的整合营销传播。未来蓝色光标的服务将以技术和大数据为基础和驱动，并且将开发出更多新的平台化、标准化的大数据产品和服务。其大数据战略的核心是构建基于大数据的智能营销平台。①

第二，深耕内容领域。

传统硬广的效果和价值在下滑，消费者越来越排斥单纯的广告信息，富有吸引力的内容才能赢得消费者的关注。与内容紧密结合的广告也日益受到广告主的青睐。对于大部分广告公司来说，这是一个充满机会也急需成长的领域。

无论是广告主还是媒体，对于优质内容的追求是统一的，目前市面上优秀的内容营销公司还很稀缺。内容型的广告公司将是广告市场应对新技术冲击和数字媒体崛起的重要方向之一。一批反应迅速的广告公司已经及时转型，深耕内容制作领域，成功完成了角色的转变。比如蓝色火焰作为一家传统的广告代理公司，2013 年开始进入内容制作领域，先后推出了《最美和声》《女神的新衣》等优质节目，公司主打了“内容 + 营销”的独特商业模式，为广告主提供了优质的营销平台。

第三，媒介资源的程序化购买。

程序化购买能够提高互联网广告的投放效率和质量，满足广告主投放广告精准性、灵活性的需求。广告程序化购买越来越受到广告主的重视。

一批能够高效处理大规模媒体资源能力的技术型广告公司崛起，威胁到传统综合型广告公司和媒介代理公司的地位，也迫使它们不得不进行转型革新。对此，传统综合型广告公司或媒介代理公司，一方面积极地从传统的媒介代理运作模式中转换思维，适应新的游戏规则，革新技术，尽可能地消除技术壁垒，在广告程序化购买市场占据一席之地。而另一方面，必须认识到技术并不是无死角的，尽管在理论上更加科学、理性，但对于受众而言，很多情感的、人性化的东西却不能完全靠数据来分析。通过对消费者的深度洞察与分析，据此结合富有创意的方式，这方面则是传统广告公司的优势所在。弥补技术短板的同时与自身优势相结合，也许会是传统广告公司的一个方向。

（2）拓展经营空间

广告公司的发展离不开资本、技术、人才等资源，同时也需要拓展可经营的空间。通过经营空间的拓展，实现业务和客户资源的开拓。综合实力较强的广告公司开启了“向上”与“向下”两种空间拓展模式：一方面向公司所在地外的其他区域拓展，并越来越关注三、四、五级市场；另一方面，还积极顺应国际化趋势，向国外市场拓展。

省广通过在北京、上海、成都、武汉四地设立分公司，将经营范围扩大到了广东省

① 资料来源：2014 年度中国广告市场生态调研。

以外。同样，本土民营广告企业也非常重视服务网络的建设，并伴随着消费产品加快向农村渗透，诸如达彼思、阳狮、昌荣等公司也逐步开拓二、三线市场。同时中国的产品及品牌进入海外市场，综合代理公司紧跟国际化的浪潮，通过在海外建立分支机构、与国际知名媒体巨头签署合作协议等方式，为国内外客户的品牌传播提供支持。

（3）吸纳新型人才，调整组织结构

为了适应数字营销环境，传统广告公司或者增设专门的数字营销团队、吸纳相关人才，或者就相关业务与专门的数字营销公司合作，或者是收购已有的数字营销公司。

无论是传统广告领域还是数字营销领域，都需要既熟悉传统广告运作流程又具有互联网思维的技术型复合人才。广告公司加大投入，改革内部人才培养机制以及吸引新型人才加入。

（4）借力资本，向多元化、集团化发展

自身经营积累一直以来都是我国广告公司资金来源的最主要途径。但是，近年来，广告公司的资金来源发生了一些变化。资本运作成为一些广告公司的选择。广告公司资本运作的主要方式是上市和融资。在资本市场表现活跃的公司，以户外广告公司和互联网策划服务公司为主。

2010 年，以省广、昌荣为代表的综合广告代理公司成功上市，开启了综合代理公司借助外部资本谋求发展的探索之路。这也象征着我国广告公司综合实力和自身经营能力的提升。

资本运作开启了国内综合代理类广告公司集团化、专业化、品牌化之路，并购、兼并等资本运作方式为广告业提供了充裕的发展资金，成为广告公司扩大业务领域、争夺优质客户、引进高端人才、提升自身综合竞争力的助推器，也为广告集团的崛起培育了肥沃的土壤。[①]（如表 4–7）

**表 4–7 广告公司上市融资大事件**

| 公司 | 时间 | 事件 |
|---|---|---|
| 蓝色光标 | 2010.2 | 蓝色光标在深圳交易所挂牌上市 |
| | 2011.3 | 蓝色光标收购博思翰扬 16% 股权 |
| | 2011.4 | 蓝色光标收购思恩客，持股累积 51% |
| | 2011.6 | 蓝色光标收购新加坡金融公关公司集团 Aries Capital Limited 40% 股权 |
| | 2011.7 | 蓝色光标收购精准阳光广告传媒有限公司 |
| | 2011.7 | 蓝色光标收购北京美广互动广告有限公司 |
| | 2011.7 | 蓝色光标收购今久广告 |

① 国家广告研究院 .2013 年中国广告业发展白皮书［M］. 北京：中国工商出版社，2014：74.

续表

| 公司 | 时间 | 事件 |
| --- | --- | --- |
| 省广 | 2010.5 | 省广上市 |
| | 2011.3 | 省广收购重庆年度广告公司 |
| | 2011.6 | 省广收购旗智 50.98% 股权，从广告行业跨到公关行业 |
| | 2011.6 | 省广与北京昊月星涛体育文化传播有限公司等两名股东合资设立北京合力唯胜体育发展有限公司 |
| | 2012.11 | 省广并购合众传播 |
| 昌荣 | 2010.5 | 昌荣在纳斯达克上市 |
| | 2010.8 | 昌荣与日本互联网企业 DAC 集团深度合作，加强跨国互联网服务能力 |
| | 2010.10 | 昌荣与华数数字电视传媒集团签约，强势进军三网融合数字新媒体领域 |
| | 2010.11 | 昌荣与湖北经视签署一项为期三年（2011—2013）独家代理协议，完善传统电视媒体资源 |
| | 2011.6 | 昌荣收购上海世奇广告，成立“昌荣精准”模块 |
| | 2011.6 | 安吉斯媒体与昌荣传播合作组成数字媒体联合购买平台 |
| 安吉斯集团 | 2012.11 | 安吉斯集团（上海）收购本土的互动营销公司欧安派 |
| 电通集团 | 2013.1 | 收购美国独立公关公司 Mitchell，扩张在公关领域的版图 |
| 李奥贝纳 | 2013.2 | 上海李奥贝纳收购 Emporio Asia |
| 电通集团 | 2013.3 | 电通完成收购安吉斯，拓展全球市场 |
| 蓝色光标 | 2013.4 | 蓝色光标以 3.6 亿元收购了 Huntsworth6 300 万新股 |
| 蓝色光标 | 2013.4 | 蓝色光标以 16.02 亿元收购西藏山南东方博杰广告有限公司剩余 89% 的股权 |
| WPP 集团 | 2013.5 | WPP 旗下 TNS 在华收购新华信 |
| 阳狮集团 | 2013.7 | 阳狮集团收购上海墨尔广告有限公司（Net@lk） |
| 奥美 | 2013.7 | 奥美行动与 G2 合并，组建全球最大的活动行销公司 |
| 安吉斯集团 | 2013.9 | 安吉斯媒体集团（上海）收购互动营销代理商意凌数码科技有限公司（TRIO） |
| WPP 集团 | 2013.10 | WPP 收购中国数字营销公司 im2.0 互动营销 |

资料来源：中国传媒大学广告主研究所根据公开资料整理

## 第三节　广告主与广告公司的合作

广告主与广告公司的合作，绝非广告公司单向营销的过程。根据营销的最基本定义，我们把寻求交易时表现积极的一方称为市场营销者，不积极的一方称为目标公众。换言之，市场营销者可以是买方，也可以是卖方。当买卖双方都表现积极时，可称双方均为市场营销者，这种情况被称作相互市场营销。广告主与广告公司的合作，其实是一种双向营销的过程，双方合作应建立在对彼此各方面情况深入了解的基础上。①

从根本上讲，只有双方具备满足各自需求的能力并清楚彼此的需求，合作才可能持续。广告主在与广告公司合作的过程中，同样需要在深度了解双方合作现状的基础上，谋求恰当的时机争取合作，及时掌握广告主的新变化、新需求，顺应广告主的发展变化，在广告主的发展变化中确立自身定位，巩固双方合作。

## 一、广告主是广告市场的绝对主导力量，广告公司担当执行助手

广告主处于广告系统的中心位置，提供制作广告和购买媒体时的全套管理指导和资金支持，支撑着整个广告。也就是说，广告主对广告费的投入，提供了对广告规模的基础判断，决定了广告市场规模大小和发展速度的快慢。

广告主的需求很大程度上决定了广告市场的发展，广告公司是围绕着广告主来提供服务的，广告主的动向会引导其发展方向。中国传媒大学历年调研数据显示，无论是在广告主自身眼中还是媒体和广告公司眼中，广告主在广告市场中的地位越来越高。

另外，广告公司追随广告主担当策划、执行、落地助手。广告主在激烈的竞争中日益成熟，逐渐积累了丰富的营销经验，在品牌传播方面的意识和发展速度方面逐渐超过了广告公司。首先，广告主有更多接触国际化公司的机会，视野更为开阔，能够在战略层面意识到自身品牌建设和宣传推广需要推进到何种程度。其次，广告主的学习能力日益增强，通过与各种专业型、综合型广告公司的深入合作积累了广告运作的经验，增强了对广告公司工作的认识。最后，整体媒介环境和广告市场的变化使得信息流动加速并且日益透明化，广告主跳脱了原来所处的信息严重不对称的传播环境，一方面通过与媒体的直接接触获得刊例价、折扣优惠等一手信息，另一方面与广告公司合作的丰富经历使其能够熟悉整体广告运作的成本费用，报价进一步挤压了广告公司的利润空间。

## 二、广告主大多同多家广告公司合作

我国的广告主普遍选择同多家广告公司进行合作。据中国广告市场生态调研的数据显示，近十年来，60% 以上的被访广告主同多家广告公司合作。相当数量的广告主结合企业自身情况及广告公司各自的优势资源选择专业服务公司，由多家广告公司为其提供服务。而随着广告主需求多元化、复杂化的发展，广告公司结合自身优势，经过多年的分化分流，也已形成了各自较为明晰的服务定位，为广告主进行多样选择提供了可能。②

---

① 中国传媒大学广告主研究所．广告主同广告［J］．市场观察，2003（3）：70.

② 中国传媒大学广告主研究所．广告主同广告［J］．市场观察，2003（3）：66.

目前在广告市场上，提供各种传播服务的广告公司、文化公司种类繁多。从传统的创意工作室到体育营销、网络公关、数据挖掘等专业营销传播公司，营销传播领域的分工越来越精细化、专业化。一家广告公司、几家媒体就可以构建全部营销传播体系的时代已不复存在，广告主的营销传播管理面临空前挑战。无论是以节目为单位的电视内容资源竞争还是互联网新形式的整合运用，各个细分领域，均需依赖专业的服务公司。

尽管有业内人士对于目前广告主同广告公司的这种合作方式提出了质疑，认为在企业对于品牌管理缺乏足够认识及整合能力、企业各事业部之间难以做到全面深度沟通的情况下，这种合作方式与企业整合营销的大趋势是相背离的。但就国内目前的广告公司的情况来看，限于财力、人力等多种资源，广告公司的职能设置不可能如此完善。企业的营销、广告以及促销方面的需求涉及多种层面，其深度、广度都有很大差别，很多环节的工作都不是一家公司所能做的。广告公司并非在每一项业务上都是强项，没有十全十美的公司，即使一直在努力，但是跟广告主的全面要求还是会有差距。广告主同广告公司形成的合作关系，在相当时期内，都只能是相对的、有限的。

## 三、广告主与广告公司的合作时间普遍较短

广告主与广告公司的合作时间是衡量双方合作关系稳定性的重要标志。我国广告主与广告公司的合作时间普遍较短，大多数广告主与广告公司基本维持2—3年的合作期限。据中国广告市场生态调研的数据显示，广告主与广告代理公司的合作时间平均值为2.68年。

当下，造成广告主与广告公司合作时间较短的原因是多方面的。既有市场环境、媒体环境的快速变化导致广告公司无法有效满足广告主的营销传播需求的因素；也有广告主面临市场营销费用紧缩的压力，越过广告公司直接和媒体展开合作或者直接利用自媒体开展营销传播活动等多元因素。但无论怎样，广告主频繁更换广告公司对双方利益都存在一定伤害：一方面广告主无法进行品牌沟通的长远规划；另一方面，广告公司疲于四处比较，寻找新客户。而优秀的广告公司往往是通过与广告主的长期合作实现同步成长的。

广告主与广告公司形成长期稳定的合作关系不仅有助于广告主品牌建设的长远发展，而且双方彼此熟悉，广告公司不需要重新了解广告主、适应其品牌；广告主不需要重新选择广告公司并组成新的合作关系，避免时间和精力上的无形消耗以及其他开支，得以规避转换成本的支出。

## 四、与广告主合作的广告公司以本土广告公司为主，且主要是综合代理公司

从中国传媒大学广告主研究所连续的调研数据可知，与广告主合作的广告公司主要是

本土广告公司，且一直处于最高选择比例，选择率在 2014 年达到了 61.2%。处于第二和第三位的分别是跨国广告公司和媒体下设广告公司。而与被访广告主合作的广告公司的主要类型中综合代理公司最多，其次是创意设计公司。

目前，国内一批广告创意公司、影视制作公司、媒介代理公司、公关策划公司，在各自的领域都逐渐具备了与跨国广告公司抗衡的能力。正因为本土广告公司在专业化、服务水准等方面不断提高，同当地政府及媒体等相关部门关系良好、价格相对低廉等，所以广告主在很多细分市场以及线下广告活动等方面（如终端促销、大型路演）选择本土广告公司为其提供服务。①

## 五、广告主与广告公司合作采用多种付费方式，其中以支付项目服务费和代理费为主

源自美国的代理制，原本是广告公司获取利润的基础，但是由于中国广告市场的不规范，例如，媒体直接与广告主签订投放合同、一些广告公司实行零代理甚至负代理，代理制在中国已经名存实亡。

根据中国传媒大学历年调研的数据显示，广告主与广告公司合作采用的付费方式较为稳定，排在前三名的分别是支付项目服务费、支付月费或者年费和支付代理费。但是，从长时间跨度来看，广告主采用代理费的比例下滑较多，从 2004 年的 47.8% 下降到 2014 年的 36.2%；同时，支付月费或者年费的比例则从 29% 上升到 34.5%，销售额提成也从 2.2% 上升到 6%。可见，伴随着广告业务链条的细分化，付费方式也开始向专项项目服务费、月费 / 年费、销售额提成等多种方式转变。

## 六、广告主整合化需求趋势明显，愈发看重广告公司的整合营销传播能力

根据历年中国广告市场生态调研，广告主选择广告代理公司最看重的因素中，“创意制作能力”虽仍居首位，但从历史数据来看，其重视程度大有被整合营销能力替代的趋势。广告主在选择广告公司时看重的能力中，“整合营销传播能力”的选择率呈现上升趋势，在 2014 年已经达到了 43.2%（如表 4–8）。

从现实情况来看，以媒体为核心的传播形式整合、跨媒体组合，广告公司基本能够胜任。但能够从战略层面提供整合营销传播服务的广告公司是少之又少，更多的策略整合基本由广告主层面主导，交由分工不同的广告公司执行。即便是广告主从各类广告传播公司猎取多种人才，仍不能满足广告主日益增长的整合营销传播需求。

① 中国传媒大学广告主研究所 . 广告主同广告［J］. 市场观察，2003（3）：67.

表 4-8 2004-2014 年广告主选择代理公司看重的因素

| 年份 | 看重要素前三甲 | 比重 | 年份 | 看重要素前三甲 | 比重 |
|---|---|---|---|---|---|
| 2004 年 | 创意制作水平 | 48.9 | 2010 年 | 创意制作水平 | 48.7 |
| | 代理及服务价格合理 | 42.6 | | 整合营销传播能力 | 34.5 |
| | 整合营销传播能力 | 33.3 | | 代理及服务价格合理 | 28.3 |
| 2005 年 | 创意制作水平 | 49.7 | 2011 年 | 创意制作水平 | 41.18 |
| | 整合营销传播能力 | 38.2 | | 整合营销传播能力 | 39.5 |
| | 品牌建设及管理能力 | 30 | | 媒介策划水平 | 33.61 |
| 2006 年 | 创意制作水平 | 48.8 | 2012 年 | 创意制作水平 | 42.3 |
| | 品牌建设及管理能力 | 32.6 | | 整合营销传播能力 | 38 |
| | 代理及服务价格合理 | 27.9 | | 代理及服务价格 | 29.2 |
| 2007 年 | 创意制作水平 | 49.1 | 2013 年 | 创意制作水平 | 39.3 |
| | 品牌建设及管理能力 | 31 | | 整合营销传播能力 | 34.8 |
| | 代理及服务价格合理 / 关系资源优势 | 29.3 | | 代理及服务价格合理 | 28.6 |
| 2008 年 | 创意制作水平 | 56.4 | 2014 年 | 创意制作水平 | 44.9 |
| | 整合营销传播能力 | 27.4 | | 整合营销传播能力 | 43.2 |
| | 市场调查及数据分析能力 | 24.8 | | 媒介策划水平 | 30.5 |
| 2009 年 | 创意制作水平 | 50 | | | |
| | 整合营销传播能力 | 33.3 | | | |
| | 媒介策划能力、代理及服务价格合理（并列） | 28.3 | | | |

数据来源：中国传媒大学广告主研究所

# 第四节　媒体生存现状

媒体是广告主品牌传播的主要支持机构之一。经过三十多年的产业化发展，媒体积极开展多元化经营，经营领域涉及广告、网络、节目等，但是广告经营依然是重中之重。广告主是广告传播活动的出资人。广告主的广告投放规模会直接影响到媒体的生存状态。

近年来随着数字媒体的快速发展，中国媒体市场格局发生了质的变化。随着互联网突飞猛进的发展，传统媒体不断受到数字媒体的冲击，广告媒体行业市场不再是电视一家独大，互联网技术催生的各类新型媒体与传统媒体、户外媒体等不断博弈，广告媒体版图正在重新建构中。

## 一、媒体的定义

广告媒介指广告媒介机构，包括报纸、电视台等大众传播机构和以提供广告刊播媒介为主要业务的经济组织。[①]《中华人民共和国广告法》（2015 年修订）界定，广告发布者，是指为广告主或者广告主委托的广告经营者发布广告的自然人、法人或者其他组织。

## 二、媒体的规模与市场格局

### （一）媒体的规模

2014 年，全国经营广告业务的电视台数量增加了 30.53%，达到了 3 121 家，营业人员达到了 58 424 人，增长 17.78%；营业额增长了 16.11%，为 1 278.50 亿元。除电视之外，广播电台、报社、期刊社的广告营业额都出现了下降，分别是 132.84 亿元（–5.91%）、501.67 亿元（–0.60%）、81.62 亿元（–6.41%）。[②] 广播电台的经营单位数量达到了 927 家，从业人员达到了 15 261 人；报社的经营单位数量达到了 1 352 户，相比 2013 年下降了 4.72%，从业人员达到了 41 028 人，增长了 5.03%。期刊社的经营单位数量达到了 3 763 户，增长率达到了 5.20%，从业人员达到了 36 281 人，增长了 5.70%。根据中国广告协会互动网络分会统计的数据显示，2014 年互联网广告营业额 969.09 亿元，增长 51.7%。

### （二）媒体市场格局[③]

纵观媒体整体市场格局，电视依然是最大的广告投放媒体，但是增长势头减弱。不论是增长率还是在广告市场中所占份额，都呈现降低趋势。而报纸媒体则疲态倍增，其广告经营份额已经连续多年出现负增长。与之相对应的，则是以互联网为代表的数字新媒体的蓬勃发展，互联网已经超越报纸成为第二大广告载体，其中又以网络视频、移动互联网等增速最为显著。户外媒体也在向数字媒体方面转变，新的增长点来自于数码屏等新兴形态。

1. 电视、互联网拥有绝对优势，新兴细分媒体形态带来生机

纵观整个媒体格局，电视媒体和互联网媒体目前处于市场中的绝对优势地位，而双方的发展态势不尽相同。

第一，电视媒体依然是“老大”，但整体份额和增长率却呈现出下降的趋势。从数据来看，近几年来，电视媒体从占据三分之二的广告份额，到维持半壁江山，且增长率逐渐下降，在 2012 年首次出现了增长率低于 10% 的情况。然而，随着“三网融合”趋势的不

① 丁俊杰，康瑾 . 现代广告通论：第 2 版［M］. 北京：中国传媒大学出版社，2007：108–109.

② 张军，薛妍妍 . 2014 年中国广告业统计数据分析报告［J］. 现代广告，2015（7）：23.

③ 国家广告研究院 . 2013 年中国广告业发展白皮书［M］. 北京：中国工商出版社，2014：18.

断推进，以数字电视、IPTV（交互式网络电视）、OTT TV（互联网电视）等为代表的新业态电视的不断发展为电视广告带来了新的生机，为夯实电视媒体在整个广告媒体投放市场中的地位起到了不可小觑的作用。

第二，互联网媒体广告份额不断扩大，并维持了相对较高的增长率。互联网从2011年开始超越报纸媒体，一跃成为第二大广告媒体，其年度增长率基本都在40%以上，远超其他媒体类型。近年来，随着网络视频、社交媒体、移动互联网等新兴媒体的出现，更是为互联网广告市场带来了持续快速增长的动力。互联网媒体凭借其多样的细分媒体形态、广泛的受众群体及丰富的广告形式日益受到广告主的青睐，逐渐成为推动广告市场的最大力量。

2. 报纸媒体连年下滑，地位不保

根据中国传媒大学广告主研究所相关调研数据显示，2011年以前，报纸媒体广告份额仅次于电视媒体位居第二，然而2011年却被互联网超越，如今勉强保住第三的位置，而广告增长率却从2012年开始转为下降的趋势。2012年以来，中国乃至整个世界的报社都出现了大规模倒闭的现象，报纸的规模在下降，这些都对报纸的广告价值产生了巨大的冲击。而与此同时，整个报业也在不断寻找新的商业模式和运营模式，如本地化经营、数字化转型，力图通过上述变革为报纸广告带来新的生机。

3. 户外媒体稳中求变，用数字化提升价值

从2005年至2012年，户外媒体在整个媒体广告市场中的份额并没有太大变化，但是整个行业却不断受到资本运作、政策管制等影响，其内部格局不断变化与洗牌。与此同时，数字化大大提升了户外媒体的广告营销价值，各种新技术的出现和跨屏的联动使得户外广告展现出越来越蓬勃的生机。

4. 广播媒体整体份额小，但增长势头明显

在六大广告媒体中，广播的广告份额与其他媒体相比并无优势，但由于拥有特定的受众群体，且受众的黏性较大，其广告份额整体上呈现出稳定上升的趋势。

## 三、媒体广告经营的转型

### （一）媒体广告经营转型：由单纯的广告载体到提供丰富的广告服务

在媒体稀缺的年代，大多数媒体可以依靠出卖时间、版面等获得丰厚而稳定的收入。但进入21世纪以来，整个媒体行业的竞争空前激烈，媒体形式呈爆炸式的拓展，使得“媒体具备垄断性渠道优势”的特性日益受到冲击。在这样的市场环境下，媒体如果希望继续在广告经营上获得发展，就要转换思路，为广告主提供更为高效、多元的营销、广告服务。

1. 广告产品创新

第一，为广告主提供种类丰富的广告产品。

以央视为例，央视2014年的广告产品种类比以往更加丰富，其中签约认购产品就有178个，加上2013年11月8日现场招标的产品，总数已经超过200个。这些广告产品不仅能够应对各类企业的需求，更是按照客户利益最大化的原则进行设计，从而使广告产品面向市场，更加科学合理。

第二，为广告主深度定制内容。

在广告主预算紧缩的情况下，媒体的广告经营压力巨大。一些媒体开始通过为广告主深度定制内容，提高收入。在硬广越来越不受欢迎的情况下，软性的植入成为广告主的“香饽饽”。媒体通过与品牌共创内容提升传播效果。英菲尼迪与深圳卫视联合出品的《极速前进》提供了一个有益的探索。

**案例：**自从英菲尼迪赞助了《爸爸去哪儿》收获无数好评后，掀起了一场“汽车品牌赞助哪家强”的风潮。2014年第四季度播出的15档综艺节目中，汽车品牌赞助就有4家，这其中不乏上海大众凌渡独家赞助的《奔跑吧兄弟》、凯迪拉克赞助的《两天一夜》、本田飞度赞助的《中国好声音》等知名节目。但当其他车企还在为抢到某火爆综艺节目的独家赞助资格而下血本的时候，英菲尼迪却另辟蹊径，于2014年7月3日宣布与深圳卫视合作：以电视节目联合出品人的身份，与深圳卫视联手打造《极速前进》，全程参与节目策划、联合投资、节目制作、节目播出，节目同时将登录搜狐视频，由此探索出品牌客户与卫视媒体合作开发节目的模式。

第三，承办线下活动。

在数字化浪潮下，数字新媒体飞速发展，对传统媒体带来冲击，除了央视和有限的几个强势卫视之外，大部分传统媒体面临着较大的生存压力。媒体不得不提高服务意识，并将业务广告产业链下移延伸，越来越多地涉及活动承办，甚至媒介代理等业务。

根据2014年中国广告生态调研课题的调研结果，2014年被访媒体预计2015年广告收入构成将发生变化，大型活动在被访媒体广告收入构成中的占比增加到61.7%，媒体越来越多地参与到线下活动承办的业务。

另外，线下活动已经成为很多报纸媒体广告业务的重要方面。

**案例：**《浦东时报》广告部主任就对中国广告生态调研课题组表示：“线下活动是我们广告业务的重要一块，也是我们近两年增长比较快的，不是商业类的也会给政府做很多活动，并且以后会越来越多。比如公益性质的公益集市和健康跑活动，还有常年性活动，比如儿童绘画大赛、摄影大赛。媒体的服务意识是在逐年提升的，‘广告+活动’这样一种整合性的服务方案适合广告主，比较受市场认可。”

《第一财经日报》相关人士也表示："与硬广相比，相关线下活动的业务占比在逐年提升，广告主在这一块的需求比较多，广告主对于媒体活动策划能力的要求越来越高，哪里有需求我们就往哪里走。通过开展线下活动，可以将销售环节直接带到受众面前，很好地实现媒体广告的变现。"广播也是如此，为广告主承办线下活动已经成为普遍的做法。

浙江之声相关人士表示："我们除了传统的广告收入之外，线下活动做得比较多，商业活动有每年都会做的奥迪团购，还有大量的自驾游活动，还会提供一些线上线下互动的O2O的模式，效果很好。"

2. 广告数据产品精确、指向化

媒体在为客户提供了更加丰富、具有创意性的广告产品的同时，也必须为其提供配套的广告数据分析产品，以让客户更加直观地感受到广告产品优化后的产出。以互联网媒体为例，对大量用户数据的把握和在此基础上的分析能力是其优势所在。一方面，互联网媒体仍然延续了传统市场调研领域沉淀下来的方法；另一方面，其又拥有各项用户基础数据，以及用户浏览、收藏、评论等多种互联网行为数据，从而获得了大数据海量、迅速、低成本的优势。

例如，百度就为其平台中的广告客户提供了包括百度司南、百度探针等多种数据产品，基于百度作为互联网媒体本身所积累的海量网民行为数据，凭借数据分析优势，对网民的检索行为、浏览行为、人群属性等进行分析，将看不见的用户需求进行量化，并用数字形式展现用户行为，为客户提供相对更为精准的营销决策依据，帮助客户优化品牌沟通策略。

### （二）利用大数据技术提升媒体市场价值

随着媒体技术的发展，互联网、手机、数字电视的海量数据库已经初步建立，如何利用这些数据库，以及实现不同类型媒体间数据库的打通，形成真正可以提升内部生产效率，指导广告主营销传播活动的情报体系，已经成为媒体经营者布局未来的关键一环。

例如，百度在为广告主投放广告时，会借助已有的广告数据产品，对用户的检索行为、浏览行为等进行建模，从而得出对不同单一用户、不同用户群体的特征分析，实现广告的精准投放。而时下盛行的广告实时竞价（RTB）模式，更是互联网媒体从购买广告时段、广告版面到购买广告人群的服务变革，在庞大数据库系统的支撑下，帮助客户在不到一秒的时间里做出投放决策，提高广告的说服效果。

而随着互联网广告技术的进步，更多的广告形式也出现了，例如"再锁定精准营销"。这种广告形式关注的是如何帮助网站或广告招揽"回头客"，其目的是为了让那些曾经访问过某个网站但没有产生购买或其他有效行为的网民再次对该网站产生二次访问行为，进而发生实际购买行为。虽然“再锁定精准营销”不会帮助广告客户直接进一步扩大“潜在用户池”，但可以使既定潜在的用户群产生更多的实际购买，进而提升转化率。例如，当用户浏览过京东商城某款手机页面后，基于种种原因并没有直接购买，但当他随后访问其他网站时，就会发现先前关注的那款手机的相关展示广告会特定地“为你”出现，从而吸引其再次关注并影响最终购买决策。

### （三）建立新的媒体评估系统

广告主需要能够精确地衡量媒体价值的评估系统，能够提供这样的服务的媒体，才能获得广告主的青睐。

电视的收视率、广播的收听率、报纸杂志的发行量等，都是一直以来受到市场公认的评估指标。但是随着媒体环境的多元化、碎片化，这些指标的科学性、客观性出现偏差。另外，消费者的媒介接触行为日益碎片化，并且跨媒体使用行为正在成为主流。所以，媒体行业需要一套全新的媒体评估系统，针对这些变化，作出更准确的评估。

国内媒体市场已经作出尝试。在 2014 年 1 月 9 日，央视 – 索福瑞媒介研究有限公司（CSM）与新浪微博达成了战略合作，共同推出微博收视指数，为电视媒体从社会化传播的维度开展节目评估、营销传播提供标准化分析工具。双方此次战略合作将基于各自的优势资源，围绕新浪微博讨论数据，推动微博收视指数等标准化产品，结合电视节目收视数据，为电视媒体业界全面、深入地分析电视节目的社交化传播效果及全媒体传播整合效果提供定量的数据支持，这也让不同媒体间的融合发展成为趋势。①

### （四）致力于构建全媒体营销的可能性

“不断成长的数字新媒体技术以及网络化媒体，在世界范围内改变了传统的媒体发展脉络与格局，各种媒体正在向全媒体发展。全媒体环境导致原有的营销模式失效，诞生了新的以三网融合的媒体网络和技术为基础建立起的海量数据信息库和传播互动平台，从而形成更科学的、反应及时的全媒体营销。”②

各种媒体都在向全媒体转型。在其探索过程中，媒体首先会扩大媒体资源，进入多媒体渠道；通过组织资源的优势进入新的媒体领域，然后通过和其他媒体不同程度的合作，拓宽媒体领域；逐步将各类媒体渠道资源进行整合，提升营销价值，进而逐步建立起适应自身的互动平台与数据库。

在这个平台上，传者可以向受众提问：是否喜欢这样的广告，对该产品及服务有怎样的看法，是否有意购买广告中的产品及服务等；而受众也可以利用在线互动的混媒终端随时将内心需求与想法反馈给传者，这就完成了一系列的供需双方的信息交流和互动，而传

① 国家广告研究院 . 2013 年中国广告业发展白皮书［M］. 北京：中国工商出版社，2014：59.

② 黄升民 . 全媒体背景下的广告营销问题［J］. 中国广播，2012（8）：8.

者获取了这样的信息之后即可实现按需生产。这是全媒体营销与传统营销方式的根本区别之一，更是其能够在碎片化的社会环境以及融合的大潮之下行之有效的重要基础。营销理论体系的变革基于媒体市场格局的变化，同时又推动着媒体市场的变化。从媒体到平台，媒体需要进行一系列生产、经营、管理、营销模式的变革。①

# 第五节　广告主与媒体的合作

## 一、广告主直接与媒体进行合作的趋势有所上升

近年来，广告主越过广告代理公司，直接与媒体公司进行合作的现象逐渐增多。伴随着市场竞争的加剧，传统媒体服务意识不断增强，并不断推进与广告主的直接合作。如上文提到的深圳卫视与英菲尼迪合作《极速前进》就是一个很好的例子，通过紧密的沟通与合作，取得了不俗的传播效果。

除传统媒体外，数字媒体也在加快同广告主直接合作的步伐。随着互联网媒体布局的日益完善，一些大的互联网媒体不断总结经验，提出自己的营销方法论，如凤凰网的“原生营销”、网易的“态度营销”等。此外，数字媒体还在不断完善多元媒体类型，如门户、搜索、视频、移动端等，基于海量数据，推出特色广告产品，并越来越多地直接与广告主建立合作。

## 二、广告主使用媒体实现从单纯传播平台向传播、营销复合平台的转变

伴随媒体的发展，其所承担的角色不再单纯是一个传播平台，更发展为与消费者互动进而实现销售的营销平台，担当起营销渠道的功能。正如现今的电商平台和移动支付体现的便捷性，媒体既是信息传播通路，又是直接实现销售及支付的关键一环，是企业完成品牌传播和营销目标双重任务的重要平台。

**案例：北京青年报小红帽**②

小红帽发行股份有限公司的前身是北京小红帽报刊发行服务有限责任公司，创立于 1996 年，是北京市第一家由报社创办的自办发行企业。经过多年的发展，小红帽公司不仅拥有新闻出版总署颁发的“出版物全国总发行权”“全国连锁经营权”，以及“在上海、天津、重庆等 12 个城市设立分公司”的权力，还联合国内省级及重点市

① 国家广告研究院 .2013 年中国广告业发展白皮书［M］. 北京：中国工商出版社，2014：58.

② 资料来源：小红帽官网，http：//www.bjxhm.com.cn/about/。

级都市报刊社40余家发行企业创建了以小红帽公司为盟主的全国城市报业发行网络联盟。

目前，小红帽公司旗下拥有一个集成分拣中心、60多辆厢式货车、近百个发行（配送）站点、2 000多名员工，年配送货物量达3亿件，已经成为京城及业内首屈一指的集报刊发行、城市配送、仓储运输、直复营销等信息、物流服务于一体的社会化综合服务型企业。

在报刊发行上，小红帽公司发行精品报刊200多种，年报刊发行流转额连续多年超过亿元。其中小红帽公司总发的《北京青年报》多年来位居京城订阅市场首位。

在城市配送上，小红帽公司与当当网、唯品会、聚美优品等多家电子商务企业合作，单日配送量超过万单，最高峰值达每天25 000单；合理、密集的配送网点设置和优质的配送服务赢得了合作伙伴的信任和青睐。

在直复营销上，小红帽公司与IKEA、麦德龙、麦当劳、肯德基、必胜客等多家企业合作，开发了数据库投递业务等多种业务类型，成为小红帽渠道经营新的增长点。同时，小红帽公司还与德国邮政DHL合作，组建了“敦豪互动营销策划（北京）有限公司”，引进了国际上最为成功的互动营销策划工具——“标靶”系统，以为客户节约成本并最大化投资回报为目标，开展直复营销业务，最终谋求企业的国际化转型。

## 三、广告主与媒体合作呈现深度融合的趋势①

媒介资源数量的增加极大地拓展了受众的可选择范围，受众的欣赏口味和审美水平在不断提升的同时，对广告的容忍程度也在不断下降，这使硬性广告的效果在持续减弱。与此同时，近几年来，在《舌尖上的中国》《中国好声音》等一众精品节目的带领下，媒体节目掀起了内容创新的热潮。这些大成本的投入与精品化制作的优秀节目对观众有着极大的吸引力，带动了观众对电视媒体的收视热情，同时也为广告主提供了深入合作的空间。娱乐节目的营销经历了从传统冠名到内容化传播的质化升级，广告主与媒体的合作更加深化，呈现出多元化的营销模式。

在节目策划及运作日益成熟的今天，广告主的品牌得以贯穿整个节目的始终，品牌获得最大化的呈现，甚至能体现节目内涵。节目中广告主产品与品牌的关联度更高，如《我是大美人》《美丽俏佳人》中化妆品与美容等产品与女性节目的结合。此外，广告主及其代理公司与电视台的合作贯穿节目创意、策划、制作、刊播的全过程。在2013年掀起全民收视热潮的大型节目《爸爸去哪儿》就是一个典型案例，999感冒灵、思念食品等广告

① 国家广告研究院.2013年中国广告业发展白皮书［M］.北京：中国工商出版社，2014：307-308.

主不仅深度融入节目，还成为节目内容不可或缺的组成部分。这种植入的形式上升到了更高的一个层次，品牌内涵与节目创意紧密结合，通过品牌内涵的有效延伸，在节目与受众的互动中极大地提升了品牌影响力。

另外，以电视为平台，多网联动，延展到电视媒体之外的跨界合作也不断上演。例如，在2013年年初，完美世界旗下的新概念页游《战三国》与湖南卫视进行深度合作。双方合作不仅实现了双赢，也打破了传统媒体与新型娱乐方式之间的壁垒，开辟出一种全新的跨界营销模式。

## 本章思考题

1. 广告主品牌传播的外部组织有哪些？目前的生存现状如何？
2. 广告主与广告公司、媒体的合作现状如何？有怎样的发展趋势？

# 第三篇　定位篇

# 第五章　品牌定位

## 第一节　品牌定位

### 一、定位理论的演进

定位理论的诞生、发展与演变始终与营销历史的发展紧密相连。营销的发展历史经历了产品主导、形象主导和定位主导的时代，相对应地，定位理论经历了 USP 理论、品牌形象论和定位理论三个阶段。（如表 5–1）

表 5–1　定位理论的演进[①]

| 理论 | USP 理论 | 品牌形象论 | 定位理论 |
|---|---|---|---|
| 产生时间 | 20 世纪 50 年代 | 20 世纪 60 年代 | 20 世纪 70 年代 |
| 时代背景 | 产品主导 | 形象主导 | 定位主导 |
| 核心观点 | 强调产品的特征及利益 | 塑造形象长远投资 | 占据第一心理位置 |
| 方法与依据 | 实证 | 精神和心理满足 | 差异化 |
| 沟通基点 | 产品属性 | 形象识别系统 | 消费者需要 |

#### （一）USP 理论

20 世纪 50 年代后期，市场基本处于供不应求的卖方市场，厂家当时面临的最主要问题是解决产能问题。受当时生产力发展水平的限制，消费者比较注重实质利益，其注意力主要集中在产品的属性与功能上。50 年代后期，科技的进步和社会的发展使得企业产能迅速扩大，可以迅速仿造出相同或相近的产品，产品之间的差异越来越小，同质化程度越来越高，令市场争夺日益激烈。因此，产品本身的优势在竞争中被削弱，企业单纯依靠产品本身的功能和特征来吸引消费者显得越来越力不从心。市场营销观念也从产品观念转型为销售观念。销售观念认为，如果让消费者自行选择，他们一般不会主动购买某企业太多

① 余明阳，杨芳平 . 品牌定位［M］. 武汉：武汉大学出版社，2008：17.

的产品，因此企业必须主动推销和积极促销；消费者通常会表现出一种购买惰性或者抗拒心理，所以企业要想方设法劝服他们购买。①

在这样的背景下，罗瑟·瑞夫斯提出了 USP（Unique Selling Proposition）理论，即独特的销售建议。他认为，独特的销售建议主要包含以下三部分的内容：

1. 每一条广告都必须给消费者提出一条建议，不光靠文字、图片等，每一条广告都必须告诉受众，“买这个产品吧，你将从中获益”。

2. 提出的建议必须是竞争对手没有或无法提出的，无论在品牌方面还是在承诺方面都要独树一帜。

3. 提出的建议必须要有足够的力量打动消费者。也就是说，建议要有足够的力量吸引新顾客购买产品。

罗瑟·瑞夫斯相信，一旦独特的销售建议确定下来，就应该不断地在各个广告中提到这个建议，并使之贯穿于整个广告活动始终。罗瑟·瑞夫斯为玛氏糖果所做的广告承诺“只溶在口，不溶在手”，是他运用 USP 理论成功策划的经典案例之一。

### （二）品牌形象论

20 世纪 60 年代以后，随着科技的进一步发展以及规模化大生产的普及，大量新兴企业涌现，品牌同质化问题愈演愈烈，市场竞争日益激烈。与此同时，随着生活水平的提高，消费者的购买心理开始发生变化，由注重实效向兼顾心理满足转变。消费者不仅追求“实质利益”，而且追求“心理利益”，人们不仅注重产品的特性，更注重产品背后的企业形象和产品声誉。企业要获取市场竞争优势，应使自身品牌形象具备有别于其他竞争者的形象。②

在这样的背景下，大卫·奥格威首先提出了品牌形象（Brand Image）论。该理论的要点如下：

1. 任何产品的品牌形象都可以依靠广告建立起来。品牌形象并不是产品固有的，而是消费者联系产品的价格、历史等，在外在因素的诱导、辅助下生成的。

2. 任何一个广告都是对品牌的长线投资，广告应该尽力去维护一个好的品牌形象，而不惜牺牲追求短期效益的诉求。

3. 随着同类产品的差异性减小，品牌之间的同质性增大，消费者选择品牌时所运用的理性就越少，因此描绘品牌的形象要比强调产品的具体功能特性重要得多。

4. 消费者购买时追求的是“实质利益 + 心理利益”。对某些消费群来说，广告尤其应该重视运用形象来满足其心理的需求。

---

① 余明阳，杨芳平 . 品牌定位［M］. 武汉：武汉大学出版社，2008：17.

② 余明阳，杨芳平 . 品牌定位［M］. 武汉：武汉大学出版社，2008：18.

### （三）定位理论

20 世纪 70 年代，商品经济高度发达，商品日益丰富，在市场有限、消费者能力有限的情况下，同类商品不可避免地带来同行业之间的竞争。生产过剩使得企业间的竞争不断升级。以往企业广告诉求重点是企业的形象，企业不仅要有好的产品和形象，更重要的是要被人们接受。[①]

在这样的背景下，美国著名营销专家艾尔·里斯（Al Reis）和杰克·特劳特（Jack Trout）提出了“定位”（Positioning）的概念，从分析消费者心理认知入手，从品牌传播的角度阐释了定位的概念。他们认为，创作广告的目的应当是替处于竞争中的产品树立一些便于记忆、新颖别致的东西，从而使之在消费者心中站稳脚跟。定位理论最主要的思想就是“要在消费者心中占据一个有利的位置”。

然而，从里斯和特劳特首创“定位”的概念至今已有 40 多年的时间。在这期间，又有众多广告、营销领域的专家和学者丰富了“定位”的概念，推动定位理论不断升级、完善。定位是一个内涵非常丰富的概念，主要从传播和营销两个角度来定义。

1. 从传播角度定义

关于品牌定位，最著名的是里斯与特劳特的定义。20 世纪六七十年代，里斯和特劳特在《工业市场营销》和《广告时代》中发表了一系列的文章，奠定了“定位”理论的基础；1981 年，他们出版了《定位》一书，系统地阐释了定位理论。1995 年，特劳特又与瑞维金合作出版了定位理论的刷新之作——《新定位》。定位理论被公认为“有史以来对美国营销影响最大的观念”。

定位的起点是目标消费者的心智，而不是产品本身。定位不是为产品定位，而是在消费者头脑中找定位。消费者的头脑中存在一级级阶梯，他们将产品或多个方面的要求在这些阶梯上排队，而定位就是要找到这些阶梯，并将产品与某一级阶梯联系上。定位理论认为，现有的产品一般在顾客心目中都有一个位置，因此，定位应强调通过突出符合消费者心理需求的鲜明特点，从而确定特定品牌在商品竞争中的方位，以便消费者能够处理大量的商品信息。[②] 新定位补充提出，为适应内外部环境的激烈变化，避免丧失原有的定位，企业就必须在竞争中进行再定位。

由此可以看出，里斯和特劳特的定位理论的要点是“消费者心智”和“与竞争对手的比较”。

2. 从营销角度定义

世界著名营销大师菲利普·科特勒认为，定位是对公司的提供物和形象的策划行为，

---

① 余明阳，杨芳平 . 品牌定位［M］. 武汉：武汉大学出版社，2008：19.

② 里斯，特劳特 . 定位［M］. 北京：中国财政经济出版社，2002：50.

目的是使它在目标消费者的心智中占据一个独特的有价值的位置。从营销的角度来看，定位是营销的必经环节。

菲利普·科特勒在1980年为《定位》一书撰写前言时，还阐释了“定位”的意义，即它存在于营销管理4P要素之前的环节，影响着所有的后续步骤，包括促销、广告、传播。[①] 在科特勒看来，里斯和特劳特的“定位”是对现有产品的心理定位。但实际上，“定位”更是对目标市场的发现，是一种战略性的市场营销，定位理论是系统化的、完整的市场营销过程。市场定位必定要根据企业内外部环境的变化作出相应的调整，市场定位是一个动态的市场营销的过程。[②]

简单来说，定位就是通过对各种营销手段的综合运用，使目标市场顾客能够理解和正确认识本企业有别于其他竞争者的特征，并在目标顾客心目中为本企业及其产品塑造有利形象的活动。品牌定位是市场定位的核心和集中体现，品牌定位的过程也就是市场定位的过程。

## 二、品牌定位的意义

随着现代经济进入深刻的品牌竞争时代，品牌建设已经成为企业竞争和生存的黄金法则。品牌定位是打造企业品牌的首要环节，对企业的发展起着至关重要的作用。

1. 品牌定位创造品牌核心价值

成功的品牌定位可以充分体现品牌的独特个性和差异化优势，这正是品牌的核心价值所在。品牌定位不但有利于满足消费者的个性化需求，而且也有利于塑造品牌的个性。品牌和人一样都是有个性的，品牌个性的形成与其定位是紧密关联的，可以说品牌定位是形成品牌个性的前提和条件。品牌定位意味着企业建立了区别于竞争对手的个性形象，有利于在市场竞争中脱颖而出，获得竞争优势。

2. 品牌定位有助于品牌的整合传播

企业不仅要进行品牌定位，还必须有效地传播品牌定位所塑造的形象。所谓品牌传播就是通过广告、公关等手段将企业设计的品牌形象传递给消费者，来获得消费者的认同和理解，并在消费者心目中确立一个企业营造的形象的过程。当消费者可以真正感受到品牌优势和特征，并且被品牌的独特个性所吸引时，品牌与消费者之间建立长期、稳固的关系就成为可能。品牌定位和品牌传播相互依赖、相互制约，任何提升品牌知名度的活动都必须以品牌定位为前提和基础。这样，品牌才能在消费者心目中建立起一致且独特的形象。

---

① 里斯，特劳特．定位［M］．北京：中国财政经济出版社，2002：4.

② 余明阳，杨芳平．品牌定位［M］．武汉：武汉大学出版社，2008：20.

3. 品牌定位为企业指明发展方向

品牌定位是针对目标消费者确定和建立起来的独特的品牌形象。品牌定位的确定可以使企业实现资源的聚合，产品开发从此必须践行该品牌向消费者所做出的承诺，各种短期营销计划不能够偏离品牌定位的指向，品牌定位使企业明确了自己的发展方向，企业要根据品牌定位来塑造自身。

# 第二节　品牌定位的目标和原则

广告主在进行品牌传播之前，要明确品牌定位的目标与原则，这样才能确保品牌定位的准确性以及整个品牌传播活动的顺利、有效开展。

## 一、品牌定位的目标

### （一）品牌定位以积累品牌资产为战略目标

积累品牌资产，是实施品牌战略的目标。企业之所以不惜重金打造品牌，就是因为品牌作为无形资产，能带来远远超越产品本身价值的附加值。品牌定位作为品牌战略的重要组成部分，同样要以积累品牌资产为目标。从财务会计的品牌资产观来看，品牌具有赋予产品溢价的无形资产的作用，品牌定位的成功要以扩大产品销售，提高产品的附加价值，提升产品的市场占有率为目标。从市场品牌力的品牌资产观来看，品牌定位的成功要以提升品牌影响力，为品牌的茁壮成长奠定坚实的基础为目标。①

### （二）品牌定位以塑造品牌个性为主要策略

广告大师奥格威曾说："最终决定品牌的市场地位是品牌本身的性格，而不是产品间微不足道的差异。"品牌个性，是品牌核心价值的外在表现，具有个性的品牌更容易被识别和接受。品牌定位是要在消费者心中占据有利的位置，稳定的品牌个性是持久地占据顾客心理的关键。具有个性的品牌，能够触发消费者的自我价值体验，引发消费者共鸣，从而常驻于消费者的心中。品牌个性具有外在的一致性和内在的稳定性，因此，它是实现品牌价值目标的主要策略。

## 二、品牌定位的原则

在品牌定位目标的指引下，品牌定位要遵循以下几个原则。

① 余明阳，杨芳平．品牌定位［M］．武汉：武汉大学出版社，2008：88-89.

## （一）消费者导向原则

无论是特劳特的传播定位，还是科特勒的营销定位，都强调在消费者心中占据有利位置。品牌定位的出发点是满足消费者的需求，以给消费者提供品牌价值为核心，定位是在与消费者的互动过程中形成的，并在传播定位信息的过程中考虑消费者接受信息的思维方式，突破信息传播沟通的障碍，从而使定位信息常驻于消费者的心中。可见品牌定位的全过程都必须以消费者为导向。因此对消费者的消费需求、消费行为和消费心理把握得越准，定位的策略就越有效。①

## （二）多维精准定位原则

品牌定位确定之前需要收集大量的信息，包括宏观环境、行业、消费者、企业自身等多个维度的信息。这是因为外部环境在迅速变化，品牌定位需要在变化中找准位置。而要想在消费者的心中占据有利位置，就要多维度地收集信息，进而精准定位。

## （三）静态定位与动态调整结合原则

品牌定位不是一成不变、一劳永逸的。社会、政治、经济的宏观环境在变，技术发展一日千里，消费需求千变万化，竞争对手诡谲多变，企业自身情况也在变化。因此，定位的参照维度在不断变化，品牌定位自然也应该随之进行动态调整。但是，如果定位不断变化，那么品牌就无法在消费者心中定格，无法牢牢占据有利位置。因此，我们认为，品牌定位应遵循静态定位与动态调整相结合的原则，这样才能既保持品牌在消费者心目中的有利位置，又不被各种变化所抛弃。②

## （四）个性化原则

品牌就像人一样，个性突出才能给人留下深刻的印象。赋予品牌独特的个性，以迎合相应的消费者需求。伴随产品的日益同质化，个性化的品牌才能吸引到具有相同价值观的消费者。品牌的个性与产品的物理特性和功能没有多大的关系，而是通过品牌定位的手段赋予产品鲜明的品牌个性，然后通过品牌传播使得品牌个性得到消费者的认同。坚持个性化的定位原则，在品牌定位的形成过程中，塑造品牌的个性，使品牌个性与目标消费者的自我价值观相契合，这样的品牌定位才能取得成功。③

## （五）考虑成本收益比

品牌是能给企业带来巨大收益的无形资产，同时也是需要不断投入的资本项目。品牌定位需要付出一定的经济成本，其成本的多少因定位的不同而有所差异。不计成本地投

---

①② 余明阳，杨芳平．品牌定位［M］．武汉：武汉大学出版社，2008：89.

③ 余明阳，杨芳平．品牌定位［M］．武汉：武汉大学出版社，2008：90.

入，会影响到定位所期望达到的经营目标的实现。考虑成本收益比是企业做出任何决策都要秉持的一个原则。收益小于成本的品牌定位，是失败的品牌定位。当然，由于品牌建设是一个长期的工程，评估品牌资产也不是一件简单的工作，在具体执行这一原则时，需要根据具体的情况而定。①

（六）考虑企业自身的资源

企业自身的资源是品牌定位的主要参照维度之一。无论是哪一种品牌定位，在执行过程中都需要借助企业的资源。只有对企业的人力、物力、财力等内部资源，以及本企业可以整合的外部资源有一个客观的分析，才能使品牌定位做到对资源的最优化利用，不会造成资源的闲置或浪费，也不会因资源配置出现问题而造成进退两难的困境。② 例如，当一个企业将品牌定位于“掌握核心科技”，那么该企业就应该具备行业的核心技术、一流的研发团队；如果企业定位于国际化的品牌，那么该企业就要有足以支撑全球化运作的人力、物力、财力。总之，品牌定位要考虑企业的内外部资源，可以适度超前，但不能脱离实际。

# 本章思考题

1. 如何理解品牌定位？
2. 品牌定位的目标是什么？
3. 品牌定位的原则有哪些？

①② 余明阳，杨芳平. 品牌定位［M］. 武汉：武汉大学出版社，2008：90.

# 第六章　品牌定位的参照维度

品牌定位是一项系统工程，需要参照多个维度的外部信息，主要的参照维度包括宏观环境、行业、消费者、企业自身四个维度的信息，根据实际情况对这四个维度的信息赋予不同的权重，再来进行精确的定位。

以下我们将首先讨论如何收集分析宏观环境维度的信息，这是基础性的奠基工作，对其他三个维度有直接的影响。接着，我们要讨论如何收集和分析行业环境、消费者、企业自身这三个维度的信息。

## 第一节　宏观环境维度

宏观环境是指对企业营销活动造成市场机会和环境威胁的主要社会力量，包括政策法规、人口、经济、社会文化、自然、技术等因素。分析宏观营销环境的目的在于更好地认识环境，通过企业营销努力适应社会环境及变化，达到企业营销目标。宏观环境对品牌定位具有间接性和根本性的影响。

### 一、政治法律环境

政治法律环境，是指企业业务所涉及的国家或地区的政治体制、政治形式、方针政策、法律法规等方面的情况。

政治环境主要包括国际的政治环境和国内的政治环境。国际的政治环境主要包括：国际政治局势、国际关系、目标国的国内政治环境。国内的政治环境主要包括：政治制度、政党和政党制度、政治性团体、党和国家的方针政策、政治气氛。

法律环境则主要包括：法律规范，特别是和企业经营密切相关的法律法规，如公司法、商标法、合同法等；国家司法执法机关；国际法所规定的国际法律环境和目标国的国内法律环境。

尤其值得注意的是，政治法律环境对企业战略决策的影响有直接性、不可测性、不可逆转性。[①]

---

① 侯章良，刘立新 . 战略管理最重要的 5 个工具［M］. 广州：广东经济出版社，2008：10.

## 二、人口环境

人口环境是指企业业务所涉及地区的人口总量、人口结构、人口发展趋势等情况。

人是构成市场的主体，也是品牌所指代的产品和服务推向的终极目标，因此与行业相关的人口信息，广告主尤需关注。一般来说，应该着重了解品牌所在行业市场的人口总量、结构、分布、趋势，为正确地估计潜在市场总量，确定目标市场规模提供基础性数据。

人口总量的调查主要包括以下几个指标：市场历年的人口总量、市场内的人口增长率、市场人口总量变化的基本趋势、市场的人口流动特点和规律。

人口结构调查往往是按照自然特征变量和社会特征变量两方面将人口划分为若干细分群体，这些变量是区分消费者不同消费倾向的基础指标。自然特征变量通常包括：年龄、性别、种族、婚姻状况、受教育水平、职业、经济收入状况等。社会特征变量通常可以从人的社会角色、社会地位、生活方式以及经济收入状况等方面来探究。

人口发展趋势在一定程度上能够反映市场未来的变化趋势。应该关注以下几个方面：当前地区人口增长的水平；青年人群的受教育水平提升趋势；人口老龄化趋势；家庭结构的变化趋势。

## 三、经济环境

经济环境，是指企业在战略制定的过程中，需考虑的各种国内外经济条件、经济特征、经济联系等多种因素。

企业的经济环境主要是由社会经济结构、经济发展水平、经济体制和宏观经济政策四个要素构成。

社会经济结构是指国民经济中不同的经济成分、不同的产业部门以及社会再生产等各个方面在组成国民经济整体时相互的适应性、量的比例以及排列关联的状况。社会经济结构主要包括五个方面的内容：产业结构、分配结构、交换结构、消费结构、技术结构。

经济发展水平是指一个国家经济发展的规模、速度和达到的水准。反映一个国家经济发展水平的常用指标有：国民生产总值、国民收入、人均国民收入、经济发展速度、经济增长速度。

经济体制是指国家经济组织的形式。经济体制规定了国家与企业、企业与企业、企业与各经济部门之间的关系，并通过一定的管理手段和方法，调控或影响社会经济流动的范围、内容和方式等。

经济政策是指国家经济发展目标实现的战略与策略。它包括综合性的全国经济发展战略和产业政策、国民收入分配政策、价格政策、物资流通政策、金融货币政策、劳动工资政策、对外贸易政策等。[①]

## 四、社会文化环境

社会文化环境，是指企业业务涉及地区的民族特征、文化传统、价值观、宗教信仰、教育水平、社会结构、风俗习惯等情况。

在广告主面临的诸多环境因素中，社会文化环境是最为复杂和难以掌控的。“文化”是指在群体经历中产生的、代代相传的、共同的思维与信仰方式，它是一个社会的思维方式以及适用于其成员的知识、信仰、习俗和技能。“社会生活”和“文化”是两个不同的概念，在社会学、文化人类学、社会心理学等学科中都分别有细致的研究。但由于两者密切联系，紧密互动，而且它们在品牌所处的环境中联成一体，彼此作用，很难明确区分，因而在此将它们概括为一个统一的“社会文化环境”。[②]

社会文化环境是在社会历史发展过程中逐渐形成的。作为生活在社会中的个体，人们在自身成长过程中或多或少地受到其所处社会文化环境中的基本信仰、价值观和社会行为规范的影响。这些信仰、价值观和社会行为规范不像其他环境因素那样容易理解，但它们又无时无刻不在支配着消费者的消费行为，影响着品牌传播策略。社会文化环境主要包括生活习惯、民族心理、道德观念、价值观、宗教信仰、消费理念、大众行为、流行趋势、消费行为和非消费的社会行为。

## 五、自然环境

自然环境是指企业业务涉及地区或市场的地理、气候、资源、生态等环境。不同地区的自然环境不同，会对所处企业的战略产生一定的影响，我国是一个幅员辽阔的国家，这种影响尤其明显。

随着人类社会的进步和科学技术的发展，世界各国都加速了工业化进程，一方面创造了丰富的物质财富，满足了人们日益增长的需求；另一方面，资源短缺、环境污染等问题也日益严重。从 20 世纪 60 年代起，世界各国开始关注经济发展对自然环境的影响，成立了许多环境保护组织，促使国家政府加强环境保护的立法。这些问题都为企业营销带来了挑战。对营销管理者来说，应该关注自然环境变化的趋势，并从中分析企业营销的机会和威胁，制定相应的对策。[③]

① 侯章良，刘立新 . 战略管理最重要的 5 个工具［M］. 广州：广东经济出版社，2008：13-14.

② 丁俊杰，张树庭 . 广告概论［M］. 北京：中央广播电视大学出版社，1999：240.

③ 资料来源：http：//baike.baidu.com/link?url=EPKnXZjbr5LXjHshlBZ8Cmhk29dliXxMmSxvEPvPQ_lNTH8vi--91TmzKCZWDQEW8M_WSKoAvS63sb9l9mvgva。

自然环境的恶化是全球面临的一个主要问题。在许多世界级城市中，空气与水污染已经达到了危险的程度。人们也广泛关心化学产品导致地球臭氧层形成空洞的“绿屋效应”，以及水资源的缺乏。由于国家对环境问题的逐渐重视，很多行业受到了影响：钢铁厂和公共事业不得不花费大笔资金，投资于控制污染设备和采用价值较高的燃料；汽车制造厂不得不在汽车上采用昂贵的控制尾气装置；制皂业不得不去研制低磷洗涤剂。

威胁和机会是同自然环境的四个趋势关联在一起的：原料短缺，能源成本短缺，能源成本的增加，反污染的压力和政府作用的变化。①

### 六、技术环境

科学技术是社会生产力的重要组成要素，科学技术的进步推动着人类社会的发展。营销大师菲利普·科特勒曾说，每一项重大的科技进步，都是一种“破坏性创造”，新产品、新行业的兴起意味着一些旧产品和旧行业的衰落。②

科学技术对社会经济产生的影响主要表现在以下几个方面：第一，大部分产品的生命周期缩短；第二，劳动密集型行业的压力增大；第三，流通方式更加现代化；第四，人力资源成本的低廉优势削弱；第五，对人力资源素质，尤其是领导者的素质提出了更高的要求。③

目前，技术革新与科技进步可能会给各个行业带来新的市场机会，也可能带来潜在的威胁。因此，品牌环境的调查要密切关注社会技术环境的变化及趋势。这主要包括：技术变革步伐加快、无限的创新机会、研发预算差异大和对技术革新的规制增强等。

## 第二节 行业维度

宏观环境对品牌定位的影响间接且有一定的周期性，而行业和行业环境的影响则更为直接。因此，分析行业内的竞争态势和行业发展的生命周期，是我们制定品牌定位战略的重要前提。

所谓行业，我国2002年颁布的《国民经济行业分类》对行业的定义为：“一个行业（或行业）是指从事相同性质的经济活动的所有单位的集合。”行业不同，竞争强度不同，平均利润水平也不同，对企业的吸引力也就不同；行业发展的不同阶段，竞争的格局不同，行业内企业的品牌定位的策略也应随之调整。④

① 菲利普·科特勒.营销管理：第11版［M］.梅清豪，译.上海：上海人民出版社，2003：187.
② 舒咏平.广告调查［M］.武汉：武汉大学出版社，2006：101.
③ 舒咏平，吴希艳.品牌传播策略［M］.北京：北京大学出版社，2007：35-36.
④ 余明阳，杨芳平.品牌定位［M］.武汉：武汉大学出版社，2008：36.

## 一、行业竞争态势分析

业界通常采用波特的五力模型来分析行业的竞争态势。波特认为，有五种力量决定了行业的竞争结构和强度，它们分别是行业内现有公司的竞争、新进入者的威胁、替代品的威胁、供方议价能力、买方议价能力。五力模型适用于各个行业的竞争态势分析，方便企业更好地了解它们的顾客、供应商和其他或许会与它们争夺资源的力量。

### （一）行业内现有公司的竞争

大部分行业中的企业，相互之间的利益都是紧密联系在一起的，作为企业整体战略一部分的企业竞争战略，其目标在于使自己的企业获得相对于竞争对手的优势。所以，在实施中就必然会产生冲突与对抗现象，这些冲突与对抗就构成了现有企业之间的竞争。

一般来说，出现下述情况将意味着行业中现有企业之间的竞争加剧：行业进入障碍较低，势均力敌竞争对手较多，竞争参与者范围广泛；市场趋于成熟，产品需求增长缓慢；竞争者企图采用降价等手段促销；竞争者提供几乎相同的产品或服务，用户转换成本很低；一个战略行动如果取得成功，其收入相当可观；行业外部实力强大的公司在接收了行业中实力薄弱的企业后，发起进攻性行动，结果使得刚被接收的企业成为市场的主要竞争者；退出障碍较高，即退出竞争要比继续参与竞争的代价更高。

### （二）新进入者的威胁

新进入者在给行业带来新生产能力、新资源的同时，也力求在已被现有企业瓜分完毕的市场中赢得一席之地。这就有可能会与现有企业发生原材料与市场份额的竞争，最终导致行业中现有企业盈利水平降低，严重的话还有可能危及原来既有企业的生存。竞争性进入威胁的严重程度取决于两方面的因素：进入新领域的障碍大小与预期现有企业对于进入者的反应情况。

进入障碍主要包括规模经济、产品差异、资本需要、转换成本、销售渠道开拓、政府行为与政策、不受规模支配的成本劣势、自然资源、地理环境等方面。这其中有些障碍是很难借助复制或仿造的方式来突破的。

预期现有企业对进入者的反应情况，主要是采取报复行动的可能性大小。这主要取决于有关厂商的财力情况、报复记录、固定资产规模、行业增长速度等。新企业进入一个行业的可能性大小，取决于进入者主观估计进入所能带来的潜在利益、所需花费的代价与所要承担的风险这三者的相对大小情况。

### （三）替代品的威胁

两个处于同行业或不同行业中的企业，可能会由于所生产的产品是互为替代品，从而在它们之间产生相互竞争行为。这种源自于替代品的竞争会以各种形式影响行业中现有企业的竞争战略。

（1）现有企业产品售价以及获利潜力的提高，将由于存在着能被用户方便接受的替代品而受到限制。

（2）由于替代品生产者的侵入，使得现有企业必须提高产品质量，或者通过降低成本来降低售价，或者使其产品具有特色，否则其销量与利润增长的目标就有可能受挫。

（3）源自替代品生产者的竞争强度，受产品买主转换成本高低的影响。

总之，替代品价格越低、质量越好、用户转换成本越低，其所能产生的竞争压力就越强。而这种来自替代品生产者的竞争压力的强度，可以通过具体考察替代品销售增长率、替代品厂家生产能力与盈利扩张情况来评估。

### （四）供方的议价能力

供方主要通过提高投入要素价格与降低单位价值质量的能力，来影响行业中现有企业的盈利能力与产品竞争力。供方力量的强弱主要取决于他们所提供给买方的是什么投入要素。当供方所提供的投入要素价值构成了买方产品总成本的较大比例、对买方产品生产过程非常重要，或者严重影响买方产品的质量时，供方对于买方的潜在讨价还价力量就大大增强。一般来说，满足如下条件的供方集团会具有比较强大的讨价还价力量：

第一，供方行业为一些具有比较稳固的市场地位而不受市场激烈竞争困扰的企业所控制，其产品的买方很多，以至于每个单独的买方都不可能成为供方的重要客户。

第二，供方各企业的产品高度差异化，以至于买方难以转换或转换成本太高，或者很难找到可与供方企业产品相竞争的替代品。

第三，供方能够方便地实行前向联合或一体化，而买方难以进行后向联合或一体化。

### （五）买方的议价能力

买方主要通过压价与要求提供较高的产品或服务质量的能力，来影响行业中现有企业的盈利能力。买方议价能力产生影响主要有以下原因：

（1）买方的总数较少，而每个买方的购买量较大，占供方销售量的比例很大。

（2）供方行业由大量相对来说规模较小的企业组成。

（3）买方所购买的基本上是一种标准化产品，同时向多个供方购买产品在经济上也完全可行。

（4）买方有能力实现后向一体化，而供方不可能前向一体化。[①]

---

① 卞志刚，盛亚军，董慧博. 市场营销学［M］. 北京：清华大学出版社，2016：105-106.

## 二、行业生命周期分析

行业发展一般都要经历初创、成长、成熟和衰退的生命周期。当行业从一个阶段进入另一个阶段时，行业内部会发生翻天覆地的变化。企业面临的主要问题变了，所采取的市场策略也变了。行业的发展还显示，如果企业不能根据变化着的市场状况调整策略，很可能导致失败。以下是在行业生命周期各阶段的特征以及面临的主要问题。

### （一）初创期

在这一阶段，因为新行业刚刚诞生或初建不久，所以只有为数不多的创业公司投资这个新兴的行业。由于初创期行业的创立投资和产品的研究、开发费用较高，而产品市场需求较小（因为大众对其尚缺乏了解）、销售收入较低，因此这些创业公司可能不但没有盈利，反而普遍亏损。同时，较高的产品成本和价格与较小的市场需求还使这些创业公司面临很大的投资风险。

另外，在初创期，企业还可能因财务困难而引发破产的危险。在初创期后期，随着行业生产技术的提高、生产成本的降低和市场需求的扩大，新行业便逐步由高风险、低收益的初创期转向高风险、高收益的成长期。

### （二）成长期

在这一时期，拥有一定市场营销和财务力量的企业逐渐主导市场。这些企业往往是较大的企业，其资本结构比较稳定，因而它们开始定期支付股利并扩大经营。

在成长期，新行业的产品经过广泛宣传和消费者的试用，逐渐以其自身的特点赢得大众的欢迎或偏好，市场需求开始上升，新行业也随之繁荣起来。与市场需求变化相适应，供给方也出现了相应的变化。由于市场前景良好，投资于新行业的厂商大量增加，产品也逐步从单一、低质、高价向多样、优质和低价方向发展。因而新行业出现了生产厂商和产品相互竞争的局面。

这种状况的持续发展将导致生产厂商随着市场竞争的日益激烈和产品产量的不断增加而增加，市场的需求日趋饱和。生产厂商不能单纯地通过扩大生产量、提高市场份额来增加收入，而必须通过追加生产投资、提高生产技术、降低成本，以及研制和开发新产品的方法来提高竞争优势，战胜竞争对手并维持企业的生存。但这种方法只有资本和技术力量雄厚、经营管理有方的企业才能做到。那些财力与技术较弱、经营不善的，或新加入的企业，因产品的成本较高或不符合市场的需要，则往往被淘汰或被兼并。

因而，这一时期企业的利润虽然增长很快，但面临的竞争风险也非常大，破产率与合并率相当高。在成长期的后期，由于行业中生产厂商与产品竞争优胜劣汰规律的作用，市场上生产厂商的数量在大幅度下降之后开始趋于稳定。由于市场需求基本饱和，产品的销售增长率减慢，迅速赚取利润的机会减少，整个行业开始进入稳定期。在成长期，虽然行业仍在增长，但这时的增长具有可测性。由于受不确定因素的影响较少，行业的波动也较小。

（三）成熟期

行业的成熟期是一个相对较长的时期。在这一时期中，在竞争中生存下来的少数大厂商垄断了整个行业的市场，每个厂商都占有一定比例的市场份额。由于彼此势均力敌，市场份额比例发生变化的程度较小。厂商与产品之间的竞争手段逐渐从价格手段转向各种非价格手段，如提高质量、改善性能和加强售后服务等。由于一定程度的垄断，行业的利润达到了很高的水平，而风险却因市场比例比较稳定、新企业难以打入成熟期市场而较低。由于市场已被原有大企业比例分割，产品的价格比较低，新企业往往会由于创业投资无法很快得到补偿或产品的销路不畅，资金周转困难而倒闭或转产。

在行业成熟期，行业增长速度平缓。在某些情况下，整个行业的增长可能会完全停滞，其产出甚至下降。但是，由于技术创新，某些行业还会出现新的增长。

（四）衰退期

这一时期出现在较长的稳定期后。由于新产品和大量替代品的出现，原行业的市场需求逐渐减少，产品的销售量也开始下滑，某些厂商开始向其他更有利可图的行业转移资金，因而该行业出现了厂商数量减少、利润下降的萧条景象。至此，整个行业便进入了生命周期的最后阶段。在衰退期里，厂商的数量逐渐减少，市场逐渐萎缩，利润率停滞或不断下降。当正常利润无法维持或现有投资折旧完毕后，整个行业便逐渐解体了。

行业的衰落往往由替代品的出现或人口特征的改变所引发。此时，通常有两大策略比较适用：多样化，或聚焦于一个有潜力的子市场并有效地满足其需求。①

## 三、行业品牌格局

任何行业的品牌在市场中由于投资规模、技术水平、硬件条件、人力资源、市场环境、历史发展等方面的差异，会形成各自的市场势力。通常来说，品牌所拥有的市场势力被分为主导地位、优势地位、有利地位、保守地位、弱小地位和困难地位。

处于主导地位的品牌，往往是行业中的技术标准制定者和控制者。由于行业标准控制权在其手中，这些品牌选择市场以及传播策略的余地很大，能够长期保持行业竞争中的优

① 余明阳，杨芳平．品牌定位［M］．武汉：武汉大学出版社，2008：39–41.

势地位，不受其他品牌营销策略影响。例如碳酸饮料行业的“可口可乐”、处理器行业的“英特尔”、方便面行业的“康师傅”等，就是占有主导地位的品牌。

处于有利地位的品牌虽然暂时不具备强势地位，但其拥有较多的市场发展空间，以及改善市场地位的机会。这样的品牌有机会通过努力跻身优势行业乃至领导地位。

具有保守地位的品牌则只能尽力维持现状，而难以改善自己的竞争地位。

弱小品牌和困难品牌在行业中的经营状况都处于不能令人满意的状况，其出路一是另辟蹊径，在行业的空白处找到发展空间，二是做好从行业撤退、转产的准备。

企业在竞争中的地位决定了品牌定位的空间与层次。处于支配竞争地位的广告主掌握了行业的话语权，主导了行业的发展。[①]例如，格兰仕占据了微波炉行业的绝对支配地位，目前占领了全国 60%、全球 35% 的市场份额。格兰仕从 1996 年屡屡掀起“降价风暴”，且每次的降价幅度都在 20% 以上。从非烧烤型微波炉的市场平均零售价来看，1996 年年初为 1 500 元 / 台，到 2000 年已下降到 600 元 / 台以下，降幅达 60%。微波炉的定位已经从传统的高档家电转为普通的厨房小家电。从微波炉行业来看，格兰仕决定了品牌定位的空间与层次。

## 四、竞争者确定

品牌的行业地位不同使得其在行业中所扮演的角色也有所差异。处于主导者或者优势地位的品牌在行业中往往扮演领导者的角色；处于有利地位的品牌则是行业中最为活跃的挑战者；处于保守和弱小地位的品牌则往往是市场的追随者。当这些追随者希望有所突破的时候，它们往往采取寻找市场缝隙的方法来扩大自己的市场份额，并提升自己的行业地位，这样它们又成了钻空者。

那么如何确定竞争者呢？对于一个品牌来说，其竞争对手可以被分为两类：直接竞争者和间接竞争者。直接竞争者所占有的市场地位、服务对象和产品定位与企业相同或类似。因此它们之间的竞争往往转化为产品特性以外的品牌竞争。例如，“奔驰”和“宝马”在汽车行业、“宝洁”和“联合利华”在日用化工领域，其竞争关系就属于直接竞争关系。直接竞争者的资料较容易获得。

而潜在竞争者则比较隐蔽，不容易被调查者发现。所谓潜在竞争者是指那些进入成本较低的行业，或者市场经济壁垒效应对其作用不强的加入者；市场中原本不存在直接竞争关系的大企业进行品牌延伸而形成的竞争者；行业中其他可替代产品的生产者。[②]

企业重点关注哪类竞争者，将对其品牌定位产生重大的影响。例如，美国的派克笔在确定谁是最大的竞争对手时，出乎意料地选取了 Ranson 牌打火机。其理由是，70% 以上

① 舒咏平 . 品牌传播教程［M］. 北京：北京师范大学出版社，2013：124.
② 舒咏平 . 品牌传播教程［M］. 北京：北京师范大学出版社，2013：125.

的购买派克钢笔的消费者不是供自己使用，而是作为礼品送给别人。他们在选择派克笔时，另一种选择就是 Ranson 牌打火机。在确定了谁是派克笔的竞争对手后，派克笔的品牌定位也随之而定。

### 五、竞争者分析

确定竞争者仅仅完成了对竞争者的锁定，对竞争者的深入了解和分析才是主要任务。莱曼和温纳提出了竞争者分析的四个主要阶段。①

第一阶段，评估竞争者当前和未来的目标。在这个阶段，要了解竞争者当前致力于追求什么目标，以及为实现目标打算采取的行动。重点了解竞争对手自身和市场的建设，以及设定的总体目标和具体目标。

第二阶段，评估竞争者当前的战略。这个阶段需要明确的问题是："此刻竞争对手究竟在做什么？"为此，企业要识别竞争者的目标市场，了解竞争者在这些市场中的运营手法，以及其为实现既定目标而采取的营销组合。通过了解竞争者在追求总体目标和具体目标时采取的战略，我们可以识别竞争者的行为可能带来的机会和威胁。

第三阶段，评估竞争者的资源。在这个阶段，企业要集中了解竞争者的构思和设计能力、生产能力、营销能力、融资能力、管理能力等关键能力。竞争者的资产和能力情况显示了其当前有能力做什么事情。这显示了竞争者所拥有的自由度。

第四阶段，预测竞争者未来的战略。竞争者分析的最终目标是明确竞争者的反应模式，即推测面对各种环境和竞争变化时，竞争者可能会如何反应。

以上几个阶段的分析实际上涵盖了这样几个问题：竞争者是否满足于当前的地位；竞争者可能会采取何种行动或战略调整；竞争者的弱点在哪里；什么将会引起竞争者最激烈和最有效的报复。

## 第三节　消费者维度

消费者是品牌定位参照的主维度，需要进行重点分析。品牌定位瞄准的对象是消费者，品牌定位是否成功也是由消费者来评判的。因此，可以说对消费者维度的深入分析与实时跟踪是品牌定位成功实施的前提。对于消费者信息的了解，要基于动态的思维，注意要有一定的超前性。对于消费者信息的收集，主要来自对消费者的消费动机、购买行为、产品或服务的调查和了解。

① 格雷厄姆·胡利，等. 营销战略与竞争定位［M］. 北京：中国人民大学出版社，2007：154-155.

## 一、消费者的构成分析

消费者的构成分析包括对现有消费者和潜在消费者的分析，主要是针对消费者的总量、年龄构成、性别构成、职业特征、收入状况和文化程度等方面进行研究。消费者的构成分析是对消费者维度最基础信息的扫描，其目的是通过对现有消费者和潜在消费者进行自然和社会属性的研究，来对消费者进行划分，帮助认识品牌服务的市场，为品牌进行市场细分、确定目标消费者、深入研究消费者的需求等提供了最基础的信息。

对消费者总量的估算，是评估企业是否进入行业的重要依据。消费者总量的数据及其变动情况，也是评估行业生命周期的指标。对于消费者的年龄构成、性别构成、职业特征、收入状况和文化程度等方面的研究，事实上是对消费者人口统计特征的研究，是进行市场细分的一类标准。同时，关注消费者人口统计特征的变化，有助于企业发现品牌地位的变动情况，以便作出调整或者再定位。①

## 二、消费者的总体消费行为分析

对消费者的行为进行分析，即对消费者的购买行为和消费者购买决策进行分析。其中，购买行为特征主要包括消费者的购买时机、购买地点、购买频率等。消费者购买决策的特征则包括消费者对价格的敏感度、消费者对品牌功能的需求、消费者对品牌的关注程度、消费者购买决策过程和信息来源等。② 这些信息可以通过问卷调查、观察法、互联网媒体及电子商务平台后台数据搜集等市场调查方法收集。对消费者行为的分析研究，主要包括以下内容：

第一，购买时机。购买时机是指消费者在什么时候产生需要、发生购买行为或使用产品。例如，有的家庭只有在孩子过生日时才会带他到麦当劳就餐，有的家庭则让孩子在没有大人准备午饭的情形下去麦当劳吃午餐；有的人把果汁作为正餐时的饮料，有的人则是在上班时间享用。了解消费者的购买时机和使用场景，可以使品牌定位更加贴近目标消费者的生活。

第二，使用者状况。使用者状况是指消费者的使用经验，可以把消费者划分为未使用者、曾经使用者、潜在使用者、首次使用者和经常使用者。

第三，购买频率。购买频率反映消费者对商品的使用程度和使用状况。按消费者对产品的使用程度，可以将他们划分为轻度使用者、中度使用者和重度使用者。

第四，对价格的敏感程度。不同的消费者对商品价格变动的敏感程度是不同的。从消费总体来看，处于不同的生命阶段，人们对于价格的敏感程度也是不同的。

---

① 余明阳，杨芳平 . 品牌定位［M］. 武汉：武汉大学出版社，2008：42.

② 余明阳，杨芳平 . 品牌定位［M］. 武汉：武汉大学出版社，2008：43.

第五，对服务的敏感程度。不同的消费者对服务的要求不同，对于不同类型的产品，消费者对于服务的要求也是不同的。

第六，对品牌的忠诚度。消费者对品牌的忠诚度，也是市场细分必须考虑的一个因素。

## 三、消费者在购买行为中的角色分析

不同的消费者在购买行为中可能担任了不同的角色，消费者在购买行为中的角色主要有以下几种：

建议者——第一个建议或者想到要购买某种产品或者接受某种服务的人；

影响者——其看法会影响最终购买决策的人；

决定者——最后部分或全部地作出购买决策的人；

购买者——产生购买行为的人；

使用者——消费或使用该产品或服务的人。①

清楚地认识每个角色对购买和消费决策产生什么作用，在任何购买过程中都很重要。

## 四、对消费者购买决策过程的分析

对消费者的购买决策过程进行深入分析具有重要意义。消费者进行购买决策，常常要经过以下五个阶段：

第一，问题认知。消费者在认识到自己有某种需要时，是其决策过程的开始。这种需要可能是由内在的生理活动引起的，也可能是受到外界的某种刺激引起的。例如，看到别人穿新潮服装，自己也想购买。因此，营销者应注意不失时机地采取适当措施，唤起和强化消费者的需要。

第二，搜寻信息。信息来源主要有四个方面：个人来源，如家庭、亲友、邻居、同事等；商业来源，如广告、推销员、分销商等；公共来源，如大众传播媒体、消费者组织等；经验来源，如操作、实验和使用产品的经验等。

第三，评价备选方案。消费者得到的各种有关信息可能是重复的，甚至是互相矛盾的，因此还要进行分析、评估和选择，这是决策过程中的决定性环节。

在消费者的评估选择过程中，有以下几点值得营销者注意：产品性能是购买者所考虑的首要问题；不同消费者对产品的各种性能给予的重视程度不同，或评估标准不同；多数消费者的评选过程是将实际产品同自己理想中的产品相比较。

---

① 菲利普·科特勒．营销管理：第 11 版［M］．梅清豪，译．上海：上海人民出版社，2003：218.

第四，购买决策。消费者对商品信息进行比较和评选后，已形成购买意愿，然而从购买意愿到决定购买之间，还要受到两个因素的影响：一是他人的态度，反对态度越强烈，或持反对态度者与购买者关系越密切，改变购买意图的可能性就越大；二是意外的情况，如果发生了意外的情况——失业、意外、涨价等，则很可能改变购买意图。

第五，购后行为，包括购后的满意程度和购后的活动。消费者购后的满意程度取决于消费者对产品的预期性能与产品使用中的实际性能之间的对比。购买后的满意程度决定了消费者的购后活动，决定了消费者是否重复购买该产品，决定了消费者对该品牌的态度，并且还会影响到其他消费者，形成连锁效应。①

### 五、现有消费者和潜在消费者的需求分析

从消费者需求角度分析，品牌定位的动因是为了更好地迎合消费者的个性化需求。从整体市场范围来看，消费者的需求纷繁复杂，妄图满足所有消费者的需求或者消费者的所有需求都是不现实的。因此，寻找消费者的关键需求就变得至关重要。

对现有消费者需求的深入分析，是品牌成功定位的基础，然而更重要的是对消费者未来需求和潜在消费者需求的把握。因为，这两类需求往往有可能成为未来市场趋势，从根本上改变细分市场状况。因此，这两类需求都是品牌定位过程中需要重点关注的。

## 第四节　企业自身维度

企业自身状况是品牌定位能否实现的基础，企业必须具备相应的资源和能力，才能保证品牌定位的实现。因此企业自身状况也是品牌定位参照的主要维度。

对企业自身的分析，与对竞争者的分析大同小异。但是由于可以从企业内部获取大量的信息，对企业自身的分析可以更为深入。通常，对企业的分析，可以遵循以下步骤：首先，整合企业的内部资源，包括资产和能力；其次，确定企业的核心竞争力；再次，总结企业内部的优劣势；最后，还需要对产品进行分析，为开发品牌定位点提供参照。

### 一、整合企业资源

在整合企业资源时，要遵循一定的原则：第一，要参照竞争对手进行自身资源盘点，在对比中明确自身的优劣势；第二，整合资源时，要着重盘查那些能使企业形成独特竞争

① 菲利普·科特勒.营销管理：第11版［M］.梅清豪，译.上海：上海人民出版社，2003：222-227.

优势的差异化资源；第三，寻找那些竞争对手不易模仿和赶超的核心竞争力。

应该从彻底审核该企业可否在市场中运用的资源开始，找出能使组织在企业战略与竞争对手形成差异化的那些资源，从而根据企业的优劣势以及差异化的资源等分析企业的核心竞争力。

企业的资源可分为企业资产和企业能力。企业资产通常包括有形资产和无形资产两大类，主要包括实物资产、财务资产、运营资产、人力资产、营销资产、法律资产、系统资产等。

企业的能力是指一个企业组织、管理、协调或进行一系列具体活动的能力，可以分为战略能力、职能能力以及操作能力。战略能力为企业确定方向，它包括指导管理活动的主导逻辑和方向、企业的学习能力以及高级管理人员管理和实施战略的能力。职能能力体现在执行各种职能任务的过程中，包括营销能力、财务管理能力和业务操作能力。操作能力是指从事各项具体工作的能力。

这些能力既可能体现在个人层面，也可能体现在团队层面，或者公司层面。个人能力是组织中个人所拥有的技能和能力，包括个人对情形审慎地分析和评估。团队能力是个体聚集在一起以团队的形式，或为完成某一项特定的任务而组成的非正式的团队形成的能力。公司能力是指整个公司在执行战略、职能或操作性任务时的整体能力。这种能力包括公司内部相互学习的能力，即一些重要的信息不是由个别部门独占，而是能够在整个公司内分享，以便于企业更合理地作出决策。①

## 二、企业核心竞争力分析②

1990年，普拉哈拉德和哈梅尔提出了企业核心竞争力的概念。他们认为，竞争力最基本的来源是组织的核心能力。普拉哈拉德和哈梅尔把核心能力定义为：通过不同方式的组合创造出新一代产品和服务的技能、技术和能力。对企业核心竞争力的分析也成为企业自身分析的重要内容。

普拉哈拉德和哈梅尔还提出了确定核心能力的三种检测方法。

第一，核心能力使企业具有针对各种市场的进入潜力。例如，要使一个公司能在包括微型电视机、计算器、小型或笔记本电脑、WAP电话等多个不同市场中具有竞争优势，就必须具备在显示系统核心技术上的能力。

第二，核心能力应该为增加顾客从使用最终产品或服务中得到的利益做出重大贡献。换句话说，核心能力之所以很重要，是因为它是决定顾客满意度和利益的重要因素。

第三，核心能力应该让竞争者难以模仿。显然，一种能有效防卫竞争者的核心能力比

① 余明阳，杨芳平. 品牌定位［M］. 武汉：武汉大学出版社，2008：52-54.

② 格雷厄姆·胡利，等. 营销战略与竞争定位［M］. 北京：中国人民大学出版社，2007：113-114.

与其他公司分享的能力更有价值。例如，对佳能来说，其核心能力是在光学、成像和微处理器控制上的技能和技术，这使它能在复印机、激光打印机、照相机和图片扫描仪等多个市场中生存并兴旺发展。

## 三、产品分析

企业的产品分析包括对具体产品的分析和对产品系列的分析。

第一，具体产品分析。具体产品分析包括产品特征分析、产品形象分析以及产品定位分析。产品特征分析，可从属性、技术情况和商业情况三个方面出发，包括产品的性能、质量、价格、材质、生产工艺、外观和包装、与同类产品比较优势等。产品的形象分析，包括企业赋予产品的形象分析和消费者对产品形象的认知分析。产品的定位分析，包括产品的预期定位分析、消费者对产品定位的认知分析和产品定位效果分析。

第二，产品系列分析。产品系列分析的目的是检查产品分布是否平衡。平衡因素如下：

1. 系列产品是否处于不同生命周期。产品处于同一周期，为企业品牌投入带来一定困扰。在市场导入期，产品种类、类型较少，产品系列较窄，产品主要集中于能够满足消费者基本需求的类型。随着市场的成熟，消费者对产品认识的深入，对产品的需求趋于多元，则产品系列应当随之扩展。处于不同生命周期的产品对于企业需要进行的品牌投入具有不同的需求。企业应力求避免内部不同系列产品同时进入初创期、成熟期或衰退期，以免出现品牌投入资源过剩或资源不足的情况。

2. 分析产品系列中各个产品的获利和发展情况。

3. 分析产品间的协同效应，适当控制自我竞争。可以通过市场调查，分析不同产品是否争夺相同的消费者，也就是存在自我竞争现象。如果存在自我竞争现象，则力求将其控制在适度范围之内。[①]

# 本章思考题

1. 品牌定位的参照维度有哪些？

2. 从品牌定位的参照维度出发，任选一个品牌，对其品牌定位进行分析。

---

① 余明阳，杨芳平．品牌定位［M］．武汉：武汉大学出版社，2008：56.

# 第七章　品牌定位的过程与策略

## 第一节　品牌定位的具体过程

品牌定位过程就是企业把品牌推向市场，置于顾客之中，对其特征进行界定，并据此确认市场竞争优势的过程。品牌定位过程的核心是STP，即市场细分（Segmenting）、选择目标市场（Targeting）和具体定位（Positioning）。市场细分和选择目标市场是进行品牌定位的两项基础性工作。即，品牌定位工作是在完成市场细分与选择目标市场之后才正式启动的。

### 一、市场细分

企业在确立品牌定位时，首先要进行市场细分。所谓市场，是指所有拥有购买欲望、具有购买能力并且能够买到产品的现实和潜在的购买者的组合。所谓市场细分，是指将市场按照消费者的相似性划分为若干不同的购买群体，使得每一群体中的消费者具有相似的需求和消费者行为，从而进行营销组合。确定市场细分，需要在成本和收益之间进行权衡。市场越细分，公司就越有可能完成营销计划，更好地满足每一细分市场中消费者的需求。不过，虽然针对特定顾客的营销计划可能会获得更加积极的消费者反应，但这一优势有可能因缺乏标准化而被增加的成本抵消。

企业之所以要把市场划分成不同的细分市场并区别对待，一方面是由于在市场上确实存在着差异化的需求，另一方面则是出于竞争考虑。因为相对于大众市场，细分市场的策略能够创造出针对目标受众的、更加适合他们的产品或服务，选择分销渠道和传播渠道更为方便，能使企业在特定的细分市场中面对较少的竞争。宝洁公司是中国洗护发用品市场上最重要的生产商之一，为了向需求不同的消费者提供最合适的产品，同时也为了分散竞争的压力，宝洁公司在追求飘逸发质的细分市场销售飘柔洗发水，在追求去屑功能的细分市场销售海飞丝，在追求专业美发定型效果的细分市场销售沙宣。

消费者人数众多，需求各异，但企业可以根据需求，按照一定的标准进行区分，确定自己的目标人群。细分消费者市场的方法有许多种，概括起来有如下两类：

第一类与消费者的固有特征有关，包括人口统计细分、地理细分、心理细分。

人口统计细分是根据人口统计特征，诸如性别、年龄、受教育程度、职业、收入、民族、婚姻、家庭状况以及其他可以量化的因素，对市场进行细分的方法。这样的例子比较多见，例如海澜之家主要针对男性，七度空间主要针对少女。

地理细分是较为简单的一种划分方式，在不同的国家、不同的地区甚至是同一城市的不同区域，人们的需求、观念、购买能力都会有所差别。地理细分就是将市场分为不同的地理单位，地理标准可以选择国家、省、地区、县、市或居民区等。地理细分是企业经常采用的一种细分标准。一方面，由于不同地区的消费者有着不同的生活习惯、生活方式、宗教信仰、风俗习惯等偏好，因而需求也是不同的。比如欧洲和亚洲的消费者由于肤质、生活条件的不同，对护肤品、化妆品的需求有很大差别，因此，当羽西在中国打出“特别为东方女性研制的化妆品”口号时，受到了中国女性的青睐。另一方面，现代企业尤其是规模庞大的跨国企业，在进行跨国或跨区域营销时，地理的差异对营销成败的影响更为明显。正所谓：“橘生淮南则为橘，橘生为北则生为枳。”同时，小规模的厂商为了集中资源占领市场，往往会对一片小的区域再进行细分。

心理细分是根据购买者态度、兴趣、价值观、生活方式或个性特征等将购买者划分成不同群体的方法。心理细分虽不如人口统计细分和地理细分那样直观，而且测量方式更为复杂，但许多企业还是倾向于采用心理细分的方法。因为心理细分更能挖掘细分市场的特征，不但能够知道“他们是谁”，而且能够知道“他们想什么”。根据心理细分的结果，广告主更容易发掘出具有说服力的传播诉求和表现形式。

第二类与消费者消费某类产品的行为特征有关，主要是消费者的行为细分。

行为细分是根据购买者对一件产品的了解程度、态度、使用情况或反应，将他们划分成不同群体的方法。行为细分是直接针对产品类别的，行为细分的变量很多，最常使用的有购买时机、追求的利益、使用者状况、使用率、品牌忠诚度等。购买时机是根据消费者在什么时候产生需要、发生购买行为或使用产品来划分市场。追求的利益是按照消费者想要从产品中得到的“好处”来划分市场。以牙膏消费为例，有的消费者追求低价，有的追求防蛀，有的追求美白，有的追求气味，还有的追求固齿。使用者状况是指按照消费者的使用经验，把他们划分为未使用者、曾经使用者、潜在使用者、首次使用者和经常使用者。使用率是指按照消费者对产品的使用量大小，可以将他们划分为轻度使用者、中度使用者和重度使用者。

还有以品牌忠诚度为基础的市场细分方法。品牌忠诚度是指消费者在购买决策中，多次表现出来对某个品牌具有偏向性的（而非随意的）行为反应。它是一种行为过程，也是一种心理（决策和评估）过程。按照这个标准，可分为无品牌忠诚者、习惯购买者、满意购买者、情感购买者以及忠诚购买者。

## 二、选择目标市场

经过市场细分环节，企业便可进入目标市场选择的环节。任何产品都不可能打动所有的消费者，任何企业也不可能占据全部市场。因此，企业要评估每一个细分市场，并选择最有潜力、最容易进入，同时与企业的优势和能力最相匹配的一个或几个市场。这些被选定的细分市场，我们称之为企业的“目标市场”，而企业的所有营销活动都应该针对目标市场中的消费者而展开。

对于企业而言，不同的细分市场，具备不同的价值，因此在确定细分市场前，需要对不同的细分市场进行评估，要重点考虑以下三个因素：

第一，细分市场的规模和发展前景。评估细分市场时，企业要提出的首要问题是：潜在的细分市场是否具备适度的规模和发展特征？当然，适度规模是一个相对的概念。大公司一般重视销售量大的细分市场，而常忽视或避免进入销售量小的细分市场；小公司则避免进入规模较大的细分市场，因为需要太多的资源投入。

第二，细分市场结构的吸引力。有些细分市场虽具备了企业所期望的规模和发展前景，但可能缺乏盈利潜力。

第三，企业的目标和资源。即使某个细分市场具有较大的规模、良好的发展前景和富有吸引力的结构，企业仍需结合自己的目标和资源进行考虑。企业有时会自动放弃一些有吸引力的细分市场，因为它们不符合企业的长远目标。当细分市场符合企业的目标时，企业还必须考虑自己是否拥有足够的技能和资源，能保证在细分市场上取得成功。只有企业能够提供具有高价值的产品和服务时，它才可以进入这个细分市场。①

评估完细分市场后，接下来就是要结合企业自身情况，选择目标市场。毫无疑问，当决定以哪类消费者作为目标市场时，通常也就决定了竞争的特性，原因是，其他公司在过去或未来也会将这类消费者作为目标市场，或者是这类消费者在购买决策中会注意到其他的品牌。当然竞争还会出现在其他方面，如分销渠道等。品牌在选择进入目标市场之前，应该综合考量企业的资源条件、产品同质化、产品所处的生命周期阶段以及竞争对手的营销、传播策略等要素，以确定为哪一个市场的消费者提供服务能够得到最大的利润。

## 三、品牌的具体定位

如何确定品牌的具体定位？首先，要为每一个目标细分市场确定品牌可能的位置形象；其次，选择并拟定品牌的市场形象，并将其信号化。

品牌的具体定位可以分成四步：

第一步，集中诉求，优化品牌形象。品牌必须具有明晰统一和独具特色的个性，而且

① 余明阳，杨芳平．品牌定位［M］．武汉：武汉大学出版社，2008：98.

所有与定位有关的活动及策略都必须符合这一特质。建立品牌的战略个性有利于强化顾客对品牌形象和品牌特征的认识和感知。这就需要品牌在营销策划时能够集中诉求，精心创意。

第二步，产品跟进，品质保证。品牌定位依托于产品实际表现，而产品实际表现无外乎产品的特性、品质、价格、文化、审美和声誉等。它们是强有力的品牌定位的支撑，也是形成品牌竞争力的内在源泉。而决定产品实际表现的基础是技术，所以企业只有坚持技术创新，形成技术的战略性领先，才能为培育强势品牌奠定坚实的基础。

第三步，传播策划，理念引导。传播策划是品牌定位的基本机制，同时也是品牌发展壮大的助推器。传播策划是指企业借助于各种传播机制、CSI 工程以及 MI、VI 和 BI 理念所进行的品牌宣传和推广活动。企业通过传播策划，不断将品牌信息传递给社会，将企业品牌理念输入给顾客，从而从整体上提升品牌形象。

第四步，顾客感知，市场确认。品牌定位最重要的是重视并研究顾客，强化品牌与顾客的关系。所以，在最后，品牌定位必须放入市场中去接受顾客的检验，让顾客充分地感知它。顾客感知越大，对品牌的忠诚度就越高，品牌定位就越稳固。当品牌在市场上能够形成领先于或区别于竞争品牌的优势时，企业就完成并取得了成功的品牌定位。①

## 第二节　品牌定位策略

品牌定位的核心是展示其竞争优势，是通过一定的策略把竞争优势传达给消费者。因此，对广告主而言，在确定目标市场后最重要的是选择正确的品牌定位策略，展示对该目标市场内大多数消费者有吸引力的竞争优势。

### 一、产品导向

#### （一）以产品功能为基点的定位

产品功能是整体产品的核心部分。事实上，产品之所以能为消费者接受，主要是因为它具有一定的功能，能够给消费者带来利益，满足消费者需求。如“农夫山泉，大自然的搬运工”，农夫山泉把握住现代人类最稀缺的资源——优质的天然水源，在长白山麓原始森林里勘探出优质的水资源，仅对水资源进行最小限度的、必要的处理，保存水中对人体有益的矿物质，成为大自然的搬运工。“小饿小困，喝点香飘飘”，香飘飘把注意力集中在现代人为生活、为理想拼搏的疲惫状态，在巨大的工作压力下，在忙碌的生活节奏中放慢脚步，放松心情，细品每天的生活。“红牛，你的能量超乎你想象”，红牛作为功能性饮料，

① 苏清斌．品牌定位研究［D］．南京：南京理工大学，2004：27.

富含各种功能因子，这些因子能在人体内发挥新陈代谢的作用，获得“提神醒脑、补充体力”的作用，与其“挑战极限”的定位相契合。此外，“点融网，不让你的钱睡大觉”等都是以功能为基点的成功品牌定位。

（二）以产品外观为基点的定位

产品的外观是消费者最易辨识的产品特征，也是消费者认可、接受某品牌产品的重要依据，好的产品形状本身就可形成一种市场优势。由此，如果选择产品的外观这个消费者最易辨识的产品特征作为品牌定位基点，则会使品牌更具鲜活性。如“Think Small”（想想还是小的好），这是世界广告发展史上的经典之作。这一广告诉求主题、宣传定位，使德国大众公司生产的大众金龟车（俗称“甲壳虫”）顺利进入美国这个汽车王国，并塑造了独特而可信的品牌形象。再如，舒客牙膏将白天和夜晚的牙膏包装分为白色和深蓝色，从而变革了牙膏的使用方式。针对早晚不同的口腔环境，运用不同功效的牙膏，舒客试图以此从根本上解决口腔问题。两种颜色的包装，两种功效的产品更符合舒客“美容级口腔护理”的产品定位（如图 7–1）。

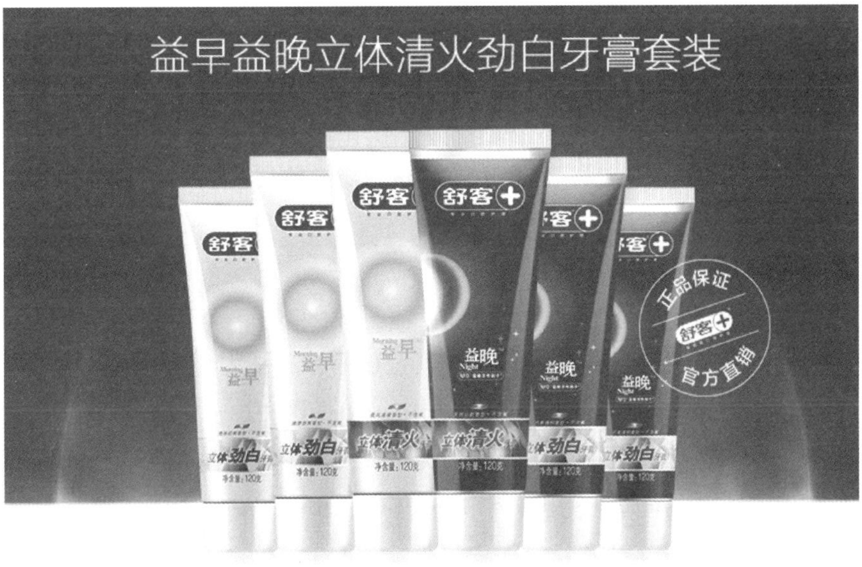


图 7–1　舒克牙膏广告

（三）以产品价格为基点的定位

价格是企业与消费者之间分割利益的最直接、最显见的指标，也是许多竞争对手在市场竞争中乐于采用的竞争手段。价格亦可作为品牌定位的有效工具。以价格为基点进行品牌定位，就是借价格高低给消费者留下一个产品高价或低价的形象。一般而言，高价产品显示消费者事业成功、有较高的社会地位与较强的经济实力，比较容易得到上层消费者的青睐；低价则易赢得大众的芳心。

奇虎360科技有限公司（以下简称“360”）就是以价格为基点定位的成功者。在2006年之前，网友需要通过付费来购买杀毒软件或升级更新病毒库。为了拓宽市场，同时把免费产品提供给用户，2008年，360颠覆性地推出免费杀毒软件，并承诺永久免费，整个安全软件覆盖率随之从53.9%飙升至97.5%。360免费杀毒软件一推出，就使传统厂商十几年经营的付费模式瞬间崩塌。360以免费模式颠覆了中国的安全软件产业，也以免费软件吸引了3亿多活跃用户，并迫使金山、瑞星等对手不得已开始免费。360安全卫士在用户心中的“完全免费”这一品牌形象，圈住了海量用户，“绑架”了用户电脑、手机、平板等移动终端。虽然其后竞争对手百度、搜狐等公司迅速发展安全杀毒业务，与其瓜分市场，但在初期品牌树立和市场占有与扩张上，360免费的价格定位发挥了关键性的作用。

## 二、消费者导向

### （一）从使用者角度定位

这种定位点的开发，是把产品和某一位用户或某一类用户联系起来，直接指向产品的目标消费者，同时排除了其他消费群体。事实上，这种定位往往与品牌产品的利益点是相关的，暗示着品牌产品能给消费者解决某个问题并带来一定的利益。如“步步高点读机”，定位于初学英语的儿童，其口号是“用步步高点读机，妈妈再也不用担心我的学习”。这一定位既表达出使用者——儿童，也表达了产品的功能性利益点——妈妈不用担心孩子的学习。

### （二）从使用场合和时间定位

来自泰国的红牛饮料是最典型的代表，其定位是“累了困了喝红牛”，强调其功能是迅速补充能量，消除疲劳。玛氏食品有限公司出品的巧克力产品——“士力架”，其定位是“横扫饥饿，做回自己；横扫饥饿，活力无限”，强调使用的场合和时间是感到饥饿的时候。运动维生素饮料“脉动”，其目标市场定位在15—35岁的学生、年轻人、时尚运动爱好者、白领，其包含的营养成分让你“随时脉动回来”，在疲惫或不在状态时，就会想到脉动。

### （三）从消费者购买目的定位

礼尚往来是人情社会的通用规则，送礼也成为一种普遍现象，“让礼品的品牌开口，代送礼人说话”成为许多品牌争相努力的方向。初元口服液代表探望者希望病人快速痊愈；脑白金代表儿女对父母的孝敬；戴瑞珠宝（Darry Ring）作为一个专注求婚钻戒以及传播浪漫真爱文化的珠宝品牌，“一生仅一枚”体现出新娘是新郎的“一生、唯一、真爱”。这些品牌对外传达的意义，正是品牌定位的结果。

### （四）从消费者生活方式定位

市场研究表明，仅从消费者的人口统计特征来划分市场越来越难以把握目标市场。而消费者的生活方式、生活态度、心理特性和价值观念变得越来越重要，已成为市场细分的重要变量。因此，从生活方式角度寻找品牌的定位点，日益成为越来越多企业的选择。如针对职业女性的定位，针对喜欢户外活动人群的定位等。

### （五）从品牌与消费者的关系定位

品牌与消费者关系的结合点是寻找品牌定位点的又一条途径。例如，海尔冰箱“真诚到永远”即从它与顾客的关系出发，定位为“真诚、友好、关心”。而西安杨森公司的系列品牌则将其定位为老师或其他专业人士与普通公众之间的关系，以权威、专业的形象确定其品牌在消费者心中的位置。欧派橱柜“有家，有爱，有欧派”从情感角度出发，用家庭的温馨关爱来烘托品牌；水星家纺的“恋一张床，爱一个家”亦是如此。

## 三、竞争者导向

品牌定位，本身就隐含着竞争性。很多品牌在开展定位时从品牌的竞争角度出发，把竞争者作为定位的坐标或基准点，寻找与竞争者之间的共同点和差异点，再确定本品牌的定位点。

其中，差异点是指消费者强烈联想到的其他品牌所不具备的品牌属性和利益。而共同点是指那些对品牌来说并非独特的，实际上可能与其他一些品牌共享的一些联想。这些共同的联想中，关于品类的共同联想往往是企业品牌所必须具备的，是那些消费者认为在特定的产品和服务品类中，合理且可信的出售物所必不可少的特性。

### （一）首次或第一定位

首次或第一定位，就是要寻找没有竞争者的消费者品牌知觉图。在这张图上，设定企业品牌是这个唯一的品牌。定位论的两位先驱特别看重这种“第一”，并将其列为定位方法之首位。他们强调消费者往往只记住第一。这犹如体育比赛中，大家都知道冠军，但第二、三名几乎无人能记住。这种第一或首次定位，就是要寻找消费者的品牌心智空白空间，甚至创造性地制造这种空白。如七喜的非可乐定位，七喜第一个提出“非可乐”饮料名称。又如娃哈哈是第一家把水与美、情、清纯之间的关系进行联结的企业，在消费者心中留下了深刻印象，这就是“第一”的功效。

### （二）关联比附定位

这种定位点挖掘的方法是以竞争者为参考点，在其周边寻找突破口，同时又与竞争者相联系。尤其是当竞争者是市场领导者时，这种定位能突出相对弱小的品牌地位。具体操作上，肯定竞争者的位置，同时以“但……”来强调本品牌的特色。美国汉堡王连锁快餐企业以“我们是第二，但火烤比油炸更受欢迎”的定位而大获成功。

在当前关于品牌是走专业化之路还是走多元化之路的争论中，品牌可从竞争对手的多元化之路后面另辟蹊径，强调精益求精、集中精力地做好某类产品的专业化特点，如“格力空调专家”“滴露消毒专家”。

#### （三）进攻或防御式定位

关联或比附式定位的原则往往不是去进攻或排挤已有品牌的位置，而是遵守现有秩序和消费者的认知模式，在现有框架中选择一个相对自身有利的位置，服务于某个目标市场。但进攻或防御式定位点是为了侵占其他品牌地位或防止其他品牌进攻而采取的定位点。这个定位点，也称为竞争性定位点。如飘柔的主定位点是使头发“飘逸顺滑”，同时把“去屑”作为副定位，对海飞丝而言就是一种带有攻击性的定位。

### 四、品牌识别导向

除上述导向外，品牌定位还可以从品牌识别的维度去选择定位点，具体来说，可从以下三个角度考虑：

#### （一）从品牌识别的个性角度定位

塑造品牌个性，赋予品牌以拟人化的性格特征，能够赋予品牌强烈的情绪感染力。它能够抓住潜在消费者的兴趣，不断地保持情感的联系。

品牌的个性可能在品牌设计阶段就已确立，也可能是在品牌监护人的运作下自然形成的。但这样的品牌个性一旦形成，即可作为品牌的定位点。如舒肤佳代表了“妈妈的爱心”，万宝路代表了“强壮、冒险、勇敢”等。品牌个性是通过广告宣传逐渐得到强化的。百事可乐定位于“新一代的选择”，通过一系列的品牌创建活动展示“年轻有活力、特立独行、自我张扬”的品牌个性，迷倒了一大批新新人类，赢得了青少年乃至具有年轻心态消费者的高度认同。H&M 的经营理念是“以最优惠的价格提供时尚和品质”，代表了少量、快速、平价的“快时尚”；优衣库（UNIQLO）是为了让所有人都穿上优质的休闲服装，代表了舒适、优质的面料和简易的搭配。

#### （二）从品牌识别的文化特征定位

品牌有自身特有的历史文化，也有品牌来源的地域文化，如瑞士是手表产业的发祥地之一。劳力士公司（ROLEX）在一百多年的手表制造历史上形成了独特的品牌价值观和企业文化，即品质精良，工艺精湛，柔和尊贵等。因此，劳力士品牌的基本定位即“劳力士，通过设计和技术的完美组合，创造质量和品位极高的腕表”。

（三）从品牌与消费者的关系定位

品牌与消费者的结合点是寻找品牌定位点的又一条途径。品牌与消费者的关系反映了品牌对消费者的态度：是友好、乐意帮助，是关心爱护、体贴入微，或是其他态度。再如，海尔冰箱每推出一个新产品总有一个诉求点：“真诚到永远”，不断帮助顾客解决问题。所以，它从与顾客的关系角度出发，定位为“真诚、友好、关心”。然而，杨森公司的每一个品牌（产品）都有一个功能性诉求点，或者说产品定位，而且它总是通过比喻或夸张的手法，解释其产品中包含的科学道理，像一个老师和学者那样娓娓道来，表达了“杨森”这个品牌独特的理念和定位。①

# 第三节 品牌再定位

品牌定位是一项系统的、长期的工程。当现有定位是一个有利的定位时，往往只需要巩固该定位，通过保持类似的产品结构及类似的营销传播来实现。当现有定位具备一定的效用，但还算不上足够有效时，往往需要找到阻碍效用充分发挥的关键点，对定位进行调整修正。当品牌定位的目标市场与自身不对路或者无法从竞争者中脱颖而出时，往往需要对现状作出很大的改变，甚至全部推倒重来，也就是品牌再定位。

## 一、品牌再定位

1984 年，特劳特提出了再定位（Re-positioning）的概念。再定位就是重新定位，意即打破事物在消费者心目中所保持的原有位置和结构，使事物按照新的观念在消费者心目中重新排位，调理关系，以创造一个有利于自己的新秩序。

品牌再定位是与时俱进的战略调整，旨在摆脱困境，使品牌获得新的增长与活力。它不是对原有定位的一概否定，而是企业经过市场的磨炼之后，对原有品牌战略的一次扬弃。

品牌再定位一般包括以下几种情况②：

第一，在给消费者提供的利益上重新定位，主要是指品牌提供新的产品功能、属性、情感利益等。这一层次的再定位，主要动因来自于产品这一定位维度的变化，或者消费者的需求要素排序发生了变化。

---

① 郭洪．品牌营销学［M］．成都：西南财经大学出版社，2006：100-108.

② 余明阳，杨芳平．品牌定位［M］．武汉：武汉大学出版社，2008：143-145.

第二，在传播品牌定位的方式上重新定位，主要是指采用变革性的广告语、变革性的创意表现、变革性的媒体投放等。这一层次的再定位，主要动因是消费者的信息接收方式发生了变化，包括媒体接触习惯、广告接受心理等。

第三，在品牌定位的外在表现形式上重新定位，主要是指品牌识别系统发生变动。这一层次的再定位，主要动因来自于社会的发展，人们的审美观发生了改变。例如耐克公司的品牌标识，从公司创立至今已经数次更改品牌标识。以下是耐克公司和联想公司品牌标识的历年变迁。

1971 年，因为名叫耐克的胜利女神有一对舞动的翅膀，学生卡洛林·戴维森设计了第一个 Swoosh 标识，同时也是运动鞋的抽象表现。

1978 年，耐克的 Swoosh 标识由框线变为实形，出现在标准字的下方，更加醒目突出。

1985 年，标识组合在方形中，形成正负效果。

如今，Swoosh 标识依然需要被单独运用。

1984 年，柳传志带领的 10 名中国计算机科技人员认识到了 PC 必将改变人们的工作和生活。这 11 位科研人员成立新公司，命名“联想”。

2003 年 4 月，联想集团在北京正式对外宣布启用集团新标识“Lenovo”，用“Lenovo”代替原有的英文标识“Legend”，并在全球范围内注册。在国内，联想将保持使用“英文 + 中文”的标识；在海外则单独使用英文标识。

2015 年 4 月 15 日，联想集团全球誓师大会在美国纽约举行，会上发布了新版的企业 LOGO。

第四，在品牌的核心价值上重新定位。品牌的再定位一般很少在这一层次发生改动，通常是因为品牌原有的定位和品牌的核心价值不匹配，或者是品牌的核心价值还未显著形成，无法真正打动消费者的内心。世界著名的香烟品牌万宝路就曾在品牌的核心价值层面进行了彻底的重新定位，由最初的女性专用香烟变为勇敢、冒险的牛仔形象的男士香烟。通过这一重新定位，万宝路重新凝结了代表美国精神的“自由、野性和冒险”的核心价值。再定位之后，万宝路产品销量迅速攀升。

## 二、品牌再定位的原因

品牌必须通过不断的变革来获得永葆青春的源泉，这种变革常常体现在企业和品牌的再定位上。品牌再定位有企业自身的原因，也有来自外部环境的原因。概括起来有以下几种：

### （一）原有品牌定位错误

企业的产品投放市场以后，如果市场对产品反应冷淡，销售情况与预测差距太大，这时企业就应该进行市场分析，自我诊断。如果是品牌原有定位错误所致，就应该进行品牌的重新定位。

### （二）品牌定位不符合企业发展态势

在企业发展过程中，原有定位可能会成为制约因素，阻碍企业开拓新的市场；或者由于外界环境的变化，企业有可能获得新的市场机会，但原来的定位与外界环境难以融合，因此企业出于发展和扩张的目的，需要调整和改变原有定位。如我国的黄酒品牌古越龙山，其主要消费群体是对于黄酒具有一定消费偏好的中老年人。为了获取新一代消费者的青睐，古越龙山一改以往仅仅停留在传统文化上的品牌诉求，将品牌重新定位为“进取的人生、优雅的人生——品味生活真情趣”。

### （三）品牌定位的竞争优势已不存在

随着时间的推移，企业在竞争中可能会丧失原有的品牌优势，而此前建立在这一优势基础的定位也不再适用于新的环境。这个时候，过往的品牌定位往往会成为竞争对手的攻击对象，企业如果仍死守原来的定位不放，就会在竞争中处于被动挨打的地位，最终丧失市场。在这样的情况下，企业应对品牌进行重新定位。如莲花 1–2–3 试算表在软件业获得成功后，遭遇到了微软 Excel 的攻击，莲花公司面临绝境。后来公司将软件重新定位为“群组软件”，用来解决联网电脑上的同步运算，此举使莲花公司重获生机，并凭此赢得 IBM 青睐，卖出了 35 亿美元的价值。

### （四）消费者的偏好、需求、消费观念、消费行为发生变化

这种情况是最常见的。即，品牌原有的定位是正确的，但由于目标消费者的偏好发生变化，原有的定位不能满足消费者的新偏好与新需求，进而影响到品牌的市场份额，因此要进行品牌的再定位。如宝洁公司刚进入我国时，其旗下品牌“飘柔”最早的定位是二合一，即带给人们方便，并具有使头发柔顺的独特功效。后来，宝洁在市场开拓和深入调查中发现，其目标消费者最迫切需要的品牌需求并不是单纯的方便、快捷，而是更深层次的“自信建立”的情感需求。于是从 2000 年起，飘柔品牌以“自信”为诉求对品牌进行了重新定位。如可口可乐初期的品牌定位停留在产品功能层面——解渴、好味道、清凉，但在后期的发展和调查中发现，可口可乐的年轻受众群体最大的特质就是欢乐和分享，在此基础上可口可乐借助节日、歌词、台词等，打造“歌词瓶”等一系列活动，增加其文化内涵，稳固其在消费者心中的地位。

## 三、品牌再定位应考虑的因素

企业在作出品牌再定位的决策之前，必须从投资回报率的角度考虑多方面的因素，并重点考虑以下因素：

### （一）品牌再定位的成本

品牌再定位需要投入大量的人力、物力、财力。许多广告主在品牌再定位之前，为保证再定位的成功，通常会请专业的品牌咨询公司进行诊断和定位。在制定了品牌再定位的方案后，将品牌再定位的信息真正传递到消费者心中，还需要经历营销传播的阶段。如果对品牌识别系统进行了更新，那么还需要制作和修改许多物品的标志。这些将牵涉到调研费用、咨询费用、识别系统的设计制作费用、营销推广费用等，而且费用往往非常高。品牌再定位的人力、物力、财力的投入通常会超过第一次定位。因为新定位的建立需要消除原有定位的影响，而这一环节将会耗费大量的营销传播资金；同时在信息泛滥、传播过度的现今社会，要让新的定位获得消费者的认同也需要加大营销传播的力度。

同时，对于消费者接受新定位的时间，要做好充分的估计。从原有定位转入新定位的过渡阶段，消费者不可能马上就接受新定位，产品的销售势必会受到影响。因此，是否有足够的资金和实力，就成为企业能否成功实施品牌再定位的首要要素。

### （二）品牌再定位的回报

既然品牌再定位需要耗费高额的费用，那么就需要仔细估算再定位后带来的收益。简单地说，就是值不值得的问题，只有收益大于投入，才值得去实施。目标市场的容量、发展潜力，消费者数量和平均购买率，竞争者的数量和实力等因素都是影响企业品牌再定位

的重要因素。在预测评估时，要将眼前收益和长远收益结合起来，在经过仔细分析和研究后，预测投入产出比，再决定品牌再定位是否值得实施。

### （三）品牌再定位面临的困难和风险

企业在品牌再定位的过程中，会面临一定的困难和风险。具体来说有如下表现：

首先，企业内部难以达成共识。从企业高层来说，品牌再定位牵涉到整个品牌战略的诸多层面，需要耗费大量的人力、物力和财力，决策时势必会有多种声音。从公司整体来说，品牌再定位需要面临不确定的未来。其次，现有的企业文化是否支持品牌再定位。从某种程度上说，品牌再定位也是一种变革，会涉及企业内部各部门和员工个体的利益调整。变革总会遭遇阻力，现有的企业文化对待风险、对待不确定因素、对待变化的态度如何，也是品牌再定位的风险之一。再次，消费者可能并不认同新的定位。最后，品牌再定位可能导致丧失原有的市场。品牌再定位面临的困境之一就是在维持老顾客和吸引新顾客之间的取舍和平衡。在品牌再定位时，要考虑原有市场消费者与新市场消费者之间的差异是否太大。①

以上这些因素，都是企业再定位前需要权衡的。

## 四、品牌再定位的实施

品牌再定位，不能想当然地盲目进行；不能仅仅关注品牌的发展，为了创新而创新；再定位推出的时机要合适，不能滞后也不能太超前；另外，要注意再定位是扬弃而不是抛弃。可以按照以下步骤来对品牌进行再定位：

### （一）确定再定位原因

品牌再定位有多方面的原因，企业应重新认识市场，从产品的销售情况、行业的竞争状况、消费者的消费观念变化、企业的发展目标等方面来分析市场。对于是哪些原因要求企业对品牌进行重新定位的，企业应有明确的认识。

### （二）调查分析与形势评估

确定了再定位的必要性之后，必须对品牌目前的状况进行形势评估，评估的依据是对消费者的调查，调查内容主要包括消费者对品牌的认知和评价、消费者选择产品时的影响元素及其序列、消费者对品牌产品的心理价位、消费者认知产品的渠道及其重要性排序、消费者对同类产品的认知和评价等，品牌需根据调研的结果对现有形势作出总体评估。

---

① 余明阳，杨芳平．品牌定位［M］．武汉：武汉大学出版社，2008：151-152.

### （三）细分市场，锁定目标消费者

在进行了基础的消费者调研之后，企业应根据消费者特点，将其划分为不同类型的消费者细分市场，然后根据调研数据和产品特点及优势，重新确定企业应该针对哪个细分市场，同时处理好新的细分市场和再定位之前企业目标细分市场的关系。

### （四）研究目标消费群，制定品牌定位策略

企业确定自己的目标消费群体以后，还必须对其进行进一步的分析，对目标消费群体的生活方式、价值观、消费观、审美观进一步调查，以确定新的定位策略。新的定位策略最好制定几个不同的方案，每个方案都进行测试，根据目标消费者的反应，来确定最适合企业并相对高效的方案。

### （五）传播与应用新的定位

企业定位策略确定以后，要制定新的营销传播方案，将品牌信息传递给消费者，并不断强化，使它深入人心，最终完全取代原有定位。企业制定营销传播方案应以新的品牌定位为核心，防止新定位与传播的脱节甚至背离。①

## 本章思考题

1. 品牌定位与品牌再定位的含义分别是什么？
2. 任选某一品牌，对其品牌定位策略进行分析。

① 资料来源：http：//wiki.mbalib.com/wiki/%E5%93%81%E7%89%8C%E5%86%8D%E5%AE%9A%E4%BD%8D。

# 第四篇　内容篇

# 第八章　品牌传播内容及制定原则

## 第一节　品牌传播内容的演变

品牌传播的内容伴随“品牌传播”内涵的演变而发生着变化。其演变大致经历了以下几个阶段：

第一阶段，品牌传播的内容就是广告的内容，且传播行为大多是单向的。在传统营销时代，品牌传播大多不注重与消费者的沟通和互动，更多的是通过打断用户的思考、视觉或听觉来硬性传递产品品牌信息，起到告知的作用。通过品牌频繁的出现，达到使消费者熟悉品牌的目的。同时，由于品牌传播手段的局限，那时的品牌传播和广告几乎是同义词，广告的内容也就几乎等同于品牌传播的内容。

第二阶段，品牌传播内容是所有品牌接触点上的信息，且大多是双向的。伴随品牌传播实践的日益活跃，品牌传播的手段与载体也日益丰富。企业公关活动、销售促进、终端、官方网站等所有的品牌接触点所包含的信息都成为企业品牌传播的内容。

第三阶段，能够吸引消费者的“内容”成为企业品牌传播的核心内容。在技术不断创新的时代，不变的是企业与消费者的关系。无论云计算、大数据、多屏互动等为数字时代带来多么巨大的改变，市场经济的根本依旧是“买”与“卖”，而维系这个简单关系依靠的是“需求”。在发现需求、满足需求的营销过程中，能够主动吸引消费者的“内容”逐渐成为广告主最为喜爱的品牌传播内容，“好内容”的价值越发凸显出来。

优质内容可以将消费者与品牌之间的关系拉近，实现品牌与消费者的双向互动，提高消费者的品牌忠诚度，建立和维护与消费者的关系。品牌可以引导消费者主动参与到品牌传播活动当中。这也是内容营销更加受到品牌广告主青睐的主要原因。

**链接：内容营销发展的新趋势**

内容营销在近两三年被不断提及和应用。根据2013年4月来自全球新闻网站Mail Online的调研，70%的品牌和77%的广告代理在2012年有从事内容营销相关的广告活动。传统意义中的内容营销包括品牌LOGO、传播内容、线下活动等，但受限于相对单一的传统传播方式，消费者只是被动地接受品牌理念。而在数字营销时代，内容营销之所以更重要，是因为互联网内容的延伸内涵、变化形式更多，品牌有更多机会通过消费者可接受且喜爱的内容实现与消费者的双向沟通和互动。

内容营销是指以多种形式的媒体内容，通过多种渠道传递有价值、有娱乐性的产品或品牌信息，以吸引顾客参与，并在互动过程中建立和完善品牌的一种营销战略。① 传统的营销传播方式更多的是通过打断用户思考、感官体验来硬性传递信息的，而内容营销更多的是从消费者的需求出发为其提供信息，从而降低消费者的厌恶感，使有趣的、有价值的品牌信息更易被消费者主动接受、搜索和传播。它不像传统广告那样追求短期或立即的行为改变，而是倾向于对消费者进行理性的、长期的内容教育，从而达到提高消费者品牌忠诚度的目的。

## 第二节　品牌传播内容的重要性

随着媒体的快速发展、营销环境的快速变化，消费者对于企业品牌传播活动往往具有比以往更大的话语权。消费者也更愿意参与到企业的品牌营销环节中，并在其间大展拳脚。数字媒体推动品牌开展内容营销，减少与消费者之间的摩擦和信息的不对称。广告主通过提供优秀、有价值的内容信息来驱动消费者的认知、认同，以更好地保留客户，提高客户的品牌忠诚度。

### 一、内容成为品牌传播活动的重心

在社会化媒体营销时代，消费者更加关注内容本身，哪怕是明星发了一张无关痛痒的照片，朋友发的一句早安，都会引起消费者的关注。尽管消费者每天接触的信息已经呈现海量增长，但是消费者依旧愿意去关注熟悉的人所发布的信息。人们积极获取信息，并积极在社交网络中发布自己所感兴趣的信息。

消费者从被动的信息接收方变成更为积极的信息传播方，其自我传播意识提高，希望自己发出的信息会受到他人的认同，也会为了维系、经营自己的社会关系，对社交网络中其他人所发布的信息较为关注，并积极地进行反馈。

### 二、品牌传播内容成为与消费者建立联系的关键

品牌传播内容成为品牌与消费者建立联系、进入消费者心智的关键。广告主日益需要打造能够引发消费者共鸣的品牌故事，实现与消费者价值观的深层互动，达到品牌对消费

① 周懿瑾．社会化媒体时代的内容营销：概念初探与研究展望［J］．外国经济与管理，2013（6）：70.

者的强力渗透。如 2015 年春节营销活动中，麦当劳与成都双流机场合作，开展“你就是我的新年”主题接机活动，浓郁的气氛温暖人心；微信及微博“让红包飞”活动以强烈的吸引力和高效的传播速度在社交媒体平台引发“病毒传播”；百事与美拍合作推出“回家”版块，用户使用美拍“照片电影”功能选择旅途照片即可做出大片效果，以“让普通人拍回家的故事”为理念引发消费者共鸣及话题讨论。

## 第三节　品牌传播内容制定的原则

为了取得更好的品牌传播效果，广告主在制定品牌传播内容时，应该遵守以下几个原则：

### 一、与目标消费者群体兴趣、爱好相契合

品牌传播内容的制定应该建立在对目标消费者的心理特征及媒体接触特点的洞察之上。如果没有对目标人群的特性以及生活形态、媒体接触习惯等的深入洞察，就不能构思出让消费者主动关注的内容。因此，要以目标人群的兴趣和喜好为出发点制作内容，并在其中融入对品牌的诠释。

### 二、以消费者参与为基础

让尽可能多的消费者参与到内容创造的过程中，消费者也会在这个过程中获得更多乐趣。2014 年，《饥饿游戏 3・嘲笑鸟》的预告片在推特上发布后，#The Mockingjay Lives（嘲笑鸟活着）#和 #2-Unity（2- 统一）# 一度成为推特上在世界范围内的两个热门话题，并引起了粉丝大量转发，以此建立起良好的口碑。除此之外，星巴克同样发布了 #Vote For Joy # 活动，在推特上鼓励粉丝们为自己喜爱的假日饮料投票，之后将这些饮料在美国半价出售。

### 三、与品牌有高相关性

品牌传播的内容要与该品牌有很高的相关性，只有这样才能达到好的品牌传播效果。如企业是一家食品类电商网站，就可以创建一个“饮食百科”栏目，开展“食物与节气、食物与职业、某城市特色美食”等消费者感兴趣的话题讨论。这些话题既能够获得消费者的主动关注，又同时关联到企业销售的商品。据此展开内容传播，可以达到良好的品牌沟

通和促销效果。

## 四、新颖有趣且具有个性化品牌风格

品牌传播的内容要新颖有趣，才能在信息爆炸的时代突出重围，吸引消费者关注，并主动扩散，进而形成口碑效应。另外，品牌传播内容还应具有一定个性化的品牌风格。像杜蕾斯的官方微博，一贯保持幽默诙谐但不恶俗的风格，受到了大量用户的关注和喜爱。

## 五、保持一贯性

很多广告主在进行品牌传播时，往往由于没有保持传播内容的一贯性而丧失品牌识别度。其诸多的品牌传播活动之间缺少一贯的品牌个性，导致消费者无法获取明确的品牌理念。造成上述情况的原因，可能是激烈的市场竞争环境使企业品牌传播活动失去方向，随竞争对手传播主题而频繁变化、调整；也可能由于提供服务的广告公司的变动，而使得企业品牌传播的主题及创意表达出现了较大的变化调整。但无论何种原因造成的品牌个性的不连贯，都容易使得企业辛苦积累的品牌资产受到损害甚至归零。在适应市场变化及竞争压力的同时，企业品牌个性及相应内容的表达应该尽可能地保持一贯性。

## 六、系统整合所有接触点上的信息

消费者能够接触品牌的方式有许多种。比如，邻居和朋友间的口碑、产品包装、报纸报道、杂志与电视上的信息、商店内的推销活动、产品在货架上的位置等。在购买行为发生后也可能发生品牌接触，如消费者或潜在消费者的朋友等使用该品牌的经验，也包括售后服务等。这些品牌接触点所传达的信息经年累月不断地影响着消费者与品牌之间的关系。

消费者可以从各种与品牌的信息接触点上获得信息，如果这些信息没能告诉消费者“一种声音”，会造成消费者的认知混乱。只有系统整合所有信息接触点上的信息，保持“一种声音”，品牌传播活动才能发挥最大的作用。因此，对所有信息接触点的整合运用便显得十分重要了。

**案例：海澜之家传扬父爱**

2015 年，海澜之家成为话题#父亲节#的总冠名，借父亲节找到了一个消费者关注的契机，就是“老爸也是大明星”，关注每一个人背后父亲的伟大，为父亲喝彩。

这与海澜之家“国民男装”的品牌核心相一致，提供最优质的产品并提高生活质量，不仅关注父亲的着装，也关注父亲的情感和内心。

作为品牌方，海澜之家希望对消费者传递的不仅是产品，更是品牌精神与消费者人文关怀的深层契合。因此海澜之家选择微博作为营销主阵地，凭借微博具有社交和媒体的双重属性，在告知的同时发酵舆论，共同打造关于父亲节可传播、消费者觉得有价值的内容。海澜之家借助微博节日话题#父亲节#参与讨论，并在父亲节前夕通过#老爸也是大明星#热门话题，吸引用户参与H5互动，抽出奖品送老爸，这一温情活动吸引无数用户的互动和转发。同时，在微博投放入口“开机报头”，杜淳和杜志国父子的合影温馨提示父亲节快乐，引发数位明星及用户参与#老爸也是大明星#的互动，将活动推至高潮。海澜之家作为男人的衣柜，一直以关爱男人为原则，提供最佳穿着体验，父亲节成为海澜之家作为男装品牌与消费者沟通的契机，实现了海澜之家亲情、温暖、感恩等价值观与品牌的深度捆绑，也强化了父亲节的主题内涵。

### 扩展阅读：由Web1.0到Web3.0的广告创意表现

创意大师伯恩巴克说过，“只有广告创意工作才是真正的广告工作”。他的观点在今天看起来有点武断，但不可否认的是，广告创意将永远是广告活动中最令人神往、最令人振奋的部分。它是广告的灵魂，是广告活动流动的血液。

日本电通的沼泽忍说过，“广告创意是一种价值创造，可以把消费者心中的想法浅显易懂地传给客户，同时把客户心中的想法浅显易懂地传给消费者”。

“日本互动广告第一人”的资深创意总监大岩直人说过，“创意应该是对消费者有用的”。

Web1.0、Web2.0、Web3.0的技术变化趋势越来越个性化、定制化。广告创意在此基础上也需要面临更多的挑战。技术支持对广告投放模式提出了新的要求，使广告创意表现也有了新变化。

通过Web三个时代进行比较，可以看出移动互联网技术发展对广告创意表现的影响情况及发展趋势（如表8-1）。

**表8–1 移动互联网技术发展对广告创意表现的影响**[①]

| | Web1.0时代 | Web2.0时代 | Web3.0时代 |
|---|---|---|---|
| 本质 | 联合。 | 互动，让网民更多地参与到信息产品的创造、传播和分享过程中，而这个过程是有价值的。 | 把信息与信息联系起来，能够利用这些信息结合你的个人偏好来回答你提出的各种问题。 |

① 郭九毓，汤晓山．新媒体技术下的网络广告创意表现［J］．西安电子科技大学学报（社会科学版），2014（1）：62–63.

续表

| | Web1.0 时代 | Web2.0 时代 | Web3.0 时代 |
|---|---|---|---|
| 广告特点 | 除了传统的报纸、杂志、电视等，还增加了互联网后端基础架构上的平面广告展示。广告的单向度传播依然在一定范围内有一定效果。 | 网页、应用等平台出现。<br>除了传统的平面广告，还增加了订阅广告、手机 APP 广告应用、广告植入、电子展示平台等。不仅仅是观看，消费者还可以对广告进行筛选，声色电触摸等新媒体广告形式出现。广告进行线上线下同步推广，以统一的目标和统一的形象传递一致的信息，实现与消费者双向沟通，建立品牌与消费者的双向沟通，建立品牌与消费者长期密切的关系。 | 由于后端技术架构更加完善，结合“大数据”和“云计算”增加了可充当私人助理的人性化智能搜索。广告进行跨界传播，受众对广告的定制性、互动性和感官性变得更加全面。 |
| 广告创意特点 | 广告创意进入网络展示时代。 | 广告植入出现。<br>广告创意在新媒体技术支持下进行多媒体传播，传播设备增加了手机、iPad 等。 | 广告植入变成广告融入，广告创意融入网络。创意进入为受众量身定制阶段。广告可以与人进行互动。 |
| 广告发布特点 | 传统媒体进入网络试水。 | 互联网被广告全面覆盖。 | 广告创意围绕网民互动即个性体验发展。 |
| 广告创意模式 | 传统平面广告创意模式。 | 广告是多媒体展示，有卖点，但不够明确突出，植入感明显。 | 交互式设计中广告融入产品细节。比如游戏里面植入茶叶广告，网民自助选择细节页面植入广告等。无论电子商务领域或在线游戏均有出现。 |
| 广告创意趋势 | 图形、文案创意阶段。 | 不同终端的兼容让广告创意可以跨越媒介终端。<br>广告无处不在地展示、植入。 | 广告进入“私人”定制阶段，卖点强烈，互动感丰富。受众对广告的美观、触动有了更高的要求。 |

# 本章思考题

1. 品牌传播环境主要包括哪些方面？
2. 品牌传播内容是如何演变的？
3. 举例说明品牌传播内容的重要性。
4. 制定品牌传播内容的原则有哪些？

# 第九章　品牌传播内容的主要元素及载体

伴随着“品牌传播”内涵的演变，品牌传播的内容也在发生着变化。品牌传播内容包含几种主要元素：品牌名称、视觉元素、听觉元素、抽象元素。企业对于这些主要元素的决策，会对其品牌传播产生深远的影响。

## 第一节　品牌传播内容的主要元素

### 一、品牌名称

品牌名称是最核心的品牌传播内容要素，也是消费者对品牌形成印象的第一要素，更是品牌传播内容的起始点和终极目标。

品牌名称决策的四种策略：

1. 个别的品牌名称。采用单个品牌名称的主要好处是，它没有将公司的声誉系在某一品牌名的成败之上。假如某一品牌的产品失败了或者出现了低质情况，也不会损害制造商的名声。这种战略可以使公司为每一个新产品寻找最佳的名称。

2. 共同的家族品牌名称。对所有产品共同的家族品牌也有一些好处，引进一个产品的费用较少，因为不需要进行品名的调查工作，或者不需要为建立品牌名称认知度和偏好而花费大量的广告费。此外，如果制造商的声誉良好，产品的销路就会非常好。

3. 不同类别的家族品牌名称。如果某公司生产截然不同的产品，那么使用共同的品牌名称就不怎么合适了。公司通常要对同类产品中质量不同的产品使用不同的家族品牌名称。

4. 公司的品牌名称和单个产品名称相结合。这样公司名称可以使产品正统化，而单个品牌名称又可使新产品个性化。

一个优秀的品牌名称应符合以下几点要求：

1. 它应该使人们联想到产品的利益；

2. 它应该使人们联想到该产品或服务的类型；

3. 它应该使人们联想到具体内容，“高度想象”的质量；

4. 它应该易读、易认和易记；

5. 它应该与众不同；

6. 它不应该用在其他国家会产生误解的词语。

一般来说，公司选择品牌名称，先列一张清单，详细地写明各种不同名称的含义，讨论它们的优点，挑选后留下少数几个，在目标顾客中测试并进行最后的选择。许多公司更喜欢雇用营销研究公司开发名字并测试它们。这些公司应用头脑风暴法会议和计算机数据库，进行联想、判断和其他品质的研究分类。名称的研究过程包括：联想测试（名称能在心目中产生什么形象？）、学习测试（名称的易读性如何？）、记忆测试（名称的易记性如何？）以及偏好测试（哪些名称受到偏好？）。①

宝洁在品牌命名上比较成功，尤其是在洗发水领域，“飘柔”代表“柔顺头发”，“海飞丝”代表“去头屑”，“潘婷”代表“营养头发”，“沙宣”代表“专业护发”。虽然宝洁的成功很大的功劳在于差异化的品牌定位，但也与优秀的品牌命名分不开。

中国的很多老字号的名称也是非常成功的。例如，中华老字号“同仁堂”有着非常好的寓意，其中“同仁”意为同修仁德、济世养生，“堂”指古代堂屋，亦有殿堂之意。同仁堂创立人乐显扬说“同仁二字可以命堂名，吾喜其公而雅，需志之”。中国传统文化中“仁”是人们追求倡导的处事原则和商业精神，同仁堂一直以高品质药品要求自己，在老百姓心中有着极高声誉和值得信赖的品质。

一个好的品牌名称是品牌被消费者认知、接受、满意乃至忠诚的前提，品牌的名称在很大程度上对产品的销售产生直接影响，品牌名称作为品牌传播内容的重要元素甚至直接影响一个品牌的兴衰。

## 二、视觉元素

### 1. 品牌图形

在诸多的品牌要素中，除名称之外，图形是最能体现品牌唯一性的，也是最受法律保护的，最受品牌所有者重视的部分。品牌图形主要包括品牌标志、象征物、代言人（真实人物和虚拟人物）、产品（包装）、企业员工等。②

标志是品牌的门面，是品牌视觉形象中最重要的一部分。一个成功的标志或商标设计是品牌得以成功的保证。具体来讲，品牌标志具有形象识别、信誉保证、交流沟通、法律保护、文化表达和美化等功能。

品牌形象代言人，是指代表品牌发言、传播品牌信息的个人、动物或虚拟物，是品牌

---

① 菲利普·科特勒. 营销管理：第11版［M］. 梅清豪，译. 上海：上海人民出版社，2003：478-479.

② 李明合，王怡，史建. 品牌传播创新与经典案例评析［M］. 北京：北京大学出版社，2011：32.

所有者聘请或塑造的，能让人们通过对其形象、个性、品行的联想，对某种品牌产生美好印象的人物。[①] 其中的个人也称为自然人，包括名人、专家、消费者和普通民众。除此之外，动物和虚拟物作为代言人的情况也很多，比如腾讯公司的企鹅、海尔集团的海尔兄弟等。品牌形象代言人是一种很重要的品牌传播元素，在提升品牌知名度、提升销量、形成品牌个性等方面都有显著的作用。

常见的品牌象征物有：标志性产品包装，如可口可乐的曲线瓶等；专用性品牌传播符号，如德芙巧克力广告中丝滑纤柔、随意飘扬的巧克力丝带等；其他，如专门设计用于包装等传播材料上的虚拟人物形象、代表品牌个性的特殊行为符号（奥利奥的“扭一扭，舔一舔，泡一泡”）等。

作为传播元素的员工主要包括普通员工、经理以及高层领导人。他们既可以成为品牌传播的主要内容，也可以成为品牌传播的载体。作为传播元素的员工主要是对形象的运用。而最常用于品牌传播的形象是品牌的创始人或总裁等所谓的“品牌领袖”，即品牌的首脑人物。他们通常被塑造成品牌的“代言人”和象征符号，甚至是品牌文化的缩影，其自身所具有的传播资源会被广泛应用于广告、公关、事件、人际等品牌传播活动中，像万科的王石、聚美优品的陈欧、小米的雷军、阿里巴巴的马云、微软的比尔·盖茨、苹果的乔布斯等，均为此类型。[②]

2. 品牌字体

品牌的字体主要包括商标标准字体、企业名称的标准字体，以及品牌口号的书写字体，我们可以将其理解为特殊的品牌图形。

品牌字体也是消费者识别不同品牌的重要视觉符号。例如王老吉、可口可乐、依云等。“王老吉”这三个字的书写，遒劲有力，具有极强的识别性。另外，对于时尚品牌来说，品牌采用的字体更为讲究。例如时尚品牌 Calvin Klein 采用了具有现代气息的无衬线 Futura 字体，这样的细节会让消费者体验到 Calvin Klein 的品牌文化与内涵，从而提升了品牌的整体形象（如图 9–1）。

图 9–1　Calvin Klein 的品牌 logo

3. 品牌颜色

在竞争激烈的市场上，要使品牌具有明显区别于其他品牌的视觉特征，更富有吸引消费者的魅力，刺激和引导消费，以及增强人们对品牌的记忆，都离不开对颜色的设计和运用。

颜色设计的学问很多，包括美学、光学、心理学和民俗学等等。心理学家近年提出许

① 李克. 品牌培育中的品牌形象代言人应用研究［J］. 廊坊师范学院学报，2008（4）：71.

② 李明合，王怡，史建. 品牌传播创新与经典案例评析［M］. 北京：北京大学出版社，2011：33.

多色彩与人类心理关系的理论。他们指出每一种颜色都具有象征意义，当视觉接触到某种颜色，大脑神经便会接收颜色发放的讯号，即时产生以下一些联想：

红——血、夕阳、火、热情、危险。

橙——晚霞、秋叶、温情、积极。

黄——黄金、黄菊、注意、光明。

绿——草木、安全、和平、理想、希望。

蓝——海洋、蓝天、沉静、忧郁、理性。

紫——高贵、神秘、优雅。

白——纯洁、朴素、神圣。

黑——夜、死亡、邪恶、严肃。

除此之外，个人的年龄、性别、职业、所处的社会文化及教育背景，都会使之对同一颜色产生不同的联想。中国人对红色和黄色特别有好感，这和中华民族发源于黄土高原有一定的关系。在不同的文化体系下，颜色会被设定为含有不同特定意义的语言，所表达的意义可能完全不同。因此，企业在选择品牌颜色的时候，要综合考虑多种因素。

企业选择的品牌标准色是企业理念和企业文化在外部色彩上的反映，也是企业个性在颜色上的外化。可口可乐的红白、苹果的黑白、星巴克的绿白，成为这些品牌的精神象征。

专有的标准色具有极强的视觉识别性，还可以准确地传达品牌的丰富内涵和个性品格。①

4. 商品包装

商品包装在包装类商品中具有重要的品牌传播价值。商品包装具有保护商品、便于流通、方便消费、促进销售、提高商品价值和促进使用价值的实现等功能。

包装是品牌的缩影。一个品牌的树立和传播离不开出色的包装。尤其是在广告的品牌传播中，包装无疑充当着相当重要的角色，其意义已远远超出了保护商品的范畴，成为建立和培育消费者对品牌熟悉感的重要载体。②

能够体现产品优良品质和内涵的出色包装，往往会在产生强大的促销力量的同时，在消费者心目中树立起明确的品牌形象。这不仅能够充分展示商品的外在魅力，以诱导消费者产生购买欲望，而且可以体现品牌的个性，展示品牌形象，解读品牌内涵。

## 三、听觉元素

听觉元素不仅是广播广告传播信息、塑造形象的唯一手段，也是视频广告不可或缺的重要元素。听觉元素包括人声、音乐和音响。具体来讲，主要包括广告语、背景音乐、广

① 李明合，王怡，史建．品牌传播创新与经典案例评析［M］．北京：北京大学出版社，2011：33.

② 李明合，王怡，史建．品牌传播创新与经典案例评析［M］．北京：北京大学出版社，2011：34.

告歌曲、旁白、专门设计的音响效果和配音、简短音符等。

听觉元素在品牌传播中主要应用于广告和销售渠道等场所。在以视听为主的广播广告、视频广告中，声音几乎是信息传递的核心元素。在许多商场、专卖店等购物场所，音乐等听觉元素的使用已成为品牌体验传播的重要环节，也是品牌形象塑造的重要手段。

听觉元素尤其是音乐，具有突破视觉接触、强化品牌记忆、掀起感情波澜并传唱一时等特殊作用。随着“音乐营销”的日益盛行，把声音元素的应用上升到品牌传播战略高度已成趋势，许多公司已经开始在一些国家申请“声音商标”。

“固定的、个性化的听觉符号早已成为品牌的重要元素。”一个非常成功的案例，就是英特尔。除了几乎在每台电脑上都能看到的英特尔的品牌图形和字体之外，英特尔更让人印象深刻的是极富特色的五秒开机音乐。这段简短的音乐会出现在每一次的英特尔广告中，以至于每当听到这段熟悉的音乐，即使看不到画面，人们也知道肯定是带有英特尔品牌的广告。英特尔通过利用这种个性化的音乐符号并借助一切机会传播自己的品牌，几乎达到出神入化的境界。此外，像麦当劳、必胜客、OPPO 等企业，也都在使用类似的策略。

## 四、抽象元素

以上元素基本都可以借助人们的感官被直接感知，所以具有具象特征。但在品牌传播中，还有一些元素是需要挖掘和提炼的。因为如果只限于一些视觉符号的组合，品牌也就成了一个肤浅干瘪的符号。品牌之所以具有丰富的内涵，是因为它不仅仅是一个能够区别生产者的简单符号，而且拥有清晰明确的核心价值、深厚的文化内涵和独特的叙事方式等。

1. 清晰明确的核心价值

所谓核心价值，就是一个品牌所具有的总价值观和鲜明的利益承诺。它是品牌存在的根本意义，一个品牌的灵魂。BMW 之所以被称为品牌，绝不仅仅是因为它有能够识别的 B、M、W 三个字母，更重要的是它为人们提供了“驾驶的乐趣和潇洒的生活方式”；Haier 之所以成为海尔品牌，也不仅因为它是简单的拼音组合，更在于它体现了“真诚到永远”的企业理念。而像哈药集团，虽然其广告铺天盖地，但其品牌的核心价值到底是什么，人们并不十分清楚。

2. 深厚的文化内涵

凡是称得上品牌或知名品牌的，无不具有丰富的或企业、或国家、或民族的文化因子。星巴克卖的不是咖啡，而是人们对咖啡的体验。确实，星巴克提供给消费者的，不仅是人们喜爱的优良的咖啡品质，更是一种轻松、温馨的气氛和崇尚知识及小资情调的体验文化。与其说品牌是一种市场利器，倒不如说它是一种文化现象。有人曾说，如果你想了解美国文化，只需喝一瓶可口可乐，吃一份麦当劳，抽一支万宝路，穿一条李维斯，由此可见知名品牌中文化内涵的力量。

3. 叙事方式

品牌个性形象是品牌内涵所具有的人格化气质的外化符号。它是品牌传播至关重要的元素。站在品牌传播的角度，品牌的个性形象通常是由品牌传播中的叙事方式决定的。

近几年迅速崛起的本土个人护肤品佰草集，就是通过自己的叙事风格和方式来实现品牌创新的。在信息符号的选择上，佰草集坚持选用具有中国特色的竹子、荷叶等具有意向空间的元素。在品牌颜色上，佰草集通过竹子、荷叶等天然纯净的绿色，形成了自己的颜色风格。正是由于它拥有不同的传播逻辑和主张，才逐渐与其他品牌形成了对比和差异。

4. 品牌故事

品牌故事被视为品牌传播利器。品牌是生动的，是由消费者亲身体验或口口相传的一个个活生生的故事组成的，即每个品牌背后都有可挖掘的故事，只是看你是否会挖掘并广为传播。在这方面，海尔做得就非常成功，对有缺陷的产品当众砸毁的“砸冰箱事件”简直就是一个依靠口碑持续发酵到今天的经典。此外，褚橙也是一个依靠品牌故事迅速打开知名度的经典案例。

**案例：褚橙卖的不是橙子，是故事**

褚时健是中国烟草业的风云人物，因烟草大落，又借橙子东山再起。作为云南省红塔集团原董事长，褚时健在70岁时因经济问题入狱，后获准保外就医。在经历了人生的辉煌与沉沦之后，75岁的褚时健又回到了哀牢山，种起了橙子，这一种就是十年。一个曾经的“烟王”在沦为阶下囚获释之后，在75岁开始种植橙子，结果风靡网络，以褚时健的名字命名的“褚橙”也变成“励志橙”。褚橙的掌门人褚时建让这个不起眼的橙子，成了一种文化、一种精神。现今，经过评估，褚时健的身家又已过亿。他面对任何人生的磨难所展示出来的淡定，作为企业家的气质和胸怀令人叹服。

**案例：香奈儿卖的不是奢侈品，是故事**

香奈儿（Gabriella Bonbeur Chanel，别称：Coco chanel）是时尚界的知名人士。她6岁时因母亲去世、父亲离家出走，入读修女院学校，在这里她学会了缝纫，并磨炼出一种坚韧的个性。起初她进入咖啡屋当歌手，之后开了一家女帽店，凭着非凡的针线技巧，缝制出很多款式简洁、耐看的帽子。随着生意日益红火，她开始进军高级定制服装领域，开设了香奈儿时装店，香奈儿时装品牌正式诞生。设计时她从男装上获得灵感，为女装增添一分男性味道，使得女装过份艳丽的绮靡风尚消减。但好景不长，第二次世界大战的爆发使得她不得不把店关掉，与相爱的男士避居瑞士。1954年她重返法国，重新开始了她简洁自然的时装品牌风格。Coco Chanel 不仅聪明且敢于挑战传统，挑战世俗，如男女装混穿、把休闲服变成时尚流行、肩背式的皮包与套装，这意味着解放女人，也开创了女性时尚时代。一直风靡到现代的黑色小洋装，打破当年黑衣服只能当丧服的惯例，因此她创造了一个属于自己的时代。Coco Chanel 一生的成长、地位、成就、经历都带给她无穷的创作灵感。她的故事就是品牌的故事，品牌的故事也是她的故事。顾客对香奈儿这个品牌的迷恋很大程度上是对 Coco Chanel 女士的致敬。

凡是成功的品牌，都很擅长讲故事——懂得如何把品牌发展的历史脉络、品牌的内涵、品牌的精神向消费者娓娓道来，并在潜移默化之中完成向消费者的灌输。

品牌为什么都热衷于讲故事？因为讲故事是最容易被记忆、被传播与相互影响的一种方式；讲故事最容易贴近人性，并使冷冰冰的商品更有情感，消费者更舍得花钱购买，并提高消费者对品牌的忠诚度；品牌故事是个性，迎合消费者的价值观。品牌故事是比广告更高明的传播形式，它是品牌与客户建立情感的桥梁和纽带。对着目标客户讲故事，让他们心甘情愿地爱上品牌，不由自主地传播品牌。故事讲得好，品牌更容易推广。

品牌故事的最终目的是为了传播品牌，而不单单是娱乐大众。因而品牌故事要能表现品牌的内涵与价值，要侧重对于品牌自身独特性的陈述，要彰显品牌的个性。品牌故事是要永久流传、永驻人间的，而不是求得在消费者心中一时的印记。

5. 企业信息

由于网络媒体的普及，具有无限搜索能力的消费者越来越关注广告主本身的发展。消费者进行品牌选择的依据不仅仅局限于产品本身，广告主的整体发展状况亦成为消费者品牌选择的重要考量因素。在消费者关系维护成为广告主营销的主题的市场环境下，广告主主动提供企业信息满足消费者信息需求，企业信息逐步成为企业品牌传播中的重要内容。企业利用新媒体通过“企业网站”“关键词广告”持续地发布企业信息，企业开始以企业个体的形式与消费者展开一对一的全面沟通。随着互联网在中国的规模扩大，企业全面展示的趋势将愈加明显。

中国传媒大学广告学院广告主研究所数据显示：超过 90% 的广告主认可公关活动在品牌传播方面的功能日益凸显。广告主使用公关策略呈现逐年上升的趋势，被访广告主营销推广费用中公关费用的分配比例也呈现上升的趋势。广告主联合媒体系统全面地展示企业家风采、产品研发进程等体现企业进步的关键事件，循序渐进地、全面地展示企业整体实力，让消费者群体对企业整体经营状况进行全面的了解，增加企业美誉度。

## 第二节 品牌传播内容的载体

日本电通在《打破界限：电通式跨媒体沟通策略》一书中，提出了一种新的营销传播手法——着眼于沟通导线设计的跨媒体沟通策略思考方法，以及传播策划的时间手法，其中值得借鉴的是跨媒体沟通策略和信息接触点管理。

何谓信息接触点？信息接触点是指像电视广告、店铺、口碑传播等能将消费者和品牌相连接的点。狭义的跨媒体沟通的思路是以互联网为核心，大众传媒和店头宣传与之产生的互动。虽然互联网的效果毋庸置疑，但也无须局限于以互联网为核心。不拘泥于特定的媒体形式，着眼于符合消费行为的信息接触点来设计沟通导线尤为重要。

在实际生活中，消费者会从各种渠道得到商品、服务的相关信息。其中也包括一些不被我们称为媒体的渠道，比如商品本身、店铺、电脑和手机、活动、家人亲友等。这些连接消费者和品牌的接点，被称为信息接触点。

连接消费者和品牌的信息接触点一般来说有以下几种：

1. 商品本身
2. 大众媒体广告（电视 / 广播广告、报纸 / 杂志广告等）
3. 节目、报道（电视 / 广播节目、报纸 / 杂志报道）
4. 店头 / 终端（店头海报和店内陈设、与主题传播活动相关的促销用品等）
5. 活动（举办或赞助体育及音乐类活动、街头活动等）
6. 电脑、手机（企业网站以及电脑 / 手机中的广告）
7. 口碑传播（和朋友、家人的对话、邮件、短信等）
8. 社会化媒体（博客、社交网站、商品比较网站等）
9. 影视剧及综艺节目等（产品植入式广告等）①

下面基于上文提到的消费者与品牌的信息接触点理论，来谈一下品牌传播内容的载体。

### 一、商品本身

就商品本身来说，其包装设计、价格、实际的购买体验都是消费者能够直接获取的信息。广告主对于包装的设计，要予以重视，包括对色彩的运用、外观设计等等。商品本身的包装是否符合品牌定位和品牌调性，是一个关键点。

二维码技术的成熟，也使得商品包装作为品牌传播内容的载体更为重要。消费者扫描

① 电通跨媒体沟通开发项目组 . 打破界限：电通式跨媒体沟通策略［M］. 苏友友，译 . 北京：中信出版社，2011：63-68.

商品包装上的二维码，即可获得更多关于产品和品牌的信息。

## 二、大众媒体广告

该类接触点是品牌主动向消费者发出信息，品牌可以将想要传达的信息直接传达给消费者，是一种拉式策略。大众媒体广告要综合运用各种品牌传播元素，包括视觉元素、听觉元素以及抽象元素等。大众媒体广告主要是能够实现对消费者的高空覆盖，还需要和互联网、移动互联网以及线下活动配合，打“组合拳”，实现 360 度全方位的传播，才能产生更好的传播效果。

从品牌传播的规律来看，消费者对广告往往有排斥情绪，它给消费者留下的记忆往往是短暂的，所以要想使品牌保持长久的知名度，企业就要不间断地投放广告。

## 三、节目、报道

这类接触点主要有电视 / 广播节目、报纸 / 杂志报道等。这类载体上的品牌传播内容，不仅以广告的形式出现，而且有媒体为品牌背书。它不仅能告诉消费者企业的品牌是什么，还能向消费者展示品牌背后的故事，这样往往容易被消费者接受，形成长期的记忆。对于消费者来说，这类信息可信度更高，能够潜移默化地影响他们对品牌的认知度和好感度，进而形成品牌忠诚度。因此，广告主需要和制造这些信息接触点的媒体建立良好的关系，通过它们把更积极的信息传达给更多的目标消费者。

## 四、店头 / 终端

在终端，主要包含店头海报和店内陈设、与主题传播活动相关的促销用品等信息接触点。消费者在终端能够与商品直接接触，容易发生冲动性消费。对于终端的这类信息接触点的良性管理，能够对商品的销售产生极大的促进作用。

因此，终端的传播不应再局限于立牌、单页、灯箱、展台等传统的 POP 框架，而是注重营造一个作用于消费者视觉、听觉、触觉等全方位感知的整体品牌传播环境。通过由色彩、音乐与实物组成的品牌体验世界，最终促成消费者购买欲望与行为的完成。

## 五、活动

活动主要包括举办或赞助体育及音乐类活动、街头活动等。对于这类信息接触点，首先，广告主应注意举办或赞助的活动与品牌的理念是否契合。其次，要借助广播、电视、报刊、网络进行多渠道传播，发出声音，扩大声量。没有信息的有效传播，活动就只能止于活动本身。最后，还要注意活动的持续性，它应该是一种长期行为。通过持续不断地举办或赞助同一个活动，消费者会对该品牌形成一种连续的印象。

例如，运动品牌，短期参与某一赛事，或许不能引起目标受众的关注。但如果竭尽全力打造某一专项赛事，并长期坚持不懈地做下去，企业就能够长期地在大众的视野下保持相当热度，树立企业在这一项目领域内的权威地位，将自己的品牌与一项体育活动紧密联系起来。当人们想到某一运动时，就会想到这一品牌。这种“长情”不仅表现在合作时间上，更重要的是有耐心共同培养扶植一个赛事的成长。国内众多运动品牌，非常注重选择与品牌精神相吻合的体育赛事资源，全程全方位打造重要赛事热点。

## 六、电脑、手机

主要包括企业网站以及电脑 / 手机中的广告等。在数字媒体时代，消费者的媒体接触习惯、媒体使用习惯等发生了极大的变化。伴随技术的创新和发展，互联网能更好地实现话题传播与互动，移动互联网平台能够提供位置服务以及支付功能等。消费者与大众媒体接触的时长逐渐缩短，他们把更多的时间花在电脑、手机这些新媒体上，消费者正在实现从传统媒体向新媒体的迁徙。因此，广告主应跟随消费者，开始向新媒体倾斜。

电脑、手机是以目标人群能够主动与品牌发生关联为前提的信息接触点。对此类信息接触点来说，创造消费者主动想去了解品牌的契机和让消费者在与品牌接触之后得到满足感是关键。

## 七、口碑传播

消费者在购买过程中，会搜集关于商品和品牌的信息。其中一个获取信息的渠道，就是家人、朋友、同事等。尤其是在社会化媒体时代，口碑至关重要。消费者更愿意相信从亲人、朋友那里获取的信息。因此，广告主在进行品牌传播时，应该传递一些有价值的、引人关注的内容，吸引消费者的积极参与与扩散。

口碑传播的结果主要体现在购前和购后两个阶段。处于购前决策阶段的消费者会受口碑信息的影响，从而产生一定的购买行为，同样，处于购后评价阶段的消费者也会受口碑信息的影响，并作出正面或负面的评价。

由于产品信息的不对称性，尤其是无形服务所带来的决策风险，消费者在购买产品或服务时倾向于接收口碑信息，甚至主动搜寻口碑传播。当口碑传播信息与口碑接收者自身感知的产品或服务质量基本吻合时，口碑信息易影响口碑接收者的购买决策，最终促使其产生与口碑信息相一致的购买行为。即在口碑传播褒扬效应的作用下，消费者会接受传者推荐的产品或服务，而在口碑传播负面效应的作用下，消费者会放弃传者推荐的产品或服务。

当消费者发现产品或服务的现实质量与其预期不一致时，极易受口碑传播的影响作出与口碑传者同向的评价。其实，这里的评价既包括购前消费者对购买对象的评估，也包括购后消费者对消费经历的评判。

当消费者感知的产品或服务质量超出其预期时，消费者会感到满意，但满意的顾客未必都会发生口碑传播，而此时消费者若接收了与其消费经历相符合的口碑信息，就会强化其满意感，从而产生进一步口碑传播的冲动。

## 八、社会化媒体

社会化媒体主要包括微博、微信、社交网站等。在社会化媒体时代，广告不再是最好的形式，内容才是。社会化媒体是内容的优秀载体。广告主要考虑的是传播的内容是否能展现基于这个平台属性所需要的特点和亮点。在经营社会化媒体时，更重要的是，要在这个平台上和用户搭建良好的关系，引导用户的积极参与，重视用户的话语权，聆听来自用户的声音。

据 DCCI 互联网数据中心的调查显示，品牌与消费是网友在维护关系链时的重要话题，用户在网上交流品牌信息的行为相当活跃：近八成的用户会在与好友聊天时交流品牌信息，使用论坛交流品牌信息的比重也比较大。社交网站已经成为影响消费的重要载体，而且社交网站上用户对品牌信息的接受度极高，信息是从自己关系链上的人那里传播过来的；此外，还有 74% 的用户不介意收到带有品牌信息的虚拟礼物，这更给品牌在关系链中的传递提供了空间。①

社会化媒体已经成为广告主进行品牌传播的重要阵地。广告主通过社会化媒体平台传递积极的、对用户有价值的信息，进而提升品牌形象。

## 九、影视剧及综艺节目等

随着现象级节目的火热，广告主对于各种节目的关注度与日俱增，节目本身的火热带动了广告曝光率的上升。随着传统硬广的单价在不断上升，广告主投入到硬广的费用呈下降的趋势，更多品牌开始关注内容，并通过节目内容建立品牌、沟通品牌信息。

植入广告是一种软性的广告行为，在电影、电视剧、综艺节目中可以插入企业的产品

---

① 中国电子商务研究中心. 泛关系链营销开创 SNS 新时代［R/OL］.（2010-07-16）［2017-11-14］. http: //www.100ec.cn/detail-- 5277485. html.

或标识，以达到潜移默化的宣传效果。把产品及其服务以具有代表性的视听品牌符号融入影视或舞台产品中的一种广告方式，给观众留下相当的印象，以达到营销目的。常见的广告植入物有：商品、标识、VI（视觉识别系统）、CI（企业形象识别系统）、包装、品牌名称以及企业吉祥物等。

由于消费者对广告有抵触心理，植入式广告的效果往往会比硬性推销的效果好得多。广告主的追捧，源于植入式广告具有独特的传播优势，这些优势归结为一点，就是能够形成强大的品牌渗透力。植入式广告需要同时满足剧情和营销传播的要求。过分迁就剧情传播，可能会影响广告的传播质量，导致信息偏离营销传播的协调性，与整合营销传播的要求相悖。反之，强调营销传播又可能影响剧情。植入式广告就是在“被情节干扰”与“干扰情节”的夹缝中诞生的。在这种情况下信息整合是成功的关键所在，广告主应与编剧、导演充分沟通，广告植入的痕迹越少，与剧情结合得越自然，传播的效果也就越好。

广告主在选择影视剧或综艺节目作为品牌传播内容的载体时，应该考虑以下几个问题。

1. 节目与产品的风格是否一致？

每档节目都有自己的特色，因此广告主在选择节目进行植入的过程中，要选择与自己的产品或服务特色相符合的节目，这样才能有效地宣传产品或服务，同时也能契合产品的目标受众。

比如蒙牛真果粒独家冠名真人秀《花儿与少年》第二季，真果粒这个产品因为大家能从可嚼果粒中得到乐趣而备受消费者青睐，其品牌主张是乐趣、活力与自信，那么这样的品牌选择《花儿与少年》这样一档主打旅途中流露出真实乐趣的节目，无疑是恰当的。

2. 节目能否依情节设置广告？

节目在编排植入广告时，应该依据情节需要选择适合情节的产品或服务品牌，而不是为了产品而设置情节或者生硬地植入广告而破坏整体的情节。广告主在把产品或服务品牌植入情节的时候，不能生搬硬套，在风格上与内容格格不入，纯粹是为了植入而植入的话，消费者观看后会感觉很突兀。

百岁山在《我是歌手》第三季中的植入是非常自然的。每当节目总导演洪涛最后宣布歌手排名的时候，会放慢语速，在话语中不断制造悬念，在这个紧张的等待状态中，场上的歌手会轻松地调侃一句：“洪导，您要不要喝口水？”洪涛这个时候会自然地喝一口百岁山。这样的植入丝毫没有破坏节目情节，且观众在此时的注意力高度集中，非常有效地传达了百岁山这个品牌的信息。

3. 节目能否通过后期包装进一步提炼品牌核心信息？

时下一些节目由于内容自身属性的原因，不适合进行产品植入，则必须通过后期的包装来进行更多品牌与内容的互动。湖南卫视《真正男子汉》的节目合作伙伴红牛，在节目后期包装、动画中强化品牌口号“你的能量，超乎你想象！”巧妙地将口号与明星新兵训练环节结合在一起，让观众在这样的关键情境下合乎情节地记住了品牌的核心信息。

## 案例：内容营销可以怎么耍？不妨学学 H&M 是怎么做的[①]

作为知名的快时尚品牌，H&M 可以说是快时尚界的领头羊，为世界各地的年轻人所喜爱。据 *Fashionsita* 报道，2014 年 H&M 在全球新开了 379 家新店，当年又计划再开 400 家新店，这将使得 H&M 全球的店铺达到近 4 000 家，也抢尽了 American Aparell（AA 美国服饰）、ASOS、J. Crew、Gap 等同类快时尚品牌的风头。

快时尚品牌善于及时捕捉各种时尚资讯。用有趣的比喻说法就是：她就像一个什么都要追随的年轻女孩。其实，H&M 是一个创建于 1947 年的“老”牌子了。H&M 永葆年轻活力的秘诀，不仅来自于品牌对时尚持之以恒的追求，也得益于其不断创新的营销模式。下面，我们就来看看 H&M 是如何在快时尚领域杀出一条血路的。

**致力于社交媒体的创新**

根据 Social bakers 的数据，相比较 American Apparel、Gap、J. Crew 甚至是 Zara，H&M 在 Facebook（脸书）上和粉丝互动的过程中，粉丝参与度是最高的。在 Instagram（照片墙）上，H&M 的用户参与度同样也是最高的。H&M 在（截至 2015 年 7 月）Facebook 上一共有 2 200 万粉丝；在 Instagram 上一共有 800 万粉丝；而在推特上一共有 600 万粉丝。

H&M 在社交网络上的内容大多运用了视觉营销的诀窍：将最新的产品通过拼图的方式呈现，还会发布时尚趋势的博文，推出季节性的穿衣指南。六月，H&M 就推出了一本夏日旅人行李指南相册，为不同个性的出行者搭配合适的夏季单品。这些色彩鲜艳，搭配新潮的照片绝对是粉丝们的心头大爱。（如图 9-2）

图 9-2（1） H&M 社交网站图片

① 墨子酱.内容营销可以怎么耍？不妨学学 H&M 是怎么做的［EB/OL］.（2015-07-01）［2017-11-11］. http://www.meihua.info/a/63824.

图 9-2（2） H&M 社交网站图片

Razorfish（睿域）的决策副总裁 Jason Goldberg（贾森·戈德堡）说，“这些品牌很清楚地意识到这些社交网络的渠道不只是简简单单的广告媒介。相反这些社交网络上的内容能够给予顾客一些穿衣搭配方面的灵感，能够使品牌与顾客建立更亲密的关系。反之，从顾客的动态中，品牌也能洞察到如未来的产品该怎样设计等信息。”

**致力于内容营销**

此外，在 H&M 官网还有一个版块叫作 H&M Life，这里的内容聚焦时尚、美妆和文化。H&M 的粉丝可以在这里看到日常的内容更新，也能从这里汲取世界各地的时尚灵感。

H&M Life 最常见的文章类型是时尚指南，如何穿搭、化妆指导（还会有模特的面部特写给粉丝全方位的指导）等等。Erwin Penland 的首席规划官 Jessica Navas（杰茜卡·纳瓦斯）还说道，“像 H&M 这样的品牌了解顾客各种各样的触点，而且在了解之余能够将内容准确地表现在网站的封面图片上，正如 H&M 一如既往的表现形式那样。”

# 本章思考题

1. 品牌传播内容主要包括哪些元素？
2. 品牌传播内容的载体有哪些？
3. 找一个案例，具体分析其对品牌传播内容元素的运用。

# 第十章　品牌传播内容的类型及特点

## 第一节　品牌传播内容的类型

品牌传播内容的类型主要有以下七种：

### 一、热点性内容

热点性内容即某段时间内搜索量迅速提高，人气、关注度节节攀升的内容。合理利用热门事件能够迅速带动网站流量的提升，当然，热门事件的利用一定要恰到好处。

对于何为热门事件，企业都可以借助平台通过数据进行分析，百度搜索风云榜，搜狗热搜榜等都是不错的工具。

例如：刘翔退役事件中，各大品牌纷纷推出相关内容，借势宣传自家品牌，主要是发布在各大品牌的官方微博、微信上（如图 10–1）。

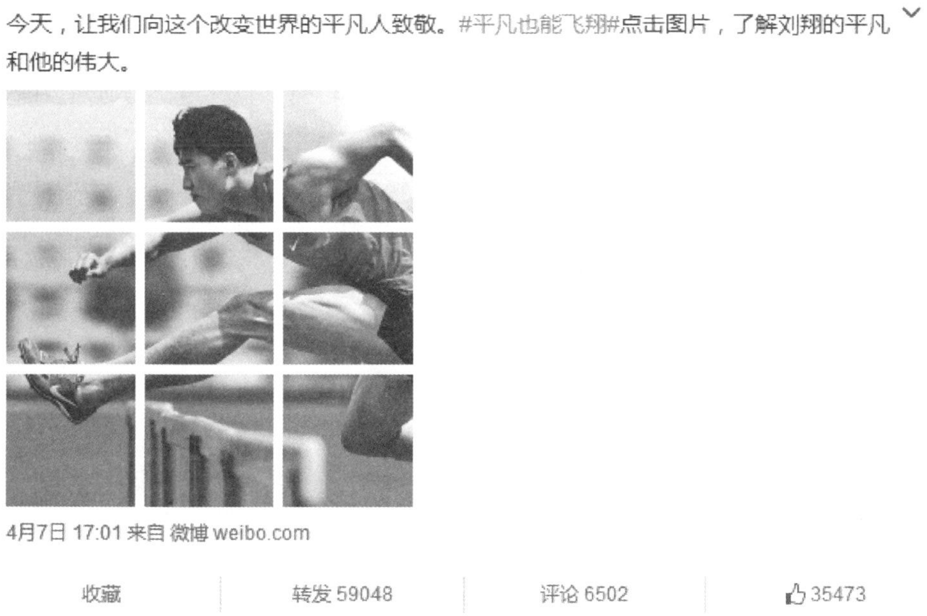


图 10–1　耐克官方微博发布

## 二、时效性内容

时效性内容是指在特定的某段时间内具有最高价值的内容。所发生的事和物都具备一定的时效性，在特定的时间段拥有一定的人气关注度。时效性内容越来越被企业所重视，并且逐渐加以利用使其效益最大化，企业利用时效性创造有价值的内容展现给用户。

## 三、即时性内容

即时性内容是指能充分展现当下所发生的物和事的内容。当然，利用即时性内容一定要做到及时有效，若发生的事和物有记录的价值，必须第一时间完成内容写作，其原因在于第一时间报道和第二时间报道的区别非常大，其所带来的价值更不一样。

## 四、持续性内容

持续性内容是指内容含金量不受时间变化而变化，无论在哪个时间段都不受时效性限制的内容。持续性内容作为内容策略中的中流砥柱，不得不引起高度重视。持续性内容带来的价值是持久性的，持续性内容已经作为丰富网站内容的主打，在众多不同类型的内容中占据一定份额。

## 五、方案性内容

方案性内容即具有一定逻辑、符合营销策略方案的内容，方案的制定需要考虑很多因素，其中受众人群的定位、目标的把握、主题的确定、营销平台、预期效果等都必须在方案中有所体现，然而确定这些因素必须通过市场调查，通过数据对比分析，并且需要依靠丰富的经验。方案性内容的价值非常大，对于用户来说，其内容含金量非常高，用户能够从中学习经验，充实自我，提升自身行业综合竞争力。

## 六、实战性内容

实战性内容是指通过不断实践，在实战过程中积累丰富的经验而产生的内容。实战性内容的创造需要营销者具有一定的实战功底，内容中能够充分展现实践过程中遇到的问题，让消费者从中获得有价值的信息，能够得到学习和锻炼的机会。

### 七、促销性内容

促销性内容即在特定时间内进行促销活动所产生的营销内容，特定时间主要是在节日前后，促销性内容主要是营销者利用人们的需求心理而制定的方案内容，内容中能够充分体现优惠活动，利用人们普遍贪便宜的心理做好促销活动，促销性内容的价值在于企业能够更加快速地促销产品，提升企业形象。

品牌传播内容的形式也是多种多样的，像文字、图片、视频、音频等。近几年，一些新的形式也在流行，像是 APP、游戏、HTML5 页面等。[①]

## 第二节　好的品牌传播内容的特点

数字技术推动下的媒体种类越来越丰富，一方面为广告主的品牌传播带来了更多的途径和方法；另一方面在消费者注意力资源极度分散的时代，也给广告主带来更多的挑战和困惑。随着市场竞争日益激烈，高价值的媒体广告资源在减少，同时媒体广告的传播效果也在持续走低。如何在同质化的媒介传播环境中实现突围，真正达到精益化传播的目的，传播内容成为决胜传播效果的关键。[②] 在快速模仿填平硬件竞争鸿沟之后，什么样的内容是好的内容？这是广告主最关心的问题。好的品牌传播内容有以下几个特点：

### 一、真实

好的内容应当描述真实的人、真实的情形、真实的情绪，以及事实。它应当尽可能地展示，而不是说教。它应当通过消费者的故事、案例分析和消费者的叙述，展示产品如何存在于这个世界。好的内容应该是讲产品或服务如何为客户的生活增加价值，帮助消费者解决难题，满足消费者的需要。好的内容不是在编故事，而是把一个真实的故事很好地讲出来。

### 二、话题性强，吸引受众关注

话题性是争夺受众有限注意力资源的重要手段，话题内容中所蕴含的要素多具创新性，抓人眼球，进而引发公众讨论。在网络文化的冲击下，原有广告的尺度也不断被放大。广告已经不只是一个漂亮的亮相，而更多地开始进行话题性的试探。

① 资料来源：http：//baike.baidu.com/link?url=vxuvIdgiovnFozcdW2JWC3B6Lqpj0UMAyhihW6SUU4aDTJx4K0s8HGtmVM7Vc1H6J_pRghBZQrlQhwS2KEBkPq#6。

② 国家广告研究院 .2013 年中国广告业发展白皮书［M］. 北京：中国工商出版社，2014：298–299.

## 三、富有人情味，引发消费者心理共鸣

好的内容必须具备人性的因素。如果广告主能在消费者的层面将其联系起来，而不是只向他们灌输和说教，就会产生更好的效果。当广告主在创建关于人的内容时，一条很好的经验法则是：要足够具体，使内容变得可信，并且要足够普通，使内容相互关联。

内容营销中往往蕴含着强烈的感性诉求，容易激发人们内心被遗忘的经历和情感，使得消费者和品牌之间产生共鸣，从而形成品牌认同。台湾高铁广告《买鱼篇》《健忘篇》《返乡篇》，均以留守老人为主要刻画对象，表现父母独自在家的寂寞；“高铁传递的不是速度，而是亲友相聚的温暖”，该广告在消费者内心产生强烈的共鸣，唤起被工作忙碌的人们忽视的亲情，引发社会思考。京东在“双十一”前推出一部以父爱亲情为主题的微电影《我和老爸》，以父子间发生的情感故事为微电影主线，表现父子在家庭生活中的喜悦；“心若沟通，便无距离”，该微电影在消费者内心产生强烈的共鸣，唤起被忽视的亲情，化解代际矛盾，引发社会思考。

年轻消费者日益成为消费主力，作为 80 后以及 90 后，他们的思想比父辈更为开放和自由，他们更关心个性化，更喜欢标新立异。

在此背景下，各大品牌的营销传播文案中，开始频繁出现“我”这个第一人称代词。例如，2013 年聚美优品的“我为自己代言”系列广告和凡客的“我要怒放的生命”，2015 年 QQ 浏览器的“我要的现在就要”系列广告和阿迪达斯“我是原创，I am Superstar”等，尤为鲜明地反映出新一代年轻人对个性的追求。

## 四、欢乐参与，互动增进品牌好感

通过媒体平台，广告主制造出有趣、幽默的娱乐内容，并向消费者提供鉴赏、投票、评论、个性创作等各种参与机会，使消费者在体验的过程中，加深对营销活动的印象，从而为品牌积累人气，提升消费者对品牌的好感度。

## 五、原创

广告主进行品牌传播的内容，应该是原创的，能够就自身的主题，给消费者提供全新的视角。

## 六、惊奇

好的内容总有令人意想不到的元素。它们会引起消费者的好奇心，或者令他们感到惊奇。首先，广告主必须使传播内容能够引起消费者的兴趣，这样的内容才能够促使消费者互相分享，并且能增强品牌的个性。

若具备了以上这六个特点，或者是大部分的特点，品牌就能吸引受众。讲述具备这些特点的故事，就会使品牌的受众积极参与互动，与品牌建立良好的关系。①

# 本章思考题

1. 品牌传播内容有哪些类型？

2. 好的品牌传播内容应具备哪些特点？

① 汉德利，查普曼．内容营销：网络营销的杀手级武器［M］．王正林，等，译．北京：电子工业出版社，2011：56–58.

# 第十一章　广告主的内容营销

谈到品牌传播内容，不得不提的一个概念就是“内容营销”。内容营销近年来被不断提及和应用，并已发展成为价值数百亿美元的产业，而且越来越被广告主看重。

## 第一节　内容营销的定义及特点

虽然内容营销是近几年的高频词，但这并非一个全新的领域。从内容营销的关键——“讲故事”来看，很多品牌上百年前就已经开始通过讲故事来吸引消费者，维护与消费者之间的关系。“内容营销”一词的首次使用，是 2001 年彭通定向媒体公司（Penton Custom Media）用来统称大型 B2B（Business to Business）企业制作和出版购物杂志和纸质新闻通讯的做法。伴随企业内容营销的深入，内容营销的内涵不断演变。

“内容营销即企业通过聆听顾客的需求、免费采纳顾客的有用建议来与消费者建立拥有共同利益的互相依存关系以及信任。通常作为回报，消费者会向企业提供建议或意见。简单来说，内容营销就是被营销的内容本身和内容的营销的结合体，即内容的价值传递能够最终引发顾客行为。”①

“内容营销是提高顾客忠诚度的核心策略，也是一种关注价值体验创造的策略。在内容营销语境中，企业所建立的内容平台能让人们互相帮助、分享有价值的信息、丰富社群，同时帮助企业在社群中成为思想领导者。平台上的内容是有吸引力的、方便分享的，而且最重要的是能够帮助顾客（自行）找到他们想要的关于产品或服务的信息。”②

“内容营销是一种充分整合多种市场营销方法（包括线上和线下的各种渠道）、为顾客提供信息的营销策略，目的是帮助顾客变得更聪明。”③

“提供有价值（相关、高质量、有教育意义、对购买决策有帮助）和有娱乐性的吸引

① PULIZZI J，BARRETT N. Get content get customers：Turn prospects into buyers with content marketing [ M ] . NewYork：McGraw-Hill，2009.

② PULIZZI J. Content marketing has arrived. Should publishers be worried? [ J ] . The magazine for magazine management，2011，40（10）：43-43.

③ LORENZ L. Content marketing—The what，why and how [ J ] . Hudson valey business journal，2011，22（29）：20.

眼球的内容是内容营销的制胜法宝。”①

2012 年，Lieb（利布）在其发表于行业标杆杂志 *Advertising Age* 的一篇文章中补充说明了企业在内容营销中需要扮演的角色。他认为，在消费者主动搜索信息以帮助自己进行购买决策的年代，企业需要做“值得消费者信任的顾问”，成为价值信息的发布者（而不是由付费媒体来承担这样的角色）。他还特别强调内容营销的重要性，认为内容营销不应只是策略，而应是战略指导。②

虽然目前内容营销还没有一个一致的定义，但是，内容营销具有以下几个特点③：

首先，内容的形式多样。企业自主创造的任何形式的体现品牌信息的作品（包括文本、图像及其他多媒体素材）都可以统称为“内容”，即内容是信息本身，且有不同的表现形式和载体。具体而言，内容既可包括企业在自有媒体上发布的视频、博客、图片、网络研讨会、白皮书、电子书、播客等有市场推广作用的网页组成元素，又包括企业在自有媒体之外（例如免费媒体上）发布或形成的内容。

其次，内容对于消费者来说一定是有价值的。对于消费者来说，内容是和产品或品牌相关的信息，或者是高质量、有教育意义、对购买决策有帮助的信息，或者是有娱乐性的、吸引眼球的信息。总之，内容对消费者来说一定是有价值的，否则难以让他们主动搜索和传播。

再次，内容营销是一种拉式策略。广告通过打断消费者思考或感官体验来硬性传递信息，内容营销从给予消费者答案的角度来向消费者提供信息，从而能够降低消费者的厌恶感，使有趣、有价值的信息更易被消费者主动接受、搜索和传播。它不像广告那样追求短期或立即性的行为改变，而是倾向于对消费者进行理性的、长期的内容教育，从而达到提高消费者品牌忠诚度的目的。

最后，内容营销不仅是一种传播策略，更是一种战略指导。一方面，内容营销涉及企业—内容—消费者之间的良性循环。企业为了提供有价值的内容，首先要聆听消费者的需求。有价值的内容能够激发有益的消费者互动，例如消费者愿意提出他们的意见和建议。这些来自消费者的反馈又能够帮助企业提供更有针对性的内容。为了形成这样的良性循环，企业在战略层面就必须以消费者为导向。另一方面，由于内容营销更强调激发顾客的交互和参与，因此这种价值传递仍然是一个从吸引到建立关系和信任的过程，但是所用的工具则是对消费者来说有价值的内容。娱乐性内容也是很重要的一个方面，同时提供有价值又有娱乐性的内容是最理想的。这说明除了理性说服外，企业开始重视在沟通过程中引导消费者的情绪，激起消费者的共鸣，并关注价值体验的创造。也就是说，在内容营销语境下，企业的品牌建立和管理方式开始从以往理性的心理认知、资源占领转向更感性的情

① LIEB R. Content marketing: Think like a publisher— How to use content to market online and in social media [M]. New York: Pearson Education, 2011.

② LIEB R. What is content marketing? [J]. Advertising age, 2012, 83 (9): 65.

③ 周懿瑾，陈嘉卉 . 社会化媒体时代的内容营销：概念初探与研究展望［J］. 外国经济与管理，2013（6）：63.

感唤起甚至文化共鸣。

基于以上特点，我们可以认为，内容营销是指多种形式的媒体内容，通过多种渠道传递有价值、有娱乐性的产品或品牌信息，以引发顾客参与，并在互动过程中建立和完善品牌的一种营销战略。①

## 第二节　内容营销和相关概念的联系与区别

内容营销伴随着新媒体的发展而得到了众多关注，因此，业界常把它与时下盛行的社会化媒体营销及病毒营销混为一谈。此外，品牌娱乐和植入广告也因为与内容营销有部分重合之处而影响了学界和业界对内容营销概念的认识。本节将通过分析内容营销与这些概念的区别，来进一步帮助读者理解内容营销。

### 一、内容营销与植入广告

由于内容营销和植入广告的目的都是为了更好地促进顾客互动参与，因此，有一种说法是“内容营销是植入广告的一种新的表现形式”。这种说法将内容营销与植入广告画上等号，认为内容营销将内容作为品牌营销的载体，借助具有娱乐性、话题性的内容产品，达到宣传品牌、赋予品牌额外价值的目的。

植入广告主要是借助电影、电视剧、电视节目、体育赛事、游戏、博客等载体，将产品或品牌以道具、对白、场景或者形象等方式“融入”在节目内容中。植入广告是内容营销开展相关营销活动的主要方式之一，但除了“植入”之外，内容营销还有直接推送资讯内容、与消费者互动等更为丰富、多元的活动载体。

### 二、内容营销与社会化媒体营销

社会化媒体营销强调通过与消费者建立关系以及消费者的互动参与来形成社区。在这一过程中，“内容”主要起到鼓励消费者参与对话的作用。近年来，广告主加大了在内容方面的投入，尤其是在社会化营销平台上，期望打造符合消费者口味的内容并被广泛分享。很多人将内容营销和社会化媒体营销混为一谈。社会化媒体营销确实和内容营销有很多的重合之处，因为内容营销使用的媒体很大一部分是如微博、微信等社会化媒体。但尽管如此，内容营销和社会化媒体营销也不是同一个概念。

---

① 周懿瑾，陈嘉卉．社会化媒体时代的内容营销：概念初探与研究展望［J］．外国经济与管理，2013（6）：64.

首先，两者强调的重点不同。内容营销更加强调通过对内容的创作和发布而影响消费者，而社会化媒体营销更强调在社会化媒体这种渠道平台上做出的营销努力，其营销手段不仅包括内容，而且包括各种促销活动（抽奖、赠券等）以及售后服务等。

其次，内容营销所涉及的内容形式和发布渠道要比社会化媒体营销更为广泛。社会化媒体只是企业自有媒体的一部分，除此之外，企业的自有媒体还包括网站、APP 等非社会化媒体以及杂志等纸质媒体。从某种程度上来说，社会化媒体目前是内容营销活动传播渠道的重要组成部分。

### 三、内容营销与病毒营销

病毒营销是指鼓励目标受众把想要推广的信息，像病毒一样传递给周围的人，让每一个受众都成为传播者，让推广的信息在曝光率和营销上产生几何级增长速度的一种营销推广策略。病毒营销更加注重“传播”，其本质是一种“传播机制”。病毒营销的关注点在于如何将品牌或产品信息的传播范围扩大。

社会化媒体时代的内容营销虽然会借力病毒营销的传播机制，但是其目的并不仅在于扩大传播范围，更重要的是增加传播深度，如培养消费者品牌意识、提高消费者品牌忠诚度、与消费者直接对话等。内容营销不仅要让消费者进行病毒式的传播，而且重视内容对于消费者深入理解品牌和产品的作用，有些品牌甚至会放弃传播广度，而专注于传播深度的挖掘，例如一些奢侈品品牌。

除了传播目的不同之外，内容营销还更重视与消费者的对话和互动以及品牌机制的塑造等战略层面的问题，而病毒营销更多是在传播策略层面发挥价值。[①]

总的来说，内容营销与植入广告、社会化媒体营销以及病毒营销都有交叉之处，但也有其不同于这些营销方式的独特部分。

## 第三节　内容营销的三大维度

内容营销是在深刻了解消费者的基础上，提供领先的思想和价值观，并通过一个个故事以及有价值的信息，以品牌或产品为载体，将这些价值观传递给消费者。品牌或产品成为消费者价值的一个具体落脚点，但真正打动消费者的，是附着在品牌或产品上的价值观和意义。[②] 内容营销有三个重要的维度，即对话、讲故事、消费者互动参与。

①② 周懿瑾，陈嘉卉．社会化媒体时代的内容营销：概念初探与研究展望［J］．外国经济与管理，2013（6）：68.

## 一、对话

在内容营销中，广告主的角色是“思想领导者”。思想领导者“被公认为具有创新思想的实体”，这一实体既可以是媒体、个人，也可以是企业。或者更形象地说，思想领导者犹如一个领域里深受信任的资深顾问，消费者会与该顾问进行对话和建立关系，而不仅仅是单向传播。与消费者对话，跟他们成为朋友，成为他们的思想领导者，是内容营销赋予企业或品牌的特殊角色。内容营销注重对话，而且是持久对话。

## 二、讲故事

“讲故事”是内容营销的核心之一，同时也是一个长盛不衰的话题。一个品牌的故事指的是该品牌的历史、发展及一切与品牌相关的话题。品牌可以通过不同形式的内容和渠道组合来给消费者讲故事，以吸引消费者关注、维护与消费者的关系。无论广告主是想通过搜索引擎优化来被消费者找到、促进销售，还是使用社会化媒体渠道来进行内容营销，如果没有一个吸引眼球的故事，或者更具体地说，这个故事无法提供有价值的或具有娱乐性的内容，就无法收到明显的效果。

另外，出色的内容还应该有针对性，应该把最适当的内容提供给尽可能多的最需要这些内容的人。这一点对于内容是否能够引起消费者的兴趣有着很重要的作用，因为只有内容与消费者的需求密切相关，才能引起消费者的兴趣。此外，在社会化媒体时代，针对性的内容还讲究使用适当的渠道在恰当的时间传递给消费者。

内容营销不光是讲故事，更重要的是在与消费者互动的过程中创造故事。

## 三、消费者互动参与

消费者互动参与是内容营销成功的关键之一，也是内容营销与传统营销的重要区别之一。从心理层面来说，消费者互动参与是消费者在交易过程中追求情感、被尊重、被认可、自我实现等更高层次的心理需求满足的结果。从行为层面来说，消费者互动参与可以定义为由动机所驱动的消费者关注企业或品牌的一种行为表现。

**案例：杜蕾斯是如何坚持有内容的营销方法**[①]

内容营销在数字营销、口碑、粉丝等热词风行的今天，有着越来越重要的意义，而真正能够从预算到营销架构，再到考核标准都做到“内容为王”的却并不多见，利

① 杜蕾斯是如何坚持有内容的营销方法［EB/OL］.（2013-08-19）［2017-11-14］. http：//www.thldl.org.cn/news/1308/74926.html.

洁时无疑是其中之一。

2012年7月21日，微博红人东东枪发了一条微博：

“……毫无征兆地收到了一份神秘快递……内有CD一套，安全套两盒，书信一封……来自@杜蕾斯官方微博……我上辈子是作了什么孽啊……”

微博里面的书信照片写着：由于您说您是一个高尚的人，一个纯粹的人，一个有道德的人，一个坚决不脱离低级趣味的人，对于您这样有着独特品位的基层创作艺术家，我们苦思冥想，终于找到了合适您艺术品位的作品，这份《中国曲艺名家选段》，可以帮助您净化内心和灵魂，进一步提高艺术品位……这条微博下面显示转发量为353次，评论为237条。这个对东东枪来说“毫无征兆”的礼物，当然是杜蕾斯的“预谋”。杜蕾斯在7月份谋划了这次微博内容营销，将目光瞄准“领域内的意见领袖”，以给他们“送礼物”的方式制造了一波社交舆论。

在杜蕾斯母公司利洁时[①]北亚区高级总监兼中国区总经理赛艾迪看来，这些活动是非常“有质量”的曝光和互动，也是公司“内容至上”营销原则的一个侧影。

“我们营销预算中投入最大的一块，是内容，”赛艾迪称。以内容为驱动是利洁时中国所有市场营销策略的核心，而凭借这一原则，杜蕾斯已经是微博以及人人网上最大的品牌账号，超越了可口可乐、麦当劳等大众知名度更高的品牌。

**一、利洁时的内容日程**

2012年，利洁时在内容上的主要动作有：一、营销架构调整；二、合作伙伴体系建立；三、In-house（公司内部）能力建设；四、移动内容制作等。这些主要的动作，都围绕着一个核心，即内容日程。

在利洁时旗下的子品牌团队、数字营销团队以及第三方机构的业绩衡量指标中，最为重要的一项就是“内容日程”。这是利洁时公司内部的日常流程，即每位负责人都要给出自己团队一段时间内要生产制作的内容，这一内容日程的质量，是其考核的重要指标。

“我们90%的精力是放在内容上，”看团队的内容日程，就可了解他们的整体工作情况。

**二、对内容的推崇，源于这家公司的基本营销理念。**

“我们看待ROI（投资回报率），有两个方面：第一，是看人们到底会关注和消费哪些媒体——这个是非常容易衡量的，即曝光人数，比如杜蕾斯在新浪微博上每月有大约4亿次的曝光；第二，就是曝光的质量，我通过和意见领袖的互动达到曝光，和我在网络页面角落中放一个展示广告达到曝光，这显然是不一样的。因此我们的ROI目标集中在两点上：提升曝光的次数和提升曝光的质量，前者容易得多，所以我注意

① 利洁时是全球闻名的家用清洁用品公司，福布斯2 000强排名第341位，总部在英国。目前在利洁时集团旗下的品牌超过100个，在中国市场上主要有14个品牌：杜蕾斯、滴露、薇婷、巧手、亮碟、爽健、秘诱、渍无踪等。

力的90%是放在结构化地提升曝光质量上。”

内容就是提升曝光质量的关键，因此也成为利洁时营销投入中最大的一块。“我们自身具备视频制作的能力，原因是我们相信：有趣的视频无论在哪个媒介接触点上，形成的曝光质量都非常高。同样，我们也非常青睐年轻的、富有创新性的机构，这也是因为他们会对我们的目标消费者有着更深的洞察，而这增加了他们做出高曝光质量内容的可能性。”

## 三、营销架构调整

为了更快更好地生产内容，利洁时中国在2012年对营销架构作了调整，由原先的按产品线划分职能转变为按照内容种类进行设置。

2011年利洁时中国的布局是：每个子品牌会有总负责人，然后下面按照产品线设置经理。以杜蕾斯团队为例，按照产品线设置了安全套产品品牌经理和润滑剂产品品牌经理。

针对数字营销，利洁时中国有一支数字营销团队，负责所有品牌的数字传播，而每个子品牌团队中有一个人负责和数字营销团队进行内容对接。除此之外，还有众多第三方数字营销公司和数字营销团队合作。

但是随着数字营销投入的增加，以及对内容需求的增加，2012年，利洁时又对这一架构进行了调整，在角色分配上，内容制作和传播的任务更多地回归到子品牌团队本身。

“只有品牌自身，才会对品牌要传播的内容把握得更加准确，”赛艾迪如是说。因此，一方面，子品牌团队中开始按照营销职责及所生产的内容种类进行划分，杜蕾斯团队设立了创新品牌经理（Brand Manager of Innovation）、活动品牌经理（Brand Manager of Activity）以及负责内容和消费者联系的品牌经理（Brand Manager of Content and Consumer Connect），分别监管新产品、传统媒体及品牌管理活动、内容和消费者渗透三大块；另一方面，数字营销团队则聚焦在技术和创新能力上。

## 四、开放吸引内容合作伙伴

对内容的专注，甚至给杜蕾斯带来了意想不到的收获。其中一个收获就是2012年逐渐成形的合作伙伴体系：“和以往由一家广告代理公司负责所有传播活动不同，我们现在有超过20个合作伙伴，这些合作伙伴有些是公司，有些则是独立的个人，他们都是被杜蕾斯的独特营销品牌使命主动吸引过来的，有些甚至是免费制作的，这些‘用户生成内容’为杜蕾斯节省了大量的成本。”

通过内容营销运营，仅在新浪微博上，杜蕾斯已经吸引了74万粉丝，已经超过了可口可乐等公司，并借由内容形成了强大的粉丝营销认同感，很多用户开始自主为杜蕾斯生产内容。

“有很多人愿意业余给杜蕾斯制作视频，对此我们很欢迎，”赛艾迪向记者展示了几个业余爱好者为杜蕾斯制作的视频广告，其创意和制作水平比起正规团队毫不逊色。“很多人是觉得好玩，通过制作视频可以证明自己的创作实力，”对于这些积极的尝试者，赛艾迪的态度非常鲜明——“我们很开放，有人说给我们制作，我们就答应，通过对品牌所有权的开放，我们可以以很低的成本吸引到很高质量的内容，这非常棒。”

之所以能够成功地做到用户的凝聚和自发的内容制作，是否源于杜蕾斯作为安全套品类所具备的独特话题性？赛艾迪认为原因不在此，因为在杜蕾斯全球那么多营销市场中，也只有杜蕾斯中国具备这种吸引力。

“这是我们投入在内容上的结果，而且这需要时间，我们也只是在长征路上迈出了一小步。”如何将这种合作伙伴营销体系系统化扩大，是赛艾迪和杜蕾斯品牌接下来的重点所在，“我们会继续开放我们的品牌所有权，鼓励人们制作品牌内容。”

## 五、In-house 实力建立

作为旗下有着十四余个品牌的利洁时中国，第三方合作公司多种多样，那么在内容制作营销上，公司内部营销能力建设和第三方外包的界限在哪里？

2012 年，利洁时在内部内容制作上只增加了两个职位：视频制作者和 CRM（Custoner Relationship Management，客户关系管理）经理。

在内容传播中，视频尤其受到利洁时团队的重视，因为只要内容有趣，其所达到的曝光质量就会超出很多媒体传播形式。“我们对视频的需求非常大，因此我们特别招了一位视频制作者，此举一方面保证了视频生产的内容，同时大量减少了成本。2012 年，我们的视频制作者一个人制作了大量的视频。可以想见，假如以同样的工作量交给外包公司，所付出的成本显然要高出太多。”

但成本只是其中一个问题。“另一个因素是速度。如果我需要一个视频，我只要告诉视频制作者，明天我就可以拿到。但是外包给第三方公司，需要提案、讨论、修改等一系列流程，也许几周后我才能拿到。另外，很多时候，尤其从长远看的话，你必须要进行必要的内部能力建设。”

公司的另外一个新增岗位是 CRM 经理。“对于数据，你需要非常谨慎，因为涉及用户的隐私，在这方面有太多安全性的挑战，我不相信任何第三方，我只相信我自己。”

现在，利洁时内部已经有 300 万的数据库储量，在 2012 年用了 6 个月的时间开发出了社交媒体整合、淘宝数据整合、EDM（电子邮件营销）推广整合等 CRM 工具。但技术显然不是最重要的问题。在数据挖掘和利用上，赛艾迪认为真正的挑战在于如何高效迅速地将数据挖掘的结果运用在实际营销活动中。

2012 年 7 月，杜蕾斯启动了全球青年创意包装设计大赛“杜蕾斯裸奔了”，邀请消费者参与包装设计，仅在中国地区就有 200 万人参与此次众包活动。“现在我们有200万条数据，那么你要如何使用？首先，比赛结束之后，我们给获胜者发送邮件‘恭喜你赢了’，而没有获胜的人，我们会说‘很抱歉你没有赢，这是你做的设计，非常棒！谁在意评委们有没有给奖项，我们还有安慰奖’的邮件。之后呢，我们会利用这些数据库做一些持续的、更深度的沟通，来激发这些用户和我们互动。”

“有200万数据库不代表什么，关键是如何将这些数据挖掘的结果反馈到我们内部的内容日程上，怎么利用这些数据快速、持续、更好地和消费者互动，以他们喜欢的方式跟他们互动，才是最重要的。”

**六、内容延伸移动平台**

随着新媒体平台的不断裂化细分，利洁时的内容制作开始向更多平台延展，比如移动平台，尤其是其中的微信平台营销。

对于媒介选择上，利洁时的媒介投放原则一直很明确：“专注一个媒介平台效果做到营销极致，再做下一个媒介平台。”

在微信平台上，可以看到杜蕾斯的专注投入。针对微信营销，现在杜蕾斯的第三方公司有一个专门的团队来负责微信平台的内容运营。

和微博不同，微信的一对一属性更强，而病毒式的大众传播营销效果较弱。“微博的特点是，你做一个精彩的内容，比如杜蕾斯雨鞋，或者奥运刘翔退赛事件，都会被很快速地传播。但微信上即使你做得精彩，也就是自己拍一下大腿叫个好，很难传出去，”利洁时数字营销总监唐寅半开玩笑地说道，但是他坚定强调，“但对微信这种和用户一对一的平台我们绝对不会放过”。

为了增强营销互动性，杜蕾斯在官方微信上尝试了传统的WAP游戏模式，即根据用户输入的特定文字来给出对应的内容，通过这种文字回应营销来让互动游戏进行下去，其中还有一个是长达几万字的文字游戏。

还有一个尝试是利用移动终端的声音功能营销“声优计划”。2012年10月，杜蕾斯通过微信号召用户录下自己说“早安”“晚安”的声音，然后从中挑选“最萌的妹子”来给男性用户作早晚的声音推送，同样选出磁性的男声来给女性用户作推送。

除了这种规模性的、自动的回复，杜蕾斯还对自定义问题，即用户随机的提问，做了回应方案。首先对用户可能提出的最常规问题如“你好”“你是谁”等设置回复答案，甚至还要求这种答案不能一成不变，至少一周换一次答案；在每天早上7点到12点之间，和凌晨1点到2点之间，杜蕾斯营销还要求团队真实的工作人员回复用户的各种问题，“以至于很多用户无聊了，都会找杜杜聊天”。

截至3月份，杜蕾斯微信账号已经回复了用户将近200多万的问题，“其实你会发现不是所有品牌都能给回复的，但是杜蕾斯营销不一样，我们要求对用户的动作给予真诚回应，因为如果你不互动的话，用户感受不到品牌的用心”。

为了尽可能地将微信内容传播开来，杜蕾斯还每周将用户发送的问题和微信团队成员的回答中一些特别精彩的内容集合成集，每周推送给所有微信粉丝，并吸引他们分享转发。

为什么要花费如此大的心思，哪怕这种营销传播效果并不会立竿见影？

“我们始终认为，在每个平台上，你不能蜻蜓点水地过去了，因为那就意味着，这个平台上的人无法感觉到你的态度。对于这个平台上的人来说，你这个品牌就缺失了，那么还不如不做。如果要做，就要做好，做透。这就是我们花那么多人力、物力在微信平台营销上的原因。只要我们觉得重要、需要做，就要做好。”

## 本章思考题

1. 什么是内容营销？
2. 怎么理解内容营销与植入广告、社会化媒体营销、病毒营销的联系与区别？

# 第五篇　媒体篇

# 第十二章　媒体投放流程

## 第一节　媒体投放的过程及制约因素

### 一、品牌传播的媒体

#### （一）媒体的概念

媒体（Media）意为“两者之间”“手段”或“工具”等，其不仅是信息的载体和表现形式，也是如电视台、报社等利用这些载体和表现形式创造并传播信息产品的组织机构的统称。在广告主的品牌传播中，媒体是借以实现广告主与目标受众之间品牌信息传输与沟通交流的重要物质工具与信息载体。

在过去，主流的品牌传播媒体以电视、广播、报纸、杂志四大类为主，户外、宣传页、包装、直邮等形式为辅。后来，随着媒体技术的进步，广告主在媒体使用上有了更多的选择，互联网电视、户外数字大屏、网络新媒体等新兴媒体形式都陆续成为广告主的考虑重点，成为品牌传播发挥创意、施展作用的有力媒体。如今，品牌传播的媒体在概念与使用形式上已经获得了极大的拓展，而我们的目标受众可能触碰到的一切载体介质都将可能成为品牌传播的重要媒体，即“任何你能够放置讯息的地方”①。

#### （二）媒体的分类

从不同的角度来看，媒体有以下几种简单的分类，如：

● 从表现形式看，媒体可以分为印刷媒体、电子媒体、户外媒体和数字媒体等。印刷媒体包括报纸、杂志、说明书、挂历、海报等以印刷物为信息载体的媒介形式。电子媒体则包括电视、广播等以电子通讯技术为支撑的媒体形式。户外媒体指的是以户外立柱、建筑物外立面、候车亭等户外建筑或设施为信息载体的媒体形式。而数字媒体则指以互联网技术为支撑的媒体形式，包括 PC 互联网、移动互联网等。

---

① 威廉·阿伦斯．当代广告学：第 8 版［M］．北京：人民邮电出版社，2005：288.

● 从实现功能看，媒体可分为视觉媒体（如报纸、杂志、邮递、海报、传单、招贴、日历、户外广告、橱窗布置、实物和交通等）、听觉媒体（如广播、录音、喇叭等）和视听两用媒体（如电视、电影等）。

● 从时间发展来看，媒体又分为传统媒体和新兴媒体。传统四大媒体主要为广播、电视、报纸、杂志，其他还有传统的户外广告、宣传单、海报等，都是出现较早的媒体形式。而借助网络技术平台发展起来的一代媒体都叫作新兴媒体，如微信、微博、手机APP、互联网电视等。

● 从影响范围的大小看，媒体又可分为国际性媒体、全国性媒体和区域性媒体。这种分类方式多见于传统媒体。媒体往往因其属性、定位与实力的差异会在不同范围内形成影响。诸如NBC、BBC这样的媒体机构，往往在国际上具有一定的影响力，被称为国际性媒体。其他中央媒体、报纸、广播、杂志与一部分省级卫视，如湖南卫视、上海卫视、江苏卫视等媒体都在全国范围内具有较大影响力，被称为全国性媒体。而一些省级频道、地方电视台、报纸与当地广播则只能在地方区域内形成影响，都属于地方性或区域性媒体，如南京电视台、"北京晚报"等。

● 从广告主对媒体的运用与管理方式看，媒体还可以分为自有媒体和公共媒体两类。自有媒体是指广告主作为传播主体自身拥有、自己掌控的各类媒体形态，包括自有传统媒体与自有新媒体两类。自有传统媒体包括企业宣传册、企业报刊、企业书籍、产品宣传页、海报、企业建筑、员工服装与装备、办公用品、终端形象、POP、产品包装、企业礼品等；自有新媒体包括品牌官方网站、品牌官方微博、企业领导人微博与博客、企业主导的行业论坛、品牌词条、品牌商务平台、品牌资讯平台等。企业的公共媒体是指非广告主自己拥有的，借助第三方力量进行品牌信息传播与沟通时所使用的媒体。广告主运用的主要公共媒体形式有：电视、报纸、杂志、广播、户外、邮递、互联网媒体、移动互联网媒体等。

## 二、媒体投放的过程

在品牌传播战役中，企业预计花多少钱去投资媒体资源？选择哪些媒体进行传播？如何进行媒体的购买与使用？如何分配预算花费？这个思考与执行的过程，就是广告主的媒体投放。普遍来说，广告主的媒体投放过程为：

● 了解并掌握当前媒体的整体环境与最新动向；

● 搜集行业内其他品牌（竞品）的媒体投放情报；

● 整理并分析所获取的情报资料，结合自身实际情况来拟定目标；

● 根据目标，制定媒体投放预算并进行分配与购买，包括选择哪几类媒体（即信息传播的渠道）、具体投放的媒体载具以及投放的时间与广告形式。

这个过程则主要由品牌传播组织中的品牌市场部人员、媒介负责人或广告主管等具体职能人员负责。

## 三、媒体投放的制约因素

在品牌传播中，广告主在媒体投放上的思路、对媒体的选择与运用，直接影响着企业在市场中的发声与整体表现，是除产品本身外，影响目标受众品牌认知的决定性因素。

### （一）媒体投放要源于其整体市场战略

媒体投放是品牌传播活动中的重要环节，它与企业的营销、广告、品牌建设有着密切的关联。媒体投放的终极目标是协助达成营销目标与品牌建设目标，而营销与品牌建设的成功也有赖于杰出的媒体计划。所以，媒体战略究其根本可以看作是企业想在市场上“有何作为”以及“如何作为”。广告主的媒体战略，从投放的区域到投放的形式，从媒体选择到媒体组合，无不反映了广告主对品牌、产品、市场的理解以及品牌战略、市场战略、目标客户等重要信息。离开了品牌战略、市场战略，媒体计划将失去本源，模糊的品牌战略、市场战略也必将导致模糊的、无计划的广告投放，最终造成资源的浪费。①

由此表明，广告主制定媒介目标时，需要结合当前与长远的企业品牌发展战略目标、企业营销传播目标，并在此基础上选择合适的媒体载具。比如新品上市，企业为了吸引广泛的社会关注并打动经销商，会考虑选择主流的专业财经媒体、权威行业媒体进行消息发布，为新品形象以及企业品牌打下基础。而希望拉动销售的企业，则可能会选择更有助于拉动终端销售的媒体载具，如地方电视媒体、线下传单促销或线上电商促销活动等。

### （二）媒体投放受制于市场、竞争、资源与产品四大因素

广告主的市场战略、品牌战略为广告媒体投放作出指导。根据中国传媒大学黄升民教授在《企业营销战略的测定与区域媒体的选择》一文中的论述，广告主的广告投放战略主要受到市场、竞争、资源与产品四个因素的制约，这种指向性主要体现在以下两个方面。

首先是“市场与竞争两大导向”。市场导向，即要在市场需求的导向之下来测定整体的媒体广告投放战略构想。市场的规模、市场构成的特性、需求的动向等因素直接影响了广告主广告投放的力度以及频度，目标消费者的构成、消费行为、媒介接触习惯等变化又引导了广告主媒体选择的方向；竞争导向，即在与对手博弈的过程中针对竞争对手的活动来调整自身的投放战略。不同企业在市场中的角色不尽相同，从市场的领导者到挑战者到追随者再到拾遗补缺者，企业在市场中不同的竞争角色需要采取不同的媒体投放战略。另

① 杜国清，邵华冬 .2003—2004 广告主广告投放模式全报告［J］. 市场观察，2004（4）.

外，对竞争对手广告投放的分析无疑也对企业了解竞争对手动态，预测对手市场行为，从而制定相应的媒体广告投放策略提供了极大的帮助。

其次是“资源与产品两大制约”。资源制约来自企业物质资源系统和组织系统两方面，即广告主的实物、人力、财务、无形资产等各种物质资源，以及其设计、生产、营销、运输、维护等各种组织运营资源，它们都影响着广告主广告投放的预算额度、分配比例、投放区域等。而产品的属性以及品牌等方面的因素也在广告诉求、广告表现、目标受众上制约着广告主的媒体投放战略。[①]

## 第二节　制定媒体预算及分配媒体费用

媒体投放预算是指广告主根据传播活动所需，一定时期内（通常为一年）预计支付在各个媒体上进行传播活动的费用总计。广告只要使用媒体进行信息传播，就需要支付相应的媒体资源使用费用。对于大多数广告主来说，媒体广告费用昂贵，制定媒体投放预算是一个两难的决定：投入太少，可能收不到预期的效果；投入太多，又会减少利润。此外，媒体广告投放的多少也会直接关系到市场竞争与市场占有率。因此，对于许多企业来说，下一年预计在媒体上花费多少钱是企业在品牌传播中最为重要，也最具挑战性的内容，也是整个媒体广告市场最为关注的内容。尽管经过长期的实践，广告主们已经发展出了制定预算的多种方法，但通常没有哪一种方法能够适应所有的情况。本节主要介绍三种常用的媒体预算制定方法：销售额百分比法、市场份额法以及目标任务法。

### 一、制定媒体预算

#### （一）销售额百分比法

销售额百分比法指广告主根据上一全年企业的销售额或当年预计销售额，乘以一个预估的比例来确定下一年的媒体预算花费。这种方法简便易行，但这个百分比的确定也成为关键。企业多采用两个方法来确定这个百分比：一是按照行业的平均数，二是根据企业过去的经验。百分比一般较为固定，企业每年会具体根据销售额、企业整体经济状况、市场的竞争状况以及品牌下一阶段的传播目标等要素进行调整设定（如图 12-1）。

#### （二）市场份额法

市场份额法指企业从市场占有率的角度去制定媒体投资占有率，然后计算所需预算。[②]

---

① 杜国清，邵华冬 . 2003—2004 广告主广告投放模式全报告［J］. 市场观察，2004（4）.

② 舒咏平 . 品牌传播教程［M］. 北京：北京师范大学出版社，2013：293.

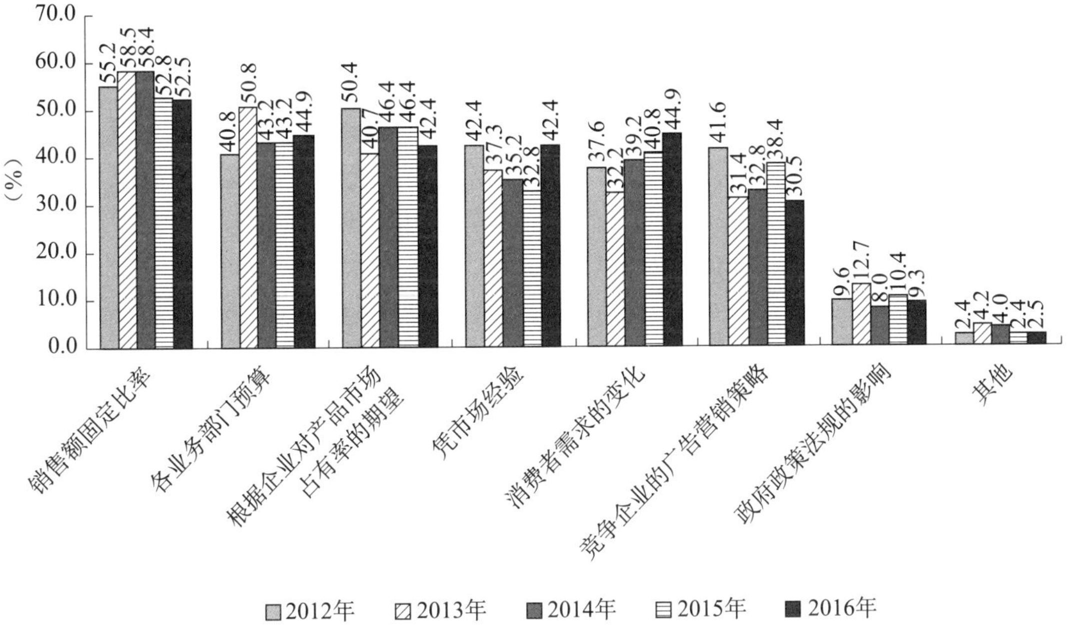


2012 年 $n$=125，2013 年 $n$=118，2014 年 $n$=125，2015 年 $n$=125，2016 年 $n$=118

**图 12-1 2012—2016 年被访广告主制定广告预算的主要方法和依据**

数据来源：中国传媒大学广告主研究所

企业以竞争对手为导向时会时常使用这种方法，即广告主根据自己下一阶段的市场占有率目标值，进行媒体投资的预算制定。计算方法：媒体投资占有率（SOV）/ 市场占有率（SOM）= C 值，其中，

SOV（Share of Voice）：媒体投资占有率（品牌投资额 / 品类投资额）

SOM（Share of Market）：市场占有率（品牌销售量 / 品类销售量）

C 值：为常数，浮动在 0.6—1.8 之间，由企业根据品牌发展目标、竞争激烈程度等因素来决定。

如企业某品牌 A 的竞争品牌 M 一年的媒体投资费用为 $M_1$，而 A 品牌今年的市场占有率目标为 30%，则有公式（$A_1/A_1+M_1$）/30%=C，然后计算出今年 A 品牌的媒体投资金额 $A_1$。

需要注意的是，这种计算方法存在一些基本假设，如：

✓ 媒体投资占有率与市场占有率呈正相关；

✓ 各品牌在营销上的条件大致相当；

✓ 各品牌在媒体预算运用效率上大致相等；

✓ 各品牌广告与促销的运用没有显著差异。

### （三）目标任务法

目标任务法指根据品牌传播目标、营销目标或广告目标、广告任务、广告完成效果等来制定媒体预算的方法。目标任务法进行预算制定的步骤为：

1. 明确品牌传播目标、营销目标等，然后制订具体的传播计划。这种传播计划要十分具体，包括下一年确定要执行的几项传播计划，每个传播计划中使用的媒体，希望覆盖和到达的人群比率，希望达到的效果等。

2. 根据具体的、可执行的传播计划规划媒体使用，预估完成这些活动所需要的媒体费用，包括制作成本、媒介购买费用、辅助材料及其他费用等。

3. 媒体投放开始后根据媒体投放的实际效果及时跟进调整，按照评估的结果增加或减少媒体投入。

## 二、分配媒体费用

在确定年度广告媒体总投入后，就要进行预算的分配，即广告主如何在不同时间、不同地点、不同媒体间分配预算。

常见的分配思路有按广告媒体发布时间进行分配，比如季度媒体预算、月度媒体预算或者淡旺季媒体分配；有按照业务市场区域进行分配，比如华中地区媒体花费，华北地区媒体花费；有按照媒体类型进行分类，比如电视媒体费用、广播媒体费用、互联网媒体费用；有按照媒体流量进行分配，比如上亿级流量资源、千万级流量资源与百万级流量资源。以上多种分配思路都不是单独进行的，品牌战略与媒介人员往往需要从多个思路与角度出发，统筹进行媒体费用分配。如某企业年度媒体总预算费用约为 A 万元，传播目标为实现大范围品牌曝光并扩大销量。基于此，其花费分配策略则为：在销售旺季用 30% 的媒体预算进行地方媒体投放，50% 的预算投放于品牌目标受众追捧的某火爆综艺节目，剩下的 20% 进行数字户外配合。因此，广告主的媒体分配，更加重要的思路是如何在有限的媒体费用中发挥最大的价值，对品牌传播创造最大利益。

# 第三节　广告主媒体选择的三大因素①

## 一、广告主媒体选择需要考虑的企业因素

从企业自身维度考察，一般广告主在制定媒体战术时会考虑企业自身人力、物资、财

① 杜国清，邵华冬 . 2003—2004 广告主广告投放模式全报告［J］. 市场观察，2004（4）.

力和竞争环境四大层面的因素。

### （一）人力

在2001年至今的广告主调查研究中，绝大多数的被访企业都设有市场部、企划部、营销中心等部门负责企业媒介计划。部门员工间的相互沟通碰撞以及企业领导者多年积累的经验，都在媒体选择过程中扮演着不可替代的角色。一方面企业部门员工各方面的素质能力、沟通影响着媒体广告投放运作的质量及进程，另一方面管理人员的领导艺术和专业经验及高层领导的参与度也在较大程度上决定了媒体投放策略实施的效果。此外，企业内部组织管理制度是否健全有效同样会对媒体策略乃至营销策略的实施产生影响。

### （二）物资

物资因素是媒体投放策略的另一个出发点和制约点，包括企业的技术开发能力、产品属性及销售网络等其他资源。广告主在制订广告计划时首先要进行产品分析，明确产品的销售区域、功能诉求点和目标消费者，其次需要对可利用资源进行全面的认识。另外，企业所处发展阶段与产品所处生命周期也是关键因素。所处发展阶段不同，企业的营销战略不同，媒体战术与之相辅相成，侧重点自然也将随之改变。

### （三）财力

任何广告活动都离不开资金的支持，大多数企业一年进行一次广告预算制定，主要制定依据为营业额固定比率、对市场占有率的期望、上一年的广告支出以及企业资金状况等。媒体预算是媒体策略的一大制约因素，企业的营销战略选择决定了媒体预算的多少，相应地，媒体预算又反过来作用于企业的媒体选择策略。当媒体预算足够时，就可以采用多媒体联合使用的策略，以达到最大的覆盖率。如果媒体预算有限，广告主通常会首先考虑最重要的媒体，再考虑用其他媒体作为辅助。

### （四）竞争环境

所属行业特征及行业发展趋势如何？同类产品的销售状况如何？行业媒体运作有何规律可循？竞争对手的媒介策略是什么？如何对竞争对手进行反击？这些信息对于企业的媒体运作都具有现实的指导意义。企业可以通过企业自身的情报收集、市场调研或者第三方调研公司的资源支持以及媒介人员的从业经验等渠道获得该类相关信息，并以此为依据进行媒体策略组合选择。

## 二、广告主媒体选择需要考虑的媒体因素

### （一）消费市场对媒体的需求

行业发展趋势如何？同类产品的销售状况如何？行业媒体运作有何规律可循？竞争对手的媒介策略是什么？如何对竞争对手进行反击？这些信息对于企业的媒体运作都将产生现实的指导意义。企业可以经由企业自身情报收集、市场调研或者第三方调研公司的资源支持以及媒介人员的从业经验等渠道获得该类相关信息，并以此为依据进行媒体策略组合选择。

### （二）媒体相关环境政策

企业的媒体计划、实施是建立在目标区域特定的媒体环境之上的。媒体战术的制定与执行不仅要考虑微观媒体环境，还受到传媒行业整体大环境的影响。宏观媒体环境不断变化，种种动态变化都可能导致媒体广告效果和媒介成本的变化，因此广告主的媒体战术不能一成不变，而应时时关注大环境政策并及时作出调整，否则将使投放计划难以执行而导致传播效果大打折扣。

### （三）媒体评估的基本指标

1. 媒体量化指标

媒体评估的最基本指标为媒体的覆盖范围、收视率／发行量／浏览量／点击量等量化指标。对于传统媒体来说，媒体量化指标主要包括媒体的覆盖范围、收视率／发行量／收听率等。网络新媒体，则常常使用点击量、用户量、浏览量等量化指标计算。

（1）传统媒体选择的量化指标

A. 覆盖范围

媒体的覆盖范围指媒体所能达到的传播范围。对于媒体覆盖范围的衡量多存在于电视、广播、报纸、杂志、户外媒体这样的传统媒体类型中。比如全国性电视台的覆盖面就是全国范围，代表全国地区拥有电视信号的地区都可以收看该电视台的所有内容。省级电视台如果不是省级卫视，也只能在全省范围内收看。省级报刊则表示报纸的发行范围是本省范围，只有这一个省的居民才能够购买阅读。一般来说，覆盖面越大，受众越多；覆盖范围内的人口越多，受众越多。

B. 收视率、收听率与发行量

收视率、收听率这些量化指标则是衡量某电视频道、广播节目某一时段内收看（听）该电视节目（或某广播频率）的人数占电视节目观众、广播听众总人数的百分比。发行量则表示某印刷媒体（一份报纸或刊物）每期实际发行到读者手中的份数。收视率、收听率、发行量往往代表了该媒体类型或节目频道的影响力，及其拥有的受众数量。

（2）网络新媒体选择的量化指标

对于网络新媒体来说，其覆盖范围基本是所有网络用户，故不存在覆盖范围这一层级的评估指标。行业中多用点击量、页面浏览量、用户量、活跃用户数等数据表示具体某网络媒体平台或媒体形式所拥有的、受关注的目标群体大小。

A. 点击量：指某一段时间内某个或者某些关键词广告或网页被点击的次数。

B. 页面浏览量 PV（Page View）：即页面访问量或点击量，用户每一次对网站中的每个网页访问均被记录一次。用户对同一页面的多次访问，访问量累加。对应 PV，还有一个指标为 UV（Unique Visitor），指访问某个站点或点击某条新闻的不同 IP 地址的人数。

C. 用户量：某网站或应用的使用用户数量，一般分为三种：注册用户量、活跃用户量和并发用户量。其中：

✓ 注册用户量：指的是某款软件系统截止到某一时刻所拥有的已注册的用户总量。通常所说的用户量，如果没有特别说明，一般指的就是注册用户量。

✓ 活跃用户量：也叫在线用户量，指的是某款软件系统在某一时间段所拥有的正在使用此系统的注册用户量，对于广告主来说，某应用活跃用户量的数值价值往往比注册用户量更高，也成为衡量媒体广告价格的重要影响指标。如截至某年年底，某团购应用软件表明注册用户量达到 5 000 万，但每日活跃用户数仅有 100 万不到，那对于广告主来说，这款应用的广告价值可能就没有那么高了。

✓ 并发用户量：指的是在同一时刻与服务器进行交互的在线用户量。这些用户的最大特征是和服务器产生了交互，这种交互既可以是单向的传输数据，也可以是双向的传输数据。

同传统媒体一样，用户量是衡量网络媒体站点或应用价值的一个重要指标，也是基本指标，直接决定了企业广告曝光的量与范围，也直接决定了媒体资源的费用，是广告主在互联网媒体的选择与投放时重点考量的一个指标。

媒体量化指标是衡量一个媒体影响力的最基本内容，反映着媒体发布的信息实际能触达的区域范围和受众群体。对于广告主来说，量化指标是传播内容到达率的决定性因素，决定了传播内容范围的大小。很长一段时间内，量化指标都是我国大部分企业进行媒体选择的首要参考依据。

2. 媒体价格因素

选择媒体还需考虑企业的支付能力，在预算规划之内进行抉择。同时，寻求高性价比也是大部分企业在媒体花费中追求的目标。

媒体的价格往往由其覆盖率、目标受众的质量、节目内容等多种因素决定，在此基础上各媒体又有不同的定价方式。在覆盖率、传播特点、受众群体等相似的情况下，作为出资方的广告主，会对媒体的价格花费进行比较，大多数广告主会选择费用相对较低的媒体。如浙江某知名旅行社在进行传播媒体选择时，会在旅游旺季如“五一”“十一”和春节时选择价格便宜但受众适宜的报纸媒体进行投放，如《都市快报》《江南游报》《旅游报》《今日早报》等，以实现低投入高回报。上海某知名通讯公司则表示，如果在湖南上线新产品，从价格和成本可控性出发，会选择投当地省台，不会选择卫视这样的全国性频道，因为“长沙一套”这样的当地省台已经可以覆盖本省，而价格则会比卫视低很多。[①]

3. 媒体的品牌影响力

以往，大多数媒体是依靠扩充广告时间／版面来拉动广告增长，但是随着资源的无限扩充和增长，其资源价值也会有所贬值。媒体的价值增长来自于媒体建立起自己的品牌、影响力和公信力，通过不断创新，提供好的内容和服务。广告主的媒体选择标准也表现出向“价值考量”标准的倾斜，大规模地向优质媒体集中。广告主在实践探索中不断认识到媒体品质对企业的投放活动的影响：要衡量一家媒体的价值不能完全依赖覆盖范围、时间长短、版面大小、CPM（千人成本）等理性数据测量出的“资源”多寡，而更需要去考虑媒体的影响力、公信力等“价值”指标。高品质、高契合度的媒体不但具备重要的传播力，更是企业迅速启动市场和提升品牌的绝佳平台，是企业投放活动获得增值效益的重要保证。

4. 媒体受众与目标消费者的吻合程度

广告主根据目标市场的特点选择媒体。随着广告主对品牌传播精准度要求的提高，媒体受众与目标消费者的吻合程度开始被广告主广泛考虑，并逐渐变得重要。广告主不再仅满足于广撒网多覆盖的粗放式投放，而更看重通过媒体到达的传播受众与自己的目标消费者的重合程度，以提高品牌传播的效果。如湖南卫视定位于年轻、阳光、向上，紧紧抓住规模庞大且优质的年轻受众，结合新媒体应用，将自己与中国年轻群体捆绑在一起，也由此牢牢绑定了一批看重这些年轻消费群体的广告主。2014 年，《我是歌手》《爸爸去哪儿》两档“现象级”电视节目的冠名费用分别达到 2.35 亿和 3.11 亿，高额冠名费的背后正是广告主所看重的媒体受众价值。

5. 竞争对手的媒体投放策略

很多企业在进行媒体选择时，会同时参考竞争对手的品牌策略以及媒体投放策略，以便进行针对性的营销。中国传媒大学广告主生态调研结果显示，同行业竞争对手的媒体投放策略对企业媒体选择决策的影响，在所有广告主媒体广告投放的影响因素中一直排名较为靠前。针对竞争对手的防御和反击，是广告主制定自身媒体广告投放策略的重要影响因素。

6. 其他

除以上几个主要因素外，媒体广告形式的多样性、媒体的传播特点等也都是广告主进行媒体选择时需要考虑的因素（如图 12–2）。

---

① 资料来源：《广告主蓝皮书》，2005：50。

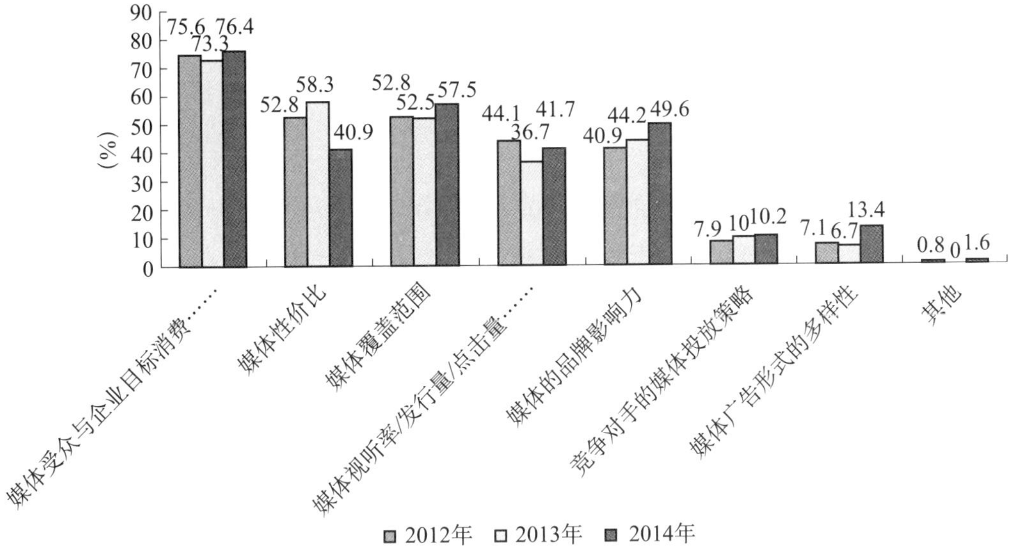


2012 年 $n$=127，2013 年 $n$=120，2014 年 $n$=127

**图 12-2 2012 年—2014 年被访广告主选择广告投放媒体的主要依据对比**

数据来源：中国传媒大学广告学院广告主研究所

## 三、广告主媒体选择需要考虑的相关支持机构及服务

企业在其媒体广告投放的运作过程中势必要与多方机构进行合作沟通。在前期的调研准备、决策中，与各地分支机构的磨合、广告代理公司和媒体的支持、后期第三方调研机构提供的广告效果测试等，都在广告主完成其媒体广告投放活动中发挥着作用。

### （一）广告代理服务

广告代理服务为广告主提供两点重要的支持：一是广告代理公司的专业能力可以协助广告主制订科学的媒体计划、广告营销计划；二是广告代理公司累积的资源优势也为广告主带来了便利，大到媒体组合资源，小到行业信息和媒体数据，企业都可加以利用。而为了在竞争中脱颖而出，众多的广告代理公司也使出浑身解数为企业提供多种多样的增值方案。广告主也将由此获得更多专业化的优质服务。

当前除了传统的广告代理公司帮助广告主进行创意策划与媒介购买外，还有基于互联网广告发展的 DSP 需求方平台开发的广告技术公司，同样可为广告主进行媒体资源购买提供专业服务。

### （二）当地经销商

各地分支机构与经销商的利益与企业息息相关，并且各地媒体环境和营销环境不尽相同，因而各地分支机构与经销商的媒体建议自然成为企业进行广告投放的重要参考。一些企业甚至将各地的广告活动全权交由分公司或经销商负责。

（三）调研机构

从前期的产品调研、市场竞争分析、媒体视听数据分析乃至后期广告效果的监测跟踪评估来看，调研机构一直是广告主科学化媒体运作的重要支持伙伴。调研发现，相当数量的被访企业都设有专门的调研部门或聘请第三方调研机构以获取信息。

（四）营销专家、专业策划人士等外脑的建议

一些企业在制订媒体计划时还会考虑营销专家或策划专家的意见，请经验丰富的相关领域专家就企业的实际情况提出调整建议。由于专家具有相对的外部独立性，对于企业打破工作思维惯性以及内部矛盾冲突产生的工作阻碍等问题都可以提供良好的帮助。在企业组织面向采购广告公司、调研公司服务的招投标活动中，很多企业也会邀请相关专家，听取他们的意见、建议。

## 本章思考题

1. 企业媒体广告投放的基本过程是什么？
2. 制约企业媒体广告投放的要素有哪些？
3. 企业制定媒体预算的方法有哪些？
4. 企业如何分配媒体费用？
5. 企业媒体选择需要考虑的因素有哪些？

# 第十三章　媒体投放策略

## 第一节　媒体广告是最重要的营销传播手段

媒体广告一直以来都是最重要的营销传播手段，除了效果明显之外，在广告主的投放费用上也有明显体现。从广告主营销推广费用的具体分配比例上可以看到，媒体广告投放费用和面向消费者的终端推广费用在广告主营销推广费用中占比分列第一位和第二位。十余年间，广告主在媒体广告投放费用比例上呈现缓慢小幅下降的态势，从2005年的39.1%缓慢下降到2014年的33.0%，而面向消费者的终端推广费用所占比例却从2005年的22.6%上升至2014年的27.6%（如图13–1）。

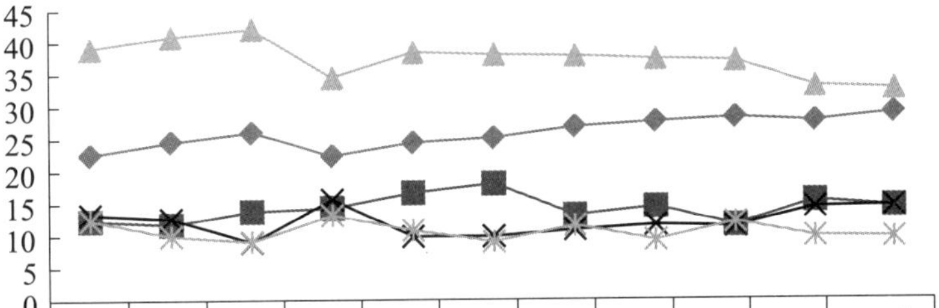


| | 2005年 | 2006年 | 2007年 | 2008年 | 2009年 | 2010年 | 2011年 | 2012年 | 2013年 | 2014年 | 2015年预期 |
|---|---|---|---|---|---|---|---|---|---|---|---|
| 面向消费者的终端推广费用 | 22.6 | 24.6 | 26 | 22.4 | 24.4 | 25.1 | 26.8 | 27.6 | 28.2 | 27.6 | 28.9 |
| 中间商推广费用 | 12.4 | 11.8 | 13.8 | 14.3 | 16.6 | 18 | 13.1 | 14.4 | 11.5 | 15.3 | 14.4 |
| 媒体广告投放费用 | 39.1 | 40.9 | 42.1 | 34.5 | 38.4 | 38 | 37.8 | 37.3 | 37 | 33.0 | 32.6 |
| 公关传播费用 | 13.4 | 12.7 | 9 | 15.6 | 9.8 | 9.8 | 10.8 | 11.6 | 11.3 | 14.3 | 14.5 |
| 其他推广或宣传费用 | 12.5 | 10 | 9.1 | 13.2 | 10.8 | 9 | 11.5 | 9.2 | 12 | 9.8 | 9.6 |

2005年 $n$=148，2006年 $n$=114，2007年 $n$=96，2008年 $n$=108，2009年 $n$=127，2010年 $n$=92，2011年 $n$=91，2012年 $n$=112，2013年 $n$=88，2014年 $n$=91，2015年预期 $n$=82

**图13–1　连续十一年广告主营销推广费用分配情况**

数据来源：中国传媒大学广告主研究所

# 第二节　媒体广告投放特征

## 一、整合式媒体投放特征

随着消费者媒体接触习惯朝着分众化、移动化的方向发展，整合成为广告主营销传播的主基调。整合式媒体组合则成为整合营销传播的重要体现，尤其是互联网快速普及之后，媒体传播环境发生巨变。在广告主的整合式媒体组合中，各类媒体也发挥着各自的作用。

在广告主广告投放费用分配比例中，电视仍旧最高，互联网和报纸媒体十年间完成了位置互换。（如图 13–2）

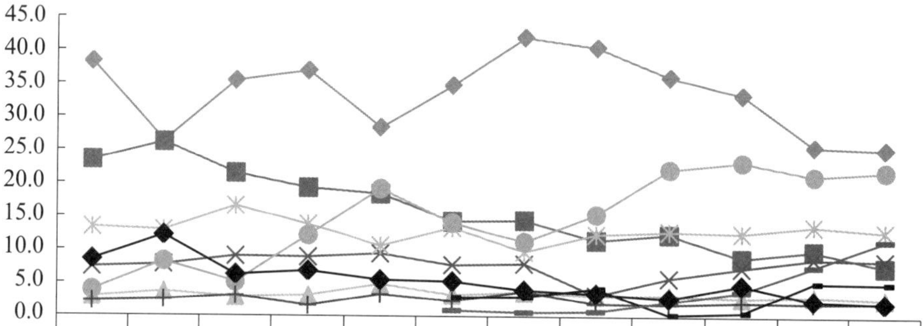


| | 2004年 | 2005年 | 2006年 | 2007年 | 2008年 | 2009年 | 2010年 | 2011年 | 2012年 | 2013年 | 2014年 | 2015年预期 |
|---|---|---|---|---|---|---|---|---|---|---|---|---|
| 电视 | 38.2 | 26.3 | 35.4 | 36.9 | 28.5 | 34.8 | 42.0 | 40.5 | 36.1 | 33.4 | 25.7 | 25.3 |
| 报纸 | 23.4 | 26.2 | 21.5 | 19.3 | 18.4 | 14.3 | 14.5 | 11.5 | 12.4 | 8.9 | 10.0 | 7.6 |
| 广播 | 2.9 | 3.7 | 2.9 | 3.2 | 4.9 | 3.3 | 3.7 | 3.2 | 3.2 | 2.9 | 3.2 | 2.8 |
| 杂志 | 7.4 | 7.8 | 9.0 | 8.9 | 9.5 | 7.8 | 8.0 | 3.2 | 5.9 | 7.4 | 8.8 | 8.6 |
| 传统户外 | 13.4 | 13.0 | 16.6 | 13.9 | 10.6 | 13.4 | 9.8 | 12.4 | 12.9 | 12.6 | 13.7 | 12.9 |
| 互联网 | 3.9 | 8.3 | 5.1 | 12.2 | 19.2 | 14.1 | 11.3 | 15.4 | 22.2 | 23.3 | 21.2 | 21.9 |
| 直邮 | 2.2 | 2.5 | 3.1 | 1.6 | 3.3 | 2.4 | 3.8 | 2.0 | 1.9 | 2.2 | 2.1 | 2.2 |
| 其他数字媒体 | | | | | | 2.9 | 3.0 | 4.3 | 0.4 | 0.7 | 5.2 | 5.1 |
| 移动互联网 | | | | | | 0.9 | 0.6 | 0.8 | 2.3 | 3.8 | 7.6 | 11.5 |
| 其他 | 8.5 | 12.2 | 6.3 | 6.8 | 5.5 | 5.3 | 4.0 | 3.5 | 2.8 | 4.8 | 2.5 | 2.1 |

2004 年 $n$=114，2005 年 $n$=154，2006 年 $n$=103，2007 年 $n$=103，2008 年 $n$=100，2009 年 $n$=91，2010 年 $n$=108，2011 年 $n$=102，2012 年 $n$=122，2013 年 $n$=99，2014 年 $n$=99，2015 年预期 $n$=85

图 13–2　连续十二年广告主媒体广告投放费用情况

数据来源：中国传媒大学广告主研究所

连续性数据显示，十二年间电视媒体一直在广告主媒体投放组合中占据重要位置。从2004年的38.2%到2015年预期的25.3%，尽管有所下滑，但一直占据最高比例。而十二年间，在广告主媒体广告投放费用分配比例中，报纸和互联网的位置实现了互换。互联网上升态势较为明显，从2004年的3.9%上升至2015年预期的21.9%。报纸媒体下滑较为明显，从2004年的23.4%下滑至2015年预期的7.6%。传统户外媒体和杂志媒体表现相对较为稳定。其中，传统户外媒体一直在10%到14%之间波动；杂志媒体则在7%到10%之间波动。移动互联网尽管所占比例仍较小，但近年来伴随智能手机的普及，广告主对移动广告的投入增长较快，已从2009年的0.9%上升至2015年预期的11.5%。

对于大众媒体与数字媒体各自的角色和作用，广告主对此的看法仍旧是需要大众媒体和数字媒体各自发挥所长。大众媒体相比数字媒体确实具有如互动性不足、精准性不足等缺陷，但与此同时，其公信力强、品牌背书、内容精良、覆盖面广、影响力大、社会动员力强的优势也是数字媒体所欠缺的。以目前各地日渐升温的城市形象和旅游宣传为例，大多数城市仍旧选择通过电视媒体进行造势。如晋城旅游，在经过多年的发展以后进入瓶颈期，为了寻求在旅游市场上更进一步的突破，最终选择在央视投放品牌广告宣传片，由此实现了较大的突破。在谈到为什么要选择央视等传统媒体为主的广告投放策略时，晋城旅游相关的负责人表示："央视对于品牌的塑造力是其他媒体无法比拟的，央视的传播不仅可以影响到游客的决策，而且旅行社、分销商，乃至广大投资者、政府部门相关领导都将受到广泛影响。当然，为了配合电视等大众媒体的投放，我们也在数字媒体开展了一些广告活动，这主要是结合游客搜索酒店信息、景区信息，进行预订之类的消费习惯。总的来说，我们主要是利用大众媒体来进行广告投放，网络广告的投放大约只占整体广告投放费用的8%左右。"

因此，对于广告主而言，所谓的大众媒体和数字媒体之争并无意义，真正的价值是在具体广告活动中结合广告主需求，发挥各自所长。另外，无论在大众媒体还是数字媒体领域，广告主对优势资源的争夺都很激烈。即使在近年来发展迅猛的数字媒体内部，也并不是所有媒体都同步快速发展，强弱分化亦在加剧。

据中国广告生态调研得出的数据显示，2014年被访广告主电视媒体的广告花费依然居于所有媒体的首位。在短期内，电视媒体依然是广告主媒体投放的第一选择，但整体增速已经放缓。尽管部分王牌卫视发展势头良好，但大部分电视媒体广告经营的情况并不乐观。此外，广告主对于纸媒的投放量进一步下滑，从根本上讲也是由于读者受众的流失。在数字化浪潮下，读者的阅读习惯改变已成定局。随着各种电子设备的普及，读者更加倾向于用电纸书、手机、平板电脑和PC来阅读新闻资讯。CTR数据显示，2014年纸媒广告额跌幅进一步扩大，其中报纸广告刊例花费下降18%，杂志下降10%。与之相反的是，随着私家车的普及，广播聚集了一批收入较高的高端消费群体，使得广告主对于广播青睐有加，投放有所上升。据CTR数据显示，2014年广播媒体广告刊例花费同比增长11%，继续引领传统媒体广告的涨幅。[①]

与传统媒体整体低迷的态势不同，广告主对于数字新媒体的重视程度不断加大。根据中国广告生态调研，2014 年被访广告主在对“互联网成为公众沟通和公关传播主平台”观点的态度中，有 82.2% 选择了同意，另外有 86.6% 的被访广告主认为数字媒体在企业营销推广中的地位在上升。广告主对于 PC 端互联网的投放经过近几年的飞速增长之后，增速逐渐放缓，而移动端逐渐显露出爆发式增长的态势。随着以智能手机为代表的移动智能终端的进一步普及，消费者的“移动化生存”的态势越来越明显，未来所有的网民都是移动端。根据中国互联网络信息中心（CNNIC）发布的《第 34 次中国互联网络发展状况统计报告》：我国网民上网设备中，手机使用率达 83.4%，首次超越传统 PC 整体使用率（80.9%），手机成为第一大上网设备。[②]移动端聚集的大规模的消费者与流量，对广告主来说意味着巨大的营销潜力。移动端必将成为广告主数字营销的主战场。

## 二、聚焦化媒体投放特征

媒体策略是广告主整体营销传播策略的重要组成部分，在广告主营销传播实效导向下，媒体选择也呈现出精准和实效的特点。在数字化、移动化和社交化时代，媒体的内涵和外延不断扩大，媒体之间的界限日益模糊，媒体在不断地融合发展。对广告主来说，只要能够有效触达企业的目标消费者，具体使用传统媒体还是数字媒体并不重要。聚焦化成为广告主选择和使用媒体的一个重要特点，广告主只选择真正能够聚合、影响目标消费者的媒体传播平台。无论是整合还是聚焦，其最终都是为有效触达目标消费者服务的。在纷繁复杂、瞬息万变的媒体环境中，有效触达变得愈发困难，而整合和聚焦则是广告主的顺势应对，代表的是广告主营销传播理念和实践的双重提升。

1. 从传统媒体内部来看：广告主依然最倚重电视媒体

从传统媒体内部来看，电视媒体依然是广告主最倚重的传统媒体。从中国广告生态调研 2007 年到 2016 年预期的数据来看，虽然中间有所起伏，但广告主电视媒体花费始终稳居传统媒体的第一位。另外，据尼尔森网联的数据显示，2011 年至 2015 年上半年，杂志和电台广告花费占比相对稳定，报纸广告投放花费占比小幅缩减，电视广告花费占比略有上升，电视媒体仍然占据全国广告市场的绝对领先地位。2015 年上半年，电视广告花费占四大传统媒体[③]总份额的 90%。[④]（如图 13–3）

① 2014 年中国全媒体广告分析［EB/OL］.（2015–03–02）［2017–11–22］.http://www.cnadtop.com/focusNews/2015/3/2/c0ec4471–ee8b–42e8–b228–cea47d82e34a.htm.

② 资料来源：CNNIC：《第 34 次中国互联网络发展状况报告》，2014 年 7 月。

③ 这里的四大传统媒体指的是：电视、报纸、杂志和电台。

④ 尼尔森网联 .2015 年上半年广告市场投放报告（上）：媒体篇［EB/OL］.（2015–08–07）［2017–11–22］.http://www.domarketing.org/html/2015/media_0807/13769.html.

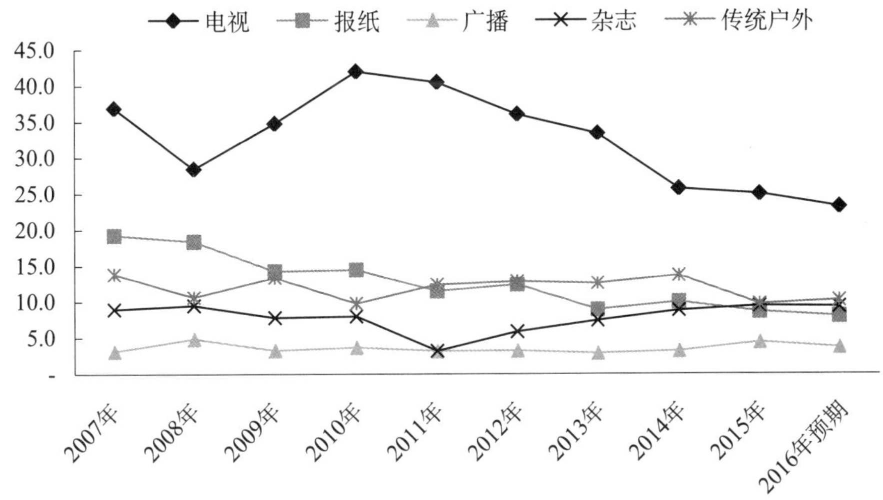


**图 13-3　2007-2016 预期传统媒体内部份额变化趋势图**

数据来源：中国传媒大学广告主研究所

2. 从数字媒体内部来看：搜索引擎和电商网站占据主要地位，视频、社交和移动端投入加速

数字媒体是广告主逐年加大投放的媒体。2015 年互联网广告市场规模将达到 2 093 亿元；预计 2017 年将超过 3 000 亿元人民币，达到 3 327 亿元。① 细分来看，广告主认为搜索引擎、视频、社交和移动端是数字媒体的大平台，这些平台可以吸引网络目标消费者的注意力。

首先，从终端上看，移动端逐渐成为广告主最为重要的数字营销平台。正如某日化巨头品牌部负责人所言，"移动营销曾经是蛋糕上的一小颗樱桃，但如今成为蛋糕的一部分，甚至占到大部分，不得不引起重视"。随着移动互联网的进一步渗透，消费者移动化成为不可逆转的趋势。CNNIC 数据显示，截至 2015 年 6 月，我国手机网民规模达 5.94 亿，网民中使用手机上网的人群占比达到 88.9%。② 由于移动端拥有着如此巨大的网民规模和渗透率，2015 年广告主在移动端的投入也在不断加速。中国广告生态调研的数据显示，2015 年广告主移动端广告花费占比达到 11.1%，预计 2016 年预期将达到 15%，增幅达到 44.1%。另据数据显示，预计 2015 年移动广告的市场规模将增长 80%，到 147.7 亿美元，到 2017 年中国移动广告在网络广告中的份额将接近 2/3，到 2019 年其份额将达到 3/4。③ 可见，在未来几年内，移动端将取代 PC 端成为广告主数字营销的主要平台。

其次，从数字媒体平台上看，广告主依然最为重视搜索引擎和电商网站平台的数字广告投放，视频网站的投入在加速，份额逐年增加。艾瑞咨询的数据显示（如图 13-4），

① 资料来源：艾瑞咨询：《2015 年网购广告行业年度监测报告》，2015 年。

② 资料来源：CNNIC：《第 36 次中国互联网络发展状况统计报告》。

③ eMarketer. 2015 年中国移动广告市场规模展望［EB/OL］.（2015-04-13）［2017-11-22］.http://www.199it.com/archives/339374.html.

2015 年电商广告和搜索关键字的广告份额分别是 29.6% 和 27.9%，两者之和为 57.5%，占据广告主数字营销投入的半壁江山。此外，视频贴片的广告份额也在逐年增加，2015 年视频广告占据的份额较 2014 年上升了 0.8 个百分点，预计 2018 年将增加到 14.3%。[①] 这些都表明了广告主对视频广告的钟爱。

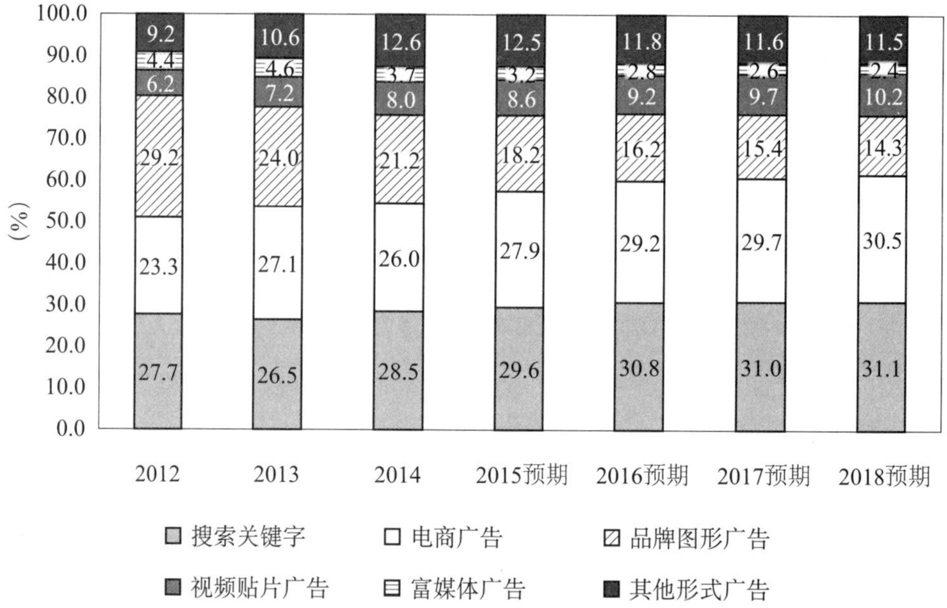


**图 13-4　2012—2018 年中国不同形式网络广告市场份额及预测**

数据来源：艾瑞咨询

最后，随着网络社交的进一步深化，社交媒体成为广告主投入的又一个重要平台。截止到 2015 年 8 月，中国社交媒体用户已经达到 6.59 亿，超过了美国和欧洲总和。[②] 消费者的聚集地是广告主投放的平台所在。数据显示，2015 年中国广告主社交媒体的预期广告花费为 209.7 亿元，占据网络广告市场份额的 11%，增速达到 53.8%。[③]

3. 从电视内部来看：广告主聚焦央视和卫视，卫视再次赶超央视

根据电视的影响力和覆盖面，可以将电视粗略地分为四级：央视级、省级卫视、卫视以外的省台、地市县级电视台。从内部格局来看，2015 年央视和卫视投放分别占电视投放总额的 26.4% 和 29.1%，两者之和为 55.5%，到 2016 年预期两者份额分别为 28.7% 和 33.1%，两者之和为 61.8%。结合近几年的数据我们可以发现，央视和卫视始终是广告主最为依赖的电视媒体，从招标季各大广告主动辄上亿元的投入且根据广告雷达对部分广告

① 资料来源：艾瑞咨询：《2015 年网购广告行业年度监测报告》，2015 年。

② 资料来源：WeAreSocial：《2015 年 8 月中国互联网最新数据》，传漾科技，2015 年 8 月 24 日，http://www.adsame.com/focus/detail_0911.html。

③ eMarketer. 中国社交网络广告持续快速增长［EB/OL］.（2015-10-27）［2017-12-01］.http://www.emarketer.com/Article/Social-Network-Ad-Spending-Continues-Rapid-Rise-China/1013155.

主的投放监测即能探知这一趋势（如图 13–5）。[①] 并且从近两年的中国广告生态调研的数据来看，卫视再次超越央视成为广告主优先选择的电视媒体平台，强势省级卫视如湖南卫视、浙江卫视和江苏卫视等对央视形成了巨大的竞争压力。

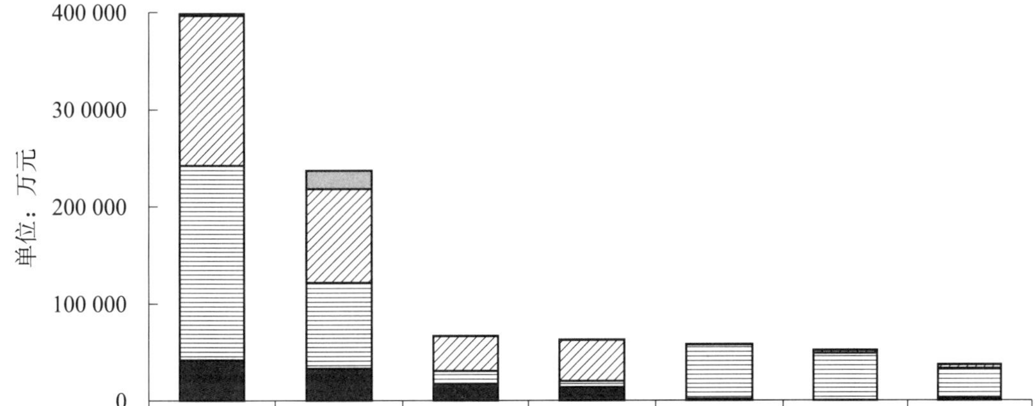


| | 伊利 | 蒙牛 | 蓝月亮 | 君乐宝 | OPPO | 韩束 | VIVO |
|---|---|---|---|---|---|---|---|
| 市级地面 | 1 881 | 18 836 | 5 | 325 | 3 | 155 | 75 |
| 省级地面 | 154 314 | 96 752 | 36 181 | 42 333 | 153 | 2 984 | 3 661 |
| 省级卫视 | 199 878 | 87 983 | 12 893 | 6 515 | 56 005 | 48 963 | 31 055 |
| 央视 | 42 218 | 33 288 | 17 805 | 13 910 | 1 774 | | 2 347 |

**图 13–5　2015 年 1–9 月部分广告主的电视投放情况**

数据来源：扬视 – 广告雷达

从 2016 年的招标数据统计来看，广告主最为热衷的电视平台主要是三大平台（湖南卫视、央视和浙江卫视）。从卫视、央视的广告经营中也能够看出，湖南卫视、浙江卫视、江苏卫视分别以 50—100 亿不等的数量霸占省级卫视的前 3 名，而且均能实现 30% 左右的增长。但除此之外的绝大部分卫视都增长乏力，甚至出现下滑。尤其是三线卫视，因为新广告法的实施，大量专题广告被禁后，出现了大量的广告时间冗余和数以亿计的营收缺口。央视由于体育大年及其他利好因素、自身转型取得一定成效等影响，在 2016 年的招标中也得到了广告主的青睐，中国广告生态调研的数据显示，广告主 2016 年预期央视投放份额出现 2.3 个百分点的回升。卫视份额则持续上涨，2016 年预期份额较 2015 年增长 4 个百分点（如表 13–1）。

① 资料来源：《湖南卫视招商会上的大品牌是怎么投放的》，中国广告网，2015 年 11 月 2 日，http://www.cnad.com/html/Article/2015/1102/20151102104835244 3305.shtml。

表 13-1　2014-2016 年部分广告主投放统计

| | 2014 年 | | | 2015 年 | | | 2016 年 | | |
|---|---|---|---|---|---|---|---|---|---|
| 广告主 | 投放金额 | 节目和类型 | 电视台 | 投放金额 | 节目和类型 | 电视台 | 投放金额 | 节目和类型 | 电视台 |
| 伊利 | 3.1 亿 | 《爸爸去哪儿》，亲子类真人秀 | 湖南卫视 | 5 亿 | 《爸爸去哪儿》，亲子类真人秀 | 湖南卫视 | 11 亿 | 《爸爸去哪儿》，亲子类真人秀；《我是歌手》，歌唱类真人秀 | 湖南卫视 |
| 加多宝 | 2.5 亿 | 《中国好声音》，歌唱类真人秀 | 浙江卫视 | | | | | | |
| 韩束 | 2.4 亿 | 《非常勿扰》，婚恋类真人秀 | 江苏卫视 | 5 亿元 | 《非诚勿扰》，婚恋类真人秀 | 江苏卫视 | 10 亿元 | 《天天向上》，综艺；《金鹰独播剧场》，电视剧 | 湖南卫视 |
| 立白 | 2.35 亿 | 《我是歌手》，歌唱类真人秀 | 湖南卫视 | 3 亿元 | 《我是歌手》，歌唱类真人秀 | 湖南卫视 | | | |
| 洋河 | 1.35 亿 | 《梦想星搭档》；真人秀 | 央视 | | | | | | |
| 国美 | 1.3 亿 | 《春晓》；晚会 | 央视 | | | | | | |
| 香飘飘 | 1.12 亿 | 《中国梦之声》，真人秀 | 东方卫视 | | | | | | |
| 诺亚舟 | 8 618 | 《中国汉字听写大会》；真人秀 | 央视 | | | | | | |
| 加多宝 | 5 996 万 | 《开讲啦》，公开课 | 央视 | | | | | | |
| 韩束 | 5 500 万 | 《非你莫属》，求职类真人秀 | 天津卫视 | | | | | | |
| OPPO | | | | 4 亿 | 《偶像来了》，真人秀 | 湖南卫视 | 5 亿 | 《偶像来了》，真人秀 | 湖南卫视 |
| VIVO | | | | 3.5 亿 | 《快乐大本营》，综艺 | 湖南卫视 | 7 亿 | 《快乐大本营》，综艺 | 湖南卫视 |
| 特步 | | | | 2.5 亿 | 《天天向上》，综艺 | 湖南卫视 | | | |
| 伊利 | | | | 2.5 亿 | 《最强大脑》，真人秀 | 江苏卫视 | | | |
| 伊利 | | | | | | | 1.75 亿 | 奥运会 | 央视 |
| 伊利 | | | | 2.16 亿 | 《奔跑吧兄弟》，真人秀 | 浙江卫视 | 5 亿元 | 《奔跑吧兄弟》，真人秀 | 浙江卫视 |
| 好彩头 | | | | 1.38 亿 | 《爸爸回来了》，亲子类真人秀 | 浙江卫视 | | | |

续表

| 广告主 | 2014 年 | | | 2015 年 | | | 2016 年 | | |
|---|---|---|---|---|---|---|---|---|---|
| | 投放金额 | 节目和类型 | 电视台 | 投放金额 | 节目和类型 | 电视台 | 投放金额 | 节目和类型 | 电视台 |
| 长安福特 | | | | 1.33 亿 | 《挑战不可能》，真人秀 | 央视 | 3 亿 | 《挑战不可能》，真人秀 | 央视 |
| 一叶子 | | | | 1 亿 | 《超级战队》，竞技类真人秀 | 江苏卫视 | | | |
| 一叶子 | | | | 1 亿 | 《为她而战》，真人秀 | 江苏卫视 | | | |
| 一叶子 | | | | 1.5 亿 | 《蒙面歌王》，歌唱类真人秀 | 江苏卫视 | | | |
| 美丽说 | | | | 3.88 亿 | 《奔跑吧兄弟》，真人秀 | 浙江卫视 | | | |
| 蒙牛 | | | | | | | 8 亿 | 《全员加速中》，游戏类真人秀；《夏日甜心》，选秀类真人秀 | 湖南卫视 |
| 蓝月亮 | | | | | | | 4 亿 | 《旋风孝子》，真人秀 | 湖南卫视 |
| 上汽荣威 | | | | | | | 2.01 亿 | 《挑战不可能》，真人秀 | 央视 |
| 五粮液 | | | | | | | 1.18 亿 | 《舌尖上的中国 3》，美食 | 央视 |
| 王老吉 | | | | 8 100 万 | 《新闻联播》 | 央视 | 9650 | 《舌尖上的中国 3》，美食 | 央视 |
| 光明 | | | | | | | 1.37 亿 | 奥运会 | 央视 |
| 韩后 | | | | 1.2 亿元 | 《追梦者》，真人秀 | 北京卫视 | | | |
| 韩后 | | | | 8 000 万 | 《前往世界的尽头》，旅行类真人秀 | 江苏卫视 | | | |
| 韩后 | | | | 7 500 万 | 《最美和声》，歌唱类真人秀 | 北京卫视 | | | |

数据来源：根据公开资料整理

优质媒体传播平台是广告主极度渴求的，部分广告主的天价投入就是证明，如 2015 年伊利投放近 10 亿在湖南卫视、浙江卫视和江苏卫视，在 2016 年投入 17.75 亿在湖南卫视、央视和浙江卫视。再如，《中国好声音 · 巅峰之夜》60 秒的广告被优信二手车以 3 000 万的天价收入囊中。（如图 13-6、13-7）

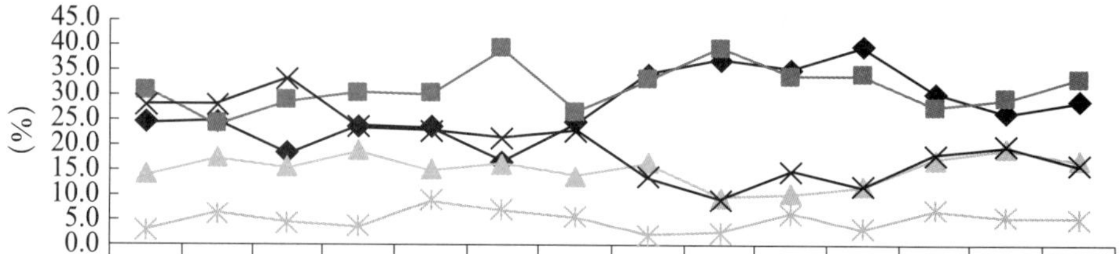


| | 2003年 | 2004年 | 2005年 | 2006年 | 2007年 | 2008年 | 2009年 | 2010年 | 2011年 | 2012年 | 2013年 | 2014年 | 2015年 | 2016年预期 |
|---|---|---|---|---|---|---|---|---|---|---|---|---|---|---|
| 中央电视台 | 24.3 | 24.7 | 18.2 | 23.8 | 23.4 | 16.7 | 24.5 | 34.0 | 36.8 | 35.1 | 39.5 | 30.3 | 26.4 | 28.7 |
| 省级卫视 | 30.7 | 23.9 | 28.7 | 30.2 | 30.1 | 38.9 | 26.6 | 32.8 | 39.2 | 33.6 | 33.7 | 27.5 | 29.1 | 33.1 |
| 卫视以外的省台 | 14.0 | 17.4 | 15.4 | 18.8 | 14.9 | 16.1 | 13.7 | 16.3 | 9.7 | 10.3 | 11.8 | 17.2 | 19.3 | 16.9 |
| 地市县级电视台 | 27.9 | 27.9 | 33.2 | 23.5 | 22.7 | 21.4 | 22.8 | 13.5 | 9.0 | 14.7 | 11.7 | 18.1 | 19.8 | 16.0 |
| 其他 | 3.1 | 6.2 | 4.5 | 3.6 | 8.9 | 6.9 | 5.5 | 2.1 | 2.5 | 6.3 | 3.3 | 6.9 | 5.5 | 5.3 |

2003 年 *n*=99，2004 年 *n*=98，2005 年 *n*=114，2006 年 *n*=86，2007 年 *n*=89，2008 年 *n*=59，2009 年 *n*=102，2010 年 *n*=85，2011 年 *n*=82，2012 年 *n*=93，2013 年 *n*=70，2014 年 *n*=59，2015 年 *n*=69，2016 年预期 *n*=66

**图 13–6　连续多年被访广告主电视广告投放费用情况**

数据来源：中国传媒大学广告主研究所

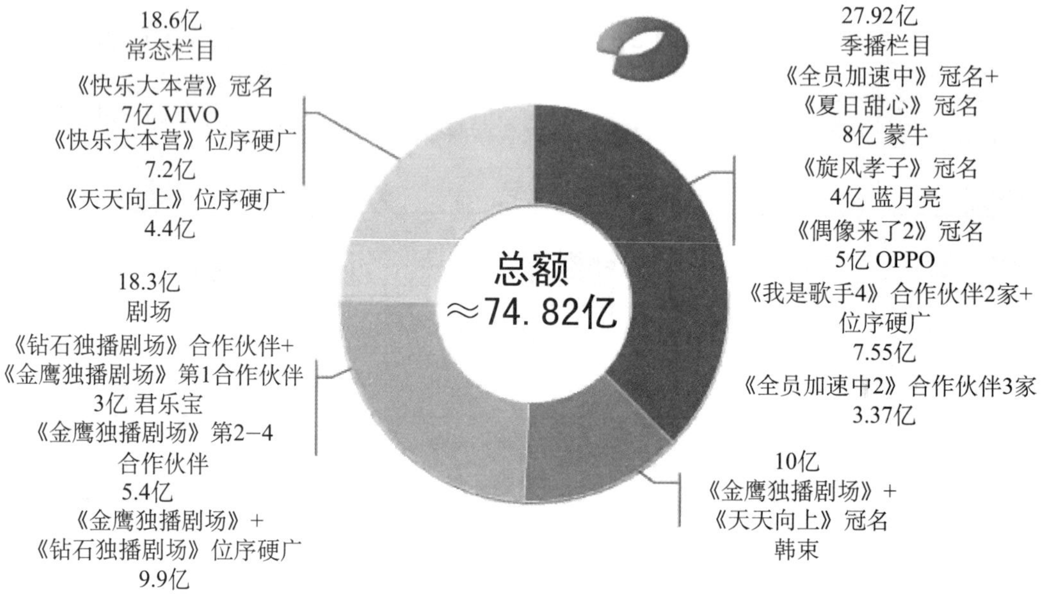

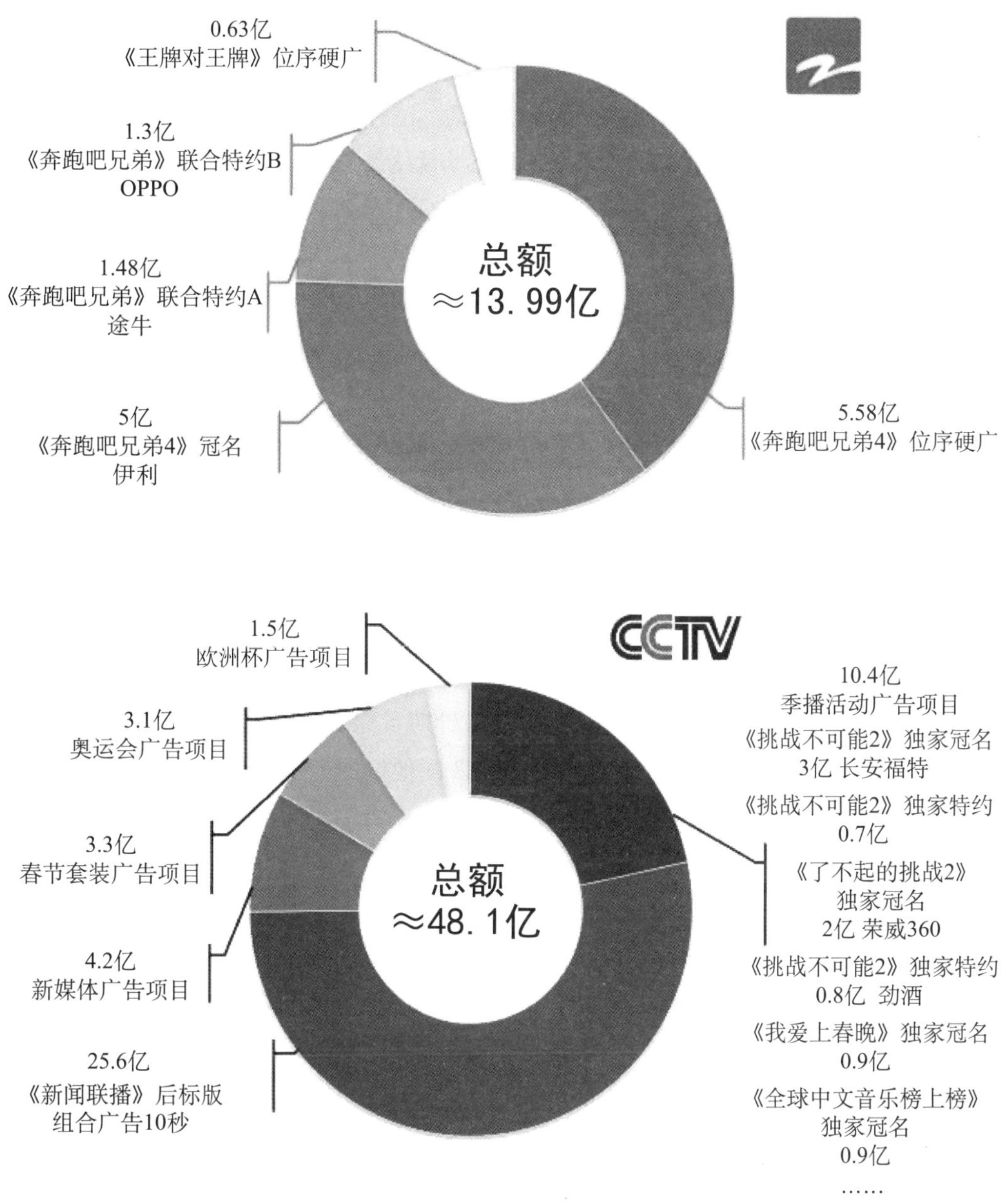


图 13–7　2016 年招标亿元阵营（江苏卫视未公布）

数据来源：根据公开资料整理

## 三、精准化媒体投放特征

在开展营销传播活动的过程中，有效提升 ROI 是广告主的不懈追求。随着互联网技术的飞速发展，运用大数据技术开展精准营销，开始受到广告主的认可。从 2013 年大热的 RTB（实时竞价）到 2014 年的程序化广告，大数据精准营销依靠广告投放更加精准、提升广告投资回报率等优势，受到越来越多的广告主的青睐。据艾瑞《2013 中国 DSP 行业发展报告》显示，在中国市场，DSP 广告投放市场规模从 2012 年起呈现逐年递增的发展趋势，预计 2015 年将达到 172.2 亿人民币。①

1. 运用大数据进行数据挖掘，找到潜在目标消费者，进行针对性的广告投放

用户行为数据的挖掘是广告主进行营销决策的重要依据，通过对用户数据的收集和分析处理，找到目标消费者，了解他们的喜好，据此开展针对性的营销传播和广告投放，为营销决策带来了极大的便利。目前大数据的含义已经不仅仅包含用户的互联网行为，而是围绕生活各个方面的全方位数据，依据这些数据可以对消费者进行全面精准的画像，从而更加精确地开展营销活动。

广告凭借大数据的汇集、大数据平台的建设，越来越精准地投送给目标受众，并产生点击，影响购买等商业或社会行为。比如 2014 年在 Top Digital 峰会上凭借大数据精准营销获得 Top Digital 数字创新营销平台大奖的搜狗，其搜狗星云大数据系统以多屏采集的数据层为基础，从人口属性、兴趣属性以及商业属性等维度给人群打标签，建立人群的统一识别，最后在应用层面建立精准人群竞价系统、网民人群流量切分系统。② 据此广告主能够通过年龄定向、访问定向等维度，更精准地描述用户，以实现精准营销。搜狗依据此系统为客户东风本田杰德车型开展营销传播时，就针对目标受众的特点举办了以杰德元素为主题的输入法皮肤征集大赛；在营销布局上，匹配他们的个性化营销需求与体验。据了解，此次“活动累积实现 1.65 亿次曝光，皮肤下载 37 万，预约试驾 17 028 次，ROI 远超行业水平”③。

2. 程序化购买，大大提高了广告主广告投放的效率

2014 年被称为程序化购买的元年。程序化购买是指数字平台代表广告主自动地执行广告媒体购买的流程。一方面，程序化购买方式节约了人力成本且相对高效、精准。随着程序化购买的理念和技术不断发展，它目前已经不仅仅是网络平台的专利，传统媒体也在进行自身的技术升级尝试进军该领域以吸引广告主。如 SMG（上海文广新闻传媒集团）旗下百视通就收购了艾德思奇，并于 2014 年 10 月发布了首款全平台电视广告实时竞价系统。

另一方面，程序化购买也得到了广告主的认可。如 2014 年宝洁全面调整广告模式，将全年广告预算的 70% 用于程序化购买。2014 年 6 月，拥有奥利奥、趣多多、怡口莲等知名品牌的亿滋国际也宣布，将所有视频广告进行程序化购买。④ 尽管与国外相比，中国

① 王鹏 . 2014 亿玛智慧峰会大数据为精准营销提供“强力引擎”[EB/OL]. (2014-11-13) [2017-12-01]. http://www.cctime.com/html/2014-11-13/201411131357433942.htm.

② 郑慧萍 . 搜狗李刚出席 Top Digital 峰会解读大数据精准营销 [EB/OL]. (2014-09-17) [2017-12-01]. http://kfq.ce.cn/sy/kfqmyd/201409/17/t20140917_1926788.shtml。

③ 资料来源：庞杰：《搜狗获 Top Digital 数字创新峰会三项大奖》，IT168 软件频道，2014 年 9 月 16 日。

④ 孙莹 . 2014 年宝洁 70% 的广告预算将用于程序化购买 [EB/OL]. (2014-06-12) [2017-12-01]. http://www.199it.com/archives/237416.html.

的程序化购买市场规模尚有一定差距，但也展现出了广阔的发展潜力。根据《传媒行业深度报告》："中国的程序化交易广告市场始于 2012 年，但是发展惊人，预计到 2017 年市场规模将会达到 7.8 亿美元，年复合增长率将达到 106.6%。"①

# 本章思考题

1. 媒体广告在广告主营销传播活动中的地位和作用是什么？
2. 广告主的媒体投放特征有什么？
3. 数字媒体时代，广告主的媒体投放策略特征和趋势是什么？

① 资料来源：陶静：《传媒行业深度报告——迎接第三次互联网广告变革》，中文互联网数据资讯中心，2014 年 10 月 2 日，http://www.199it.com/archives/278949.html。

# 第六篇　手段篇

# 第十四章　广告主的整合式品牌传播

## 第一节　广告主品牌传播的三大基础手段

### 一、媒体广告传播

媒体广告传播是指由可识别的出资人通过各种媒介进行的，有关商品（产品、服务和观念）的，通常是有偿的、有组织的、综合的和劝服性的非人员信息传播活动。

媒体广告依然是广告主最为倚重的营销传播手段，但是重要性逐渐下滑。随着传播渠道和手段的日益丰富，消费者的信息接触和消费行为日益理性，广告主对于媒体广告传播手段的倚重程度降低。根据中国传媒大学广告主研究所调研数据显示，从 2005 年至 2015 年，虽然媒体广告依然是广告主营销传播的主要手段，但广告主媒体广告费用在整体营销传播费用中的占比波动性下滑，从 2005 年的 39.1% 下滑至 2015 年预期的 32.6%（如图 14-1）。此外，在广告主产品销售过程中偏重的营销推广方法中，广告的选择比例也出现了略微下滑，从 2003 年的 70.9% 下滑到 67.7%（如图 14-2）。

#### （一）媒体广告传播的优势

1. 本身即可承载品牌信息

广告本身就是承载信息的工具，它对品牌进行直接介绍，将信息迅速传递给消费者。消费者通过广告对品牌形成直观的认识，甚至把观看广告作为搜集品牌信息、形成购买备选方案的重要手段。好的广告总是将品牌信息无缝融合到广告之中。当前广告内容化趋势明显，广告即内容，内容即广告。广告即内容的代表就是所谓的原生广告。原生广告就是根据消费者兴趣需求并将其融合在消费者感兴趣内容之中的广告，微博中的原生广告就是一个微博状态、在推特中就是一条推文。

2. 传播过程具有可控性

广告传达的信息是由企业控制的，企业在这一信息传播链条中扮演着信源的角色。广告公司将企业所要传达的品牌信息进行编码，然后选择适合的媒介进行投放，这一传播过程由企业左右。因此，广告能够有效传达企业需要传播的品牌信息，达到既定的传播效果。

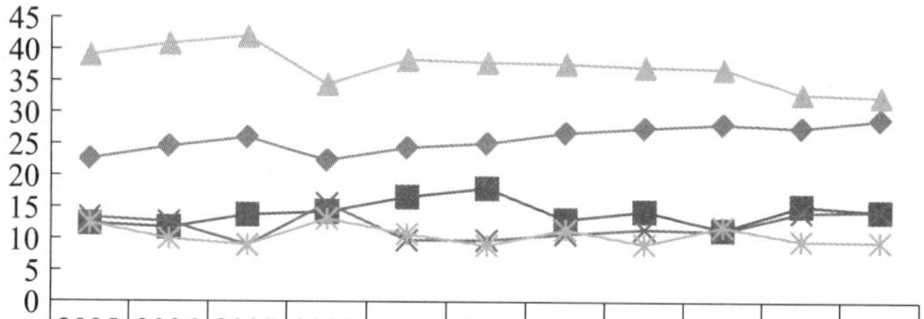


| | 2005年 | 2006年 | 2007年 | 2008年 | 2009年 | 2010年 | 2011年 | 2012年 | 2013年 | 2014年 | 2015预期 |
|---|---|---|---|---|---|---|---|---|---|---|---|
| 面向消费者的终端推广费用 | 22.6 | 24.6 | 26 | 22.4 | 24.4 | 25.1 | 26.8 | 27.6 | 28.2 | 27.6 | 28.9 |
| 中间商推广费用 | 12.4 | 11.8 | 13.8 | 14.3 | 16.6 | 18 | 13.1 | 14.4 | 11.5 | 15.3 | 14.4 |
| 媒体广告投放费用 | 39.1 | 40.9 | 42.1 | 34.5 | 38.4 | 38 | 37.8 | 37.3 | 37 | 33.0 | 32.6 |
| 公关传播费用 | 13.4 | 12.7 | 9 | 15.6 | 9.8 | 9.8 | 10.8 | 11.6 | 11.3 | 14.3 | 14.5 |
| 其他推广或宣传费用 | 12.5 | 10 | 9.1 | 13.2 | 10.8 | 9 | 11.5 | 9.2 | 12 | 9.8 | 9.6 |

2005 年 $n$=148，2006 年 $n$=114，2007 年 $n$=96，2008 年 $n$=108，2009 年 $n$=127，2010 年 $n$=92，2011 年 $n$=91，2012 年 $n$=112，2013 年 $n$=88，2014 年 $n$=91，2015 年预期 $n$=82

**图 14-1　2005—2015 年预期被访企业营销推广费用的分配情况**

数据来源：中国传媒大学广告主研究所

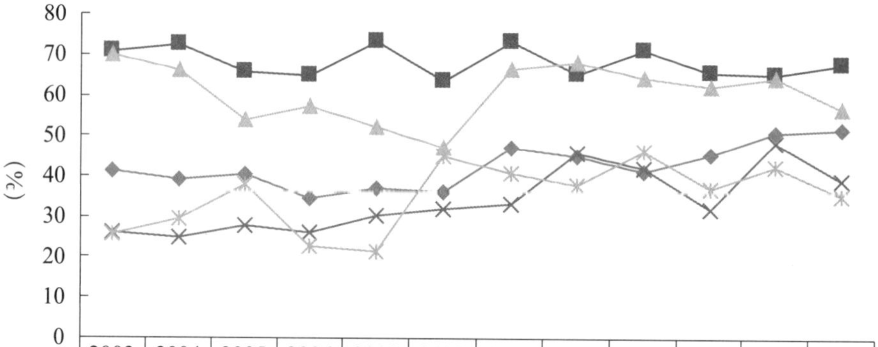


| | 2003年 | 2004年 | 2005年 | 2006年 | 2007年 | 2008年 | 2009年 | 2010年 | 2011年 | 2012年 | 2013年 | 2014年 |
|---|---|---|---|---|---|---|---|---|---|---|---|---|
| 人员推销 | 41.1 | 39.3 | 40.6 | 34.5 | 36.9 | 36.4 | 47.3 | 45.1 | 41.3 | 45.4 | 50.8 | 52 |
| 广告 | 70.9 | 72.7 | 65.8 | 64.8 | 73.2 | 63.6 | 73.3 | 65.5 | 71.1 | 66.0 | 65.3 | 67.7 |
| 促销活动 | 70.2 | 66 | 54 | 57.2 | 52.3 | 47.3 | 66.7 | 68.1 | 64.5 | 62.4 | 64.4 | 56.8 |
| 公关 | 26.2 | 24.7 | 27.8 | 26.2 | 30.2 | 31.8 | 33.3 | 46 | 42.2 | 31.9 | 48.3 | 39.3 |
| 直接营销 | 25.5 | 29.3 | 38 | 22.8 | 21.5 | 45 | 40.7 | 38.1 | 46.3 | 36.9 | 42.4 | 35.2 |

2003 年 $n$=130，2004 年 $n$=145，2005 年 $n$=177，2006 年 $n$=145，2007 年 $n$=152，2008 年 $n$=129，2009 年 $n$=150，2010 年 $n$=111，2011 年 $n$=121，2012 年 $n$=141，2013 年 $n$=118，2014 年 $n$=127

**图 14-2　连续十二年被访广告主在产品推广中偏重的营销推广方法**

数据来源：中国传媒大学广告主研究所

3. 传播形式多样

广告的表现形式多种多样，既可借助视觉、听觉，也可借助味觉、触觉等感官体验；既能使用文字、图片，也能使用视频、声音等表现元素。企业能够在品牌个性和传播目标的统摄下，进行创意表现和组合搭配，以达到最理想的传播效果。

4. 传播效果鲜明

不同的广告能够达到不同的传播功效。品牌建设性的广告可以借助高端媒体形成背书效应，对品牌形象的树立和维持起到不可忽略的作用。如部分品牌在中央电视台黄金时段投放巨额广告，即为此目的。而销售类的广告可以直击消费者的需求痛点，可以促进即时性的销售。如部分本地电视台播放的商场促销广告可能为商场带来消费者从而促进商品销售。而互动类的广告，可以让消费者参与到与广告的互动之中，让消费者获得良好的品牌体验。如某化妆品广告在户外广告的材料中加入了产品的香味，消费者经过的时候就会闻到这种味道，从而被吸引，同时在户外广告上还有二维码可以扫描参与小游戏或者是获得折扣，让消费者感到有趣好玩。

5. 娱乐性易引发二次传播

广告信息属于品牌信息加工之后的产品。为了广告能够被消费者接受和喜爱，广告主会在广告中加入娱乐性因素，这会让广告看起来轻松幽默，让消费者不产生抵触心理，易于接受，如果广告做得好还会引起消费者分享，带动二次传播。广告歌曲就是一个很好的例子。如美国歌星玛丽亚·凯莉在 NBA 广告片中唱的宣传曲 *I Still Believe* 激动人心，让人感受到 NBA 赛场上拼搏不息的精神。这首歌也为诸多 NBA 球迷以及玛丽亚·凯莉的歌迷所传唱，NBA 的品牌形象也随着这首歌的传唱得以加强。

### （二）媒体广告传播的劣势

1. 传播花费较大

广告费用包括广告制作费用、广告媒介费用、市场调查费用等。因此在大众媒体上投放广告对于企业来说是较大的一笔支出，从央视招标企业动辄花费上亿广告费可见一斑。因为广告费投入过高，加之经营不善，导致品牌陷入危机甚至倒闭的企业也不在少数，如上个世纪的秦池酒业、巨人集团等。因此企业在运用广告进行品牌传播的时候要结合自身实际情况量力而行，同时要优化媒介组合，寻求最好的投入产出比。粗放的广告投放模式是不可取的。

2. 传播效果降低

广告已经成为人们生活的一部分，过多的广告信息在不断分散消费者的注意力。消费者面对海量的广告信息，主动寻找并接受的程度越来越低，更多消费者会自动忽略自己不需要的广告信息。加之，部分广告制作水平低、格调恶俗、内容虚假，消费者甚至开始排斥广告信息，最终导致广告的传播效果不佳。

## 二、公关活动传播

公关活动已经成为广告主愈发看重的品牌传播手段。广告主在品牌传播过程中，对公关活动的选择率也从 2003 年的 26.2% 上升到了 2014 年的 39.3%。国内公关服务行业的发展以及规模的扩大，同样印证了广告主公关活动需求日益提升这一态势。

### （一）公关传播的基本特征

1. 以目标消费者为传播对象

公共关系是一定的社会组织和与其相关的社会公众之间的相互关系。在品牌公关传播中的公众就是广告主的目标消费者。广告主必须着眼于自己的目标消费者，才能生存和发展，同时在策划和执行的过程中必须始终坚持消费者的利益导向。只有真正地关注消费者、关注消费者利益的公关传播才能为消费者所接受。弄清楚对象，才能有的放矢。

2. 以建立、维系良好的品牌形象为目标

塑造良好的品牌形象是公关传播的核心问题。打造品牌包括两个层面，一是知名度，二是美誉度。知名度指一个组织被公众知晓、了解的程度，是评价组织名气大小的客观尺度，侧重于“量”的评价，即广告主对消费者影响的广度和深度。美誉度指一个组织获得公众信任、好感、接纳和欢迎的程度，是评价组织声誉好坏的社会指标，侧重于“质”的评价，即广告主对社会影响的好坏，及消费者对品牌的信任和赞美程度。公共传播除了能扩大品牌知名度之外，还能够在消费者心目中树立良好的品牌形象，从而提高品牌美誉度。在消费者心中树立良好的品牌形象是广告主公关传播的根本目的。

3. 以互惠互利为原则

公共关系是以一定的利益关系为基础的。在品牌的公关传播中同样也是这样。“欲先取之，必先予之”，这句话说明了给予的重要性，如果广告主想要通过公关达到传播目的，那么就必须在公关传播中给予消费者价值和利益，要坚持互惠互利的原则，在保证广告主公关传播目标实现的同时又要让消费者得到利益。

4. 以立足长远为方针

公关传播是一件需要广告主长久坚持的事情。“冰冻三尺，非一日之寒”，广告主要想通过公关传播在消费者心中留下不可磨灭的品牌形象，非一朝一夕可以达到，必须经过长期的、系统的、有计划的坚持和努力。

5. 以真诚、真实为信条

在当今时代，消费者变得越来越精明。不要把消费者当成傻瓜，在公关传播上必须以事实为基础，要秉承真诚、真实的信条，否则得知真相的消费者可能会在网络上讨论发酵进而演变成危机事件。在公关传播中要真实，对待消费者要真诚，通过真诚的态度与消费者沟通，赢得消费者的好感与合作。

6. 以双向沟通为手段

过去的单向沟通时代已经一去不复返了。随着互联网的普及，互动成为当前沟通必不可少的组成部分。在公关传播之后，必须时时刻刻注意消费者的反馈，及时处理消费者不满意甚至质疑的问题，如果这些问题不能够及时解决，那么由于网络的放大作用，小事可能变成大事，小问题可能变成大问题，公关传播也有可能变成公关危机事件，这是广告主应该注意的。

### （二）利用公关进行品牌传播的优势

1. 传播成本相对较低

公关传播的信息一般是免费的，公关传播的这个特点使得公关传播的成本要小于大众媒体广告传播的成本。公关传播通过吸引媒体报道从而达到效果。

2. 可以提升品牌信息的可信度

相对于广告的付费宣传，公关宣传采用新闻报道的传播方式。由于有媒体的背书和第三方证言，更易强化品牌信息的可信赖性，带来传统广告无法企及的美誉度和公信力。美国哈佛大学的列宾教授称之为“信赖性的源泉”，认为“信息经由记者或播音员这类第三者传播的时候，显得更有说服力”。如当前某些企业在中央电视台《新闻联播》中被正面报道之后，一般会引起讨论并在消费者心中留下较好的品牌形象。

3. 潜移默化地影响消费者

用“随风潜入夜，润物细无声”这句话来形容公关传播的渗透性和效果最合适不过了。在实际操作中，广告一般追求轰动效应，尤其是在某新品上市期间，广告轰炸虽然可以在短期内让消费者留下印象，然而巨额的广告开支是不可持续的。而且消费者对广告存在抵触心理，广告效果也会打折。而公关活动通过媒体等第三方持续报道，逐步引起消费者的注意，会对消费者形成潜移默化的影响。

### （三）利用公关进行品牌传播的劣势

1. 传播效果难以测量

公关传播目前的传播效果测量标准还有待完善，不像广告可以通过媒体的到达率、转化率等量化数据进行统计，而公关传播常用被提及的次数、专栏的篇幅或者品牌故事在媒体中占用的时间总量来衡量公关的效果。然而，把这些衡量信息与消费者的行为联系起来是很难的。

2. 信息传播的不可控性较强

广告与公关不同，广告营销人员能够控制大部分广告信息以保证它们的内容、到达方式和对目标受众的影响，并通过不断重复加深消费者印象。但是营销人员很少能控制品牌的公关宣传，因为这些信息都要通过媒体把关人（比如编辑或记者）的过滤。媒体不会频繁地报道同一个公司或品牌的故事（否则这种媒介会失去可信度），因此，公关活动要在相同的媒介中创造频繁的提及率就更难了。同时，由于把关的存在，公关传播的信息也是不可控的，这对于实现公关传播的目标也造成了一定的影响。

**链接：加多宝和王老吉的公关攻防战**

加多宝和王老吉的凉茶大战被称为“世纪凉茶之战”。（如图 14–3）在这场品牌大战中，公关也成为两者频繁使用的招数。从公关活动所传达的内容来看，加多宝倾向于“以守为攻”，在声势上处于时刻保持警惕并主动出击的一方，但在态度和诉求上将自身置身于弱势的一方，主打悲情营销；王老吉的公关行动则更倾向于聚焦司法正义，始终强调以法律事实作为引导舆论的主要依据，在双方交战后期才逐渐开始增加更具情感性的公关策略予以回击。在加多宝集团的悲情营销中，其善于将品牌及企业自身与全民关注的社会焦点问题紧密联系，充分将自身置于弱势角色立场，积极推动议题讨论并引导争议的利己走向。因此，非公有制、民企、国企、司法正义等字眼成为其公关活动的高频词汇。综合来看，正是因为加多宝的主动、抢先、迅速，以及颇具感染力的悲情营销，在双方互相争夺话语权、传达品牌诉求以影响媒体及社会公众舆论的过程中，逐步占据了上风，培养起了一大批对其颇具好感的消费者粉丝。

## 三、终端传播

终端的传统理解有两层涵义。一是销售的末端，也就是零售（Retailing），主要指商品“分销过程中的最终环节，包括所有面向最终顾客的销售活动”。[①] 二是把终端理解为企业短期促销活动的场所。本书采用第二种定义，因此终端促销就是在终端进行的销售促进活动，终端传播就是在终端进行的品牌传播活动。

**扩展阅读：从终端促销到终端传播的观念演变**

麦卡锡的 4P 理论把销售促进、人员推销、广告、公共关系等共同视为营销推广组合。由于销售促进和人员推销都发生在零售场所，具有一些共同特征，如都以价格为主要杠杆，都不通过大众媒介，都注重短期的销售效果，因此往往被企业一起运用。这就是所谓的终端促销观念。我国企业在上个世纪九十年代中期开始引进终端促销概念，并迅速开始流行。

① 巴里·伯曼，乔尔·R. 埃文斯. 零售管理：第 11 版［M］. 北京：中国人民大学出版社，2011：4.

图 14-3　王老吉和加多宝的公关战

但由于终端促销过于重视短期的销售效果，随着企业对于营销的理解越来越成熟、完整，终端促销的观念逐渐向终端营销的观念发展，在企业的整体营销组合中形成自己的定位，也完善了具体的营销手段。营销载体出现了一种划分：依靠电视、报纸、广播、杂志、互联网、电影院、户外等媒体的营销活动被称为线上营销；而除此之外所有在零售实体开展的营销活动被称为线下营销。在这一框架下，终端营销被拓展为更加全面的线下营销。线下营销主要采用店面管理、促销活动、终端销售团队管理、活动公关等手段。

相比终端促销，终端营销在重视直接带来的销售效果的同时，更注重阶段性的规划以及和线上营销的配合，手段更为丰富，力求创造生动性和差异化，通过活动来吸引消费者，而不仅仅是通过价格来诱导消费者，直接把产品推销给消费者。

无论是终端促销还是终端营销，都把终端载体当作工具，缺乏有效的沟通内容与消费者进行互动，以建立持久的品牌关系。在企业的实际应用中，终端促销、终端营销暴露出一些问题：终端降价促销以牺牲企业利润为代价来换取销量，长期效应有限，对消费者的重复购买作用不大；终端营销策略缺乏差异化，容易对品牌形象造成负面影响等等。这时候终端传播的理念被提了出来。终端传播理念的完善有赖于整合传播理论，在整合营销传播的体系下，对终端的理解，超出了终端仅仅为销售或者促销服务的价值，形成了终端传播的理念。也就是把终端各个形式通过统一的理念和风格整合起来，营造出一个整体传播环境，作用于消费者的认知、情感和体验，以实现品牌传播的目标。

### （一）终端是企业与消费者亲密接触的窗口，直观地传达品牌形象

终端场所直接与消费者接触，以企业的品牌核心价值为中心，综合多种表现元素针对消费者进行体验设计。它能够直接而感性地面向消费者宣传自身的品牌主张，传达企业形象，对消费者的影响更为直接、迅速。终端场所把企业的品牌文化融入直观的店面形象设计、货品陈列和人员服务中，让消费者感知品牌、认同品牌、实现品牌传播和强化品牌意识的双重目标。

### （二）终端有助于企业收集目标群体的第一手信息，及时调整品牌传播策略

终端场所，每天有大量的销售人员和消费者接触，他们不仅能够了解销售情况，而且还能直接体验顾客的消费心理，通过和消费者直接交流得到反馈信息、紧跟市场脉搏。这种有效的信息收集，有利于了解消费者的需求，能够针对差异化需求为消费者提供个性化的产品和服务；而且有助于企业建立消费者数据库，并在此基础上开展有针对性的营销活动，进而深入有效地传播品牌信息，实现企业的营销目标；更重要的是，这些信息还能帮助企业检验品牌传播策略是否合理并及时调整；及时评估品牌传播效果、针对不足调整传

播策略。

（三）整合终端营销线上、线下活动是其他传播手段的有效补充

作为与消费者进行信息交流的通道，终端具有很高的营销兼容性：能够在消费者可直接接触的范围内（视觉、触觉、感受等）把广告宣传、事件营销、促销等手段进行整合，通过广告宣传有效地提高品牌知名度、美誉度，通过促销、路演等线下活动传播品牌形象，给消费者以刺激和购买的紧迫感，促进产品销售。

（四）终端传播营销能够直接影响消费者行为

终端意味着需求。出现在终端的人群不同于其他媒体的受众，都具有明确的需求和意向，终端是在交易三要素（商品、顾客和购买商品的货币）同时具备的关键点上唯一发挥作用的大众传媒。终端是消费人群的聚集地，是消费行为的实现地。终端是消费者购买过程的最后一环，拥有左右消费者品牌选择的力量。一些企业称之为“关键决策瞬间”，益普索称之为“最后十码”①。终端是消费者主动选择的场所。终端具有多种类型，也分布在不同位置，具有不同的消费体验，服务于各种人群。消费者选择去一个终端场所，能够反映出其身份特征和消费文化。这样，企业可以根据终端的位置、类型、特点来面向消费者进行分众化、差异化的传播。

终端媒体从两大层面影响消费行为。一方面，从购物环境层面影响消费行为。终端媒体作为购物环境的重要构成，能够从商品、商店氛围、便利程度、促销情况等不同侧面反映商店的具体形象，从而影响消费行为（在商店里时间的长短）和购物情绪（情感和认知）。另一方面，从购买动机层面影响消费行为。购买动机是驱使消费者光顾商店的内在力量。终端媒体借助各种具有诱导、体验特质的品牌传播工具，刺激消费者在消遣娱乐、感观刺激等方面的动机，从而驱动消费者光顾零售终端，并影响其消费行为。②

**链接：广告主越来越重视直接面向消费者的终端传播**

根据中国传媒大学广告主研究所的调研显示，2005—2015 年预期被访企业营销推广费用的分配中，企业面向消费者的终端推广费用分配的比例波动性上升至历年新高的 28.9%（如图 14–4）。而在广告主偏重的营销推广方法中，广告主选择“人员推销”的比例达到了 52%，是十二年来新高（如图 14–5）。终端推广费用和人员推销都属于终端传播的一部分。随着广告主越来越注重实效，广告主对终端也越来越重视。

① 这一提法源于美式橄榄球，在比赛中，球在最后十码可以对对方造成巨大威胁，是决定比赛胜负的关键。

② 吕艳丹. 终端品牌传播系统及运作肌理浅析［C］. 2007 年创新与民族品牌发展战略高峰论坛，2007.

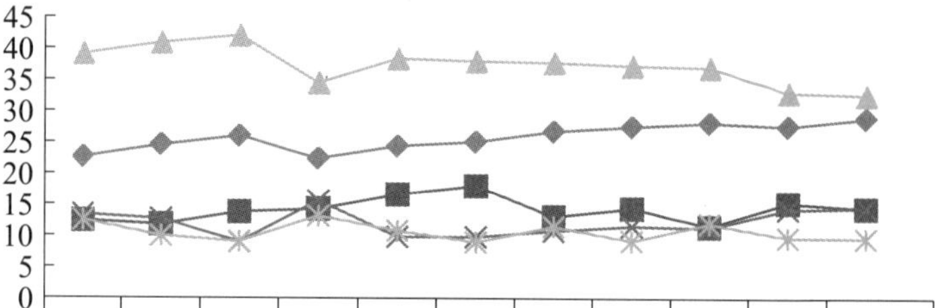


| | 2005年 | 2006年 | 2007年 | 2008年 | 2009年 | 2010年 | 2011年 | 2012年 | 2013年 | 2014年 | 2015年预期 |
|---|---|---|---|---|---|---|---|---|---|---|---|
| 面向消费者的终端推广费用 | 22.6 | 24.6 | 26 | 22.4 | 24.4 | 25.1 | 26.8 | 27.6 | 28.2 | 27.6 | 28.9 |
| 中间商推广费用 | 12.4 | 11.8 | 13.8 | 14.3 | 16.6 | 18 | 13.1 | 14.4 | 11.5 | 15.3 | 14.4 |
| 媒体广告投放费用 | 39.1 | 40.9 | 42.1 | 34.5 | 38.4 | 38 | 37.8 | 37.3 | 37 | 33.0 | 32.6 |
| 公关传播费用 | 13.4 | 12.7 | 9 | 15.6 | 9.8 | 9.8 | 10.8 | 11.6 | 11.3 | 14.3 | 14.5 |
| 其他推广或宣传费用 | 12.5 | 10 | 9.1 | 13.2 | 10.8 | 9 | 11.5 | 9.2 | 12 | 9.8 | 9.6 |

2005 年 $n$=148，2006 年 $n$=114，2007 年 $n$=96，2008 年 $n$=108，2009 年 $n$=127，2010 年 $n$=92，2011 年 $n$=91，2012 年 $n$=112，2013 年 $n$=88，2014 年 $n$=91，2015 年预期 $n$=82

图 14-4　2005—2015 年预期被访企业营销推广费用的分配情况

数据来源：中国传媒大学广告主研究所

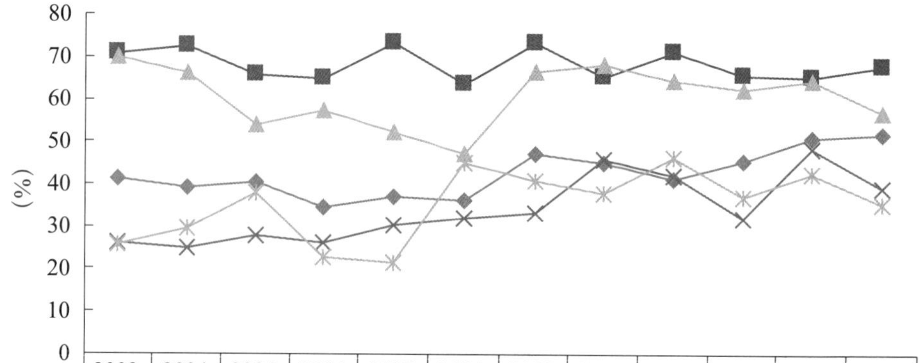


| | 2003年 | 2004年 | 2005年 | 2006年 | 2007年 | 2008年 | 2009年 | 2010年 | 2011年 | 2012年 | 2013年 | 2014年 |
|---|---|---|---|---|---|---|---|---|---|---|---|---|
| 人员推销 | 41.1 | 39.3 | 40.6 | 34.5 | 36.9 | 36.4 | 47.3 | 45.1 | 41.3 | 45.4 | 50.8 | 52 |
| 广告 | 70.9 | 72.7 | 65.8 | 64.8 | 73.2 | 63.6 | 73.3 | 65.5 | 71.1 | 66.0 | 65.3 | 67.7 |
| 促销活动 | 70.2 | 66 | 54 | 57.2 | 52.3 | 47.3 | 66.7 | 68.1 | 64.5 | 62.4 | 64.4 | 56.8 |
| 公关 | 26.2 | 24.7 | 27.8 | 26.2 | 30.2 | 31.8 | 33.3 | 46 | 42.2 | 31.9 | 48.3 | 39.3 |
| 直接营销 | 25.5 | 29.3 | 38 | 22.8 | 21.5 | 45 | 40.7 | 38.1 | 46.3 | 36.9 | 42.4 | 35.2 |

2003 年 $n$=130，2004 年 $n$=145，2005 年 $n$=177，2006 年 $n$=145，2007 年 $n$=152，2008 年 $n$=129，2009 年 $n$=150，2010 年 $n$=111，2011 年 $n$=121，2012 年 $n$=141，2013 年 $n$=118，2014 年 $n$=127

图 14-5　连续十二年被访广告主在产品推广中偏重的营销推广方法

数据来源：中国传媒大学广告主研究所

## 第二节　广告主品牌传播呈现整合趋势

### 一、由媒体形式的外在整合向内容创意的内在整合转变

整合营销传播自提出之初，始终强调广告、销售促进、公共关系等各种手段的整合运用，利用平面、户外、电视等多种传播渠道传播统一的信息，但进入营销传播 3.0 时代后，这样单一注重传播形式的外在整合已经不能满足营销传播的要求，消费者的欣赏水平和精神需求都在不断提升，而信息爆炸时代的广告信息会在很短的时间内被湮没。要保证自己的产品或品牌宣传信息能够到达消费者，并让消费者产生记忆甚至促进购买行为，单一的媒体整合策略已经远远不够了，需要广告主对实体、故事、创意等方面进行内在整合，将品牌内涵或产品信息与消费者感兴趣的话题或事件相融合，通过内容创意吸引消费者。

而当今社会，消费者聚集最多的地方就是社会化媒体，消费者之间通过社会化媒体分享自己的体验、反馈自己的感受，社会化媒体作为消费者交流沟通的最主要平台，无疑是广告主进行内容创意内在整合的最佳渠道。广告主通过对消费者的深度洞察，创造出新颖的内容创意并进行适当的传播，就可以进行良好的品牌宣传，实现品牌形象的塑造和品牌美誉度的提升，而相比在传统媒体的巨额投放，在社会化媒体的投放费用也将大大缩减。因此，选择社会化媒体进行的内容创意，不仅能保证与消费者之间良好的互动沟通，更能大幅提升投入产出比，是广告主进行内在整合营销的重要手段。

2011 年，腾讯游戏依托社会化媒体，将游戏与故事融合、游戏内涵与时代精神融合，成功打造了一次成功的内容创意整合。在 2008 年，腾讯游戏推出了 3D 枪战射击类网游《穿越火线》，品牌定位为兄弟情以及团队合作精神，能够为玩家在游戏中提供爽快刺激的枪战感受，并体验相互合作及默契带来的战略胜利。但上线三年之后，玩家的兴趣度逐渐下降，亟须通过注入新的理念、树立新的品牌形象来重新唤起消费者的兴趣，提升玩家忠诚度。为此腾讯制作了一部互动性微电影并开放了专门的活动网站，在影片播放的同时完成随时可能出现的任务，使玩家身临其境地感受游戏；同时在各大网站、微博、地铁、电视等大范围播放影片和视觉图片，有力传达并吸引受众到站体验，在整个活动阶段，新进用户和活跃用户均有 30% 的提升。腾讯游戏在这一次互动微电影的整合营销中，充分抓住了 80 后、90 后目标群体的兴趣爱好和性格特征，以目标受众宣扬的兄弟情作为游戏和影片的精神内涵进行传播，同时满足了年轻群体追求刺激的体验需求，不仅得到了目标群体的热烈响应，也引起了社会热议。

## 二、广告主与消费者的水平沟通替代对消费者的垂直控制

从近年来社会化媒体的兴起和繁荣可以看出，营销传播 3.0 时代是一个消费者彼此进行水平沟通的时代，消费者对彼此的信任要远远超过对企业的信任，企业对消费者的垂直控制已经不起作用，垂直地灌输信息已经不能被挑剔的消费者所接受，企业的传播效果也就无从谈起了。因此在营销传播 3.0 时代，面对信息爆炸、消费者参与需求提升、对企业信任度下降等多重因素的影响，企业只能靠其特性，以及诚实、可靠来赢得消费者的青睐。目前，已经有越来越多的广告主及时洞察并分析了消费者的变化，整合营销的目标也随之发生改变：从“为产品寻找顾客”向“为顾客寻找产品”转变，从“把顾客作为手段”向“把顾客作为目的”转变，从“让消费满足营销”向“让营销满足消费”转变。

而在实力雄厚、营销传播经验丰富的跨国公司，与消费者的水平沟通不仅应用到营销活动当中，而且已经形成了完善的体系，在获得消费者认可和信赖的同时为企业带来了效益。宝洁在 1924 年成立了专业的消费者研究机构，时至今天，宝洁每年要通过各种市场调研工具和技术与全球近千万消费者进行沟通交流。在建立了与消费者长期有效的沟通之后，宝洁于 2002 年开始推行“联发模式”的开放式创新计划，这个计划继承并发扬了宝洁对消费者需求一贯关注的传统，并让消费者切实加入到宝洁的产品研发和创新中，在联发网站的“创新资产列表”和“需求列表”两个栏目中，每个人能够登录网站随时将自己的需求和创意传递给宝洁，消费者的参与感被极大地满足，对产品的献计献策使得消费者对品牌有了归属感，品牌的忠诚度也随之得到了巩固和提升；同时，这样丰富的外界资源极大地缩减了宝洁的研发成本和营销传播费用，在其开放创新计划的影响下，宝洁在全球的管理者和供应商得以源源不断地拥有各种鲜活生动的产品创意。数据显示，开放创新计划对宝洁的营业收入贡献值高达 35%。

## 三、借助媒体传播信息转变为通过媒体吸引受众接触品牌

实现与消费者的水平互动沟通并不是整合营销传播的终极目标，广告主不应当满足于主动与消费者建立互动关系，而应该将沟通模式进一步深化，通过打造出有创意、迎合消费者需求的品牌形象或产品信息，借助媒体平台吸引受众主动接触品牌，使受众产生对产品和品牌强烈的自主性。在营销 3.0 时代，广告主运用媒体的功能将逐渐升级，不仅把移动平台、互联网平台、传统媒体看作一个媒体渠道，而且要吸引消费者不断通过这个媒体去接触品牌、与品牌互动，形成一种正面体验。

随着市场竞争的日益激烈和社会文化的日益丰富，品牌营销的内涵和主体也在不断地扩展，广告主的营销对象已经不仅是传统的产品和服务，影视剧的营销也在近两年不断升温。2012 年最受关注的成功大剧营销莫过于电视剧《甄嬛传》，它通过网台互动、微博互

动、媒体广告等方式充分激发了消费者的兴趣，培养了良好的黏性，实现了品牌提升和利润增长的双丰收。

这一次大剧营销之所以能获得成功，得益于将定位、差异化和渠道组合的立体整合营销模式。首先，“宫廷杜拉拉”的定位突破了后宫戏苦情、权力争斗的俗套，利用职场元素宣传宫廷戏，深受年轻群体的喜爱和热捧；其次，为了与市面上众多的后宫剧形成差异化，《甄嬛传》以“最符合清宫礼仪”的电视剧作为噱头，宣传剧中无论是服装、饰品、日用器具、礼仪规范等细节都考究精细，满足了观众对于宫廷礼仪的好奇，同时又为热衷“找茬”的观众提供了热议话题；再次，在渠道方面进行全方位、全媒体的整合营销，在传统媒体东方卫视和安徽卫视同步播出，并且分别在当天剧集之后推出《极品“甄”女人》和《石破天惊说甄嬛》相关特别节目维持黏性，在新媒体上由乐视网独家代理网络版权，并首创了用剧中的角色微博与网友互动交流的方式，在微博的热推中形成的“甄嬛体”极大地吸引了网友的主动参与，同时配合“寻找甄嬛”“甄嬛风筝节”等落地活动，用剧中情节吸引受众参与互动，满足受众的体验需求。《甄嬛传》正是依靠这一套完美的大剧营销模式，以提高自身的吸引力、趣味性和体验度为前提，实现了受众主动接触品牌、品牌与受众及时互动的良性循环。

**扩展阅读：整合营销传播（IMC）**

随着消费者市场的分化和消费者个性化需求的日益旺盛，以同质化程度高、无显著差异的消费大众为基础的4P理论逐渐过时，同时以消费者为中心的4C理论得到广泛应用。1990年，罗伯特·劳朋特在《广告时代》上发表《4P退休，4C登场》一文，文中的4C分别指的是：把产品先搁到一边，赶紧研究消费者的需求与欲望，不要再卖你所能制造的产品，而要卖消费者（Consumer）确定想购买的产品；暂时忘掉定价策略，去了解消费者要满足其需求和欲望所愿意付出的成本（Cost）；忘掉通路策略，应当思考如何让消费者更加方便（Convenience）购得产品；忘掉促销，尽快采取消费者愿意接受的沟通方式与其沟通对话（Communication）。

整合营销传播理论的发源地——美国西北大学梅迪尔新闻学院研究组将整合营销传播定义为：整合营销传播把品牌等与企业的所有接触点当作传达讯息的渠道，以直接影响消费者的购买行为为目标，是从消费者出发，运用所有手段进行有力传播的过程。整合营销传播是一个业务战略过程，它是指制订、优化、执行并评价协调的、可测度的、有说服力的品牌传播计划，这些活动的受众包括消费者、顾客、潜在顾客、内部和外部受众及其他目标。

在对整合营销传播的研究中，科罗拉多大学整合营销传播研究生项目主任汤姆·邓肯引入了“关系利益人”的概念来解释整合营销传播：“整合营销传播指企业或品牌通过发展与协调战略传播活动，借助各种媒介或其他接触方式与员工、顾客、投资者、普通公众等关系利益人建立建设性关系，从而建立和加强他们之间的互利关系的过程。”邓肯认为现在的企业应该摒弃原来由内向外的单向说服模式，品牌营销传播活动应从消费者的角度规划，深入了解目标消费者的媒体接触行为、品牌选择偏好等，积极主动地与消费者对话，建立长期的互惠互利关系。

可见，整合营销传播是企业营销活动的一种观念，是发展和实施针对现有和潜在消费者的各种说服性沟通计划的长期过程，目的是对特定沟通受众的行为产生实际影响或直接作用，传播者和消费者之间发生的一切与品牌或公司相关的接触都有可能成为信息传播的渠道，也意味着这些接触点会对品牌产生后续影响。尽管对整合营销传播的概念有不同的定义，但无论其定义如何表述，都有两个共同的出发点，即“以消费者为中心”和“追求传播的协同效应”。

## 本章思考题

1. 什么是品牌传播手段？品牌传播的基本手段有哪些？有哪些整合传播手段？
2. 什么是媒体广告传播、公关传播和终端传播？它们分别有什么特点和作用？

# 第十五章　互动性整合营销传播

## 第一节　社会化媒体营销

### 一、什么是社会化媒体营销

社会化媒体营销（Social Media Marketing）是利用社会化网络、在线社区、博客、百科或者其他互联网协作平台媒体来进行营销，是开拓公共关系和维护客户服务的一种方式。在网络营销中，社会化媒体主要是指一个具有网络性质的综合站点，而它们的内容都是由用户自愿提供的，而不是直接的雇佣关系。这就需要社交思维，而不是传统思维模式。一般社会化媒体营销工具包括论坛、微博、微信、博客、SNS 社区等。

### 二、社会化媒体营销的特点

社会化媒体营销有以下几个特点：传播周期长；传播的内容量大且形式多样；每时每刻都处在营销状态、与消费者的互动状态，强调内容性与互动技巧；需要对营销过程进行实时监测、分析、总结与管理；需要根据市场与消费者的实时反馈调整营销。

社会化媒体营销具有传统网络媒体营销的大部分优势，比如传播内容的多媒体特性、传播不受时空限制，传播信息可沉淀带来的长尾效应等等。除此之外，社会化媒体营销还具有自己特殊的优势和作用。

#### （一）社会化媒体帮助企业瞄准目标消费者

社交网络掌握了用户大量的信息，这些信息包括消费者公开的或者未公开的，利用这些信息可以分析消费者的喜好、消费习惯、购买能力等。此外，随着移动互联网的发展，社交用户使用移动终端的比例越来越高，移动互联网基于地理位置的特性也将给营销带来极大的变革。这样通过对目标用户的精准人群定向以及地理位置定向，可以提升品牌传播的效果。

### （二）极强的互动性，拉近与消费者的距离

社会化媒体最大的一个特点就是其网络媒体强大的互动性。过去在传统媒体上投放广告，通常是单向传输，广告主无法得到消费者的即时反馈。而在广告主官网或者博客上虽然也有反馈，但是继续深入的互动则很难达到，这些平台实际上是不顺畅的沟通渠道。而广告主有了社会化媒体平台之后，就可以随时随地让消费者参与到品牌传播互动中来，如企业在自己的微博或者微信平台上发布一则企业新闻或者互动广告的时候，消费者可以即时参与反馈，广告主也可以即时与消费者互动并解决消费者的问题。如果广告主能够将社会化媒体平台运作得很好，可以源源不断地为消费者提供不可替代的价值，这对于广告主来说是一笔巨大的财富。

### （三）社会化媒体大数据分析帮助广告主进行舆论监测和消费者需求分析

由于网络的开放性和去中心化的特点，普通消费者可以在网络上便捷地发表自己的意见。网络还具有放大作用，任何有关企业的小事都有可能会被放大成为危机事件。而消费者在社会化媒体上留下的点点滴滴都可以转化成数据，广告主可以依靠大数据分析来监测网络舆论，在出现危机苗头的时候及时解决问题。另外，广告主还可以利用社交媒体大数据进行消费者的需求分析及预测，为产品及服务的改进和开发提供支持。

### （四）社会化媒体降低企业传播成本，提高企业传播效果

广告主可以通过社会化媒体运作获得大量的粉丝。粉丝的力量是庞大的。如小米在近几年的快速发展过程中，“死忠粉”起到了不可忽视的作用，每当小米发布新品时，这些粉丝会进行主动传播，为小米作宣传，这些口碑传播是没有成本的。如果没有社会化媒体，小米想达到这种传播效果是要花费巨大成本的。此外，社会化媒体为广告主找到网络意见领袖提供了便利，通过发挥意见领袖的带动作用从而推动品牌传播，也能够极大地降低品牌传播的成本。

社会化媒体在营销方面的优势显而易见，但是同时也还存在很多问题。比如社会化媒体营销的可控性差，用户体验不好，投入产出比难以精确计算等。

## 三、广告主社会化媒体营销策略

### （一）内容策略：以社会化内容为爆破点，打造品牌与大众沟通的核心

具有社会化性质的内容，并非意味着必须依靠社会化媒体平台才能广为流传。真正脍炙人口的内容，由于其本身足够引发公众主动关注和参与传播，再通过社会化媒体的预热，即可联动线下在短期内实现病毒传播的效果。社会化内容非常看重内容本身，而优质

内容可以多种多样，打造优质社会化内容亦有章可循。

首先，优质的社会化内容可以是好事，令人兴奋的正能量。在社会化媒体时代，未来企业的营收来自正能量，这句话不无道理。消费者不只需要更好的产品，他们也希望通过社会化媒体共同创造出一个更好的世界。如强生为了改善背奶妈妈们[①]的尴尬处境，利用社会化媒体发起了"'为背奶妈妈创造空间'呼吁、申领、分享三部曲"。其次，社会化媒体的优质内容可以是容易受消费者关注的前所未有的体验。如红牛对 YouTube 史上最多人数同时观看的视频赞助，该视频记录了奥地利男子菲利克斯·鲍姆加特纳的极限展示：他从接近 3.9 万米的太空边缘跳伞，历时 4 分 22 秒平安降落到美国新墨西哥州的预期位置，这创造了载人气球最高飞行、最高自由落体、无助力超音速飞行等多项世界纪录。这项史无前例的极限挑战吸引了大众的广泛关注，YouTube 上数亿人观看了该挑战，令赞助商红牛短期内便收获了极高的品牌知名度。最后，优质的社会化媒体内容可以是同消费者关联性较强的、真实的生活。如印度某糖果品牌由于太受欢迎而经常脱销，落后的物流管理体系让企业无法及时知晓是哪一家杂货店断档。于是，该品牌通过社会化媒体号召粉丝们拍下身边的空货架并上传到微博上，让企业能够及时看到并补货，使消费者能够享受无间断的产品服务。

### （二）媒体策略：以互动整合为核心运作手段，重聚消费者，构建社会化媒体生态圈

社会化媒体营销生态圈是以消费者为核心圈层，以社会化媒体平台的信息流（受众选择）为导向，构建"后台服务—前端营销传播链接—信息反馈后台"的循环社会化媒体营销圈层体系。架构这样无缝式、圈层化的社会化媒体营销体系，应从解构社会化媒体平台用户的品牌信息接触与筛选入手，抽丝剥茧。

首先，对于消费者来说，其通过社会化媒体平台维护社交关系的同时，也借助这类平台获取、过滤信息。而对于广告主来说，无论是维护社交关系还是选择信息的用户行为，都可能为用户创造接触品牌信息的机会，从而进一步发展用户后续行为。比如，广告主的社会化媒体营销信息可能刚好和用户兴趣点相契合，或者用户主动搜集相关营销信息并关注、参与互动，甚至主动分享；接下来，如果用户对该产品的潜在需求被激发或本就拥有购买需求而需要更详细的信息以辅助行动时，就会锁定品牌或者企业网站以获取更多信息。但是，在用户"产生关注—参与互动—主动搜集信息"的过程中，用户流会大大缩减，多数用户都会止步互动，而他们正是广告主需要挖掘的潜在消费者。因此，社会化媒体营销生态圈的构建不仅能够抓住用户行为惯性而锁定消费者，搭建良性闭环营销生态系统，而且能在最大程度上避免用户流失，提高广告主社会化媒体营销的投资回报率。

---

① 背奶妈妈指的是生育后因工作不能在家做全职妈妈，利用工作空档储存母乳，带回家喂宝宝的职业女性。因为一般企业都没有专门为背奶妈妈准备哺乳室，这些妈妈总是在无人的会议室角落、厕所、储藏室等杂乱的空间里吸奶。

**扩展阅读**

塔腾，所罗门．社会化媒体营销［M］．北京：中国人民大学出版社，2014.

斯科特．新规则：用社会化媒体做营销和公关［M］．北京：机械工业出版社，2015.

凯莉．社会化媒体度量：社会化媒体精准营销方法与技巧［M］．北京：机械工业出版社，2014.

凯度公司．2014 中国社交媒体影响报告［R］.2015（4）.

## 链接：乐天社会化媒体营销案例[①]

**1. 案例背景：**

品牌诉求：进一步拓展市场，促进销售，传递乐天“互动欢乐”购物理念。

乐天（rakuten）是日本第一大网络购物公司，被称为日本的亚马逊，同时提供搜索、邮件、地图、新闻、辞典、金融等服务。2008 年，乐天的网络购物平台进驻台湾。2013 年是乐天进入台湾市场第五年，乐天的营销策略重点为移动商务和社会化商务，年度营销策略为“打造互动及欢乐的购物环境”。

从互动性和移动性两方面考虑，乐天选择了台湾的热门社交平台 Line。Line 是由韩国互联网集团 NHN 的日本子公司 NHN Japan 于 2011 年推出的社交网络，在日本的使用量占 44%，同时在台湾有 1 700 万用户（2013 年 6 月 Line 官方数据），其中 80% 是每月活跃用户，占台湾人口的七成，在台湾有巨大影响。Line 这一社交媒体同时拥有自身特色，拥有超过 250 种聊天表情贴图，其中如馒头人、可妮兔、布朗熊、詹姆士等贴图在网络上大受欢迎。

乐天在 Line 平台上进行营销，其目的在于增加一个入口，希望扩大粉丝量和关注度，通过乐天的“集客→参客→接客→增客”的方法，将“互动及欢乐的购物环境”这一理念传递到消费者心中。

目标对象：台湾关注网络购物、追求便捷服务的消费者，尤以通过移动终端使用 Line 移动应用的消费者为主。

媒体策略：2013 年乐天选择以 Line 为营销平台，是基于历年社会化媒体尝试背景下新的营销进军。通过 2009 年到 2012 年的社会化运作，乐天社会化网站已经导入了众多流量（如：2012 年网站流量较 2011 年增长了 137%）。通过 Line“贴图”和移动账号这些 Line 平台上的媒介特性，推出“乐天贴图”等产品吸引下载，强化乐天品牌印象并打造“互动及欢乐的购物环境”的乐天特色。

**2. 案例执行方案：**

乐天本次营销方案主打两条路线：强化社会化营销和发展移动购物。这两项营销路

① 王登丰．乐天“社群 + 移动”：打造 Line 上互动欢乐购物之家［EB/OL］.（2014-4-23）［2017-11-16］. http：// www.meijiezazhi.com/yx/sj/2014-04-23/13649.html.

线都是乐天核心理念的实际呈现。2013年，乐天选择Line这一社会化媒体，一方面利用Line特色的官方专属账号和品牌贴图进行社会化营销；另一方面，在Line上建立了移动购物体系是促成消费者移动端购买的关键一步。

**强化社会化营销**

乐天2013年度营销的第一条路线是在新的平台Line上强化此前数年经营的社会化营销。Line目前主要有两种营销工具，分别是放置在专属账号列表里的官方账号和一组规定8或16张图案的企业赞助贴图。在本次乐天营销中，两种工具都得到了充分运用。（如图15–1）

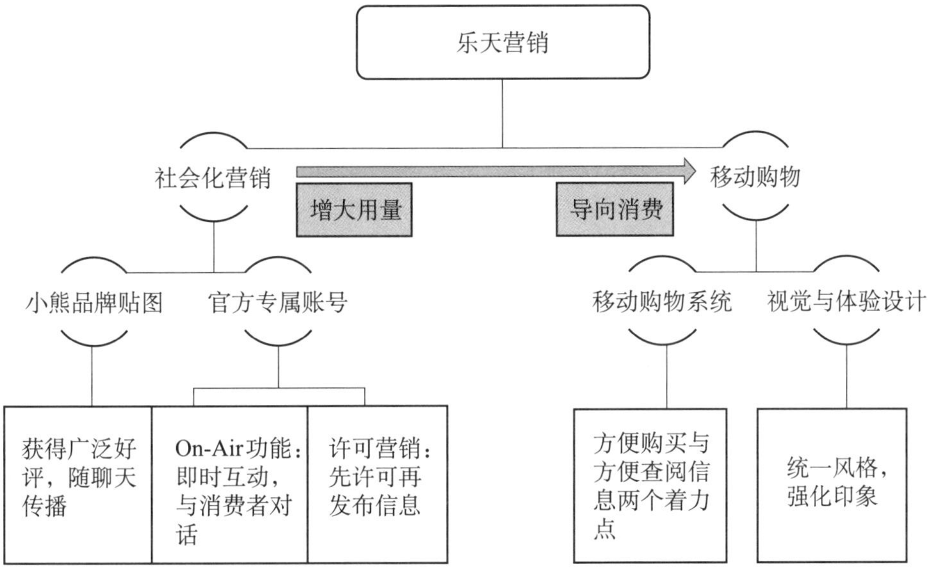


**图15–1　乐天案例执行总框架**

首先，乐天购买了Line专属账号列表里的官方账号，这一官方账号有三个显著特性：

（1）这是一个“仅此一家，绝无分号”的账号，可以代表乐天市场在Line上的官方形象。

（2）此账号开启了称为On-Air的即时互动功能，官方主页能够与用户对话，从而快速积累人气。Line的官方账号拥有在移动端的强大覆盖率，台湾调查公司创市际ARO的调查表明，90%的台湾智能手机用户皆使用Line。

（3）进行许可式营销，当获得用户许可认证，乐天就会通过Line把优惠券和特价资讯发到消费者随身携带的手机里，因其软件便捷设置，能够真正达成O2O（Online to Offline）的效果。

其次，乐天通过Line的企业赞助贴图进行宣传（如图15–2）。Line贴图指的是用于个人表情、交互传送的讯息，或在装饰照片上使用的卡通人物贴图，被称为“任你使用的广告”，通过用心的设计，不但能够不干扰用户，还能使用户开心使用。乐天因此设计了16款乐天小熊Line贴图，吸引了巨大的下载量。通过观察发现，乐天小熊设计可爱，乐天自身的标志故意不突出，从而维持了贴图强大的传递性，在用户使用贴图进行聊天时，乐天的品牌也获得了传播。这种二度传播带来了很强的传播力量。（如图 15–2）

**发展移动购物**

乐天创始人兼 CEO 三木谷浩史说明了乐天的移动趋势：乐天销售额中 25% 来自功能手机和智能手机，目前移动业务以每年 300—400% 的速度增长。按照这个速度发展，几年内乐天 50% 的交易额都将来自移动领域。

许可式信息推送按键

Line上丰富的品牌表现形式，左为粉丝虚拟房间，右为粉丝相框和印章

乐天市场在Line上的品牌贴图

**图 15–2　乐天赞助贴图进行宣传**

基于重视移动购物的出发点，乐天专门设计了与 Line 版、移动版风格相统一的网页。在手机购物逐渐普及的现在，乐天希望让消费者的购物经验愈来愈多元流畅。除了 PC 版外，乐天特别以相同视觉设计了 Line 版和移动版网页，让消费者不会因为在不同平台，看到不同版面而感到混乱。

3. 营销效果：

表 15-1　乐天营销效果及数据

| 类别 | 营销效果 | 营销数据 |
| --- | --- | --- |
| 贴图 | 春节贴图：恰逢春节推出“祝贺恭喜发财”版贴图，成功搭建节日话题。 | 春节期间“祝贺恭喜发财”版贴图获得 600 多万次的使用量。 |
| | 乐天幸运小熊贴图：受到粉丝追捧，获得巨大下载量和使用量。 | 幸运小熊贴图，一个月内吸引 250 万粉丝成为好友，平均每日就有超过 83 000 人加入。 |
| 官方账号 | 官方账号活动：在官方账号进行每周一次的特卖会活动，获得广大粉丝的关注支持。 | 以一次化妆品营销为例：与 SK–II，碧欧泉等品牌合作，推出“专柜美妆 1.7 折，再抢 0 元美食”，在 30 分钟内卖光 500 个。 |
| | 官方账号运营：乐天的 Line 官方账号成为 Line 上的明星。 | 乐天在官方账号粉丝量上排名第一已经持续了半年以上，目前拥有 280 万粉丝。 |
| 总体效果 | 移动营销收入快速增长。 | 移动营收占到总营收比重的 25% 以上，较 2012 年同期增长一倍。 |
| | 社会化群体不断壮大，粉丝的增长幅度大。 | 乐天的 Line 官方账号是台湾第一个突破 200 万人次粉丝的账号；使用移动设备购物的性别比例中：女性占 55%，男性占 45%。 |

《媒介》杂志根据公开资料整理

4. 案例点评：

本次台湾乐天市场在 Line 上取得了骄人成绩，其成功之处值得借鉴。这一营销策划以消费者为中心，贯穿于乐天市场的社会化、移动的运营理念，选择了独具特色的 Line 平台，并充分发挥其媒介特性，助力公司理念的多级传播。

**移动 + 社会化：源自乐天战略的营销策略**

移动和社会化两个核心策略都源于乐天市场的核心理念，体现了活动的系统性和目的性。乐天市场官方网站的“平台政策与规范”将乐天的核心概念称为“乐天宪章”，其中第一条即为“安全舒适的购物社会化网络环境”，可以发现年度营销策略正是从中生发而来。而其重视的社会化和移动两个趋势，都是乐天多年经营的重点方向，以深厚的调研、分析作为基础。2013 年乐天公司将社会化和移动集中在 Line 平台上进行实践。

**小标识 + 先许可：消费者体验第一的原则**

不论是在乐天小熊贴图中隐蔽的乐天标志中，还是在官方账号的许可式推送上，这一策划都充分考虑了消费者的接受度。社会化营销的关键之处在于群体之间的接纳，移动营销的重点在于便捷，乐天这种尊重消费者的营销方式，在消费者心中留下了较好的印象，自己没有高调宣传品牌，却引发了消费者的购买行为，同时在贴图的传播当中，乐天品牌自身也获得了广泛的二度传播。

**贴图 + 官方账号：充分利用 Line 的媒体特性**

乐天从社会化营销和移动营销两个出发点考虑，选取在台湾有巨大影响的 Line 平台进行策划，是具有远见的重要决策。乐天是最早进驻 Line 的企业之一，充分运用了 Line 自身创新的、被其他社会化平台模仿的卡通贴图和官方账号营销工具，在及时性和运用程度上都超越了其他企业，在粉丝数量上超过半年排名第一，乐天成为在 Line 平台上独具特色的官方品牌。

# 第二节　移动营销

## 一、什么是移动营销

移动营销的定义有很多，有人认为移动营销指面向移动终端（手机或平板电脑）的用户，在移动终端上直接向目标受众定向并精确地传递个性化即时信息，通过与消费者的信息互动达到市场营销目标的行为。移动营销是在强大的云端服务支持下，利用移动终端获取云端营销内容，把个性化即时信息精确有效地传递给消费者个人，达到“一对一”的互动营销目的。移动营销协会（Mobile Marketing Association，MMA）将移动营销定义为：利用无线通讯媒介作为传播内容进行沟通的主要渠道所进行的跨媒介营销。本书认为移动营销是品牌对处于移动网络环境下的终端用户所开展的营销活动。

## 二、移动营销的特点

### （一）移动营销拥有高度的便携性和黏性

移动终端具有随身携带性。如手机已经成为人们生活的一部分，对于大部分人来说，手机都是不离身的。睡前看手机，早晨起来第一件事就是打开手机，这已成为许多人的生活习惯。随着智能手机的普及和移动互联网的渗透，人们上班等车、吃饭等碎片化时间被有效地利用起来。各种各样有趣的手机应用吸引着消费者的注意力。随着大数据技术和移动程序化购买的完善，越来越多的消费者可以看见他们想看见的品牌信息，再如原生广告等广告形式的改善，也增加了消费者的认可度。

### （二）移动营销具有高度精准性

首先，移动终端具有较强的私密性，可以说手机就是一个人的镜像。人们在手机上的行为可以被数据化，通过大数据分析，可以做到为用户精准地画像。在移动广告投放的时候，根据消费者的个性化特点进行推送，实现精准营销，让消费者免除抵触心理。其次，LBS（Location Based Service，基于地理位置的服务）是当前手机的一大特性，商家可以通过消费者的地理位置信息进行品牌信息的推送，从而达到销售产品或服务的目的。如当前的团购应用、手机地图生活入口、百度直达号等都是在利用这些特点吸引消费者。

### （三）移动营销成本相对低廉

基于移动互联网的移动营销具有的明显优势之一就是其相对低廉的成本，这也是广告主愿意在移动端进行尝试的原因之一。在相对低廉的成本之下，移动端广泛的受众规模成为广告主进行品牌传播的新手段，并受到越来越多广告主的关注。eMarketer 认为不出两年，移动媒体将成为中国最主要的网络广告媒体。十年内中国将有一半的广告主使用移动广告。在过去的 2014 年，中国移动广告市场规模增长迅速，从 2013 年只有 19.1 亿美元的规模增长三倍至 82.1 亿美元。此外，eMarketer 还预计 2015 年移动广告的市场规模将增长 80%，到 147.7 亿美元，2016 年增速将放缓至 55%，2016 年中国移动广告市场规模将首次超过 PC 互联网广告的市场规模。①

## 三、广告主移动营销策略

### （一）基于技术的发展，实现营销过程更便利、体验更真实

随着智能手机和平板电脑等新型媒介的普及，移动终端的性能在不断多元化，移动营销也不再仅仅局限于过去的接打电话、短信彩信，而是依托于科技进步，为用户呈现更为真实的体验。当 LBS、AR、APP、二维码、QR、会员服务等技术创新营销手段伴随着移动营销的升温逐渐融入消费者生活中时，谁也不能否认：令消费者感觉“身临其境”的营销，才能使品牌记忆更为持久、深刻。

### （二）强化基于“情感”“信任”的互动沟通，优化消费者体验

在互联网时代，微博、微信等社会化媒体的蔓延，使得“互动”突破了受者、传者属性的限制，真正实现了广告主和消费者的无缝交流。而移动时代的“互动”，也不再受时间、空间的限制，让随时、随地、随心的互动交流和信息反馈成为可能。而在这种沟通和互动越来越频繁甚至泛滥的时代，最终能打动消费者的往往不是广告投放的海量信息，而是基于“情感”“信任”的关联与互动，情感信任是在理性信任的基础上，进一步发展进化的高级阶段，因此，“信任推荐”“信任验证”才是广告主到达消费者内心的“通行证”。

① eMarketer. 2015 年中国移动广告市场规模展望［EB/OL］.（2015-4-13）［2017-11-16］. http://www.199it.com/archives/339374.html.

### （三）基于整合营销传播渠道，令移动营销成为连接线上和线下闭环的节点，完成交易转化

对于 O2O 来说，移动互联网就是一个天堂，网络与现实生活可以通过移动设备随时随地自由结合。伴随着移动支付技术及相关产业链的逐渐完善和成熟，O2O 商业模式也将迈入以移动媒体为节点的营销闭环模式，即广告主整合消费者可能接触的多元媒介终端，多种营销方式并用，实现线上线下联动，让消费者深深卷入其中，形成品牌认知甚至完成产品购买。如日本电视放送网，就通过电视与手机的双屏互动，实现了全面围捕消费者的闭环营销。

### （四）基于移动终端的伴随性及私密性，为目标群体定制个性化专属服务平台

用户接触手机等移动终端频率的增加，对于广告主来说，意味着营销推广和品牌曝光机会的增加。如今的移动营销平台，包含短信、彩信、APP 推送、二维码互动等多种广告形式。对于用户来说，希望获得的是多元且个性化的应用或服务，但并不意味着广告主要将许多冗繁混乱的信息推送到用户跟前。相反，广告主应基于对用户的分析，聚焦用户的需求，定制随身的服务。

### （五）基于移动终端的多元性，实现多屏跨屏锁定消费者

根据 Millward Brown（明略行）调研数据，中国用户在上网期间，屏幕使用的最大特点在于跨屏同时使用。用户不仅可以关注双屏幕，甚至可以三个屏幕多任务操作。例如，中国用户在使用平板电脑时，同时在看电视的用户为 44%，使用智能手机娱乐或社交的用户为 31%，且同时在使用电脑的用户为 13%，上述三个百分比和其他项目百分比数据加总超过 100%。[①]借助技术手段的不断更新，智能手机、平板电脑、电脑、智能电视以及移动可穿戴设备等多个屏幕的重叠出现，令受众不自觉地进入多屏世界。为了迎合多屏趋势，广告主应通过对大数据等新技术的普及，有针对性地设计并开展营销活动，在同一时刻将消费者“围追堵截”在多个屏幕里，实行跨屏策略。

**链接：大众捷达移动营销案例**[②]

**营销目标：**

为一汽－大众开创主流汽车品牌在移动互联网领域的深度用户体验，为销量冠军车型捷达进一步提升在年轻消费者心目中“中国第一家轿车”的品牌地位，深化“品质可靠安全用车”的品牌形象。

---

① 初夏 . 爱点击助力广告主锁定跨屏互联时代的中国用户［EB/OL］.（2014-5-7）［2017-11-16］. http：//www.cctime.com/html/2014-5-7/20145713745214.htm.

② 资料来源：http：//www.meihua.info/a/62296，梅花网，2014 年 12 月 5 日，有删改。

**策略与目标群体：使用移动互联网娱乐化深度“触”动精准受众**

1. 迎合捷达品牌受众年轻化的趋势，使用移动互联网领域最流行的游戏化和趣味化传播方式，策划以捷达品牌冠名的“捷达超级驾校”手机游戏，贴合年轻受众的趣味互动体验。

2. 瞄准学车群体（准车主），深度植入国内最大的两大驾考 APP 应用，大规模“触”动七千万的精准受众。

**执行过程：**

1. 定制捷达品牌冠名的“捷达超级驾校”手机互动游戏。

颠覆传统驾校理念，通过游戏场景下的真实“触”感，通过游戏形式，模拟真实考驾照的多个场景，还原真实驾驶中容易发生的陋习，寓教于乐。创新化的手机练车为品牌打造移动端的深度体验模式。

游戏提供两个入口：一个是为正在学车的学员提供科目二的模拟场景训练，另一个是为已经完成驾校课程的学员提供上路驾驶的技巧演练，旨在让用户意识到上路驾车安全不仅是为自己，也关系到他人，提醒用户养成良好的驾驶习惯。

针对正在学车的用户，游戏以模拟驾驶为主线，涵盖倒车入库、右侧方停车和起步、坡道起步和定点停车、曲线行驶（先左弯后右弯）、停车收费、紧急情况处理、直角转弯、隧道模拟、窄路掉头共九个场景。用户通过手机屏幕上的模拟方向盘控制方向、前进后退控制车速。

针对刚刚获得驾照的用户，游戏则模拟实际路况上行驶、突发情况的处理，提供驾驶技巧的演练，灌输安全驾驶理念。用户通过对模拟方向盘、刹车、油门和挡位的实时操作来完成车辆行驶、转向、停车等动作。

此外，游戏背景中随处可见的一汽－大众和捷达的品牌元素，进一步深化了品牌形象（如图 15–3）。

图 15–3　捷达超级驾校游戏登入界面

2. 深度植入国内最大规模的两大驾考类 APP 应用，有效到达七千万的购车潜在人群。

围绕捷达的目标受众定位，精准覆盖准车主和新手司机。游戏直接嵌入到 APP 的产品模块中，用户即使在离线状态下，依然能够进行互动和使用。

3. 资源整合化、广告内容化、传播社交化，带来持续且深入的传播效果。

资源整合化：专题 minisite 兼顾了视频播放、车型介绍、试驾预约等丰富内容，同时运用 APP 启动开屏等优质广告资源，实现广泛曝光和深度互动。（如图 15–4）

图 15–4　APP 启动屏

广告内容化：品牌内容和广告形式融入到应用场景中，以亲和、贴近受众的方式，实现有效植入。（如图 15–5）

图 15–5　品牌内容植入

传播社交化：结合移动端碎片化行为和社交特性，通过晒成绩、微信大号转发、朋友

圈的分享互动等实现了二次传播，袭卷更多品牌目标受众。（如图 15–6）

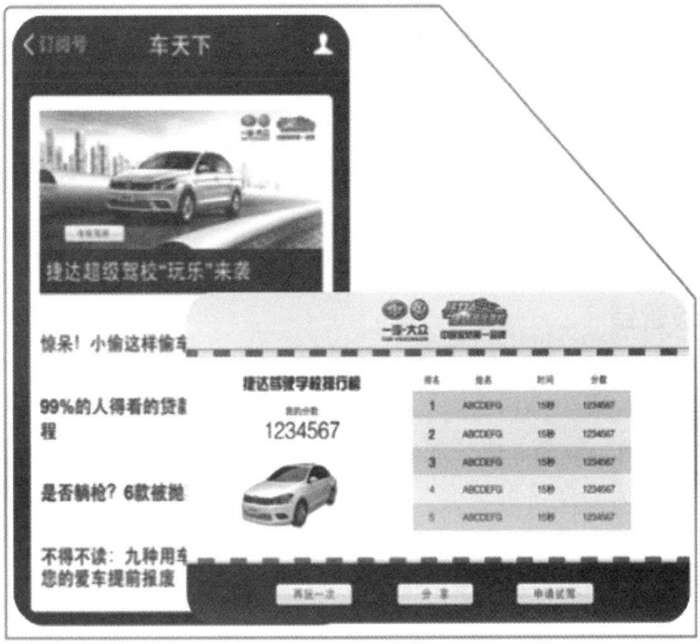


图 15–6　引导用户分享成绩

**媒介运用：**

1. 通过中国最具影响力的两大移动驾考应用，锁定高精准的考驾照的用户群体，实现潜在客户精准触达，通过媒体优质资源的无缝深度植入，实现潜在客户渗透覆盖。

2. 充分运用媒体话语权，引导社会关注，根据移动端碎片化时间行为和社交特性，通过微信账号提升用户接触频次和口碑分享，移动社交的高传播性袭卷更多潜在客户。

**案例评价：**

1. 场景触动，针对学车用户，打造模拟驾校考试的轻应用。

运用移动互联网端的 Html5 技术，匠心打造手机练车和驾考游戏，突破移动手机页面单纯滑动的互动体验，通过重力感应、摇晃、上下滑动、触屏互动等一系列互动元素，并加入了方向盘、挡位、油门、刹车等逼真效果，极大增加了用户的趣味互动和真实体验，游戏本身更像是一款模拟驾校考试的轻应用；

2. 深度植入，联合最大规模的驾考 APP 应用群，创造性地植入产品功能模块。

首次联合中国最有影响力的两大驾考应用，开展品牌游戏定制、媒体传播入口定制、专题内容定制等多种资源的深度植入，针对媒体高精准的用户群体，全面传递捷达品牌和产品。同时，游戏直接嵌入到 APP 的产品模块中，用户即使在离线状态下，依然也能进行互动。

3. 实效考验，项目推广中兼顾实效集客。

设置用户注册环节，收集销售线索。有购买意向的用户可以通过手机注册，预约新车试驾或预购。

从2014年6月14日至9月19日，该项目通过移动驾考APP和微信朋友圈的传播，实现总曝光393 851 246次，用户互动总点击8 217 457次，总参与人数6 341 394人。

## 第三节　体验营销

### 一、什么是体验营销

体验营销的诞生，源于近代体验经济的出现。伴随着人类生产力的进步和社会的发展，经济提供物由原料、商品、服务演变为体验，社会经济形态也经历了从农业经济、工业经济、服务经济到体验经济的转变。相较于其他经济形态，体验经济具有强调美好感觉、精神文化、定制化、精细化、个性化等特点。1970年，未来学家托夫勒正式提出了"体验经济"这一名词。1998年，美国人B.约瑟夫·派恩二世和詹姆斯·H.吉尔摩，明确提出"体验经济"时代已经来临。在体验经济环境大背景下，体验营销应运而生。而所谓体验营销，即："从消费者的感官、情感、思考、行动、关联五个方面重新定义，设计营销理念。"[①]概括而言，体验营销不同于传统的商品属性展示，而将着力点放在全方位触动消费者的感官、情感、理念、潜意识等层面，旨在为消费者提供全方位的关心与服务，达到或超出消费者心理预期，通过与消费者深度互动，实现促进产品销售和维持良好的顾客关系的目标。体验营销既能够满足体验经济时代消费者的需求，又能满足广告主在新环境下更新营销方式的需要，是体验经济条件下的必然产物。

### 二、体验营销的特点

#### （一）突出品牌个性，形成差异化竞争优势

当前市场的同质化竞争越来越激烈，在物理属性上，产品差别已经没有那么大了。同时，广告在这时候就需要差异化竞争。为了提升市场竞争力，企业必须能够提供有别于其他竞争者的个性化产品、服务和品牌，真正为消费者带来好处。差异化竞争的目的也就是使消费者感受到企业的产品或服务优于其他厂商的同类产品或服务。广告主该如何进行差异化竞争？体验营销就是差异化的一条道路，广告主通过为消费者创造不一样的体验，展

① 姜奇平.更人性的经济：评B.约瑟夫·派恩二世、詹姆斯·H.吉尔摩著《体验经济》[J].互联网周刊，2002（11）.

现给消费者不一样的品牌个性，从而使消费者印象深刻，形成差异化的竞争优势。

（二）给客户带来美好的心理体验，形成品牌偏好和提高品牌满意度

在当前信息冗余的时代，消费者注意力越来越稀缺，广告主的品牌传播活动越来越难以吸引消费者的注意。当前，许多品牌传播粗制滥造、虚假横行，不仅引起消费者的反感，而且很难到达消费者的心里。在互联网时代，参与与互动也越来越重要，而体验就是让消费者参与到品牌传播活动中来，以体验带动消费者的感受，从而影响消费者。对于品牌的体验感觉良好，可能使消费者对产品产生偏好和满意感，进而持续购买，成为品牌的忠诚消费者。

（三）塑造品牌文化，提升品牌的附加价值

提高品牌的附加价值是企业的终极理想，唯有高溢价的商品才能给企业带来更多的利润。附加价值的提升除了产品本身品质优良以外，更是离不开卓越的品牌传播。体验可以被设计成情感体验、感官体验、企业文化体验等，以此来丰富品牌内涵、塑造品牌文化、提升品牌的附加价值。

（四）提升消费者对产品和服务的满意度，营造口碑效应

由于在互动式体验销售过程中，消费者充分认识并了解产品，对产品的功能和使用都已经基本掌握，所以，能大大减少消费者作出购买决定后的不适应甚至是后悔心理，最大限度上让消费者满意。而对于美好的体验、愉悦的经历和内心的满足，人们并不吝于向同伴们传递和表达，体验之后的分享可以为品牌带来好的口碑效应。

（五）获取消费者的反馈信息

在体验中，品牌与消费者进行直接接触，也由此获得消费者的反馈信息。比如，在活动进行的同时可以展开消费者市场调查工作，也可以从旁观察或是与消费者沟通交流，了解消费者对品牌的认知、态度、满意度等。此外，让消费者参与到产品的设计中也可以让企业充分了解消费者的多样化需求，提高顾客满意度。

## 三、广告主体验营销策略

在《体验式营销》（*Experiential Marketing*）一书中，伯恩德·施密特（Bernd H.Schmitt）提到：体验式营销主要基于洞察用户的感官（Sense）、情感（Feel）、思考（Think）、行动（Act）、关联（Relate）五个方面，重新定义设计营销活动的思考方式。这种思考观念革新并颠覆了传统上将消费者假设为“理性消费者”的观点，体验营销观认为

消费者在表达态度、作出消费决策或实现消费行为时，应被视为理性与感性兼具的共同体，他认为企业品牌营销推广的关键环节在于关注并提升用户消费行为全过程（售前—售后）中的体验。因此，后来大部分企业在进行体验营销设计时，多围绕这五个因素出发。[①]

### （一）重视感官体验，关注即时收效

感官式体验营销的设计主要关注消费者在感受产品时感官器官的各种知觉体验，比如视觉、听觉，甚至嗅觉和味觉。反映到品牌产品设计中，即通过产品的色彩、外观、质地、结构等要素的设计实现独特的感官体验，通常会给消费者留下直接、深刻、难以改变的第一印象。因此，广告主在进行体验式营销时，要特别重视感官体验的敏感性和时效性，这在某种程度上可能决定了体验营销最终的成败。感官式体验营销的具体方式有很多，包括视觉、听觉、触觉、嗅觉等。

### （二）关注消费者情感诉求，定位明确

体验营销还可以为消费者创造一种美好的回忆。回忆是人的情感活动过程，美好的回忆要以完美的体验为前提。因此，无论是何种产品的体验营销，要想做好，都不能忽视情感的因素。广告主在进行情感式体验营销设计中，以情感诉求为导向，定位体验营销的方向，以此来满足顾客的心理需求，为其提供一种美好的体验过程，进而提升品牌美誉度。

在体验营销活动中，想要通过情感来打动消费者，创造相关情感体验，广告主需要了解什么是消费者内心真正的情感需求，什么内容可以刺激消费者的情绪从而引发关注。但需要关注的是，针对消费者情感的体验营销活动设计不宜刻意，应令消费者在较为自然的体验氛围中受到感染，以免适得其反，招致消费者反感。同时，要能够抓住消费者的兴奋点或者情感痛点[②]，才能令消费者在体验的过程中感同身受，产生一种归属感。

### （三）创新消费者思考式体验，开启头脑风暴

思考式体验营销设计，顾名思义，就是通过带动消费者思考，启发其智力，运用惊奇、计谋和诱惑，引发消费者产生或统一或各异的想法，创造性地让消费者获得认识和解决问题的体验。通常在高科技产品宣传中，思考式体验营销被广泛使用。发布于 1997 年的“Think different”，是苹果公司当年创作的广告口号，曾用于苹果公司产品知名的电视广告与广告印刷品中。在各种大型广告路牌、墙体广告和公交车身，随处可见“Think different”。当“Think different”的口号不停启发受众去思考苹果产品的独具一格时，也不断刺激他们思考自己的与众不同。同时，这种智力比拼的体验也令苹果产品用户意识到自己在创意方面的天赋。

---

① 伯恩德·施密特．体验式营销［M］．北京：中国三峡出版社，2001：18.

② 所谓痛点，是指消费者在体验产品或服务过程中期望没有得到满足而造成的心理落差或心理对比。

（四）延伸用户行动式体验，革新生活方式

行动式体验营销的目标是影响人们的日常行为、生活形态，广告主通过提供不同的体验活动，展示不同的生活方式、生活形态，进而影响其消费习惯。这类生活形态的改变可以是被激发或者自发的，也可以是受到舆论营销的启发或者由意见领袖推荐的。如飞利浦医疗联手 @39 健康官方微博平台，借热词“万万没想到”在网络造势，创意性地发起“睡眠日”活动，并以 # 万万没想到 # 为话题展开睡眠呼吸暂停的危害调研活动，成功引起媒体的广泛关注。随后，其官方微博趁热打铁，发起互动话题，号召网友围绕调研结果展开讨论，引发网友普遍关注，并通过社会化媒体平台形成大量 UGC 内容，而网友大量的转发、评论、分享迅速引起病毒式传播。另外，飞利浦医疗通过将线上 PC 端用户沉淀至移动端微信平台，成功将消费者引流至线下体验中心，使进一步转化为实体交易成为可能。①

（五）升华联想式体验，优化体验过程

体验营销在为消费者提供感官、情感、思考和行动等基础体验感受的同时，还为消费者创造了更高层次、更深层次的体验感受：升华、丰富联想式体验。相较于传统的、基础的联想体验，关联式体验着重于将消费者置于与更广泛的社会系统的关联体验中，从而挖掘消费者内心的潜在真实需求，令其建立对某种品牌的偏好。化妆品、快消日用品、私人交通工具等与社会广泛联结的行业领域一般较适宜采用关联式体验营销。如哈雷·戴维森就已经和其独有的骑行文化形成了品牌关联性，除了每年阶段性的试驾体验活动以外，哈雷·戴维森常年举行年度全国骑行活动，各地经销商也会定期组织骑行活动，让消费者在骑行过程中感受乐趣，释放追逐梦想的激情，以形成正面的品牌关联。

**链接：7-11 为消费者创造极致体验②**

7-11 已经成为日本消费文化的一个代表。7-11 源于美国，它的前身叫南大陆制冰公司，诞生于 1937 年，主要制造冰块。后来为了扩大经营规模，这家公司开始售卖洗衣粉、面包、鸡蛋、酸奶等日常用品。十年之后，这家公司更名为 7-11。这个名字的含义是，倡导一种早睡早起的生活，七点起床，十一点睡觉。20 世纪 70 年代，日本伊藤洋华堂的铃木敏文将 7-11 引入日本，开启了 7-11 的伟大之路。

1975 年，7-11 连锁加盟店发展到 69 家，营业额突破了 48 亿日元，更可喜的是福岛县郡山市的虎丸店，创造了 24 小时全天候营业的业界新例；1980 年，连锁加盟店多达 1 000 家；1984 年，连锁加盟店达到了 2 000 家；1990 年，连锁加盟店翻了一番，达到 4 000 家；1995 年，连锁加盟店超过了 6 000 家；1999 年，连锁加盟店达到了 8 000

① 崔文花，史航，韩溢，孙珺 . 谁在颠覆商业？ 2014 中国创新营销峰会解密［J］. 成功营销，2015（1）.

② 资料来源：《7-11 如何塑造出令人发指的用户体验》，中国广告网，2015 年 4 月 9 日，http: //search.cnad.com/html/Article/2015/0313/2015031311232526.shtml，有删改。

家；2001 年，连锁加盟店发展到 9 125 家……即使在 1989 年，泡沫经济崩溃时期，这家公司依然逆势增长，铃木敏文托管了 7-11，成为这家美国便利店集团的实际掌控者（如图 15–7）。

铃木敏文是个有远见的企业家，他不仅依靠伊藤洋华堂这个大财阀，而且也敢于和墨守成规的财阀作斗争。那么，他究竟为何能让 7-11 成为零售业的王者呢？ 7-11 的成功离不开其为顾客创造的极致消费体验。

图 15–7　铃木敏文

铃木敏文要求每一个管理者对每一种产品、每一家店铺、每一个员工都要有充分的了解。他特别要求每家店铺都要对员工进行服务方面的培训，让他们给消费者最好的体验。比如，7-11 卖盒饭，有些顾客到晚了，盒饭售罄。这时候，7-11 的店员会提醒你，去隔壁的便利店也能买到，有的甚至还给你推荐他们家哪种盒饭好吃。

这对很多企业来说是难以想象的，就好比你去索尼的柜台问松下的店铺在哪儿。铃木敏文以为，给客户好的服务才能获得他们的认可。他自己也善于听取消费者的意见，比如，有个顾客给他写信，说价签标错了，但员工当时态度不太好，只是冷冷地说："标错了，不是这个价格。"铃木马上给这家店铺写信，要求整改，犯错必须道歉。

铃木敏文对大部分产品有着惊人的了解，而且他倡导一种新的生活方式来改善用户体验。比如说，经过证明，桃子放在冰箱里三个小时之后的味道是最甜美的，于是，他就在店铺里张贴海报，告诉消费者如何能吃到口感最佳的桃子；大米也是如此，长时间存放大米会影响口感，7-11 提出，要把大米放在冰箱里，而消费者每次购买都要适量。

7-11 很多产品是供货商提供的，并没有写明使用方法。针对这样的产品，铃木敏文要求员工自己试吃、试用，然后为消费者提供使用方法。比如，他们曾经售卖一种方便面，包装上没写使用方法。铃木敏文让员工自己挨个泡，结果找到了最佳口味的水量，然后贴了一个小告示在方便面的包装上，告诉消费者怎么泡。再比如说糖果，每次有新产品来，铃木敏文都会要求员工观察糖果几天会化开，然后提示消费者要在几天之内吃完。为了规范结算时的待客行为，给顾客良好的结账体验，他专门印制了“待客行为效果表”，要求每一位店员不折不扣地做到：顾客结算时，必须高喊“欢迎您”；面对顾客时，同事之间不能窃窃私语，不能随便聊天；结账时要清楚地说明每件商品的名称、价格；确认顾客预交款时，在未完全算完账之前，不能把预交款放进收款机；在顾客购买盒饭或食品时，要询问“需要加热吗？”；顾客等待时，一定要说“让您久等了”；只有一个人结账，而有很多顾客等待时，要向同事高喊“请给顾客结账”；当很多顾客在另一处等待结账时，要说“请到这边结账”；加热后的商品必须手持交给顾客，以保证商品是温的。

## 本章思考题

1. 社会化媒体营销、移动营销和体验营销的联系和区别分别是什么？
2. 社会化媒体营销的特点和策略有哪些？
3. 移动营销的特点和策略有哪些？最新案例有哪些？移动营销有哪些新特点出现？
4. 体验营销的特点是什么？广告主在运作体验营销的过程中有何经验和挑战？

# 第十六章　主题性整合营销传播

## 第一节　事件营销

### 一、什么是事件营销

事件营销在英文里叫作 Event Marketing，国内有人把它直译为“事件营销”或者“活动营销”。事件营销是企业通过策划、组织和利用具有名人效应、新闻价值以及社会影响的人物或事件，吸引媒体、社会团体和消费者的兴趣与关注，以求提高企业或产品的知名度、美誉度，树立良好的品牌形象，并最终促成产品或服务的销售目的的手段和方式。

简单地说，事件营销就是通过把握新闻的规律，制造具有新闻价值的事件，并通过具体的操作，让这一新闻事件得以传播，从而达到广告的效果。事件营销是近年来国内外十分流行的一种公关传播与市场推广手段，集新闻效应、广告效应、公共关系、形象传播、客户关系于一体，并为新产品推介、品牌展示创造机会，建立品牌识别和品牌定位，形成一种快速提升品牌知名度与美誉度的营销手段。

### 二、事件营销的特点

#### （一）免费性

事件营销最重要的特性是利用现有的、非常完善的大众传播媒介，来达到传播的目的。由于所有的新闻都是免费的，在所有新闻的制作过程中也是没有利益倾向的，所以制作新闻不需要花钱。事件营销应该归为企业的公关行为而非广告行为。虽然绝大多数的企业在进行公关活动时会列出媒体预算，但从严格意义上讲，一件新闻意义足够大的公关事件应该足以引起新闻媒体的关注和采访的欲望。

#### （二）明确的目的性

事件营销应该有明确的目的性，这一点与广告的目的性是完全一致的。事件营销策划首先要确定自己的目的，其次要明确通过怎样的新闻可以让新闻的接受者达到自己的目的。新闻事业发展到现在，媒体已经非常精确地细分化了。通常某一领域的新闻只会有特定的媒体感兴趣，并最终进行报道，而这个媒体的读者群也是相对固定的。

（三）事件营销的风险性

事件营销的风险来自于媒体的不可控制性和新闻接受者对新闻的理解程度。如有的公司策划了事件，也引起了关注，虽然企业的知名度扩大了，但一旦市民得知了事情的真相，很可能会对该公司产生一定的反感情绪，最终伤害到该公司的利益。

**链接：丰田汽车事件营销《拖动奋进号》**

广告背景：2012 年 9 月，奋进号在完成使命后，降落在洛杉矶国际机场，降落之后将会由一辆卡车负责托运到加利福尼亚科学中心进行永久性展览。

广告产品：丰田汽车坦途系列车型，是丰田主打美国市场的轻型皮卡，一款很适合长途旅行的代步工具。

广告执行：丰田代理商美国 McCann 的广告中，人们正在为如何展现丰田坦途车系的强力动力而苦恼时，看到了奋进号即将被拉到科学中心的消息，于是立刻联系了美国航空局 NASA（当然事先有经过专家考察，是否真的能拖动），他们将负责这次的“托运”行动。丰田坦途要拖奋进号，一下就上了各新闻头条。（如图 16–1）

图 16–1　丰田拖动奋进号图片

## 三、广告主事件营销策略①

### （一）找准切入点：企业诉求点、事件核心点、受众关注点三位一体

事件作为营销的切入点，也是企业营销的契机。把握好这个契机必须管理好三个点，即公众的关注点、事件的核心点和企业的诉求点，缺一不可。事件营销首先要掌握公众的关注点，即哪种事件或者话题能够引起受众的关注。不管是“借势”还是“造势”，企业选择的事件的核心点要和公众的关注点相关联，在此基础上，把企业想要传达的品牌诉求点融入其中，要贴切、自然，让受众在关注事件的同时潜移默化地接受品牌的信息。同时，为消费者提供主动传播、交流的平台，发挥口碑效应，形成多层级的传播。

以电影《失恋 33 天》的成功营销为例，该电影以小成本获得了 3.2 亿票房，成为同期电影中的一匹黑马。该电影成功的关键之一正是以“光棍节”作为话题突围点，配合爱情、友情这些能引起普通人共鸣的主题，使节日核心点、公众的关注点和电影的诉求点高度一致，同时借助社交媒体、视频网站以及微博媒体在电影上映前后巧妙制造话题，引发大量关注。《失恋 33 天》官方微博粉丝量近 10 万，“失恋 33 天”“失恋 33 天经典语录”“失恋 33 天心语”等自制微博粉丝数都在 10 万以上，强大的社交媒体助阵让该电影迅速围捕目标观众，一匹电影黑马就这样横空出世。由此可见，平台化事件营销以事件为切入点，引爆话题后，为消费者提供主动传播、交流和体验的平台，主要借助消费者力量形成多层级、网络式传播。

### （二）持续挖掘事件营销热点，以互联网为核心展开互动，持续营销

传统的事件营销模式话语权依然掌握在广告主的手中，消费者更多地扮演了“受者”的角色。但伴随消费者自我意识的不断增强，越来越多的企业意识到应转变意识，学会和消费者共创品牌价值。而和消费者共创品牌价值的前提，即企业需要打造一个能够让消费者和企业平等沟通，分享自己的观点，并能与其社会关系网络有效互动的传播平台体系。当下，以互联网为代表的新媒体，以其开放性、互动性而成为这个平台体系的核心。

因此，事件营销平台化的核心是以互联网为核心的传播平台，与消费者分享话语权，鼓励消费者进行口碑传播；同时形成与电视、广播、线下活动等多元传播形式的有效联动。

以加多宝为例。在失去王老吉商标之后，加多宝为重塑品牌、防止市场流失，大举开展事件营销活动，提升品牌知名度、美誉度。2012 年恰逢伦敦奥运会，加多宝借助官网、新浪微博、腾讯微博、豆瓣、腾讯 QQ 等网络媒体开展了一场线上线下紧密互动的“红动伦敦，畅饮加多宝”活动，希望借势伦敦奥运的影响力，提升加多宝在消费者心目中的知名度。这次事件营销的主战场是互联网，活动分为两个阶段进行：第一阶段通过吸引消费

① 黄升民，杜国清，邵华冬，等. 中国广告主营销传播趋势报告［M］. 北京：社会科学文献出版社，2013：187.

者在网上传照片、玩游戏、组建QQ车队等形式参与活动，有机会参与伦敦助威团的评选；第二阶段是加多宝“红动伦敦之星”的评选活动，通过投票方式评选心目中的加多宝“红动伦敦之星”，支持它的网友有机会获得伦敦游基金。参与活动的网友可以通过各大社交网站进行交流、分享。该活动在电视、户外等媒体上都配合了广告投放，还开展了线下十城活动，活动现场通过红旗收集全国民众的签名祝福。历经三个多月的主题活动吸引了大批各地群众参与其中，征集到了数以万计的祝福。

这个案例体现出了平台化运作事件营销的三大优势：（1）由企业为活动传播主体向消费者为活动传播主体转变，有效增加了传播吸引力，避免了传播持续性不足的问题。（2）以互联网为核心，与电视、户外等传统大众传播媒体有机联动，既保障了传播的广泛性，又保障了传播活动的互动性、深入性，有效提升了传播效果。（3）实现了线上传播与线下地面活动的有机整合。以往，线下地面活动单点作业难以实现地面传播效果的有效扩大；现在，线上传播与线下地面活动的紧密结合、实时互动，一方面使得地面活动的相关信息被迅速传播，有助于地面活动积聚人气；另一方面，线上传播活动也获得了丰富的传播素材，且该素材来源于受众，易赢得受众的关注和认同。

### （三）依托网络及电子商务平台，形成传播与销售的有机联动

广告主事件营销依托网络及电子商务平台，实则是借助已建造的消费内容和消费行为虚拟社区，精准捕捉目标消费者和潜在消费者的注意力，吸引他们关注和参与，促成实际购买行为，促进品牌传播和销售的有机联动。

2009年，中粮集团和MSN联合推出的“中粮生产队”产业链游戏（如图16–2），一方面将集团产品植入到游戏中，传递中粮全产业链理念，寓教于乐，吸引消费者浓厚兴趣的同时提升品牌美誉度和好感度，尤其是深得白领女性的喜爱；另一方面，通过链接中粮“我买网”（如图16–3），力求将消费者注意力迅速转换成实际购买行为，提升销量。

图16–2　中粮生产队游戏

图16–3　中粮我买网

### （四）构建强大服务平台，实现舆情的有效监控及风险控制

事件营销平台化创新中，该平台不仅仅是营销传播平台，同时也能承担舆情监控、危机公关的相关职能。正如前文所述，该平台是以互联网为核心的，互联网凭借强大数据库的支持，更容易发挥舆情监控的职能和风险控制的职能。互联网通过有目的性地对话题的走向进行设置和引导，影响网民的兴趣点和关注度。同时，互联网的后台数据监测可以及时分析出舆论的导向，如果出现负面的舆论，可以通过设置或者引起话题，以及挖掘“意见领袖”等方式，使网民的关注度朝着利好的方向发展。

新媒体环境下的事件营销在增加曝光率的同时，也增加了负面影响概率。当事件成功吸引消费者注意力之后，消费者以网络为平台，通过新闻、发帖、评论等形式分享个人观点。这种自发式网络舆情信息传播迅猛、错综复杂、缺乏组织管理，一旦出现舆情危机，就会对企业品牌形象和销售业绩造成负面效应。2012 年人民网舆情监测室发布的报告指出，在过去的一年里，企业舆情危机数量呈现出持续增长态势。2011 年网络舆情危机事件总数近 500 个，比 2010 年超出近 200 个。而以互联网为核心构建的强大服务平台，在建立数据库和舆情监控上更能有力运作。一方面，防患于未然，对舆情实施高效及时的监控；另一方面，一旦舆情引导不及时或者处理不当，但是能在第一时间反应处理，化“危”为“机”，就可以避免造成网络舆论危机。构建强大服务平台，犹如建立有效网上舆情预防体系，有利于广告主事件营销成功运作。

# 第二节　体育营销[①]

## 一、什么是体育营销

在体育营销的发展过程中，不少学者都对体育营销下过定义，有人将体育营销定义为仅限于与体育行业有关的广告主营销活动，也有人将体育营销定义为任何广告主可用的一种营销手段。综合前人观点及营销实践，中国传媒大学广告主研究所认为，体育营销是指广告主利用体育赛事、体育媒体、体育组织或体育明星，以目标消费者为对象，围绕产品、服务或品牌开展的一种市场营销活动。

这个定义强调了体育营销的三个方面。首先，体育营销的核心是体育资源，这里的体育资源既包括广告主所拥有的正式的官方权益，也包括广告主所制造的与体育关联的某种有价值的关系；其次，广告主是广义的广告主，既可能是体育行业主体，也可能是非体育行业主体；最后，对于广告主而言，体育营销的本质是一种营销手段。

---

① 黄升民，杜国清，邵华冬等 . 中国广告主营销传播趋势报告［M］. 北京：社会科学文献出版社，2013：142.

## 二、体育营销的特点

### （一）体育营销可以实现广覆盖和精准传播，助力品牌传播升级

无论是传统体育竞技活动还是民间体育活动，都具有广泛的社会参与性和社会关注度，因此能够广泛覆盖相关受众。而不同区域、不同时间、不同内容的体育活动，吸引的是不同类别的受众，体育使受众自然细分，有利于广告主针对目标受众进行精准传播。通过二者结合，广告主可有效地实现品牌传播升级。

### （二）体育营销可以快速提升品牌认知度，提升品牌传播效果

聚焦眼球，吸引广泛注意力，是体育营销所具有的天然优势。体育赛事不仅吸引专业媒体广泛而深入地报道，而且也吸引消费者直接关注。再加上媒体的转播和体育爱好者的人际传播，借势体育资源的广告主，能通过这种高曝光、多级传播的信息扩散优势而迅速提高品牌的知名度和美誉度。

### （三）体育营销可以有效树立清晰的品牌形象，增强品牌感染力

体育文化和体育精神是塑造品牌形象的有力武器，它们与广告主的产品和品牌精神很容易找到结合点。基于这种结合点，体育营销所承载的品牌可以充分借用体育资源的传播平台、影响力和关注度，树立清晰的品牌形象，增强品牌感染力。

## 三、广告主体育营销策略①

### （一）提升品牌内涵的“文化渗透”策略

一般来说，广告主体育营销十分强调融合体育文化与品牌文化。年轻、健康、积极、向上的体育文化为消费者共同认可，与广告上的品牌文化也相得益彰。广告主普遍重视寻找品牌与体育文化的结合点，注重内涵融合，借助体育文化建立品牌文化系统。如青岛啤酒与 NBA 的合作。

### （二）强化消费感知的“互动体验”策略

体育本身所具有的竞技性、健身性、娱乐性和教育性等特征都与体验密切相关，因此，广告主开展体育营销常要强化消费者的切身感知，也不可避免地将体验策略融入体育营销的产品、价格、促销和品牌等具体策略中，并通过多种途径来实现体验式体育营销。

① 关于广告主体育营销运作更加翔实的情况可以参考《中国广告主营销传播趋势报告 No.6》中的《B.20 中国广告主体育营销运作报告》。

如雪花啤酒的“勇闯天涯”活动。

### （三）发挥放大效应的“灵活寄生”策略

基于大型赛事的体育营销活动是高投入和高风险的，这对于很多规模小的广告主而言，门槛显得比较高。但显然中国广告主已经懂得并非常重视充分放大体育资源价值，因为大企业营销内容本身不可能面面俱到，而小企业通过精心策划找到机会，完全可以以较少投入达到既定营销目的。“灵活寄生”就是要充分发挥体育资源的价值，放大营销传播效果。这主要适用于规模相对较小、资金相对有限、活动范围相对有限的广告主。如可以赞助优秀运动员，还可以举行与赛事有关的营销活动。需要注意的是，这种策略具有一定的风险，稍有不慎可能引来法律层面的纠纷。

### （四）注重整体与长效的“大局整合”策略

在整合营销传播的观念引导下，中国广告主在营销实践中的整合意识已普遍增强。而体育营销作为广告主的营销工具之一，服务于广告主的整个营销战是企业整体营销活动的有机组成部分。在开展体育营销的过程中，广告主体育营销十分注重整体与长效的“大局整合”观，这主要体现在三个方面：一是营销手段的协调整合，尤其是注重线上线下的整合已成为广告主的共识；二是多种媒体平台的联动整合；三是营销策略的长期与短期整合。

#### 扩展阅读：华为体育营销之路①

华为近年来深耕体育营销，从最早冠名足球赛事，到运用自己的专业技术与俱乐部深入合作改建球场，再到专属定制，华为这一步步的体育营销脉络清晰，并且不断深化及创新合作模式。通过一系列的体育营销手段，华为逐渐积累起了品牌美誉度，基本实现了其向 B2C（Business to Customer）转型的战略部署。梳理华为几年来的海外足球之旅可以看出一条清晰的脉络：从简单赞助比赛到赞助球队，通过技术改造球场再到专属定制，华为的足球营销合作不断加深。

2011 年 7 月，华为宣布独家冠名赞助 2011 意大利超级杯比赛，这是华为首次切入体育营销。凭借这一赛事，华为开始大力推广手机，并由运营商路线的 B2B（Business to Business）模式一举走向消费者品牌路线的 B2B2C（Business to Business to Customer）模式，这次“首秀”的投入金额高达千万元人民币，此外华为还为赛事活动推广支出了一笔不菲的费用。

从 2013 年开始，华为推出了“敏捷场馆”解决方案。比如，华为在德国多特蒙德主场西格纳尔·伊杜纳公园球场铺设的欧洲最大的球场无线网络，可以为场内 8 万余名

---

① 黄瑶．从简单赞助到专属定制华为体育营销步步为营［EB/OL］．（2015-3-21）［2017-11-18］．http：//it.sohu.com/20150321/n410100437.shtml.

观众和全体工作人员免费提供Wi-Fi，球迷甚至可以在第一时间接收到比赛双方的首发阵容等信息推送。

之后，从2013年下半年开始，华为终端连续赞助了德甲多特蒙德、意甲AC米兰、英超阿森纳、法甲巴黎圣日耳曼等诸多传统欧洲强队。东欧和中东地区同样处于华为品牌营销的覆盖范围之内。2013年8月，华为冠名了第五届中东地区青年海湾杯足球赛，2014年6月又成为俄罗斯足协官方合作伙伴。

冠名合作显然不能满足华为的胃口。中国"风投教头"汪潮涌认为，身为赞助商，如果华为只是提供资金支持，其形象往往只能停留在服务提供者的角色。只有深入合作，找到与体育关系更密切的结合方式，才能体现品牌与体育相契合的内涵与价值。

2014年年初，华为联合AC米兰和阿森纳推出限量版的G7和P7手机，使得其合作从简单的赞助走向了产品的直接定制服务，带动了很多球迷和粉丝购买华为产品。

此后，作为其官方合作伙伴，华为与巴黎圣日耳曼俱乐部共同举办球星见面会，并巧妙地安排"大巴黎"超级球星卡瓦尼与乒坛世界冠军王皓进行了一场跨界乒乓球对决。而王皓所使用的"乒乓球拍"正是一部P7，这一举措让P7成为这场比赛中最受网友关注的"主角"，也让华为通过与消费者的积极互动，逐渐摆脱单纯的"赞助者"形象。

如今，华为通过体育营销扩展当地市场的战略已在全球铺开。在美国推广布局中，华为为避开和中兴"撞衫"NBA，转向深受美国人喜爱的职业橄榄球联赛。2014年11月，华为成为华盛顿红皮队官方合作伙伴，并承诺为有8.5万个座位的红皮主场FedEx球场提供无线网络信号，这是华为在美国的第一次大型赞助。2014年12月，华为在纽约时代广场的广告屏幕上打出了Honor 6 Plus手机的广告。美国作为华为全球重要的战略市场，华为未来将加大投资，也会有更多的终端产品在美国上市。华为在美国的销售渠道采取运营商和公开市场双管齐下的策略，其中自有电商网站也是公开渠道的一部分。

除欧洲和美国市场之外，印度超级板球联赛（IPL）的班加罗尔皇家挑战者俱乐部（RCB）和澳大利亚橄榄球联盟堪培拉奇袭队也进入了华为的赞助名单。尽管2012年华为曾被禁止参与澳大利亚国家宽带网络（NBN）项目，但是它并未放弃澳洲市场，而是将体育营销作为突破点，希望找到本土企业加入华为全球供应链。

## 第三节 公益营销

### 一、什么是公益营销

1988年，Varadarajan和Menon对公益营销作出了最早的定义：制定并实施营销活动，在活动的开展过程中，以消费者发生的购买行为及为公司带来的收入为基础，对于某项事业给予一定比例的赞助，最终实现组织（企业和非营利机构）与个人（消费者与中间商）双方的目标。从这一定义可以看出，公益营销自产生之初就强调依托公益活动，是一种使企业、非营利组织和消费者三方获得价值共赢的手段。在其后的二十多年中，诸多学者对公益营销的定义进行了不同的修改和创新，但是围绕公司活动实现三方价值共赢的核心始终没有改变。结合中国市场和公益营销在中国的发展和应用，本书将公益营销定义为：以公益活动为载体，整合利用多种传播手段，以提高产品销量、树立良好企业形象、构建企业与消费者和其他利益相关者长期良好关系为目标的营销行为。①

**扩展阅读：公益营销的起源**

公益营销的起源可追溯到1981年，美国运通公司为帮助旧金山某一艺术团体募集基金，采取一项新措施，即当每一次信用卡消费或申请新信用卡时，美国运通公司便捐出一定比例的所得给该艺术团体。由于在此区域的市场测试结果非常成功，美国运通公司将此种营销手法以“Cause-Related Marketing”（公益营销）的名称申请了专利。

到了1983年，美国运通公司又与艾丽斯岛自由女神像基金会合作，共同为修整自由女神像募集基金；这项营销活动在短短三个月内，共募集到了一百七十多万美元，超过预期目标的三倍多，而美国运通卡的使用率也比前一年同期增长28%，并且发行了大量的新卡。自此，公益营销的合作方式就广为各种营利与非营利组织所采用。

## 二、公益营销的作用

公益营销在进入中国之初，其功能就已经被广告主所认知和认同。近年来，公益营销之所以受到众多广告主的青睐、被越来越多的学者关注和研究，不仅由于公益营销作为一种营销手段能为广告主带来商业效益，更是由于当下市场竞争日益激烈、营销传播日益复杂，公益营销的功效已经有了进一步的提升，广告主需要借助公益营销有所作为。

### （一）公益营销更容易获得消费者好感，从而提升形象、实现销售

广告主通过对公益事业的支持，可以使企业得到较高的关注度，更容易获得消费者好感。同时，随着消费者需求的变化，追求更加美好的世界并对社会有所贡献成为消费者的期待，公益营销作为企业为消费者提供公益行动的平台，能够为消费者带来一种为公益事业做贡献的满足感，使消费者能够从公益营销中感受到自我价值和社会价值的提升。在当前所处的营销传播3.0时代，广告主需要洞察并满足消费者最深层次的精神需求，即与消费者共同创造更加美好的社会。公益营销为消费者渴望奉献社会的需求提供平台，能够在

① 黄升民，杜国清，邵华冬等.中国广告主营销传播趋势报告［M］.北京：社会科学文献出版社，2013：193.

纷繁复杂的媒体环境中获得消费者的关注和好感。

### （二）在为广告主进行形象提升的同时，形成危机事件的“防洪堤坝”

近年来危机事件频发，危机事件对广告主的企业形象有着重要的影响，因此危机公关已经成了众多广告主的必修课。真正的危机公关应该是广告主的一种观念，广告主应树立良好的危机管理意识并建立完善的舆情监督体系，同时要在日常的营销传播活动中着重培养积极向上的企业形象，而公益营销则是实现这一营销传播效果的良好途径。广告主通过对公益活动的营销，树立良好的社会形象，一旦危机事件发生，前期所进行的公益营销活动就会缓冲或降低事件的负面影响，公众由于前期培养出的对于企业的好感和信任，会对新闻报道产生质疑，而不是对企业产生质疑，从而在维护并提升企业良好形象的同时，形成危机事件的“防洪堤坝”。

### （三）形成广告主与利益相关者关系维系的长效机制

广告主的利益相关者对于企业的生存和发展有着至关重要的作用和意义，而公益营销则能够帮助广告主通过营销活动建立与利益相关者之间的良好持久关系。在公益营销的活动中，广告主为公众提供了参与公益的平台，满足公众渴望贡献社会的期望；通过公益活动树立的良好社会公民形象，能提升企业员工和股东的自豪感；而公益活动对社会所做的贡献、回馈，无疑会获得政府的支持，从而强化与政府的关系。

#### 链接：熔盛重工“玉树助学行”公益营销案例[①]

**营销背景**

2010年，熔盛重工重启上市之路，通过硬广宣传、专题推广，为熔盛重工上市成功造势，推广其在民族企业当中的影响力。作为中国工业的领航员，熔盛重工代表着工业品营销新的方向。熔盛重工借助此次玉树捐款进行公益营销，从局限的行业圈跳出来，放眼社会大舞台，打造企业品牌新形象。

**营销策略**

从关爱儿童的角度出发，资助玉树儿童来上海参观世博会，同时捐赠2 000个爱心书包至灾区小学，爱心书包由网友DIY，从七件候选礼品中挑选三件装入，最终由熔盛重工出资在线下完成捐赠行为。

**创意亮点**

项目的整合性。从资助玉树儿童参观，到线上网友书包DIY，再到线下赠送仪式，最大限度地整合了凤凰网的线下执行资源与线上的公关资源。

项目的参与性。有别于普通的捐款行为，助学行的核心环节——邀请网友DIY爱心

① 资料来源：梅花网，2011年7月15日，http：//www.meihua.info/a/61461，有删改。

书包，让网友不再只是一个公益活动的看客，也成为其中的一分子。

**执行过程（如图 16–4）**

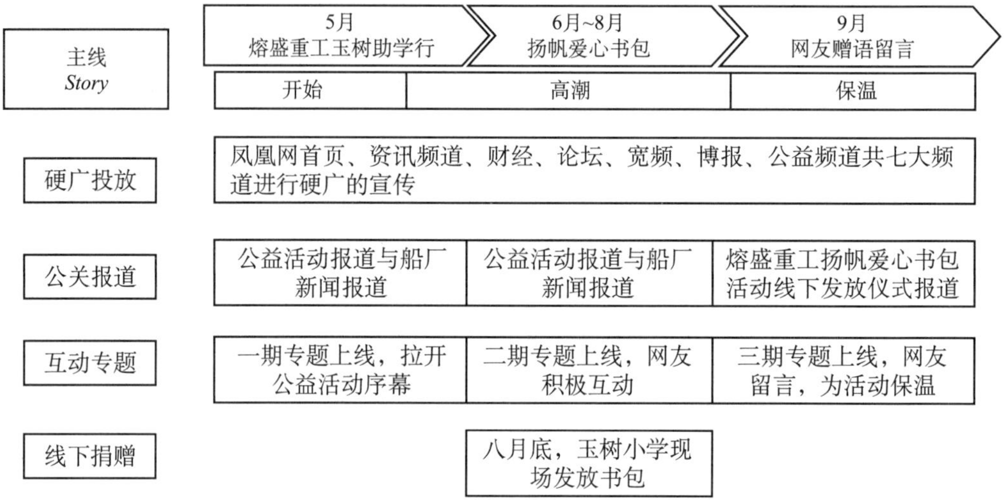


图 16–4　玉树助学行执行过程

**效果反馈**

从玉树儿童赴上海参观世博会，到玉树小学书包捐赠，以及创意性地由网友 DIY 书包捐赠的形式，使得项目无论从公关上还是互动上，均取得了客户的高度认可。取得了“印象数 55 亿、点击数 1 200 万、覆盖独立用户数 860 万”的成绩。

## 三、广告主公益营销传播特征①

### （一）公益营销主体日益多元化

随着公益营销的不断发展，其营销主体也日益多元化。近两年开展公益营销的广告主已经不仅仅局限于民营企业，国企、央企也正逐步加入到公益营销的行列当中。国企、央企肩负着率先践行社会公益的责任，在市场竞争中公益营销意识逐渐增强、公益营销策略逐渐成熟，力图以扎实的社会责任行动为其进行品牌建设打下坚实的基础。

作为亚洲最大的航空公司和天合联盟的重要成员，中国南方航空（以下简称为“南航”）主动承担和履行社会责任，不断追求经济效益和社会责任的高度统一，将社会责任整合到公司发展战略和企业文化之中。南航于 2005 年出资 2 000 万元人民币成立“十分”关爱基金会，每年从每张机票款中捐出“十分”钱注入该基金，年注入金额约 600 万元，投入助学兴教、扶贫济困、赈灾救援、抗击疫情等社会公益活动。南航“十分”关爱基金会的名称具有双重含义：一方面“十分”表示南航按照每年运送旅客数量从每张机票款中

① 黄升民，杜国清，邵华冬等 . 中国广告主营销传播趋势报告［M］. 北京：社会科学文献出版社，2013：196.

捐出“十分”钱注入该基金，另一方面也代表南航对履行社会责任、支持公益事业十分关注。[①] 在完善、持续的公益活动基础上，南航同时进行了适时的、相应的营销传播。首先在基金会成立之时，举行了官方的捐赠仪式，受到了多家媒体的报道；其次针对南航的自有乘客，通过舱内高端杂志和舱内移动电视播放公益视频短片进行公益活动的传播，使南航的企业文化、品牌精神和社会责任感充分地、完全地展示给消费者。南航通过“十分”关爱基金会，唤起了消费者对品牌的信任和好感，借由企业对社会责任的实现，使消费者获得渴望贡献社会的精神追求，为企业创造了巨大的品牌价值。在世界品牌价值实验室编制的 2010 年度《中国品牌 500 强》榜单中，南航的品牌价值已达到 188.24 亿元，并连续多年榜上有名。

### （二）公益营销主题定位日益创新多样

公益营销活动的增多，引导了企业的良性发展，促使广告主在营销内涵上不断拓展，在营销手段上不断创新。民企近年来在公益营销的操作手段上进步显著，正在从单一的因公益而公益，逐步打开思路，发掘与企业文化或精神所匹配的主题内涵，用创新独特的公益营销吸引受众的关注，避免营销传播活动淹没在信息爆炸的媒体环境中。

在公益营销发展的早期，广告主多是围绕当前所遇到的重大社会事件、灾难展开，或根据自身的行业属性践行社会责任并加以传播，如食品行业的食品捐赠、家电行业的节能环保等。为了在众多的公益营销活动中脱颖而出，一嗨租车选择了反其道而行之的定位，开展了独具特色的公益营销。国内汽车租赁行业虽然刚刚起步但成长迅速，竞争也日趋激烈，一嗨租车副总裁蔡礼洪在介绍公司的发展策略时指出，这个时期恰是企业间形成差异化的最好时机，只有创新才能形成区隔，才能形成独特性。[②]

在这样的发展策略指导下，一嗨租车的营销传播不以宣传企业提供的租车服务出发，而是定位于宣扬低碳环保的公益活动，用公益营销来提升品牌内涵，并将其融会贯通，结合到企业的一些品牌推广和市场活动当中。2012 年 3 月，一嗨租车在上海朱家角开展“绿色出行，低碳生活”公益植树行活动，由一嗨员工和新老用户之中的数十位志愿者参加；2012 年 5 月，一嗨租车开展了“公益天使快闪行动”，在上海虹桥火车站帮助旅客解决困难，送出环保袋和纸巾；在北京地铁站送出印有绿色出行的地铁卡套和地铁票。[③] 在这次“公益天使快闪行动”中，一嗨租车对参与活动的天使们都事先经过了严格的选拔，引发第一次宣传热潮。同时在活动期间借助微博开展有奖转发活动，鼓励网友拍摄一嗨天使照片。除此之外，一嗨租车还开展了春节“嗨语”送温暖行动、嗨友会“以物换物”自驾游

① 资料来源：《南航“十分”关爱基金会》，中国南方航空官网，http：//www.csair.com/cn/about/static/shehuizerenbaogao-more.shtml。

② 张文强 . 租车市场的非价格竞争［J］. IT 经理世界，2008（21）.

③ 黄春棉，刘润梓 . 绿色出行低碳生活：一嗨租车公益植树［EB/OL］.（2016-03-25）［2017-11-20］.http：//auto.people.com.cn/GB/17429246.html.

活动等，在体现一嗨租车专注于服务的企业文化和高度的社会责任感的同时，也使得企业知名度快速上升，在竞争日渐升温的租车市场中脱颖而出。

### （三）公益营销在广告主营销策略中的地位日益提高

随着市场竞争的日益激烈，多元化的营销传播手段层出不穷，由于公益营销的巨大价值和广告主对社会责任的大力关注，公益营销在广告主营销传播策略中的地位日趋显著。根据中国传媒大学广告主研究所 2011 年广告生态调研数据显示，在被访广告主除广告传媒手段外所采取的传播手段中，公益营销已经以 69.9% 的份额跃居第二位（如图 16–5）。

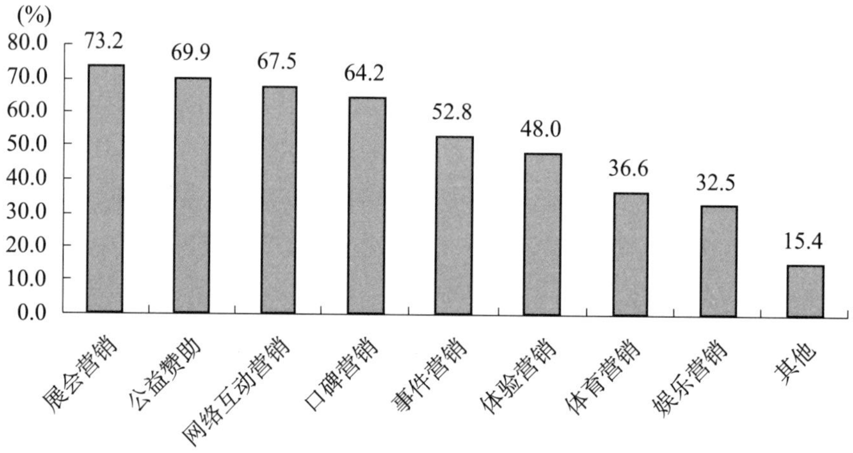


**图 16–5　2011 年被访广告主除广告传媒手段外所采取的传播手段**

数据来源：中国传媒大学广告主研究所广告主生态调研数据

### （四）公益营销传播渠道新媒体运用逐渐增多

广告主的营销传播活动随着媒体环境的变化而不断改变，公益营销亦不例外。在新媒体环境下，公益变得更加便捷、简单、透明，社会化媒体和电子商务构筑成新的公益平台，拥有大众性和迅速传播性，真正实现了公益的平民化、常态化。基于种种新媒体的公益营销方式，不同于传统媒体营销的强势投放，以新颖的创意和契合消费者精神追求的内容来吸引消费者，虽然大大降低了营销投放费用，却大多发挥出了“四两拨千斤”的神奇作用。

2011 年，家具行业领头羊红星美凯龙在其成立 25 周年之际，选择在官方微博上发起一项主题为“城市公益森林”的环保公益活动，根据微博粉丝的转发数量，红星美凯龙种植相应数量的树木，通过网友的不断参与，将环境从树木变成绿色森林。[①] 近年来，全球

① 魏星 . 红星美凯龙 25 周年倡导城市公益“森林”活动［EB/OL］.（2011–05–26）［2017–11–20］. http://news.house365.com/gbk/szestate/system/2011/05/26/010314943.shtml.

环境危机已经受到全世界人民的关注，越来越多的公众渴望为环境保护做出贡献，但由于多种客观因素的限制，真正付诸行动的公益活动并不多，而红星美凯龙此次的环保公益活动，通过微博的简单转发就能够为世界种植更多的绿色树木，这种方式让网民更容易接受和乐于转发参与。同时，为了吸引更多的人关注公益事业和此次微博活动，活动中设置了各种奖项来鼓励公众参加公益活动。在整个活动过程中，红星美凯龙以公益环保为中心，依托微博平台宣传自身的公益活动和公益理念，并与消费者进行了积极、及时的互动。新媒体改变了广告主的公益营销策略，同时也改变了公众参与公益营销的方式，对公益营销的影响范围和到达深度都有所拓展。

# 第四节 娱乐营销

## 一、什么是娱乐营销

所谓娱乐营销（Entertainment Marketing），就是借助娱乐的元素或形式将产品与客户建立联系，从而达到销售产品，培养忠实客户的目的的营销方式。从娱乐营销的原理分析，娱乐营销的本质是一种感性营销，感性营销不是从理性上去说服客户购买产品，而是通过感性共鸣从而引发客户的购买行为。

## 二、广告主娱乐营销策略①

### （一）形式选择：冠名赞助仍为主流，但植入、体验、互动等其他方式不断增加

1. 品牌冠名与赞助持久发力，实现双方联动共赢

目前，品牌冠名与赞助仍然是广告主最常选用并且投放费用一路走高的娱乐营销策略之一。如《中国好声音》在2014年的冠名费飙升至2.5亿元；《我是歌手》也并不逊色，紧随其后达到2.35亿元（如图16–6）。②目前，很多企业已经不再秉持只要节目有收视率，无论与自身形象是否契合，都不惜掷重金争抢冠名权的“粗放式”冠名方式了。越来越多的广告主会首先建立节目与品牌的内在联系，进行节目与品牌的双向沟通；其次，考量品牌价值、节目话题点、目标消费者的娱乐诉求三个方面的契合度；最后，采用多屏联动、多平台整合、见缝插针式的补充营销，实现品牌与优质节目双方联动共赢。

① 黄升民，杜国清，邵华冬，等．中国广告主营销传播趋势报告［M］．北京：社会科学文献出版社，2015：97.

② 艺恩咨询．2013—2014年中国娱乐营销市场报告［EB/OL］．（2014–01–02）［2017–11–18］．http：//wenku.baidu.com/view/a96c81b78486 8762caaed550.html.

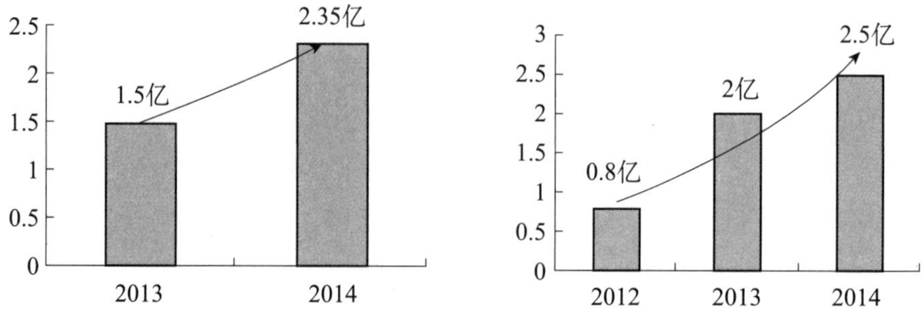


**图 16-6 《中国好声音》及《我是歌手》冠名费**

数据来源：艺恩咨询《2013—2014 年中国娱乐营销市场报告》①

2014 年 7 月，创维集团成为中央电视台三套大型室内真人秀魔术节目《大魔术师》的网络独家冠名商，这是创维集团初次试水娱乐营销。创维集团借助《大魔术师》打造了超快感先生这一角色，建立与节目的联系，实现了与节目的沟通。利用超快感先生的辣评制造品牌与节目的热点话题，聚合了自身的粉丝群体，起到了突出的内容输出作用，受到了魔术爱好者、明星粉丝及网友最直接的关注，令创维品牌与产品收获助益，实现了节目与品牌的联动共赢。

2. 深度植入，社会化媒体口碑传播助力娱乐营销

当下，广告主在进行品牌植入的过程中，通常会用更全面的角度和更多元的思维进行尝试或筛选，不仅仅停留在对一个节目、一部电影本身质量、热度的评判上，更要考量这部作品是不是适合企业本身，是不是符合品牌形象，这种营销策略是不是符合当下企业自身的发展定位等。

首先，从企业自身特点出发进行植入式广告的决策。广告主要充分考虑自身特点，包括行业特性、品牌发展周期等，由此慎重考虑是不是要进行植入、进行哪些内容的植入、是否植入自然。例如，快消品、电子产品之类的行业就比较容易将自身的产品品牌信息融入各种影视作品中，因为这些行业往往涉及人们的衣食住行，与日常生活联系紧密。而对于那些较难融入其中的行业，像金融业，它们可能就需要一个恰当的对接点，以出其不意的方式传达广告信息。

例如，奢侈珠宝品牌 Tiffany（蒂凡尼）联手电影《了不起的盖茨比》（*The Great Gatsby*）制片方展开积极合作，将品牌及产品完美地融进电影剧情中（如图 16-7）。在影片中，Tiffany 成为男主角盖茨比和女主角黛西身份地位的象征，戒指、项链等珠宝首饰，频频出现。影片讲述的是上流社会的奢华生活，因此如此大频率地出现珠宝并没有显得突兀，反而为影片增“光”添“彩”。除了植入外，Tiffany 还同步推出了 Tiffany&Co.The Great Gatsby 系列高级珠宝。电影的热映及观众自发形成的口碑通过社会化媒体发酵升温，

① 艺恩咨询.2013—2014 年中国娱乐营销市场报告［EB/OL］.（2014-01）［2017-11-18］. http://wenku.baidu.com/view/a96c81b784868762caaed550.html.

使得 Tiffany 的关注度迅速提升。华丽的珠宝首饰不仅令目标消费者中的精英人群找到了身份认同感，同时也吸引了一些希望得到认同的次精英阶层。①

图 16–7 《了不起的盖茨比》中 Tiffany 植入

图片来源：《2013 品牌娱乐营销大盘点》②

其次，整合联动，深化品牌影响力。消费者每天要接收大量的关于品牌传播的信息，然而人脑对于广告信息的接收和存储容量是有限的，如果信息不能够及时得到强化，那么被消费者遗忘的几率就会大大增加。植入式广告要想取得良好的效果，还需善用前期造势、后期促销推广活动以及相应的媒体广告、公共事件进行良好的配合，只有保证每个环节的完善，才能保证最终的广告效果。

3. 体验、互动增强，强化消费者的品牌记忆

广告主通过制造有趣、幽默的娱乐内容，并向消费者提供鉴赏、投票、评论、个性创作等各种参与机会，引导消费者参与互动，形成口碑传播，为娱乐营销造势。另外，广告主还可借助开发 APP 应用、标识二维码、引导热门话题讨论等手段，吸引消费者主动参与体验，与品牌或者代言明星进行互动娱乐，拓展品牌与消费者的沟通空间。

2014 年，在热播的《我是歌手》第二季中，京东即整合移动端资源，实现双屏互动，打通线上、线下网络。在《我是歌手》火爆上演期间，京东在北京朝阳大悦城开展了线下营销活动。京东在此次活动中别出心裁，通过巨型装置与体感设备，吸引路人驻足，路人可以在巨型互动礼品机屏幕参加挑战，由体感设备捕捉手臂动作，摇动次数达到一定数量即可赢取保暖围巾、京东购物券等礼品。同时线下活动和电视媒体相配合，京东 APP 在

①② 《声屏世界·广告人》编辑部. 2013 品牌娱乐营销大盘点［J］. 声屏世界·广告人，2014（2）.

其原有功能“摇啊摇”上开发新玩法——喜摇摇。作为《我是歌手》第二季的独家电商合作伙伴，广大观众在观看比赛之余可以参加移动客户端互动抽奖新玩法。在《我是歌手》播出时间段，只要打开京东 APP 点击“喜摇摇”摇晃手机，即可获得京东优惠券或现场门票。用户可通过二维码扫描、应用市场等下载升级京东客户端最新版本，登录“我是歌手喜摇摇”版块参与摇奖，而且通过这款 APP 还可实现电视和手机的双屏互动。京东利用这种情景体验式的营销方式激发观众的参与，其将传统电视与手机结合，整合多屏进行互动，并且由线上带到线下，用一种更加“另类”的植入方式吸引了观众的关注与参与。借助多样的娱乐营销方式，也令京东的品牌形象与理念更加直接、深刻地留在消费者的脑海中。

### （二）内容打造：增强娱乐内容话题性，借力社会化媒体，助推话题扩散

打造热点话题历来是争夺受众有限注意力资源的重要手段之一。话题内容中所蕴含的要素多具创意性，抓人眼球，进而引发公众讨论，形成病毒性传播，打造舆论声势。当下，广告主的营销行为已经进入“品牌即内容，内容即广告”的时代，营销行为要充分考虑消费者的关注点、兴趣点。产品配合优质的、话题性的娱乐内容就是广告。没有娱乐内容架构的沟通桥梁和深度关联，品牌对于消费者来说便是水中望月，具有距离感。

社会化媒体的圈层化让话题性内容的传播更加精准，同时，也改变了过往将流量入口设置为企业官网或者要求用户主动搜索的不确定模式，有效控制了过高的流失率，大大提高了信息的到达率，扩大了传播范围。另外，娱乐内容本身就是消费者价值认知的一种体现。就读书来说，有人追捧韩寒，有人喜欢郭敬明，有人支持高晓松……企业可以根据消费者的喜好制造热点话题，带动社会化媒体造势病毒性传播，为品牌打造认知度，并转化为营销价值。例如，2014 年电影暑期档较有关注度的电影都是粉丝经济和内容族群的代表：郭敬明、韩寒、邓超等，他们均非电影导演出身，而是从作家、演员、歌手、网络短片导演转行而来，且大部分都是 80 后，仅仅通过在社会化媒体上制造热点话题，并联手微博等平台形成支付入口，实现从社会化媒体向线下影院的交易转化，变现了粉丝及社群效应。《分手大师》《后会无期》《小时代 3》等票房均超过五亿，为传统的电影营销上了生动的一课。

2013 年，德尔惠周杰伦演唱会活动的传播，借助了微博、微信等社会化媒体平台，“以小博大”，取得了不俗的营销效果。在确立活动传播目标之后，德尔惠确立了多平台进行活动传播的策略，以社会化媒体为核心，建立了品牌活动多平台、多入口模式，提高了活动参与度和传播效率。2013 年 5 月 17 日，周杰伦 2013“魔天伦”世界巡回演唱会在上海启动，德尔惠作为演唱会“唯一指定装备”的品牌推广计划也随之启动，通过赞助成都、武汉、广州、杭州、南宁、西安六站演唱会，以线上活动搭配演唱会场内、场外互动活动为主体，配合公关软文、自有平台微博话题营销，与目标消费者保持密切沟通，建造全方

位整合营销。在强化德尔惠与代言人之间的形象契合度的同时，利用周杰伦的号召力，提升德尔惠品牌美誉度及影响力。同时，通过品牌资源的落地，也为将线上消费者向线下导流提供了可能。①

### （三）传播渠道：多元渠道融合给娱乐化营销内容打造良好的发酵氛围

娱乐营销话题的引爆本身要经历一个“发酵”的过程，不论是冠名或者植入，一定要想办法用更多的渠道和模式将其放大，渠道的融会贯通，加上外围造势，才能达到最好的营销效果。第一，通过对热点话题的挖掘，延伸明星或节目的娱乐价值，形成极具娱乐性的内容素材，全方位扩大传播量。第二，从文化、行业与企业战略深度出发，形成一线热点、一线节目声势、一线品牌赞助商的营销格局。第三，以 PC 端和移动端为阵地，搭建完整而系统的信息通道，即“贴吧 / 论坛 + 精准广告 + 相关 APP+ 社会化媒体集合”的媒介体系，相关信息在无孔不入的网络时代，得以最大限度地覆盖节目受众，实现互动价值最大化。

如加多宝冠名《中国好声音》，除了赞助之外，还通过“唱饮加多宝，直通中国好声音”主题活动，配合红罐促销装、红罐随手拍、微信好声音等一系列活动，让娱乐本身的资源得到了放大。当大多数品牌还在单一选择一些传统的营销方式，如争夺一些娱乐节目冠名权时，蒙牛酸酸乳作为行业龙头，将植入与品牌冠名、线上互动、线下活动等多种娱乐营销策略相结合，取得了优质的营销传播效果。2013 年蒙牛携手湖南卫视，推出《蒙牛酸酸乳中国最强音》大型歌唱真人秀，除了节目冠名外，蒙牛将酸酸乳品牌及产品进行了最大化的植入曝光：将产品包装、促销物料及礼品、线上互动平台、线下路演活动等所有与品牌、产品相关的部分，全部关联《中国最强音》的 LOGO，增强品牌、产品与栏目的一致性，并铺设了强大的终端销售渠道。同时，进行大范围的市场推广，充分做到了品牌、产品、节目的高度统一。除了对节目的植入外，2014 年蒙牛酸酸乳联手湖南卫视，推出青春偶像剧《唱战记》，蒙牛酸酸乳将自己一直以来对音乐的理解和坚持植入其中，潜移默化地传递了品牌理念，赢得了年轻消费群体的关注和支持。②

### （四）娱乐亦销售：依托娱乐内容的销售转化不断增强

#### 1. 拓展娱乐内容的衍生产业链

娱乐资源的衍生价值开发也是广告主娱乐营销可以借力的一个良好平台。这种进一步的价值挖掘可以是广告主定制的主题文化产品，也可以是和娱乐节目联合定制的产品或衍生内容。2014 年 12 月，周迅、佟大为主演的喜剧《我的早更女友》在全国公映。电影出品方联合众多品牌广告主（如护舒宝）及电商巨头，通过全方位的整合对消费者展开大规

---

① 曾静．德尔惠社会化媒体价值应用［J］．声屏世界・广告人，2014（2）．

② 罗涛．破解营销神话：内容专一、方式多样——蒙牛酸酸乳娱乐营销新见［J］．声屏世界・广告人，2014（7）．

模“围剿”，推出一系列娱乐衍生产品，围绕“暖男”主题整合商业产品资源，将护舒宝暖心礼包、早更急救箱、I Do、AKATA暖心礼券与影片自主开发的衍生品袁晓鸥牌暖宝宝，集合成“暖男”礼包定制专属衍生品。《北京爱情故事》也曾推出与各类品牌合作的衍生产品“爱的礼包”，有主题曲的CD、湿巾、肥皂、烟花，共创造过千万的总产值。[①]

除了相关衍生品的开发，广告主还可以考虑与娱乐内容制作商合作，介入内容制作，连接起整个产业链条，闭合完善“生产制作—营销—销售发行”的全过程，在深耕内容产品营销、打通整个“制宣发”一体的产业链的同时，对自身品牌知名度也是一种推广和提升，实现了内容与品牌的双赢。

2. 借娱乐营销内容黏着力，加快销售转化

电子商务的不断发展，也为娱乐营销向销售转化提供了新的契机，注入了新的元素。2014年，一档由东方卫视、蓝色火焰携手打造的国内首档明星跨界时尚真人秀《女神的新衣》引发了业界的广泛关注，这个节目通过与电商的深度合作，实现设计和市场接轨，天猫以国内最大的B2C品牌电商平台身份提供《女神的新衣》独家体验和渠道发售，延展了整个节目的产业链条，形成了“设计—扫描二维码—购买—支付”一体化的销售模式，实现了直接将娱乐内容转化为商业价值的新模式，过去产业的形成往往是娱乐内容的衍生，但是，“即看即买”娱乐电商一体化模式则显示了娱乐内容即产品销售的趋势。

2014年7月18日，伴随《中国好声音》第三季腾讯视频的首播，网络独家总冠名商伊利安慕希同步发起百万微信红包疯抢活动。此次活动是伊利安慕希与腾讯视频在冠名第三季《中国好声音》网络独播上的一次深度合作。观众只需在腾讯视频为该节目特别开设的官方微信账号下，加入“希腊好酸奶，伊利安慕希”抢红包活动，就可以通过扫描二维码、做游戏等互动方式参加活动，完成游戏即可获取伊利安慕希赠送的随机金额微信红包，并可通过伊利官方微信公众号使用红包直接购买促销产品。[②]伊利安慕希通过该活动进一步落实从营销活动到销售的转化，红包的发放能够通过让利于消费者，刺激销量，优化用户体验。与此同时，用户可在朋友圈分享活动相关信息，主动进行社会化传播，形成了更好的营销效果。伊利安慕希通过利用热门节目与媒体平台的深度互动，迅速到达并覆盖大量既有或潜在消费人群，从而锁定目标群体，不仅为新品牌的市场推广奠定了基础，也实现了与平台、节目的三方共赢。

## 本章思考题

1. 事件营销的营销传播特征是什么？

---

① 周伟婷. 2014电影跨界营销六大玩法［J］. 成功营销，2015（2）.

② 张文. 好声音华丽回归安慕希百万微信红包抢到手抽筋［EB/OL］.（2014-07-25）［2017-11-18］. http://www.hinews.cn/news/system/2014/07/25/016823450.shtml.

2. 体育营销的广告主行业特征和营销传播特征是什么？

3. 公益营销的内涵是什么？营销传播特点有哪些？

4. 娱乐营销的类型有哪些？营销传播特点是什么？

# 第七篇　效果篇

# 第十七章　品牌传播效果评估

## 第一节　品牌传播效果的内涵和特点

### 一、品牌传播效果的内涵

品牌传播效果指企业将各类品牌相关信息通过传播媒体和特定渠道、手段向消费者或公众传播之后，对消费者的品牌认知或消费行为的影响。我们可以从三个方面理解品牌传播效果。

#### （一）心理层面的效果——受众效果

对心理层面效果的考虑主要来自于品牌传播中广告内容信息对消费者影响的心理效果。广告传播的心理效果关心的是广告在人们对产品或者品牌的感知方面所产生的影响。这种观点认为，即使消费者没有因为看到广告而产生实际的购买行为，也不应该认为广告就没有产生效果，广告对消费者认知、信息接受和行为意向上的改变具有重要意义，这在当下众多的广告效果测定中被广泛接受与应用。因此，我们在品牌传播效果的心理效果评估中，也从消费者认知效果、态度效果和行为效果三个方面进行测定。

#### （二）销售层面的效果——销售效果

销售层面的效果是指通过品牌传播活动直接引发的销售量的变化来衡量传播的效果。对这种效果的理解是一种较为狭义的观点，却又最为直接实际，因此，这种效果评估也被很多广告主考虑，但在测量时难度较大。

#### （三）社会层面的效果——社会效果

社会层面的效果指广告作为信息载体所传递的信息，对社会文化的建构，对消费者的文化消费、价值观、社会道德与审美等产生潜移默化的影响。但一般情况下，这个层面的影响不被衡量与评估，因为人们很难通过定量测量或定性调查衡量出实际的社会影响，更没有成型的测量模型与测量方法。

## 二、品牌传播效果的特点

### （一）复合性

品牌传播效果是经济效果、社会效果和心理效果的统一，具有多个层面、多个内容。理解品牌传播效果的复合性，才能从不同角度提升品牌传播效果。①

### （二）累积性

品牌传播活动是一个动态的、长期的过程，消费者所接受的传播信息对其产生的影响往往不局限于当时，有相当部分作为信息转化为消费者的意识而沉淀和积累下来，并对其以后的购买行为不断产生影响。因此，品牌传播的效果往往需要经过一定时间的积累才能显现出来。除了某些促销类的传播活动外，大多数的品牌传播效果需要较长的周期才能测量出来。因此，品牌活动既要讲究战术，又要讲究战略；既要追求短期效益，又要追求长期影响。只有把握住传播效果累积性的特点，才有可能从长计议，争取消费者。②

复合性和累积性是广告、品牌传播效果的两个最基本特点。以这两个特点为基础，又可以细分出其他的特点，如时效性、间接性、连锁性等，这里不再一一展开。

# 第二节　品牌传播效果评估的重要性

在企业中我们也常常遇到这样的争论："这个广告语到底好不好？""大家会因为这个喜欢我的产品吗？""这个活动会有人参加吗？"品牌传播的效果其实时时困扰着广告主。广告主将各类品牌信息通过传播媒介传递给品牌传播对象，对他们产生的切实作用我们称之为品牌传播效果。这种效果可能表现为可见的经济效益，也可能表现为潜在的品牌资产的增加。如同广告界的经典"我知道我的广告费有一半浪费掉了，但我不知道是哪一半"一样，品牌传播效果是品牌传播活动的最后一环，却又最难把握。因此，企业对品牌传播效果进行评估具有重要意义，表现在：

1. 品牌传播效果的好坏直接影响到品牌形象的建立和市场营销的业绩，也直接关系到广告主广告投放的花费。通过效果评估，可以准确地把握广告策划投入的费用是否值得，有助于企业更好地进行成本管理。

2. 通过效果评估，可以检验传播活动计划是否符合企业的整体品牌战略、营销计划，可以事先把握住广告活动在哪里易于成功、达到目的，在哪里风险较大、易于失败。

3. 效果评估可以有效地评价广告代理公司等其他支持机构的工作成效。

4. 评估结果可以成为改变、调整、增加或修正未来品牌传播活动的有效依据。在现实

①② 张树庭，吕艳君．有效的品牌传播［M］．北京：中国传媒大学出版社，2008：23.

的品牌传播活动中，不可能有百分之百完成任务的成功案例。品牌传播效果的评估测定可以对改进未来传播活动提供很大帮助，可以为将来的品牌传播活动提供宝贵的经验教训和参考依据，能够帮助企业更好地了解传播活动的不足与问题，对再次制订计划、控制管理提出有效的改进建议，推进品牌传播目标与品牌战略的实现。

5. 评估结果可以帮助企业发现品牌传播管理、传播决策中的盲点。[①]

总之，品牌传播效果评估的过程，既是对现有活动经验的总结，也是广告活动基本情报的积累，更是广告活动的行为指南。因而，效果评估是整个品牌传播活动中最为关键的一个环节，具有重要的意义。

## 第三节　品牌传播效果评估模型

品牌传播的重要性与日俱增，广告主也越来越重视品牌传播，品牌传播的效果是检验品牌传播好坏的基础。在品牌传播效果评估体系的研究中，无论是学者还是品牌资产评估机构都提出了许多品牌传播效果评估指标和模型。本节所介绍的各种指标与模型是我们正确认识品牌传播效果评估指标体系的重要基础。

### 一、大卫·艾克的品牌资产十要素模型[②]

#### （一）模型的开发者

品牌资产十要素模型（Brand Eguity Ten）由美国学者大卫·艾克（David Aaker）开发。大卫·艾克是美国先知品牌战略咨询公司副总裁、美国加州大学伯克利分校哈斯商学院营销学名誉教授。1996 年，因其对营销科学发展的杰出贡献，被授予保罗·康弗斯奖；2004 年，获得麻省理工学院 Sloan Buck Weaver 营销奖，荣誉来自他对品牌特别是品牌资产、品牌价值的研究成果；1990—1998 年间，他连续出版了被称为“品牌三部曲”的三本书：《管理品牌资产》（1990 年）、《建立强势品牌》（1996 年）和《品牌领导》（1998 年），不仅率先研究了品牌资产、品牌价值的问题，同时，对强势品牌的建立、品牌领导的形成等提出了独特见解，成为品牌研究的经典著作。大卫·艾克是品牌和品牌资产领域最具影响力的权威学者之一，是当前美国品牌界的领军人物，被《品牌周刊》誉为“品牌资产的鼻祖”。

1991 年，大卫·艾克在综合前人研究的基础上，发展出品牌资产五星模型。1996 年，他在《建立强势品牌》一书中将品牌资产五星模型进一步扩展，形成了品牌资产十要素模型。

---

① 张树庭，吕艳君 . 有效的品牌传播［M］. 北京：中国传媒大学出版社，2008：27.

② 胡晓云 . 大卫·艾克的品牌资产十要素模型［EB/OL］.（2014-09-19）［2017-11-22］. http：//www.zgxcfx.com/Article/75410.html.

### （二）模型构建的基本理论

1996年，大卫·艾克提出了品牌资产和品牌价值的定义，认为品牌资产是与品牌名称、品牌标志相联系的一系列资产或负债，它可以增加或减少产品或服务给企业或消费者提供的价值。他提出，品牌资产由品牌忠诚度、品牌知名度、品质感知、品牌联想和其他品牌专有资产等五个方面构成，其中，前四个方面是品牌资产的主要构成要素。

大卫·艾克分析了品牌资产是如何创造消费者价值和企业价值的，并指出，消费者价值是创造企业价值的基础。同时，他也强调，品牌价值应当由基于长期发展的品牌强度指标及短期性的财务指标结合构成，而非单一的财务数据或单一的消费者数据。财务数据可呈现品牌获取利润的赢利能力，消费者数据可呈现品牌的市场占有可能。

### （三）模型结构及其指标构成

1991年，大卫·艾克在综合前人的基础上，提炼出品牌资产五星模型，即认为品牌资产是由"品牌知名度（Brand Awareness）、品牌认知度（Perceived Brand Quality）、品牌联想度（Brand Association）、品牌忠诚度（Brand Loyalty）和其他品牌专有资产"五部分组成。随后，他进一步拓展为十要素模型。

品牌资产评估十要素包括忠诚度评估（1. 价差效应，2. 满意度 / 忠诚度）；品质认知 / 领导性评估（3. 品质认知，4. 领导性 / 受欢迎程度）；联想性 / 区隔性评估（5. 价值认知，6. 品牌个性，7. 企业联想）；知名度评价（8. 品牌知名度）；市场状况评估（9. 市场占有率，10. 市场价格、通路覆盖率）等各项。

这十项二级指标聚集于五个组别，形成五个一级指标。前四组代表消费者对品牌的认知，分别对应品牌资产构成的忠诚度、认知度、知名度、品牌联想等四个要素，第五个维度由市场占有率、市场价格、通路覆盖率等构成品牌的市场状况。

从上述五个一级指标和十个二级指标的构成可见，除了通路覆盖率，大多指标都与品牌传播相关联。

### （四）模型的优劣势与不足

该模型综合了前人各种单纯基于财务、基于消费者数据的评估方法，形成了更全面、更详细的评估思路，且评估思路以消费者为中心，体现了品牌传播在品牌知名、品牌认知、品牌联想、品牌忠诚及其市场控制力等方面的作用力，强调了品牌价值的认知性、主观性和客观性的综合，同时具有相对明确的市场业绩的要素，是一种综合性的品牌资产评估方法，适用性广。但模型也有其不足之处：

1. 各指标之间的范畴标准不一

如知名度与忠诚度这两个指标的重要程度不在同一层面，但模型将其放在一个层面上进行评估，将品牌忠诚的因素和主观质量、市场反应也置于同一层面，这会影响到结果的科学性。

2. 没有重视行业差异

每个行业的品牌因其行业特性会导致其品牌价值由不同的要素构成，但该指标系统没有就行业特性进行相关处理。

因此，该模型虽然在理论上为品牌资产、品牌价值研究及其测评提供了综合性评估方法，同时也强调了指标的可测量性，对品牌资产与品牌价值评估产生了重大的影响力，但是，由于该指标体系缺乏评估实施的有效措施，如对各指标权重等方面更科学的界定，致使实现品牌资产价值评估的实操难度加大。当然，正如前述，大卫·艾克研究和建构品牌资产十要素模型的初衷，并非进行品牌资产的财务评估，而是充分反映品牌价值的来源，为企业改善经营提供必要的依据。

## 二、英特品牌集团的品牌价值评估模型①

### （一）模型开发者

每年在《商业周刊》发布的品牌价值评估结果所使用的评估方法是英特品牌的品牌价值评估方法。该方法由英国的英特品牌集团（Interbrand Group）研发，其模型名称为“英特品牌价值评估模型”。

英特品牌集团（以下简称“英特品牌”）是一家于1974年在英国伦敦成立的品牌管理与咨询公司。经过几十年的发展，该公司目前已经在全球40个地区设立了分支机构；1984年，该公司开始研究品牌价值评估方法；1987年，公司推出专有的品牌价值评估模型，由此改变了过去单纯的成本法、溢价法等各种较为简单的品牌分析与评估的方式，被誉为第三大最有影响力的行业标尺；1988年，公司首次为RHM集团开展了世界上首例公开的品牌价值评估研究工作；2001年，首次在《商业周刊》发布年度全球最有价值品牌，其上海办公室成立；2004年，进行了澳洲最有价值品牌排名；2005年，第五次在《商业周刊》发布年度全球最有价值品牌，检视了品牌的上升和下滑；发布《中国品牌洞察》白皮书，剖析中国品牌在进入西方市场时面临的挑战。截至目前，英特品牌已借助英特品牌价值评估模型为全球5 000个品牌进行了品牌价值评估。

### （二）模型建构的基本理论

英特品牌价值评估法的基本立足点是市场，即如何将品牌的未来收入合理地转化为品牌的现实价值，也就是说，该评估模型的核心指标是品牌的未来收益。其基本假设为，品

① 农业品牌研究院. 未来收益论成败，英特品牌价值评估模型［EB/OL］.（2014-09-21）［2017-11-22］. http://mp.weixin.qq.com/s?__biz=MzA5MzczODQwMg==&mid=200551992&idx=1&sn=64995743a43407b0b313e5abe5b4c064&3rd=MzA3MDU4NTYzMw==&scene=6#rd.

牌之所以有价值，并不全在于创造品牌所付出的成本，也不全在于有品牌产品相比无品牌产品可以获得更高的溢价，而在于品牌可以使其所有者在未来获得较稳定的收益。因此，英特品牌价值评估法的数据结构不是成本法、溢价法、现金流量折算法（Discounted Cash Flows，DCF）、品牌特许费剥离法（Royalty-relief method）等，而是将一个品牌的市场表现作为主要的评估依据，并以货币现值作为价值评估结果。这是一种综合了主客观因素的品牌价值评估方法。英特品牌曾对此有过明确阐述："英特品牌认为，品牌价值的评估不仅必须考虑到品牌给企业的经济增加值（EVA）带来的影响，而且也要包括品牌对企业长期运营所创造的未来收益预期。这两个研究步骤分别是'品牌作用力分析'（Role of Brand）和'品牌强度分析'（Brand Strength Score），前者体现了品牌对企业业务的影响程度，或者是品牌对顾客购买决策的影响程度；而后者表现为企业管理品牌水平的高低对企业未来业务收入风险的影响，是从长期的角度预测企业的未来品牌收益。"英特品牌认为，品牌价值应当基于对于品牌当前给企业带来的收益分析，并结合未来由于品牌而产生的具备可延续性的收益评估而最终得出。

使用该评估方法首先要确定反映品牌价值的各种参数。英特品牌价值评估方法共有 7 个类别和 80—100 个参数，并确定了最大得分值。然后，对影响品牌价值的一系列参数采用综合评分法分别评出相应数值，根据评分的数值和各个参数的权重实施加权，求出该品牌强度，再根据品牌强度推算品牌强度倍数，然后乘以该品牌的净利润额，得出品牌价值。

### （三）模型的数理公式及其因子构成

英特品牌价值评估的理论模型用计算公式表达为：$V=P\times S$

公式中，V 设为品牌价值；P 设为品牌收益；S 为品牌因子（品牌强度倍数）。这里所指的品牌强度倍数，由七部分构成，并规定了最大分值为 100 分，作为"理想品牌"的分值，由专家打分获得分数（如表 17-1）：

**表 17-1　英特品牌价值评估模型中的品牌强度因子构成与权重**

| 评价因素 | 含义 | 权重（%） |
|---|---|---|
| 领导力 | 品牌市场地位 | 25 |
| 稳定力 | 品牌维护消费者特权的能力 | 15 |
| 市场力 | 品牌所处市场的成长性和稳定性 | 10 |
| 国际力 | 品牌穿越国家地理文化边界的能力 | 25 |
| 趋势力 | 品牌对行业发展方向的影响力 | 10 |
| 支持力 | 品牌所获得的持续投资和重点支持程度 | 10 |
| 保护力 | 品牌的合法性和受保护的程度 | 5 |

在上述数理模型中，品牌价值由品牌给企业带来的品牌收益和品牌强度倍数相乘而得。两者越高，则品牌价值越高。

（四）评估程序

英特品牌对入选品牌的特定的筛选标准有五条：所有参与评估品牌所属企业的财务数据必须长期面向公众开放；参与评估的品牌必须对消费者的购买决策起重要作用；参与评估品牌的经济附加值必须是正的，说明该品牌所属公司的收入是高于运营和财务成本的；参与评估的品牌必须有广泛的公众基础和知名度；参与评估企业的业务受行业政策等不确定性因素的影响较小。

英特品牌用上述五条标准，杜绝了假数据等问题，并以模型为纲，一步步地进行评估审查：

1. 确定影响品牌价值的参数，进行品牌强度各要素资料获取

如表 17–1 所示，品牌强度的七个构成因素分别为：领导力（Leadership）、稳定力（Stability）、市场力（Market）、国际力（Intenational）、趋势力（Trend）、支持力（Support）、保护力（Protection）。

2. 对品牌获得利润的数据获取和数据分解

采用从评估当年的前三年到评估当年的后两年共五年的数据，实现历史收益加权和预期收益的结合。

3. 根据品牌强度推算品牌强度倍数

通过 S 形曲线，将品牌强度得分转化为品牌未来收益所能使用的贴现率。将品牌强度得分转化为品牌强度倍数（即折现率）时，首先根据产品生命周期理论（假定 20 年为合理的年限）将品牌强度倍数的最大值定为 20，品牌强度分值与品牌强度倍数及品牌价值的关系呈现正态分布。三者之间的关系为：品牌强度得分为 0 时，倍数为 0，品牌价值为 0；品牌强度越强，品牌倍数越大，品牌价值越高。

其品牌强度倍数的表达式为：$250y=x^2$，$x \in [0, 50]$；$(y-10)^2=2x-100$，$x \in [50, 100]$。

4. 将品牌强度倍数乘以品牌收益

品牌收益与品牌强度倍数两者相乘，得出品牌价值。英特品牌价值评估方法中最为关键的参数是倍数，倍数为 6—20 倍不等，用以表示品牌可能的获利年限。品牌可预期获利的年限越长，则品牌收益的倍数就越高，其品牌价值也就越高。

由于品牌强度因子选取的主观性，英特品牌于 1996 年开发了四因子加权综合法评估品牌强度乘数：比重（Heavy）指同类产品中的市场占有率；广度（Broad）指市场分布；深度（Deep）指顾客忠诚度；长度（Long）指产品延伸程度。

### （五）评估瓶颈与不足

1. 品牌收益如何排除其他因素的干扰

这些因素包括：同一企业品牌下不同的产品品牌的利润贡献度；由资本、原材料、固定资产、管理等其他经营要素对某一品牌的利润产生的贡献；不同年份的不同市场环境等。

英特品牌用预期报酬率计算利润，并对品牌多年的利润进行了加权平均的调整。当年的利润权数为 0.5，上一年的利润权数为 0.33，再上一年的利润权数为 0.17，并根据经济发展趋势和通货膨胀率进行相应的调整，以确保数据的可比性和利润的稳定性。

但是，预测利润存在着较大的不确定性，平均利润也依然不能准确判断未来的收益。

2. 品牌强度倍数的理论求证

品牌强度倍数是除了品牌收益之外的最重要的评估内容。但没有资料证明其验证过程及其验证程度。在强度指标设置上，虽然消费者态度可以从各个指标中获得呈现，但是消费者认知及其态度决定了他们对一个品牌的行为的产生，更决定了他们对一个品牌的未来命运的把控。因此，失去消费者的认知与态度评价指标，品牌强度及其倍数和品牌资产依然存在的结论，在一定程度上失去了说服力。

虽然英特品牌在1994年和1995年对IBM的两次评估中分别给出了“一文不值”和“171亿美元”的评价而受到了质疑，但英特品牌价值评估方法在 2010 年获得了国际标准化组织（ISO）10668：2010 的认证，它也是全球第一家获得该项权威认证的品牌策略顾问机构。在超过 25 年的时间里，英特品牌的 40 个办事处在全世界各大洲开展品牌价值评估工作。ISO 10668 是国际化的规范，规定了用于决定品牌实际经济价值的工作流程和方法必须达到的标准。从某种意义上，英特品牌价值评估模型获得了肯定和规范化的话语权。

## 三、世界品牌实验室的品牌价值评估模型[①]

### （一）模型开发者

模型由世界品牌实验室（简称 WBL）开发应用。世界品牌实验室成立于 1999 年，由诺贝尔经济学奖得主罗伯特·蒙代尔（Robert Mundell）教授担任主席。蒙代尔于 1999 年获得诺贝尔奖，并对品牌竞争问题具有独到的见解。他曾经说：“品牌是世界交流的语言，也是国家名片。中国现在最大的竞争力是制造业发达，但确实缺乏一批全球化品牌。”世

① 农业品牌研究院 . 世界品牌实验室的品牌价值评估模型［EB/OL］.（2014-09-11）［2017-11-22］. http：//mp.weixin.qq.com/s?__biz=MzA5MzczODQwMg==&mid=200558565&idx=1&sn=ba69d1eca6eed6aef86d4841c9c8db05&3rd=MzA3MDU4NTYzMw==&scene=6#rd.

界品牌实验室属于世界经理人咨询有限公司的全资附属机构，该公司总部设在纽约，并在香港、上海、深圳等五个城市设立分支机构。2004 年推出的“世界最具影响力的 100 个品牌”，其中包括中国唯一入选品牌“海尔”。

### （二）模型建构的理论基础

世界品牌实验室强调品牌价值应当由财务要素、品牌附加值要素、品牌强度要素三个指标构成。这里所指的财务要素，指的是某品牌的营业收益。有相当的营业收入的品牌才有一定的品牌价值基础。由于营业收入具有受外力影响的可能性，因此，考察一个品牌的营业收入，不应当只采用一年的数据，而应当采用多年的数据，甚至根据品牌发展的趋势判断其未来营业收入的趋向。这里所指的品牌附加值要素，指的是品牌对目前收入的贡献程度。一个企业也好，一个产品也好，因为其成为一个品牌，便有了一个品牌的无形价值、超越于资本、生产技术等硬件之外的贡献力。因此，也应当通过对品牌贡献度的计算判断一个品牌的价值趋势。品牌强度要素，指的是一个品牌之所以能够成为一个强势品牌的各种要素。

### （三）指标构成及数理公式

基于上述理论基础，世界品牌实验室参考各种国际通行的品牌价值评估方法，采用通行的“经济适用法（Economic Use Method）”，通过对一个企业的销售利润、收入等数据的综合分析，判断企业目前的盈利状况，运用“经济附加值法”（EVA）确定企业的盈利水平，运用“品牌附加值工具箱”（BVA Tools）计算一个品牌对收益的贡献度。其数理公式为：

$$V = E \times BI \times S$$

其中，V 为品牌价值。E 为企业调整前后的年营业收益额。通过对当年在内的前三年的营业收益及今后两年的预测收益加以不同的权重，得出平均营业收益。BI 为品牌附加值指数，运用“品牌附加值工具箱”计算出品牌对目前收入的贡献程度，表现为品牌附加值占营业收益的比例。这其中包含了对品牌附加值在经济附加值中的比例的计算。“品牌附加值工具箱”建立在市场定性分析的基础上，认为消费需求推动力影响因素包含品牌创新、产品质量、服务质量、广告、价格、品牌形象、销售网络、特别服务等八个方面。S 为品牌强度乘数。品牌强度的八个要素为：行业性质、外部支持、品牌认知度、品牌忠诚度、领导地位、品牌管理、扩张能力、品牌年龄。这八个方面是对品牌从外部宏观环境和微观环境两个方面做的定性分析，可以通过市场调查和财务分析获得，反映了品牌的未来收益。

### （四）评估程序

1. 通过对销售收入、利润等财务数据以及市场竞争的综合分析，判断企业的盈利状况，运用经济附加值法确定企业的盈利水平。

2. 运用“品牌附加值工具箱”计算品牌对营业收益的贡献程度。

3. 通过数理分析方法，预测企业今后一段时间内的盈利趋势以及品牌贡献在未来收入中的比例。

4. 通过对品牌强度因子的调查和赋值，获得品牌强度乘数。其中，各个强度因子的赋值为：行业性质（0–20）、外部支持（0–10）、品牌认知度（0–15）、品牌忠诚度（0–15）、领导地位（0–10）、品牌管理（0–10）、扩张能力（0–10）、品牌年龄（0–10）。这八个品牌强度因素及其赋值，从品牌外部的宏观、微观环境进行定性分析，反映一个品牌的未来收益。

5. 将品牌收益数据与品牌附加值指数、品牌强度乘数相乘，最后得出品牌价值。

### （五）模型特征及其不足

该模型的特征及其优势相对明显，即，充分综合了财务方法与消费者数据，并将品牌贡献度、品牌强度指标进行了更加明确的建构与分析。

品牌贡献度的计算方法一直是个难题，但在该模型中，由于独创了品牌附加值工具箱，实现了对一个品牌的品牌贡献度和其他因素贡献度之间较为明晰的分界。

品牌强度各个指标中，行业性质、外部支持、品牌年龄成为构成部分，且行业性质权重最高，凸显了对行业特性的高度重视，规避了其他模型漠视行业性质导致价值差异的问题。因为，行业性质的确是一个重要因素。如目前的中国，农业依然是弱质行业，但外部支持逐年加强，品牌未来收益就因为这两个因子的不同而产生不同，品牌强度、品牌价值也就会受到较大的影响。再如扩张能力，特别是跨国经营能力、跨行业经营能力等，都是一个品牌至关重要的因子。

但是，也有人认为，在风险性评估方面，世界品牌实验室的评估方法远不如英特品牌评估方法考虑得周全。比如，对品牌“国际性”因素的评估体现了两种评估方法的重大区别。除按照英特品牌评估方法计算品牌资产价值之外，《商业周刊》还另外制定了标准对计算出来的结果进行淘汰，其中一个就是企业必须有 1/ 3 的销售额来自海外市场。《商业周刊》对“国际性”的要求更加严格。

## 四、品牌资产引擎模型①

### （一）模型开发者

品牌资产引擎（BEE，Brand Equity Engine）模型是国际市场研究集团（RI，Research

① 李向辉，周刺天 . 品牌资产引擎视角下的品牌价值模型及其应用研究［J］. 商业研究，2007（11）：120–124.

International）的品牌资产研究专利技术。国际市场研究集团是 WPP 集团下属企业，于 1973 年在英国成立，该集团的分支机构遍及全球 60 多个国家，在全球市场研究集团中名列前茅。品牌资产引擎模型已于 1996 年注册成为品牌资产研究专利。①

### （二）品牌资产引擎模型的三大要素

品牌资产引擎是一种典型的品牌资产定义评估模型。该模型认为品牌资产最终是由品牌形象所决定的。也就是说强势品牌的力量归根结底来自于该品牌与消费者之间的关系，强势品牌比弱势品牌具有更多的品牌资产，品牌的拥有者通过树立品牌形象，最终赢得和保留消费者，从而实现利润的最大化。而品牌形象因素又可以分为“硬性”属性和“软性”属性两类。“硬性”属性是指功能表现和价格，即对品牌有形的或功能性属性的认知，如汽车的油耗和加速性，银行对储户的反应时间等；“软性”属性是指品牌亲和力，即消费者与品牌的情感关系，这类属性难以被发现并对它进行测量。

品牌资产引擎是一个定量模型，它从“量”的角度来测度品牌的实力。在品牌资产引擎模型（如图 17-1）中亲和力、功能表现和价格构成了品牌价值的三大要素：

1. 亲和力

亲和力是品牌受到的来自消费者的信任和尊敬，它包括权威性、品牌认同和价值承认三个方面的内容。权威性反映了品牌的长期领导地位和声誉，包括品牌的历史延续性、品牌产生的信任度和品牌创新性。品牌认同指个人与品牌的情感联结和美好回忆，品牌的成功与否，关键是市场对品牌的认同程度。价值承认指消费者在购买或使用该品牌以后认同其价值，价值承认会形成品牌的强亲和力。

2. 功能表现

功能表现是品牌资产的另一个重要组成部分，包括产品的特性以及该产品在功能利益上的表现。例如，对于矿泉水品牌而言，相关的功能表现可能包括含有丰富的矿物质、口感舒适；对于食品而言，包括易于烹调、胆固醇含量低；而对于汽车产品而言，其功能表现为强劲的动力、良好的操控性，等等。

3. 价格

根据品牌的情感特征和功能属性可以成功地说明消费者对品牌“资产”的感知度，亲和力和功能表现构成了品牌资产。但是，消费者对品牌的总体评价还必须考虑到价格因素，特别是相对于竞争品牌的价格水平。

---

① 资料来源：互动百科，“国际市场研究集团”词条，http：//www.baike.com/wiki/%E5%9B%BD%E9%99%85%E5%B8%82%E5%9C%BA%E7%A0%94%E7%A9%B6%E9%9B%86%E5%9B%A2。

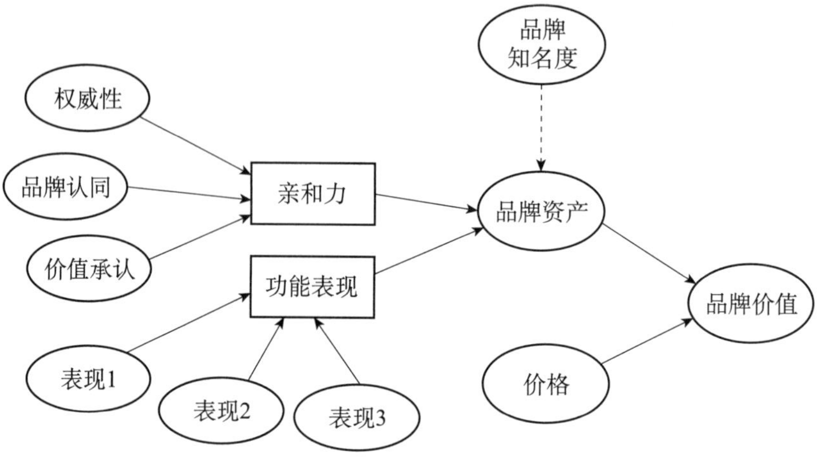


图 17–1　品牌资产引擎模型

### （三）品牌资产引擎模型应用设计

1. 问卷设计和权重系数

品牌资产引擎设计有一套标准化的层次模型问卷，要求被访问者对品牌在“亲和力”和“功能表现”上的一系列的标准化子项进行打分。亲和力包括价值承认、品牌认同和权威性三项，这三项又可以进一步分为历史延续、信赖感、创新性、需求理解、情感联结、美好回忆、高档、接受性和权威认同等子项，并可继续细分。通过专门的统计软件程序，可以得到品牌资产标准化得分以及各子项的得分，也就是得出每个子项的权重系数，从而可以了解每项因素对品牌资产总得分的贡献，以确定哪些因素对品牌资产的贡献最大，哪些因素是驱动品牌资产的真正因素。如图 17–2 所示，某品牌资产中亲和力和功能表现的权重分别为 86% 和 14%，亲和力中权威性权重为 35%、品牌认同 33% 和价值承认 32%。

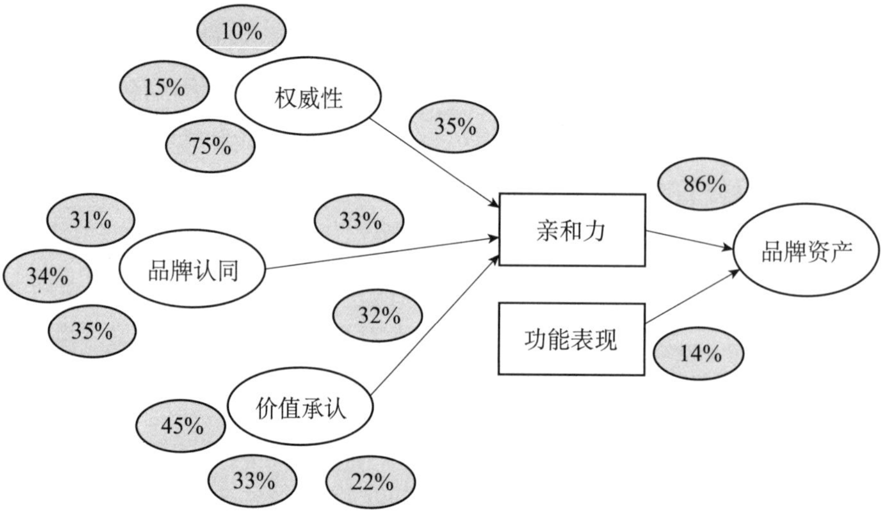


图 17–2　亲和力和功能表现对品牌资产的贡献率

2. 品牌价值的情感利益分析

消费者对品牌价值的情感因素体现在品牌的亲和力上。对于不同种类的产品，亲和力和功能表现对消费者购买行为的影响程度是有所不同的。例如清洁用品或烟酒类产品更多地要受产品本身性能的影响，这是因为消费者能明显感觉出这些产品之间的差异；而像巧克力或瓶装水之类的产品可能更多地受情感因素的影响，因为很难对这些产品作出明显的性能差异上的判断。品牌的亲和力体现在品牌和消费者之间的关系、消费者对品牌的熟悉程度上，也就是说该品牌能否在情感上让消费者感到舒服，给消费者带来愉快的回忆上。对品牌与消费者的“亲密程度”的客观衡量可以告诉我们哪些方面需要采取行动，也就是要提高品牌知名度，并且强化从“熟悉品牌”到“亲和力”的转换。

3. 品牌的价值 / 功能表现分析

品牌的价值 / 功能表现分析是对品牌的总体评价、在各具体功能利益方面的表现和重要性评价等，主要内容包括品牌的价值、品牌的功能表现、对品牌资产特性描述的评价、广告促销活动对品牌的影响、影响消费者购买的因素、消费者背景等。研究方法有尺度分析、象限分析。对于超市来说，其功能表现主要体现在购买方便、特价、产品质量好、有自有品牌、总体服务好等方面。对于汽车产品来说，其功能表现主要体现在产品种类、产品性能和式样、保值能力、保修期、经销网络、维修的便利性和零配件购买的便利性等方面。

### （四）品牌引擎模型结果分析

1. 消费者对品牌的熟悉程度

消费者对品牌的熟悉程度反映在消费者对品牌名称的认知上，对品牌的知名度和熟悉程度的研究要分析品牌的第一提及率、提示前 / 后知名度，以及对品牌的熟悉程度，其目的是对品牌知名度进行评估，使用的研究方法有 Graveyard 模型分析、Familiarity Index 等。第一提及率通常被称为心理占有率，是指消费者潜意识的理想品牌。品牌的使用习惯分析包括曾经购买的品牌、目前使用的品牌、打算购买的品牌、可能向他人推荐的品牌、不会再购买的品牌等内容，其目的是对品牌市场绩效进行评估，比较各地区的差异，采用的研究方法有采用率、忠诚度分析等。品牌美誉度分析包括品牌偏好、对品牌的喜好程度等，其目的是对品牌偏好进行评估，采用的研究方法有常数和偏好、品牌喜好度分析等。

2. 相比于竞争对手的品牌地位

在品牌价值分析中，常用品牌资产指数来测量品牌资产水平。品牌资产指数值是随时间的变化而变化的，品牌资产指数反映了不同时间段各品牌之间的相对强势地位。品牌资产指数值也可以反映出在满足消费者需求方面及其他主要方面品牌的表现如何，该指数也常和市场占有率一起进行分析，从而可以判断品牌市场占有率与品牌长期价值之间的关系。

3. 驱动消费者决策的要素

促使消费者作出决策的要素分显性要素和隐性要素。显性要素是消费者声称在选择品牌时会考虑的要素，是消费者所能够意识到的重要方面，如产品质量好、外观漂亮、适用性强、牌子响和购买方便，等等。隐性驱动要素，是通过相关分析的统计工具，测量消费者对品牌的总体评价，同他们对品牌属性评价之间的相关程度，从而反映消费者实际评价品牌时潜意识当中依据的标准。结合显、隐性因素的重要程度，可以将各驱动要素作如下分类：显性和隐性得分都很高的是激励因素，激励因素对消费者品牌偏好具有显著的驱动作用；显性得分低、隐性得分高的是潜在因素，潜在因素是对消费者的品牌偏好起着重要作用的因素；显性得分高、隐性得分低的是保健因素，保健因素难以形成差异化，但又必须保持在一定水平；显性和隐性得分都低的是成本节约因素。

4. 满足消费者需求分析

满足消费者需求方面的分析首先从分析亲和力和功能表现对消费者的影响入手。不同行业消费者的需求因素是不一样的，例如家电行业消费者会更多地考虑以下几个问题：质量、售后服务、价格、品牌知名度、产品功能、产品外观、厂家实力、品牌口碑、产地和广告，等等。不同行业、不同地域、不同文化的亲和力和功能表现对消费者的影响也是不同的，例如有研究表明，美国超级市场的亲和力影响达到了77%，而功能表现只有23%，中国大型超市的亲和力和功能表现的影响分别约为6%和4%。亲和力的分析包括对权威性、品牌认同和价值承认分别进行分析。功能表现属性包括产品质量好、购买方便、特价、品种齐全和服务好，等等。

5. 品牌形象优劣势因子分析

分析品牌形象的优劣势首先要确定对消费者而言哪些品牌特性是重要的。为了全面准确地进行品牌定位分析，一般需要应用产品、行销、形象、人格特征等方面的数十个属性来评价一个品牌，因此需要选择一些描述品牌形象特征的形容词作为特征因子，并调查消费者对这些特征因子的重视程度。然后用这些品牌因子对各竞争品牌进行分析，得出各品牌在消费者心中的形象定位图，建立品牌形象策略矩阵，并从中找出其品牌形象特征接近理想品牌特征的品牌。

6. 品牌机会和威胁及其他

对品牌资产应用的研究结果还反映在该品牌的机会和威胁、品牌资产领导能力，以及品牌资产的价值估算等多个方面。对品牌资产的价值估算也可以用货币的形式来计算品牌资产的相对价值，例如：计算出在某一特定品类中某一个品牌可以比竞争品牌定价高出的部分。计算方法采用“品牌－资产抵补测试”方法，该方法对所有的品牌不论其真实的市场定价是多少，采取起始价格都相同、让被访者在不同的模拟价格下选择品牌的方式，从而得出对消费者而言 A 公司的品牌资产比 B 公司要多出多少的数据。通过品牌资产引擎模拟，可以找出许多问题的答案并测试不同形象定位的效果。这类问题包括：如果提高消费者对“顾客服务”的满意度，是否会得到更好的回报呢？提高多少才是最理想的呢？在服务满意度方面应该提高 2% 还是应该提高 4% 呢？等等。

### （五）模型特征及其不足

该模型的指标构成相对简单和感性，且所有指标都来自对消费者的调查数据。从对品牌资产和品牌价值构成的立场判断上看，无可厚非。但是，将感性数据量化，有一定的难度，而且“品牌亲和力”数据占比 86%，在评估时如何将感性数据量化，是一个需要谨慎解决的难题。①

## 五、品牌财产评估电通模型②

### （一）模型开发者

品牌财产评估（Brand Asset Valuator，BAV）电通模型由扬·罗比凯广告公司（Young&Rubicarn，1986 年与日本电通合资成立电扬公司）于 1993 年提出，其前身是朗涛形象力模型（Landor Image Power）。该公司成立于 1923 年，目前已是 WPP 集团麾下的重要成员。该公司原来每三年对消费者进行邮寄问卷调查，调查覆盖 19 个国家的 450 个全球性品牌及 24 个国家的 8 000 多个区域性品牌，后增加了调查国家，现调查范围已覆盖 51 个国家，被称为“基于消费者调查的世界最大的品牌数据库”。

根据电扬公司的最新数据可见，该模型已调查了超过 667 925 名消费者，43 712 个品牌，进行了 264 项研究，调查涉及 51 个国家，聚集了数十年的数据。

### （二）模型建构的理论基础

该模型的战略基础是品牌哲学与品牌建设模型的结合。扬·罗比凯广告公司的品牌哲学强调品牌管理是在寻找或保持一个品牌的基因（Brand Gene）。他们认为，一个品牌通过演化而达到强势地位（Power Status）。该品牌因其拥有伟大的产品和伟大的理念形成了品牌本质，拥有其核心价值、核心个性、视觉识别，并通过品牌发出的各种行为，如产品生产、品牌传播等与消费者对接，形成消费者的产品使用、产品记忆、产品联想、产品好感

①② 农业品牌研究院．形象强则品牌强，品牌资产引擎模型［EB/OL］．（2014-09-23）［2017-11-22］．http://mp.weixin.qq.com/s?__biz=MzA5MzczODQwMg==&mid=200556392&idx=1&sn=ec9b6127a8db585573d93bda8026a388&3rd=MzA3MDU4NTYzMw==&scene=6#rd.

度等判断与品牌接触、品牌使用体验，最后形成品牌形象。消费者因此对品牌的属性、利益、价值、个性等有一个完整的了解。扬·罗比凯公司认为，一个品牌是有生命、个性，及自身存在的价值与意义的，它不会一成不变，而是在其生命历程中生发出自己的灵魂，即品牌本质（Brand Essence），并进一步进化，直至演化为强势品牌。而无论一个品牌如何演化，它的本质都反映在品牌的内在密码（即品牌基因）中，随着时间的变化，也许这些基因会慢慢被忘却，扬·罗比凯公司试图通过品牌基因图（Brand Gene Profile），管理品牌进化，重新找到它。

**表 17-2　扬·罗比凯广告公司的品牌基因图要素**

| | |
|---|---|
| 1. 品牌传统 | 界定品牌最早闻名的产品或产品线。 |
| 2. 品牌代表 | 界定哪种产品最能代表品牌。 |
| 3. 品牌识别标志 | 寻找消费者心目中最能代表该品牌的标志（产品特征、包装、音乐、广告语言、标识等）。 |
| 4. 品牌领域 | 界定该品牌最应该参与竞争的最宽广的市场范畴。 |
| 5. 品牌本质 | （1）对消费者而言，该品牌有着什么独特的意义？其核心价值是什么？<br>（2）是否需要强化核心价值？品牌未来需要的品牌本质即核心价值是什么？ |

扬·罗比凯广告公司认为品牌管理的另一个战略基础是品牌力量（Brand Power）。该品牌力量由四大支柱形成。差异性（Differentiation）为第一大支柱，是使品牌脱颖而出的第一步，也是品牌出现问题的最先指标，因为差异性等于一个品牌的利润空间（Margin）。相关度（Relevance）为第二大支柱，品牌与消费者的相关度越高，则品牌的普及率越高，相关度等于消费者数量。品牌评价（Esteem）是第三大支柱，即指消费者对该品牌的喜欢程度。该公司认为，当一个品牌持续拥有与消费者相关的差异性，则消费者会给予该品牌高度评价，消费者评价越高，则对品牌的忠诚度越高。品牌评价等于盈利表现（Performance）。品牌认知是第四大支柱，代表一个品牌的知名度及消费者对品牌意义的认识。品牌认知是消费者对一个品牌的品牌知识的掌握和认知的经验结果，可以使一个品牌与消费者发生关联，并形成内化（Internalised）。四个支柱之间，形成有机的关系。品牌动力（Brand Strength）与品牌地位（Brand Status）形成品牌力量，而品牌动力由品牌差异性、品牌相关性构成，品牌地位由品牌评价、品牌认知构成。

因此，品牌财产评估（Brand Asset Valuator，BAV）电通模型的基本立场是消费者立场。强调一个品牌的价值源自消费者对一个品牌的差异化、品牌基因、品牌本质等的认知和态度。一个品牌具有不同水平的资产或价值，首先是因为消费者对该品牌不同的认知程度、态度倾向。模型从消费者出发，立足于品牌建构的差异化战略特征，其一，强调品牌的差异性，认为品牌的差异度越小品牌的价值便越小；其二，强调品牌与消费者的相关度；其三，强调品牌在消费者心中的地位；其四，强调消费者对品牌的认知和价值理

解。通过多年研究，该模型得出了一个规律：四个指标都高的情况下，品牌才能处于领导地位。（如图 17–3）

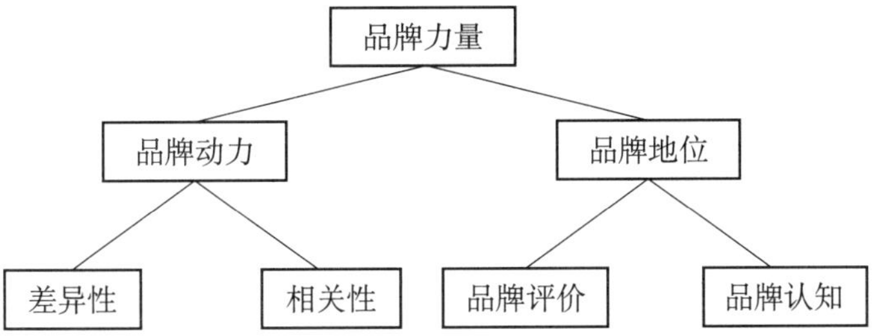


**图 17–3　电扬品牌战略基础之一：品牌力量四支柱的相关关系**

（三）数据调研的基本内容

基于上述理论基础，品牌财产评估过程的第一步，是对消费者进行调查。

调查首先由消费者用四方面指标对每一个品牌的表现进行评估，这四方面指标的内容分别为：

差异性，即品牌在市场上的独特性及差异性程度，直接涉及利润率；相关性，品牌与消费者相关联的程度，品牌个性与消费者适合程度，涉及市场渗透程度；品牌评价，品牌在消费者心目中受尊敬的程度、档次、认知质量以及受欢迎程度；品牌认知度，衡量消费者对品牌内涵及价值的认识、理解、体验的程度。

上述四个方面的数据，由 74 个指标构成。其中，形象（Imagery）指标由 48 个指标构成，使用和偏好（Usage&Preference）指标由 10 个指标构成，企业品牌形象（Corporate Brand Imagery）指标由 12 个指标构成。有关品牌形象描述的 25 个形容词为：真实性（Authenticity）[ 正宗的（Authentic）、原创的（Original）、传统的（Traditional）]；差异性（Differentiation）[ 出众的（Distinctive）、不同的（Different）、独一无二的（Unique）]；疏离感（Remoteness）[ 傲慢的（Arrogant）、难以接近的（Unapproachable）]；服务性（Service）[ 友善的（Friendly）、有帮助的（Helpful）、关心用户（Cares about its customers）]；风格（Style）[ 突出的（Distinctive）、尊贵的（Prestigious）、有风格的（Stylish）]；活力（Dynamism）[ 有活力的（Dynamic）、创新的（Innovative）、现代的（Up to date）、进步的（Progressive）]；信任度（Trust）[ 可信赖的（Trustworthy）、可靠的（Reliable）、直率的（Straightforward）]；有趣的（Fun）[ 有趣好玩的（Fun）]；品质感（Quality）[ 高品质（High Quality）、同类中最好的（Best in category）]；价值（Value）[ 物有所值的（valuable）]。有关品牌个性描述的 24 个形容词是：实际（Down to earth）；迷人（Charming）；勇敢（Daring）；坚韧（Tough）；聪明（Intelligent）；和善（Kind）；上等（Classy）；精力充沛（Energetic）；喜爱户外运动（Outdoorsy）；领导风范（Leader）；拘束（Trendy）；粗犷（Rugged）；简单（Simple）；无忧无虑（Carefree）；流行（Trendy）；

强壮（Strong）；魅力（Glamorous）；体贴（Obliging）；稳重（Calm）；越来越受欢迎（Gaining in popularity）；健康（Healthy）；高性能（High performance）；诚实（Honest）；物超所值（Worth paying more）。

其次，根据上述完全立足于消费者立场的数据，进行数据分析，获得消费者视角的品牌差异化程度、品牌的市场相关性、品牌的消费者认知与评价等数据。

### （四）BAV 的品牌资产构成图

数据分析基于模型建立的两个因子：

1. 品牌强度（Brand Vitality）：该因子是差异性与相关性的乘积，体现了品牌的个性差异和与众不同，体现了与消费者之间的相关指数，可反映一个品牌的个性特点与市场亲和力；

2. 品牌高度（Brand Stature）：该因子是品牌地位与品牌认知度的乘积，体现一个品牌在消费者心目中的地位，消费者对其的评价和认知，可反映一个品牌基于消费者认知基础上的社会互动性。

在确认两个因子的前提下，构成的品牌资产评估矩阵（如图 17–4）。

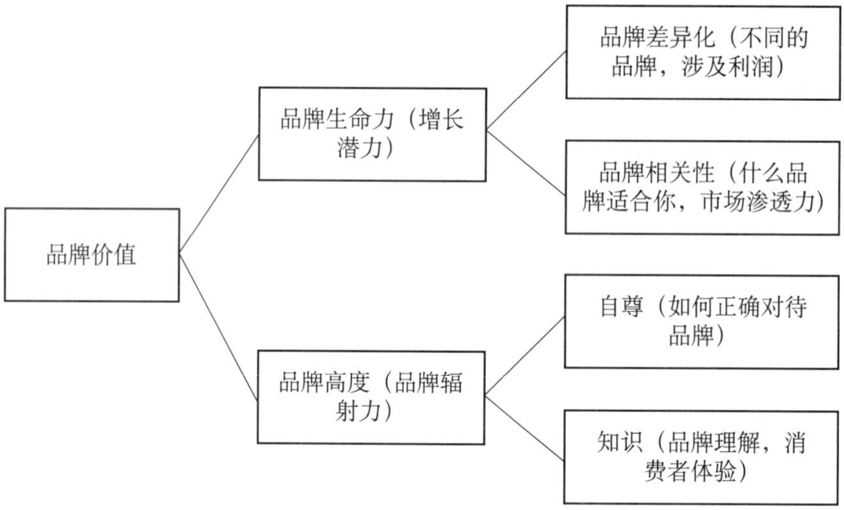


**图 17–4　BAV 的品牌资产评估矩阵**

### （五）BAV 评估模型的特色与不足

该模型的优势是体现了以消费者为中心的品牌核心价值，但缺点也是只有消费者数据；优势是体现了消费者认知及其品牌个性，但对品牌忠诚问题没有提及。而一个品牌的品牌价值的重要构成因素是品牌忠诚，只有基于品牌认知、正向品牌态度的前提下的品牌忠诚，才能确保一个品牌稳定的未来品牌收益。同时，该模型缺乏进一步量化分析的数理基础，因此，该模型可以作为品牌战略规划前洞察一个品牌的消费者关系的重要步骤，但实现品牌价值的量化、现金流化的难度较大。但该模型可以告诉人们，一个品牌的差异性、相关性、品牌地位、品牌认知各指标的强度及其相互关系会显示该品牌不同的品牌价值和品牌力量。如 2004 年的调研报告显示：一个品牌的四个一级指标（差异性、相关性、品牌地位、品牌认知）均强时，一个品牌的价值也高。但多数品牌的四个一级指标呈现不同的高度，而健康品牌的差异性指标高于相关性。即健康发展的品牌，其差异性数据普遍高于相关性数据。斯沃琪、星巴克、奥迪、红牛、优之良品、姚明等品牌的差异性显著高于相关性，品牌的成长性大。当一个品牌的相关性高于差异性时，意味着该品牌丧失独特性，价格成为购买行为的主导决策因素。这说明，价格起着重要作用，如邦迪、一卡通、家乐福、李锦记、新民晚报、健康之友、夏士莲等品牌。当一个品牌的品牌地位与消费者评价分值高于品牌认知时，品牌与消费者之间呈现正面关系，当一个品牌的品牌地位与消费者评价分值低于品牌认知时，品牌与消费者的关系呈现出惯性与被动。因此，该模型能够诊断一个品牌的发展现状与趋势，测量一个品牌的品牌力量及其表现，并可提供发展一个品牌未来策略的数据建议。

但是，该模型也有值得商榷的问题：其一，四个一级指标设置，特别是将品牌差异性、相关性、消费者评价、消费者认知这四个不同程度、不同范畴、互为兼容的指标并列置于一级指标层面，有待商榷；其二，该模型评估时涉及 45 个产业，而不同产业的品牌具有其差异性，BAV 的评估则基本忽略了行业差异。

## 六、BrandZ 品牌价值评估模型

### （一）模型开发者

市场咨询机构明略行公司和 WPP 共同开发了品牌强度模型 BrandZ。明略行公司在 44 个国家拥有 76 家分公司，并服务于全球 TOP100 企业中的 90%。华通现代市场信息咨询有限公司最初作为华通市场信息公司的消费者研究部成立于 1992 年，是中国成立最早的市场研究公司之一。1997 年，该研究部与美国 Market Facts（MFI）合资成立华通现代（ACSR），从而成为一家提供全方位专项市场研究服务的专业性公司。2006 年，明略行公司与华通现代实现了资源整合，成立北京华通明略信息咨询有限公司（Millward Brown ACSR），华通明略是明略行公司在中国唯一合法的业务经营机构。WPP 集团是全球最大广告传播集团之一，总部设在伦敦，其营业范围包括广告、公共关系、游说、品牌形象与沟通，它拥有一系列大型的广告传媒公司，包括奥美、智威汤逊、传立等。

### （二）模型建构的理论基础

BrandZ 模型的核心是品牌动态金字塔。根据这个模型，品牌建设与一系列依次排序的

等级有关，每个高等级形成的前提是其下面低等级的存在，按照上升顺序，每个等级的目标如下：

存在：我了解它吗？

关联：它能给我提供某些东西吗？

性能：它能实现吗？

优势：它提供的比其他品牌好吗？

黏合：别的品牌无法击败它。

“有牢固关系”的消费者位于金字塔顶层，因为其与品牌建立了更强的关系而且比低层次的消费者支出更多。然而，更多的消费者处于更低的层次。营销者的挑战是开发活动和项目，让消费者沿着金字塔向上移动。

### （三）评估步骤

BrandZ 评价品牌的方法类似于财务分析师和会计师评价企业的方法，可以称为“经济用途”法，即 BrandZ 计算的是未来收入的现值，预测未来销售额和利润增长的比例。但分析师在计算中包含的是整个企业，而 BrandZ 仅对该品牌所产生的销售额和利润部分感兴趣。

在 BrandZ 排行榜的品牌评估方法中包括三个主要步骤：

1. 确定和分配品牌的无形收入（Intangible Earnings）

公司资产可分为两类：有形资产（如不动产和设备）和无形资产（包括品牌及其他类型的知识产权）。为了避免过分增大品牌的重要性，BrandZ 必须撇开有形资产所产生的收入。

BrandZ 将无形资产的总值分配到该公司所拥有的每个品牌，但对于像星巴克这样仅有一个品牌且品牌名称与其公司名称相同的公司，BrandZ 就可以跳过这一步。

然后 BrandZ 将每个品牌的真正无形收益按运营的国家进行分割，这对国家层面的评估“由下而上”十分重要，因为品牌与消费者关系的强度可能在每个市场都不尽相同。例如在信用卡行业，Visa 在亚洲是最强势的品牌，而在欧洲则次于万事达（MasterCard）。

2. 确定品牌的贡献（Brand Contribution）

BrandZ 确定品牌贡献的过程（消费者决定购买一个品牌的程度是由感情而非功能因素支撑的）是 BrandZ 的严密评价体系的核心。

BrandZ 百强排行榜所使用的品牌贡献来源于 BrandZ 研究所收集的品牌资产。根据品牌金字塔，BrandZ 得出每个品牌的销售额有多大份额来自于那些与之拥有强烈感情关系的消费者。因此，绑定层级的人数是对每个品牌评价的重要组成部分。

相关的补充分析考虑了所在产品种类由品牌驱动还是价格驱动的程度。在那些品牌较少驱动价值的产品品类中，低价是消费者选择的一个重要驱动因素。

BrandZ 还包括第三个确定品牌贡献的因素，就是产生转换障碍的“结构”因素。买方无法真正选择或市场存在的高度惯性而产生的企业销售额和收益不包含在品牌价值之内。例如，BrandZ 不包括任何来自微软操作系统业务的销售额或收益，因为 Windows 极其垄断。

利用这三个因素，BrandZ 计算品牌贡献——那些可归因于品牌影响的无形收入与在业务中的其他部分（产品、价格、分销、客户服务等）对比的百分比。

3. 将未来收益折回净现值，并用品牌风险因素进行折算

BrandZ 的品牌评估程序的最后一步就是确定合适的风险率并将其作为计算品牌价值的相乘系数（如图 17–5）。BrandZ 用品牌的财务数，财务数的组成和 BrandZ 数据来预测未来短期业绩。除了考虑评价商业（如公司、部门和国家风险）时财务分析师考虑的因素外，BrandZ 还要增加一个因素以反映品牌的消费者风险和增长潜力。

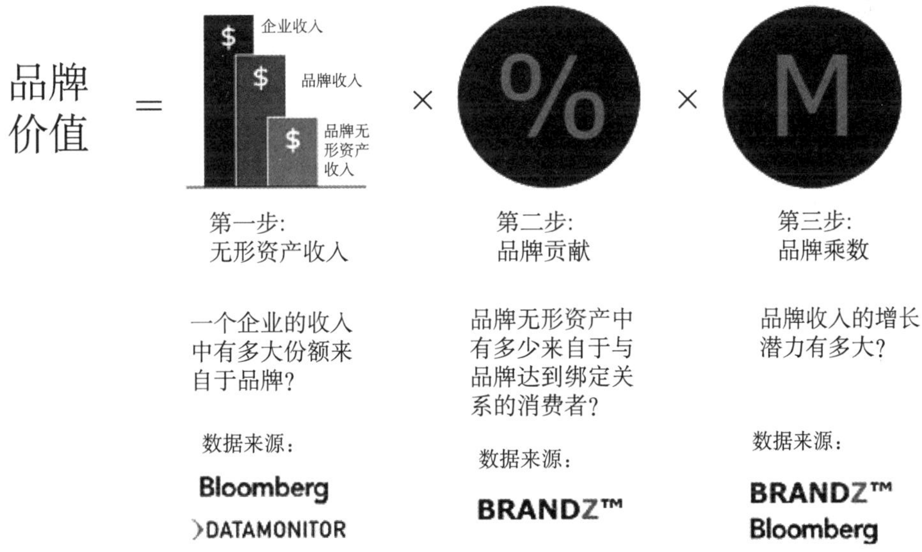


**图 17–5 模型评估步骤图**

BrandZ 数据中用于描述人们从存在到绑定层级转换时品牌有效性的电压（Voltage）值被用于调整折现率中，得到更多与品牌绑定的人就意味着你将拥有更多的忠诚客户。

最后得到一个相关的乘数，来代表品牌风险或折扣率，BrandZ 称之为品牌动能（Brand Momentum）的指标。品牌动能是一个品牌短期增长率相对于其竞争对手品牌短期增长率的指标。

品牌估价的结果给 BrandZ 提供了评价强势品牌如何创造价值的三个方面：

A. 财务价值：一个品牌创造的总“美元”价值；

B. 品牌贡献：品牌资产对消费者购买决定的影响；

C. 品牌动能：一个品牌的未来增长潜力。[①]

（四）BrandZ 模型的特色和评价

1. 它以测量消费者忠诚的定量问卷调查为基础。

2. 它采用了“面向市场”的方法评价面向消费者的品牌，如多芬，而不是评价企业品牌，如联合利华。这很有意义，因为消费者偏好和忠诚的对象是多芬品牌而不是称为联合利华公司实体。BrandZ 百强排行榜这么做与其他排行榜有很大不同。

3. 此模型以较为领先的品牌资产数据库为基础，BrandZ 提供了丰富的、对全世界几乎所有品牌长达 10 年的品牌关系的强度和发展的追踪数据库。

4. BrandZ 排行榜是综合性的。它评价强势的区域性品牌也考虑全球化的品牌，无需要求品牌存在于多个市场或特定国家。它包含了未包括在其他排行榜中的品牌，如零售商，而且 BrandZ 排行榜能够按产品种类提供综合性价值排行。

5. BrandZ 模型具有前瞻性，它不仅提供目前价值的评估，还可用于预测财务状况。

6. 它为营销、财务和企业专业人员提供可用于具体行动的信息。该排行榜不仅知道品牌已经创造了多少价值，而且它对品牌如何创造这一价值也有深入了解。[②]

## 七、唐·舒尔茨与“ROI”效果评估体系

在《品牌传播测量 ROI》（*Measuring Brand Communication ROI*）一书中，唐·舒尔茨强调了在全球消费者基础上的投资与回报 ROI 效果评估体系。ROI 体系是对品牌传播的评估，跨越了态度评估，直接进入了程序化的收入流，即投资回报率测量。对传统意义上的传播效果评估，唐·舒尔茨认为传统的态度评估可行，而且会越来越好，不足之处是没有与行为评估结合，而 ROI 则可将态度和行为结合起来进行评估。同样，唐·舒尔茨的“21 世纪品牌传播系统”为确认品牌接触的各种可能性也作出了科学引导。

**扩展阅读：与品牌传播效果评估相关的理论模型**

广告效果测定模式是当前大多数品牌传播效果研究的基础，也是实践中企业进行评估的主要依据。在长期的发展过程中，信息传播环境在不断变化，消费者接受信息、处理信息的方式也不断革新，对传播活动的影响机制与产生的效果研究也经历了几个发展阶段，形成了几类具有代表性且对品牌传播效果测定比较有影响的模式。传统时代的模式大致可以分为直线型的思考方向和非直线型的思考方向。而随着互联网和移动互联网的发展，又发展出了基于传统时代模式的新模式。

①② 资料来源：《BrandZ 品牌榜排名计算方法简介》，腾讯网，2010 年 12 月 9 日，http://finance.qq.com/a/20101209/005092.htm。

## 一、传统时代以 AIDMA 为代表的线性效果评估理论

### （一）AIDA 和 AIDMA 模式

这个模型是艾尔莫·里维斯（Elmo Lewis）在 1898 年首次提出的，模型的基本观点是：人员销售对消费者的说服效果具有层级性，销售人员向消费者推销产品时所产生的影响可以逐层划分为：注意（Attention）、兴趣（Interest）、欲望（Desire）和购买行动（Action），即 AIDA 层级。1925 年，斯特朗（Strong）将 AIDA 层级引入广告效果评价中，使之成为第一个广告效果测量模型。

这一模型奠定了广告阶段性效果评估的基础，即认为广告从播出后到消费者产生购买行为之间要经历一系列的过程与阶段。广告效果的测量不是一个含混的概念，需要测量广告是否（或在多大程度上）引起了消费者的“注意”、激发了他们的“兴趣”、刺激了他们的“欲望”、改变了他们的“行为”或“行为意向”。

### （二）DAGMAR 模式

1. DAGMAR 模式简介

1961 年，美国广告学家 R.H. 科利（Russell H. Colley）认为广告的成败与否，应看它是否能有效地把想要传达的信息与态度在正确的时候，花费正确的成本，传达给正确的人。为此，他在著名的《为衡量广告效果而确定广告目标》一书中提出“为度量结果而确定广告目标”的方法（Defining Advertising Goals for Measured Advertising Results）。我们称其为 DAGMAR 模式（达格玛模式），也称其为科利法。

2. DAGMAR 模式的一般原则

（1）广告目标是营销工作中有关传播方面的简明陈述。

（2）广告目标是用简洁、可测量的词句写成的。如果对广告目的尚未达成协议，那么在制作广告之前就要把广告目标找出来，而非事后再找。

（3）广告的各种目标要得到创作与核准各部门的一致同意。制订计划与执行计划要分开。

（4）广告目标的制定，应当以对市场及各种购买动机方面精湛的知识为基础，应以缜密小心地衡量市场的各种机会为根据而表示出非常实际的期望。

（5）基准点是依据其所完成的事项能够测量而制定的。心理状态——认识、态度与购买习性等要在广告刊播之前与之后加以鉴定，或者以广告达到者与广告未达到者为分类对受众进行比较。

（6）用来事后测定广告成果的方法，在建立广告目标时即应制定。

3. DAGMAR 模式评价

DAGMAR 模式在评价广告传播效果、测定消费者心理变化因素方面非常有效，同时

由于该理论是围绕广告传播目标而提出的，因此在实施目标管理上具有明显的不同。它不仅是测定广告传播效果的基本模式和有效方法，而且是一种管理理念，至今仍有广泛的影响。之后介绍的品牌传播效果评估模型也大多是基于这个理论进行的。

DAGMAR 模式能够直观地表现广告活动进行前后受众心理状态的变化，并且简单易行。但它有一个重大的缺点：由于两次调查的时间间隔比较长，通常为一个广告周期，表中反映的心理状态变化受到多种市场因素的作用，而并非单一广告的效果。我们不能断定某项心理指标的水平增长在多大程度上是由广告引起的，从而不能准确地评估广告产生的心理效果。①

### （三）李维奇和史坦利效果层次模型

1961 年，罗伯特・J. 李维奇（Robert J.Lavidge）加里・A. 和史坦利（Gary A.Steiher）认为消费者心理变化过程应该分为六个阶段：认知（Awareness）、知识（Knowledge）、喜欢（Liking）、偏好（Preference）、确信（Conviction）、购买（Purchase）。实际上六阶段模式是在 AIDMA 和 DAGMAR 模式基础上的发展，其中所指的知识是认知品牌名称之意，即将品牌认知程度理解为知识，相比而言，比 DAGMAR 模式中的概念更为精细，并在知识与确信之间设定了喜欢和偏好两阶段，喜欢与 AIDMA 模式中的兴趣属于同一水平，偏好是比喜欢更进一步的心理阶段。②

此外在直线型模式中还有日本电通 1968 年提出的 CSP 模式和李奥贝纳广告公司提出的 CAAP 模式。CSP 模式包括未知、直销、理解、好感、欲求、行动这几个层次。CAAP 模式包括未知、一致、接受、偏好、品牌购买、品牌满足这几个层次。

### （四）ARF 媒体评价模型

广告调查基金会提出了 ARF（Advertising Research Foundation）媒介评价模式，该模式分为六个阶段：媒介普及、媒体暴露、广告暴露、广告认知、广告沟通、销售反应。在该模型中，媒体普及的标准是进入某一市场时该市场中媒体普及的基本情况，如属于电子媒介的电视机、有线广播、收音机等的拥有量及平面媒体的发行量。媒体暴露的前提是目标人群的媒体收视、收看容易程度，它指媒体在目标人群前的暴露程度和潜在的视听众的总人数，是媒体评价标准的第二阶段指标。广告暴露度是指接触到广告单位的总人数及接触到广告单位次数的合计，也称暴露机会，它强调广告是否被目标人群真正接触到。广告认知阶段含有广告的认知和记忆，该阶段的效果评价指标是对广告内容的认知度和记忆度。广告沟通指广告对目标对象的态度改变、行为产生的决策影响力，该阶段的效果评价指标是品牌理解度、好感度和行为意向度等。销售反应指的是营销传播或

① 吴柏林. 广告策划实务与案例［M］. 北京：机械工业出版社，2010：75.
② 清水公一. 广告理论与战略［M］. 胡晓云，朱磊，张姮，译. 北京：北京大学出版社，2005：262.

广告带来的销售效果，该阶段的评价指标是传播或广告销售的促进度、消费者的行为发生率。

实际上它是将 DAGMAR 模式中未知与认知之间的媒介运作作了进一步的细化，而广告沟通阶段则是 DAGMAR 模式所描述的内容，该模式的重点是对前三个阶段即媒介效果的评估。ARF 模式每一阶段都可以通过量化的数值来对广告效果进行评估。媒体普及和媒体暴露是针对广告媒体的影响力进行的评估，广告暴露、广告直觉和广告沟通是对广告本身的投放情况、与受众之间的信息交流情况进行的评估。销售反应是直接对广告效果进行的直观量化评估，即对广告是否能够促进销售，在广告投放之后对销售是否产生影响进行评估，此种评估需要对比销售数据之后作出判断。

## 二、传统时代的非线性效果评价模型

### （一）扩张关联模型

在 DAGMAR 模型和 ARF 模型的基础上，1984 年美国威斯康星大学的教授普利司通提出了扩张关联模型，具体如图 17-6 所示。该模型在媒体普及至广告暴露部分全部采用了 ARF 媒体评价模型，至广告认知阶段之后发生了变化：广告认知是实际视听广告作品、了解广告商品名称的阶段，其效果评价指标为广告注目率、内容认知度和内容记忆度。广告要素认知阶段的评估指标为必须记忆广告标题等五大要素的广告精读率、广告记忆度。

商品认知阶段的效果评估标准以品牌的知名率为主，其评估指标为商品的品牌知名度、品牌记忆度。从商品认知阶段经由“关联属性认知”发展到“商品知觉阶段”，以了解广告诉求的品牌或与品牌有关的信息内容，其效果评估指标为品牌认知度、内容理解度。消费者在接触广告之前就存在的对商品的认知为“先前知觉”，在接触广告之中和之后，将先前知觉整合为“整合知觉”，再经由“关联属性评价”实施“商品评价”，又与“先前评价”整合获得“整合评价”。这几个环节的效果评估指标是广告好感度、商品好感度、商品偏好度等。之后阶段为“商品刺激”，与广告之外的信息形成的“先前刺激”整合为“整合刺激”，其效果评估指标为购买促进率、行动促进率、购买意图率等，最后发展到“行动”阶段。首先是“探索”行为，探索比广告更为详尽的信息，为“探索知觉”；然后是“探索评价”，更具“探索评价”的结果是产生“探索刺激”，然后“试用”，试用后产生“试用知觉”“试用评价”“试用刺激”；最终是“采用”“采用知觉”“采用评价”“采用刺激”。行动阶段的评估指标是购买率、使用满意度、品牌态度等。

这个模型体现了对视听众的选择性探索、试用、评价过程的重视，体现了非直线型评估的思考方向。

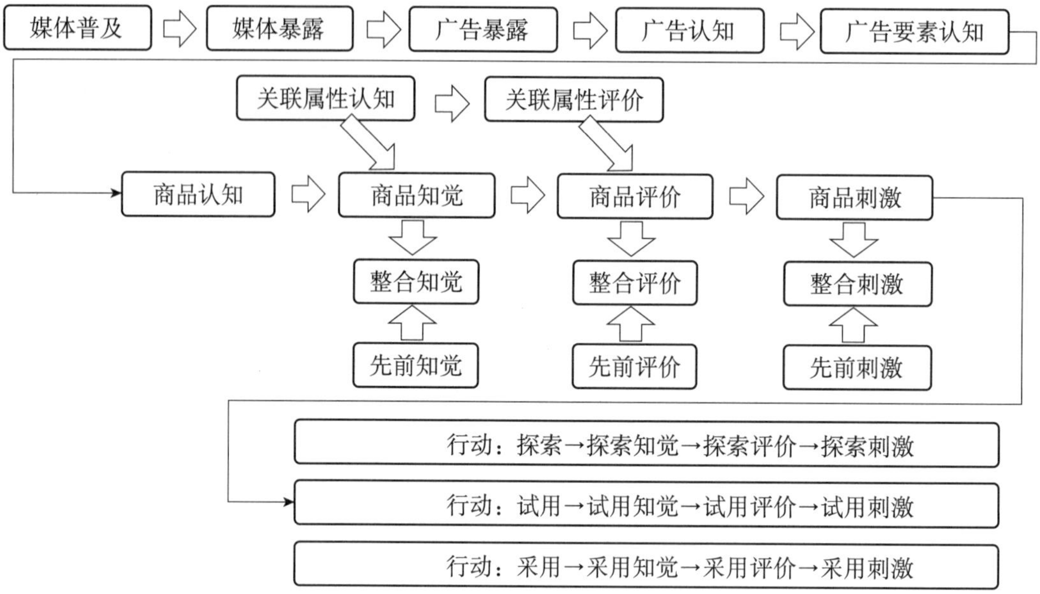


图 17–6　扩张关联模型示意图

### （二）新广告传播效果模型[①]

日本清水公一教授在克拉库曼的卷入度研究、雷的三种类型、阿西鲁的四种类型的等级制度研究的基础上所创建的广告传播效果模型，也属于非直线型品牌传播效果评估模型。该模型从分析广告商品入手，由广告商品、媒体评价标准、学习组合、感觉组合、行动组合组成。该模型的主要观点包括以下几点（如图 17–7）：

1. 消费者对商品的卷入度可分为高度和低度

消费者对商品的卷入度有所不同，但可以大致分为高卷入度和低卷入度两大类。前者多为高价位商品，后者多为低价位商品。印刷媒体卷入度高，电视、广播卷入度低。卷入度高的商品在印刷媒体发布，卷入度低的商品在电视媒体发布，收到的市场营销效果较好。但也有商品与上述情况相反，模型用横的箭头作为双方互相交换的运行标志。

2. 借鉴 ARF 模型的媒体评价标准

媒体评价标准的媒体普及、媒体暴露、广告暴露三阶段与 ARF 媒体评价模型相同。报纸杂志广告的效果评估指标有发行量、重复阅读率、传阅率、阅读率、注目率、累计到达率、频度等。报纸杂志广告读者的卷入度高，伴随着“主动性学习”，双箭头朝着高卷入度的决策过程变化。电视广告的效果评价指标有电视机拥有量、开机率、收视率、累计到达率、GRP 等。电视是在舒适状态下收看的，伴随着被动性学习，视听众的卷入度低。因此，单箭头朝卷入度低状态下的购买行为过程变化。特殊情况也存在，模型以细箭头表示相反的反应。

① 胡晓云，等. 品牌传播效果评估指标［M］. 北京：中国传媒大学出版社，2007：15–18.

3. 广告到达视听众阶段，是广告传播方进行媒体运作与调整的结果

一旦进入学习组合，视听众心理便会发生变化，而传播者对此无能为力。视听众的学习组合中，有“认知”与“理解”，“认知”意味着对广告信息和广告商品的认知；“理解”是了解广告商品的内容。“认知”和“理解”的前后与距离关系因类型不同而产生差异。从报纸杂志广告获得信息的消费者，本身为主动性学习，在广告商品卷入度高时，从双箭头向感觉组合移动；而从电视广告获得信息的消费者，则是被动性学习，信息内容属于低卷入度商品，因而消费者由单箭头向行动组合移动，立即购买。横的箭头表示相反方向的反应倾向。

4. 行动组合可分为“试用”和“采用”

行动组合在这里可以分为试用和采用。在反复购买商品时，两者之间有明显区别，但在耐用消费品的情况下，两者几乎没有区别。如双箭头所示，从“感觉组合”移动到这里的高卷入度决策过程到“行动组合”为止，完成了心理变化及购买行为。与“学习组合”中“被动性学习”的单箭头共同移动的低卷入度决策过程则在未对品牌作充分比较时，就会购买卷入度高、价位高的商品而进入“行为组合”当中。购买后，在进入“学习组合”，获得有利于自己购买行为的情报后，经由高卷入度决策过程，移动到“感觉组合”中去。

5. 感觉组合中，有“态度”和“意图”

态度是对商品的好感度；意图是指品牌偏好或者强化购买决策的状态。从“学习组合”的“主动性学习”演变而来的高卷入度决策等级，由态度移向意图，并同双箭头一起进入“行动组合”；而从“行动组合”演变而来的低卷入度决策等级，因为已有购买行为在先，态度和意图前后关系及距离关系不一致，两者合起来成为评价。

这一模型在综合前人研究的基础上提出了媒体卷入度、广告卷入度、商品卷入度、好感度、品牌偏好度、试用反馈等问题。

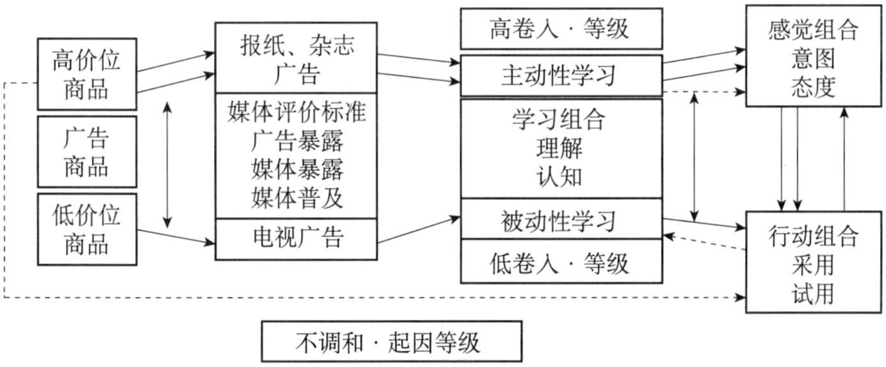


**图 17–7 新广告传播效果模型示意图**

## （三）FCB 方格

FCB 方格是 1980 年 Foote Cone & Belding（博达大桥广告公司）的 Richard Vaughn（理

查德·伍甘）开发的一个广泛用来描述消费者购买决策行为特征的工具。FCB 方格根据购买者“高介入度—低介入度”和“思考（认知）—感觉（情感）”两个维度形成了四个方格，每一方格内分布的产品，其购买者有着不同的购买决策行为特征（如图 17–8）。

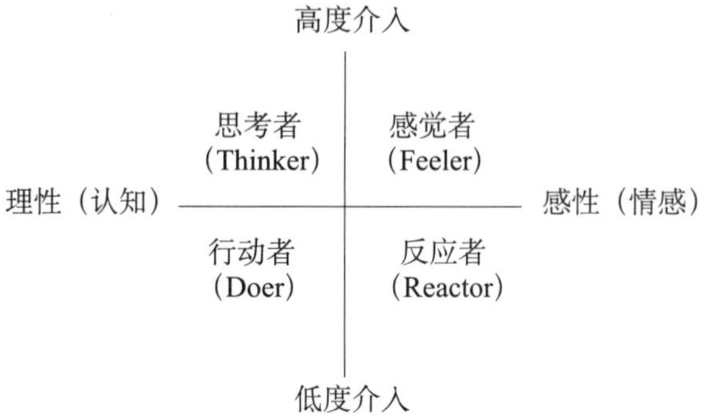


**图 17–8　FCB 方格**

方格 1：消费者类型是思考者（Thinker）。特征是高介入、理性；购买产品如汽车、住房、家具等。购买决策遵循模式为：学习（Learn）—感觉（Feel）—行动（Do）。广告应重视足够理性的诉求支持，鼓励试用比较。

方格 2：消费者类型是感觉者（Feeler）。特征是高介入、感性；购买产品如香水、时尚服饰。决策模式为：感觉（Feel）—行动（Do）—学习（Learn）。广告应重视感性的打动。

方格 3：消费者类型是行动者（Doer）。特征是低介入、理性；购买产品是一些介入程度低的日用产品，多为求便性的习惯性购买。决策模式为：行动（Do）—学习（Learn）—感觉（Feel）。广告应重视购买后的认同。

方格 4：消费者类型是反应者（Reactor）。特征是低介入、感性。购买产品主要是满足个人的特殊嗜好，如雪茄、电影等。决策模式为：行动（Do）— 感觉（Feel）— 学习（Learn）。广告应重视消费者的体验和自我感觉。

该理论的创新点是从产品的卷入度的高低研究广告效果，并与广告策略相结合。但是，该理论人为地把消费者分为四种类型，有割裂之嫌。

### （四）ELM 模型

详尽可能性模型（Elaboration Likelihood Model，简称 ELM）是由心理学家理查德·E. 派蒂（Richard E.Petty）和约翰·T. 卡乔鲍（John T.Cacioppo）提出的，是消费者信息处理中最有影响力的理论模型。根据这一模型，信息处理和态度改变的一个基本量纲是信息处理的深度和数量。该模型的特点是指出了不同的个人信息处理能力的动机、不同卷入度对广告效果的影响，并且指出了广告效果传递有外围路径和中枢路径之别。ELM 模型的基本原则是：不同的说服方法依赖于对传播信息作精细加工的可能性高低。当精细加工的可能性高时，说服的中枢路径特别有效；而当这种可能性低时，则边缘的路径有效。

ELM 模型中两个重要因素是受众分析信息的动机和分析信息的能力。假设消费者一旦接收到广告信息就开始其加工和消化的过程，在个人情况与信息相关的基础上，消费者会选择两条劝导路线（如图 17–9）：

1. 当动机和能力都较高时，消费者更可能趋向于遵从核心途径；核心途径包括诉诸理性认知的因素——消费者进行一系列严肃的尝试，以逻辑的方式来评价新的信息。顾客的知识水平较高时往往倾向于理性的选择。

2. 当其中之一较低时，便趋向于遵从外围途径。外围途径通过把产品和对另一个事物的态度联系起来，从而涵括了感情因素。例如，促使新新人类购买其崇拜的青春偶像在广告上推荐的某种饮料的原因，实际上与该饮料的特性毫无关系，起作用的是对歌星的喜爱。这是因为人们在对该饮料本身的特性不太了解的情况下，只能通过该信息的外围因素（如产品包装、广告形象吸引力或信息的表达方式）来决定该信息的可信性。

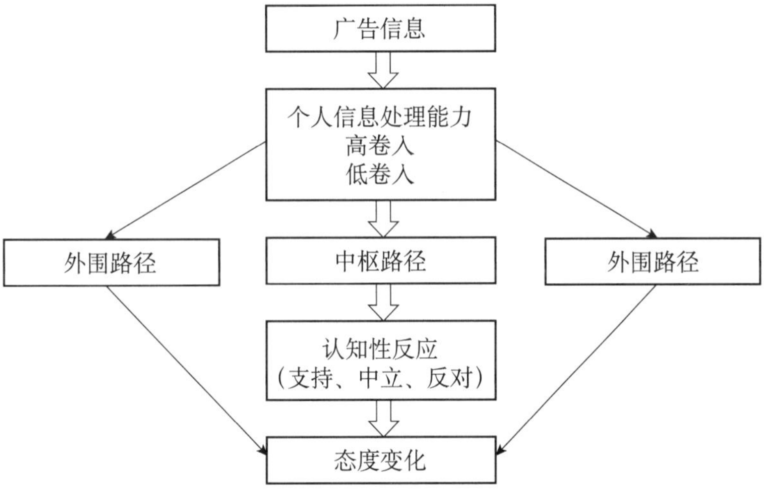


图 17–9　ELM 模型示意图

### （五）Giep Franzen 效果群相互作用模型

1992 年荷兰的 Giep Franzen 发表了“效果群相互作用模型”，模型也从“接触”开始进行整个受众行为的评估，该模型侧重于营销传播领域品牌效果的评估，将品牌的传播视作信息传播的中心，强调“接触”“注意”和“品牌信息定位”之间的多角关系。

模型中的“接触”，指消费者与品牌之间的各种接触；“注意”指与品牌或者广告接触后的关注程度；“广告信息处理”指处理广告刺激的各种认知的、情感的、视觉的、听觉的处理形态；“品牌认知”指对品牌的认知和对品牌的意识水平；“品牌联想”，指在联想网络内的联想范畴和记忆储存；“品牌定位”，指与某竞争品牌相比，其在消费者记忆中的相对位置；“品牌评价和态度”，指品牌的品牌记忆库、品牌选择；“品牌行动与品牌经验”，指购买（试用和反复行为）、品牌忠诚度、品牌使用经验。

Giep Franzen 认为有效广告的评价标准包括：必须被人感知、必须获得并保持人们的注意、必须能够使人们经常注意并购买品牌、必须令人喜欢、必须能够体现与其他品牌的差异性、必须影响人们朝着有利于该品牌的方向作选择、必须使核心信息能够储存在人们的心中。该模型强调了品牌传播中效果产生的相关关系，并指出各种已有品牌资产对广告效果的作用，更强调了传播对品牌资产形成的贡献。[①]（如图 17–10）

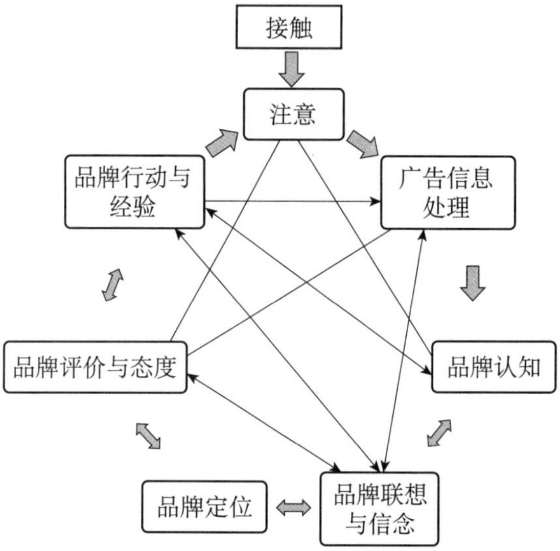


图 17–10　Giep Franzen 效果群相互作用模型示意图

（六）整合模型[②]

2001 年日本青山大学教授仁科贞文在《广告效果论》中提出了有关广告效果的“整合模型”。该模型的特点是将认知信息学、社会心理学的概念和理论应用于广告活动和消费者心理反应的相关关系研究中。该模型将信息处理分为四个阶段（如图 17–11）：

1. 广告信息处理阶段。该阶段体现了消费者接触广告之后产生认知反应、记忆反应的过程。

2. 商品信息处理阶段。该阶段产生了对商品品牌的心理反应程序。消费者在广告信息处理阶段形成的广告心理变化结果在记忆内部获得再构成，并以品牌名称为中心将品牌知识结构化，并进行品牌评价。

3. 需求信息处理阶段。该阶段与商品品牌信息处理并行，是需求产生的信息反应阶段。在该阶段，广告以及其他外部信息（或内在刺激）唤起了消费者需求。

4. 购买信息处理阶段。该阶段是涉及购买行动的心理性、行动性反应程序阶段。此时，消费者的商品品牌知识与需求相结合产生消费动机，制定出商品品牌购买决策。

① 胡晓云，等. 品牌传播效果评估指标［M］. 北京：中国传媒大学出版社，2007：7-9.
② 胡晓云，等. 品牌传播效果评估指标［M］. 北京：中国传媒大学出版社，2007：20-21.

从广告信息处理到商品品牌信息处理、需求信息处理这三个阶段所产生的效果一般被称为传播效果，购买行动信息处理部分则为消费者行动效果。仁科贞文教授认为只有包括了这两部分才是完整的广告传播效果程序。

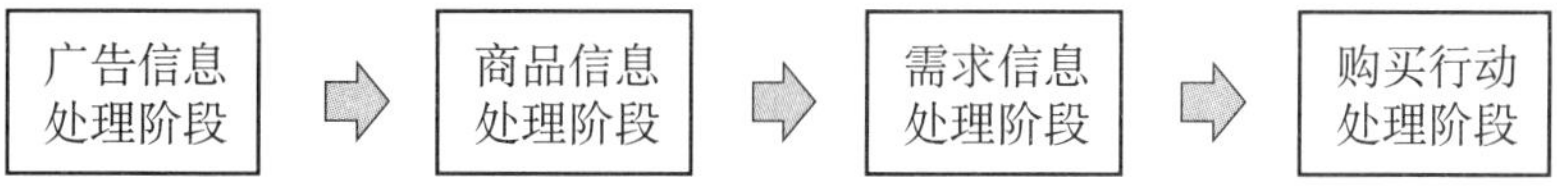


**图 17-11　整合模型示意图**

但这些模式存在较多的假设，在利用其进行实际评估操作时往往比较困难，目前企业在评估时参照的程度较少。

总体来看，传统时代的效果评估方式开创以认知为基础的心理过程评估范式，但是评估模型主要集中在直线型、单一型的效果评估，以单纯的受众接触信息到产生行为这一过程的完成作为基准评价指标，从传播的目的出发，怎样的目的即评估怎样的结果，评估的着眼点主要集中在传播行为的事前和事后，之后再关联受众层面，忽视了传播效果和受众之间的潜在影响和互动规律，单纯局限于深度卷入行为的测量已经不再适用于互联网时代信息传播规律。有些模型也体现出了非线性模型的倾向，但是研究得不够透彻。

## 三、互联网时代的品牌传播效果理论模型

### （一）AISAS 模型

互联网出现之后，消费者接触信息传播的方式发生了巨大的变化。电通公司在 2007 年针对互联网与无线应用时代消费者生活形态的变化和 AIDMA 模式基础上提出了 Web1.0 时代的消费者行为分析模型：AISAS，即引起注意（Attention）—引起兴趣（Interest）—进行搜索（Search）—购买行动（Action）—人人分享（Share）。该模式指出了在互联网时代下，消费者在注意商品并产生兴趣之后的信息搜集（Search），以及产生购买行动之后的信息分享（Share）这两个行为的重要性。这个模式对企业和对互联网媒体的接触效果评估中起到了重要的参考作用，充分体现了互联网对于人们生活方式和消费行为的影响与改变。

需要注意的是，AIDMA 模式强调的是 A → I → D → M → A 的过程，必须一步步有阶段性地推进，而 AISAS 则不必拘泥于过程顺序。比如，对广告上的东西感兴趣而直接去店里购买（引起注意→产生兴趣→促成行动），或对代言明星感兴趣而直接去网上留言（引起注意→产生兴趣→信息分享）。像这样，跳过其中若干步骤的情况也时有发生。

### （二）DSEAS 模型

2010 年，百度在 AISAS 模式基础上提出了 DSEAS 模型：需求—搜索—评估—行动—

分享（Demand–Search–Evaluation–Action–Share），该模型主要是针对互联网时代受众在搜索引擎这一媒介平台行为的评估：产生需求后生发搜索行为，对检索的信息进行评估后才会采取适当行动进行信息的分享，该模式是国内针对搜索引擎媒介平台受众行为的典型分析和评估模型之一。

### （三）AIDEES 模型

AIDEES 是在 CGM（Consumer Generated Media）环境下影响受众行为的六个阶段：注意—兴趣—愿望—体验—热情—分享（Attention–Interest–Desire–Experience–Enthusiasm–Share），该模式最早由日本的片平秀贵先生所提出，后由台湾 i–True Buzz Lab 在 2010 年撰文进行详细阐述。AISAS 模型重点强调与 AIDMA 的信息流动规律差异，而 AIDEES 则强调在 CGM 环境下达成的细节。

### （四）AISCEAS 模型

AISCEAS 模型是继 AISAS 模型之后由日本 Kazumi 等人倡导的又一个反映受众行为过程的评估模型，由 Innovation Inc.（创新有限公司）在其日文博客网站上进行详细阐述。该模型分为七个层次：注意—兴趣—搜索—比较—检验—行动—分享（Attention–Interest–Search–Comparison–Examination–Action–Share）。该模式同样结合互联网背景，和 AISAS 模型相比，融入了比较和检验两个层次，反映受众在进行信息接收和筛选中的心理过程。

### （五）评估模型总结

从 AIDMA 到 AISAS 模式的转化过程是基于 Web2.0 时代背景下的媒介和受众行为变革，综合该阶段各个模型，其中融入了两个“S”——搜索、分享和三个“E”——体验、热情、检验等一系列全新评估指标要素，开创了基于 Web2.0 互联网时代评估的新范式。该阶段模型是对数字媒体环境中受众行为的一个完整的分析和归纳，使我们清晰地看到信息的传递是如何完成的。但是该阶段的评估模型也具有一定的局限性，如何将抽象的评估指标体系用客观、科学的测量数据和方式呈现是该阶段面临的最主要难题。随着技术的发展，需要更加深入地反映信息传播规律和受众行为过程的评估指标框架的出现。①

## 四、移动互联网时代的品牌传播效果理论模型

### （一）SICAS 模型

2011 年，DCCI 互联网数据中心又对 AISAS 理论进行了系统革新，其在发布的《中国

① 陈思. 试论传播效果评估工具与方法的演进——从 AIDMA 到 SIPS 的效果评估发展阶段［J］. 中国报业，2013（3）：44–45.

互联网蓝皮书》中提出了基于 2.0+ 移动互联的“数字时代的行为消费模型——SICAS”：品牌—用户互相感知（Sense），产生兴趣—形成互动（Interest & Interactive），用户与品牌—商家建立连接—交互沟通（Connect & Communication），行动—产生购买（Action），体验—分享（Share）。该模式认为，移动互联网使用户不仅可以通过社会化关系网络、通过分布在全网的触点主动获取信息，还可以作为消息源发布信息的主题，与更多的好友共同体验、分享。消费信息的获得不再是看到感兴趣再进行搜索的过程，而是基于关系匹配—兴趣耦合—应需而来的过程，强调品牌、商家与用户之间要首先建立动态感知网络，即 Sense Network，然后通过一定的接触点、互动方式、话题内容等追随用户的兴趣和需求，使之产生兴趣并进行互动。之后，再基于广告、内容、关系的数据库和业务网络，基于 Open API、Network、分享、链接，将移动互联网和 PC 互联网结合，将企业运营商务平台和 Web、APP 打通，形成有效沟通连接的网络，在这样的过程中再发生购买、分享的行为。这种模式的提出较为新颖，目前在传播效果评估中参照的较少（如图 17-12）。

图 17-12 SICAS 模型示意图

## （二）SIPS 模型

在人类进入“对话”时代的背景下，社会个体和信息关系发生变革，社会个体主动检索、分享个人信息，意见相同个体聚集成群。2011 年，日本电通继 AISAS 之后发布了“SIPSModel”分析工具，该模型分为四个阶段：共鸣—确认—参与—共享与扩散（Sympathize-Identify-Participate-Share& Spread），SIPS 模型把受众获取信息，产生共鸣后的“确认”“参与行动”“分享和扩散”的三个行为环节表达得十分清晰，使传播效果评估的全过程又深入了一步。

## 本章思考题

1. 什么是品牌传播效果？品牌传播效果有什么特点？
2. 为什么要进行品牌传播效果的评估？
3. 这些理论模型之间有什么联系和区别？对品牌传播的效果评估有哪些启发？

# 第十八章　品牌传播效果评估的方法与标准

## 第一节　品牌传播效果的评估方法

### 一、接触效果的评估

我们认为媒体对品牌信息进行传播的首要作用是及时、准确地将信息送达目标消费者。接触效果的评估就在于考察品牌传播媒体将品牌信息送达目标消费者的程度，以及实际引发的物理反应。一些测量的指标主要是信息在该媒体或活动平台中的阅读率、收视率、收听率、点击率、访问量、参与量、讨论量等（如表 18–1）。

表 18–1　常见信息传播媒介及其评估指标

| 信息传播媒介 | 评估指标 / 评估方法 |
|---|---|
| 平面媒体 | 注目率、阅读率和精读率等 |
| 电视媒体 | 到达率、有效到达率、收视率、投入产出比等 |
| 广播媒体 | 收听率等 |
| 网络媒体 | 访问量（搜索量）、点击率、黏度（网站及网页的停留时间）、传播转发量、评论量等 |
| 户外媒体 | 人流量、注目率等 |

1. 平面媒体

对平面媒体上信息的接触效果评估，主要用注目率、阅读率与精读率来衡量，分别表示消费者对特定平面媒体上广告信息的接触程度（来自于斯塔奇公司的调查）：

注目率：读者是否见到过该广告？是否知晓该传播信息？见到的人占多少百分比？计算方法为：接触过广告的人数 / 阅读报刊的读者人数 ×100%。

阅读率：充分地看过该广告，大概知道产品名称、企业名称、商标等，但对更加具体的细节和内容并不熟知。

精读率：不仅看到传播信息，并且认真了解了传播信息的内容，浏览过该信息的 50%

以上的内容。

2. 电视媒体

对电视媒体接触效果的评估，主要由三个指标构成：到达率、有效到达率和投入产出比、收视率等。

到达率指一定时期内有机会接触广告一次或一次以上的人口百分比，有 1+ 和 3+ 两个指标。收看 1 次以上的人口百分比为 1+ 到达率，收看 3 次以上的人口百分比为 3+ 到达率，也称有效到达率。在进行效果评估时，我们通常会用有效到达率的指标来衡量电视广告投放力度及效果。

然后是投入产出比（SOS / SOV）的计算。

SOS 指媒体投资占有率（Share Of Spending），指品牌的媒体花费占总类别媒体花费在个别市场的百分比，计量单位为 $。

SOV（Share Of Voice），指品牌的媒体投放效果量占总类别媒体投放效果量在个别市场的百分比。计量单位一般为 GRP（电视、电台）或接触人口（其他媒体）。

投入产出比指，当 SOS/SOV 大于 1 时，说明广告花费占比大于效果占比。当 SOS/SOV 小于 1 时，说明广告花费占比小于效果占比。

一般来说，SOS/SOV 小于 1 的是比较理想的情况。但大于 1 时，有可能受广告投放的版本、策略等影响。只反映实际的广告投入和广告效果间的比例关系，不能直接说明策略的好坏。

3. 广播媒体

对广播媒体评估指标的计算使用方法与电视媒体相同，只是在指标的定义上有所区别。广播媒体评估的主要指标为收听率（Rating），它是指被测区域内收听某电台的人数的百分点，由此可以比较我们的广告信息在不同电台之间接触人群的数量差异。

4. 网络媒体

根据电通提出的互联网环境下 AISAS 广告传播模型中的内容，对网络媒体上信息传播的接触效果评估还需要主要考量这个过程中的搜索、分享行为数据。因此，对于网络媒体接触效果的评估我们主要参照访问量、点击率、黏度（在网站及网页的停留时间）、传播转发量、评论量等指标。

访问量（PV，Page View）：表示页面浏览量或点击量，用户每次对网站中的每个网页访问均被记录 1 次。用户对同一页面的多次访问，访问量累计。访问量可以衡量我们在某网页平台上的广告信息被消费者搜索访问的次数。

点击率（Click-through Rate / Clicks Ratio）：衡量某网站页面上关于品牌特定信息内容被点击的次数与被显示次数之比，即 clicks/views，它是一个百分比。点击率越高，说明广告越吸引人，受众知晓广告的数量越多，广告效果越好。

黏度：就是网站黏滞程度，主要考量消费者在网页中的停留时长。长时间停留可以间接增加消费者与广告品牌信息的接触时间。

传播转发量 / 评论量：这个指标主要针对社交网络媒体平台，在一项传播互动发起或话题讨论进行时，衡量消费者在活动中的参与度、参与量。同时，评论的内容有时也是企业进行效果评估时需要进行分析的。

5. 户外媒体

户外媒体的接触效果评估与平面媒体的类似，主要由人流量与注目率来衡量。

## 二、心理效果的评估

### （一）认知效果层面

1. 品牌识别法

品牌识别法就是在品牌传播前后测定品牌知晓水平。例如，在经过 7 个月的品牌传播活动之后，经抽样调查，目标市场有 60% 的人知道品牌 A，而在这次品牌传播活动之前，测试结果表明目标市场只有 10% 的人知道该品牌，则这次 7 个月的品牌传播活动就使品牌知名度增加了 50%。[①]

2. 品牌回忆法

品牌回忆法的目的不仅是要了解消费者能回忆起多少广告讯息，更重要的是要探明消费者对商品、厂牌、创意等内容的理解与联想能力。对于品牌回忆测定的途径有多种，简单可以概括为自由回忆法与引导回忆法两类。

自由回忆法（也有人称之为无辅助回忆法）。测试中，从目标市场选出一个消费者样本群，要他们列出某一类别产品的不同品牌名字。例如：询问某一目标市场消费者，知道哪些品牌的洗发水。回答者会根据自己的记忆列出一系列的品牌名，如“潘婷、海飞丝、沙宣、清扬”等，然后调查者再根据样本中能回忆某一品牌（如潘婷）的人数百分比，如在 300 个抽样调查中有 120 人列出了潘婷的名称，由此推断整个目标市场对潘婷品牌的知晓率为 $120/300 \times 100\% = 40\%$。采用同样的步骤，品牌回忆测试可以在品牌传播前后、甚至在沟通活动中进行实验，通过沟通活动前后品牌知晓情况的变化，就可以衡量沟通效果的大小。而引导回忆法的差异主要体现在问题的询问方式上，如以上案例中的询问方法就变成“你最近看过潘婷的广告吗？”。

具体而言，品牌回忆法都主要用于盖洛普与鲁滨逊事后效果测验、广告样品测验、广告样品混合测验、电话回忆测验、相关测验等内容。在国外，有许多关于广告心理效果回忆测试的方法，相关人员一般会针对不同的项目，提出不同的要求，采用不同的方法。在

---

① 余明阳，朱纪达．品牌传播学［M］．上海：上海交通大学出版社，2005：275.

我国，当企业进行品牌传播效果评估时，品牌回忆法成为常常使用的一种方法，因为其操作简单且容易量化。这种方法也常常被学界研究者用来研究某一企业品牌传播活动中某一手段、某一媒体的效果。但这种方法也存在其局限性——回忆与购买行为之间可能并不直接相关。也就是说，消费者可能会回忆出一些信息，但在其做出购买决策时，这些信息可能并不会对其产生影响。[①]

3. 品牌投射法

在多数情况下，消费者对品牌的印象是潜意识的，不能自主地引出对品牌的记忆。而且类似品牌回忆法的许多品牌知识的测定趋向于让回答者进行理性思考，但是消费者对品牌信息的接受往往是消极和被动的，而很多有意义的品牌联想是没有逻辑和理性的。在这种情况下，可采用投射法测试消费者的品牌认知和联想。“投射”这个心理学名词最早是由心理学家弗洛伊德提出的，投射技术给被试者许多模棱两可的刺激，让他们对刺激作出反应。这样使被试者能够自由地回答问题，摆脱自我的阻碍，投射出自己的需要和压力。品牌联想的投射方法包括自由联想测试、图像解释测试等。[②]

自由联想测试是指把一系列包含有关品牌的物体呈现给受试者，要求受试者回答有关品牌的名称。

图像解释测试是指把一副实际生活的场景图画呈现给受试者，其中，就包括设计某些特定品牌，让受试者回答有关问题。例如，当测试人们对某汽车品牌的知晓度时，可以展示一个人站在汽车前的情景，然后询问受试者这个人正在想什么，感觉到了什么。

品牌投射法虽然可以比较深层次地了解消费者的心理活动，挖掘品牌联想的内容和可能性，但这种测定过程较为复杂，需要一定的实验设计和较多的精力投入，往往被学界研究者用来进行效果测量评定，而企业业界很少用到。但也有部分企业为了更好地进行品牌传播活动或发现品牌传播中遇到的问题，也会请专业的代理机构进行相关的评估测量。

### （二）态度效果层面

这主要用来测定消费者的忠实度、偏爱度、品牌印象等内容。消费者对品牌的态度并非不变，因为态度的形成是受长期的传播信息的影响而形成的，亦可以通过传播而得到改变。尽管一定的态度并不一定产生购买行为，但态度是行为的基础。品牌态度既是营销的沟通目标又是品牌传播的绩效。品牌传播不仅要使消费者了解品牌，还希望消费者对品牌产生积极的态度。消费者的态度很难用直接的方法去观察，只能采用问卷、检核表、语意差异实验、量化表等形式进行推测性评估。为了更清楚地了解态度效果测量，我们首先了解一下品牌态度。

品牌态度有两种类型：理性品牌态度和感性品牌态度。消费者往往根据推理形成的结果来表述对品牌的总体判断，这种推理是自觉的、有意识的，而且能使他们清楚地表达认

---

①② 余明阳，朱纪达. 品牌传播学［M］. 上海：上海交通大学出版社，2005：276.

知结果。如消费者认为某牙膏是药性的、防蛀的，某洗发水的香味很好闻，这样的认识就是偏向理性的品牌态度。如果消费者对一个品牌形成的意见是根据品牌与一个有魅力的名人联系为基础而不是以推理为基础，这种品牌态度就是情感倾向的品牌态度。在以情感为基础的品牌态度中，消费者多不能准确地回答为什么喜欢或不喜欢，因为其对品牌的态度以情感为基础，从而对品牌形成总体的意见。①

基于两种态度的动因与思考方式不同，对其的测量方法也会略有差异。

1. 理性品牌态度的测量

对理性品牌态度的测量可以用多属性指数法和思维诱导法测定。

（1）多属性指数法。这种方法是采用消费者对品牌的多种属性态度来综合反映消费者品牌态度。多属性指数法可采用下列形式：$A=\sum B_iW_i$。

其中，A 代表品牌态度指数；$B_i$ 表示属性 i 的信念强度；$W_i$ 表示属性 i 的权重（即相对重要性）。

信念强度 B 可通过询问考察对象“你认为该品牌有属性 i 的可能性有多大？”这种可能性的量化可以利用态度量表进行测量，将回答分为 7 个尺度，从 1 到 7 进行测定。通过品牌传播，消费者对品牌的某种属性的相信程度可能发生改变，即可能增加对品牌具有某种属性的信念。

属性 i 的权重 W 则是通过调查对象对属性的重要性进行排队来设定的。例如，可把消费者购买决策指标的重要性分为 5 个尺度：5= 最重要指标，4= 第二重要指标，3= 第三重要指标，2= 第四重要指标，1= 第五重要指标。

假设通过 6 个月的品牌传播活动，品牌 X 重型卡车的品牌信念强度和属性权重如表 18–2（注：这些数据是虚构的调查结果）。

**表 18–2　消费者对 X 品牌重型卡车的品牌态度**

| 产品属性 | $W_i$ | 品牌信念强度 $B_i$ | |
|---|---|---|---|
| | | 沟通活动前 | 沟通活动后 |
| 安全 | 5 | 2 | 4 |
| 节省燃料 | 4 | 1 | 3 |
| 驾驶方便 | 3 | 1 | 4 |
| 耐用 | 2 | 2 | 5 |
| 空间 | 1 | 1 | 3 |

注：表 18–2 中，权重 W 是根据样本的平均值进行排队；信息强度是根据访问消费者的平均统计结果确定。例如，询问消费者对 X 品牌卡车安全性的评价，回答者可以选择：1（非常不同意），2（非常同意），3（中立），4（比较同意），5（比较不同意），这个值设置 7 个或 5 个都可以。然后统计消费者选择结果的平均值，确定品牌信念强度。

① 余明阳，朱纪达 . 品牌传播学［M］. 上海：上海交通大学出版社，2005：277.

根据表 18–2 可计算出品牌态度指标：

A（传播前）＝ 2 × 5+1 × 4+1 × 3+2 × 2+1 × 1=22

A'（传播后）＝ 4 × 5+3 × 4+4 × 3+5 × 2+3 × 1=57

品牌传播绩效为 A（传播前）–A'（传播后）＝ 57–22=35

品牌传播后品牌态度指数明显高于沟通前，说明沟通活动对品牌态度的形成有重大影响。

（2）思维诱导法。这种方法是把实际品牌呈现在访问对象面前，或者用语言向访问对象描述，还可以用图形表示，要求其评价品牌的优点和缺点。访问时，可与竞争品牌比较，让访问者有思考的参照物。品牌态度的分数是根据肯定想法减去否定想法的差值计算而来。品牌传播效果就可根据沟通后产生品牌积极态度的程度来判断。①

2. 情感品牌态度的测量

情感品牌态度的形成是由微妙的情感因素所导致的一种态度的形成或改变。这种态度的形成或改变并非由消费者对品牌的理性思考所致，如品牌利益、价格、属性、特色等，而是由潜意识的因素发挥作用所致。例如，目标消费者很可能因为名人形成对品牌的积极态度：飞人乔丹使人们形成了对耐克鞋的积极态度；也可能因为公益关联形成对品牌的积极态度：加多宝在汶川地震捐款 1 亿让人们对加多宝品牌产生了好感，等等。情感品牌态度可以采用语意差别尺度和投射技术两种方法测定。

（1）语意差别尺度

这是一种比较常用而又简单易行的方法，是美国伊利诺斯大学的奥斯古等人研究创立的，其原理是根据心理上刺激与反应之间必有一定的联想传达过程，通过对这种过程作用的测定，了解消费者对广告所持的态度。② 之后，人们对此进行了多次改造，但基本思路不变，就是把消费者对品牌的看法和态度用有关形容词进行描述，如富有吸引力、漂亮、时尚、特别、健康等，然后测定消费者在沟通前后所描述语意的变化程度（如表 18–3），最后研究者根据回答结果进行统计，得出答案。语意差异测试的实施程序非常简单，这通常被认为是其优点之一。

**表 18–3　语义差别尺度案例**

| 问题：你对宝洁此次公益活动的印象是？ | | | | | | |
|---|---|---|---|---|---|---|
| 最低程度 | 语意差别尺度 | | | | | 最高程度 |
| | 1 | 2 | 3 | 4 | 5 | |
| 只是装样子罢了 | | | | | | 极有责任感的体现 |
| 并没有任何实质帮助 | | | | | | 真正帮助了需要帮助的人 |

①② 余明阳，朱纪达 . 品牌传播学［M］. 上海：上海交通大学出版社，2005：279.

在品牌传播前后，可分别对目标消费者进行调查，测定沟通前后他们对有关品牌的描述的语意差别程度的变化，据此可以判断品牌传播的效果。

这种方法还可变形为直接问题法，就是被测者的回答选项为“二选一”。如“请你描述一下对三星手机的感觉”，在“好”与“不好”之间选择一项。这种做法只能测定消费者对产品的正面评价或负面评价，但感觉的程度测试不出来。

（2）投射技术

• 间接问题法：向访问对象询问诸如“当你看到品牌 X 时，你想到了什么？”“你认为购买品牌 X 的人怎么样？”等问题，用访问对象的回答来判断其对品牌的态度。

• 语句完成法：即提出一些不完整的句子，由被访者完成。

• 半开放式法：这种方法不会使用一组特定指标，而是让受试者去讨论一般话题，从而显现其对有关品牌的态度，如“我想了解你对进口牛奶的看法”。

• 核对表法。就是将欲测试的指标列成规则的表格，然后让受试者逐一核对，选择最符合自己的项目，如：

——“你在购买化妆品时，下列哪些指标对你最重要？”

——“价格、质量、包装、产地……”

### （三）行为效果层面

消费者购买行为的产生，要经过一系列的过程，它包括品牌购买态度的形成，购买意向的产生，最后形成购买行为。

1. 关于品牌购买态度的测量

品牌购买态度指消费者对购买某一特定品牌的看法和感觉（是赞成还是不赞成），品牌购买态度不是指有关品牌本身和品牌属性的态度，而是有关品牌购买和使用的态度。其可用上文提到的语意差别尺度法来测定，即用两个表示对购买某种品牌的态度意义相反的词语，比如在“明智”和“愚蠢”之间列上一些标度，由被访者选择代表其意愿的方向和程度的某一点。

在品牌传播计划实施前，也可以分别测定消费者购买态度的语意尺度，然后进行比较，就可以判断沟通对购买态度的影响。[①]

2. 关于品牌购买意向的测量

品牌购买意向是指消费者从心理上承诺将试用某产品，或者决定下一次购物时将购买有关品牌。购买意向测定就是判断消费者在一定条件下购买某特定品牌的可能性程度。购买意向有两种测定方法：

（1）对特定产品有需要时对某品牌的购买意向测定。询问的问题可以是：当你在超市

① 余明阳，朱纪达. 品牌传播学［M］. 上海：上海交通大学出版社，2005：284.

购买洗发水时，你购买潘婷的可能性有多大？

| 1 | 2 | 3 | 4 | 5 |
|---|---|---|---|---|
| 非常可能 | 可能 | 一般 / 说不清楚 | 不大可能 | 绝对不可能 |

消费者则针对问题在以上语意差别尺度上进行选择。

（2）购买计划测定。测定时可直接要求被访问者指出，他们是否打算在下一次购买某品牌。同样以语意差别尺度来记录，并进行前后比较。

## 三、销售效果的评估

品牌传播销售效果的评估一般与广告传播的销售效果密切相关。广告销售效果即广告的经济效果，是以销售情况的好坏直接判断广告的效果。在信息传播过程中，广告效果的最终阶段是行动：人们受广告影响，实施购买广告商品或者响应广告的行动。广告的销售效果是备受关注的，尤其是客户的关注。

然而，在 DAGMAR 理论中，消费者的购买行为难以和广告的效果建立起明确的联系。因为行动阶段有各种影响的多重性、复杂性，简单地用营销结果来衡量广告效果欠准确：

原因之一，在整个信息传播过程之中，行动只是众多广告效果中的一部分。

原因之二，促使购买行动发生的效果是多方面的。在营销活动中，企业通常可以运用价格战略、流通战略、产品战略和广告战略来促进商品的销售。

调查在这个阶段中广告对于营销的效果，是相当困难的。对于广告引起的销售效果的认识，常常需要长时间的准备和全面的评估。

因为广告销售效果是广告活动效果的一种体现，集中地反映出企业在广告促销活动中的营销状况。从支付了广告费用的广告主的立场来说，将行动阶段的效果（如营销额）当作衡量广告效果的标准是很自然的事情。所以，虽然从理论和测量考虑都有困难，但从对企业负责的角度出发，我们还是有必要尝试对广告的销售效果进行定量的评估。

在这里，我们主要介绍两大类广告销售促进效果的调查方法：统计分析法和实验法。

### （一）统计分析法

目前业内一般运用统计学的有关原理与运算方法，推算广告费与商品销售比率。统计分析法主要包括广告效果比率法、边际测量法、广告费比率法、使用牵引率、PFA（Plus for AD）法、NETAPPS 法（Net Ad. Produced Purchases）和固定样本连续调查法：

1. 广告效果比率法

它表示销售量的增加与广告费的增加之间的比率关系，即在销售量不变的情况下，广告费增加率越小，表明广告经济效果越好。

2. 边际测量法

测定品牌传播销售效果的另一种方法是“边际测量法”。边际测量法指测定品牌传播费的边际追加部分（即边际广告费）与销售额的边际增加部分（即边际销售额）之比。

边际效率＝广告费用的追加部分 / 销售额的增加部分

我们可以进行不同的边际效率计算，通过比较判断品牌传播的作用。例如，可以进行期间比较，用前一期的广告边际效率与当期广告边际效率比较；可以比较本公司与同行业其他公司的品牌传播边际效率；可以比较本公司的品牌传播边际效率与行业内平均水平等。[①] 总之，对品牌传播边际效率的比较可以帮助企业了解品牌传播费用支出与产品销售之间的关系。但是这种方法存在着明显的缺陷，即我们很难判断产品销售额的增长是否或者在多大程度上应该归功于品牌传播。

3. 广告费比率法

此方法是计算每百元销售额支出的广告费用，广告费比率越小，则广告效果越好。

4. 使用牵引率法

在全国范围内广泛的领域抽样，把所得大样本分为两类：一类是未受广告影响者，调查出那些不知广告却使用产品者，即对目前所实施的广告一无所知却正在使用该产品的人，计算出该类人所占比例(如记为X%)；另一类是受广告影响者，调查出那些知广告并使用该产品者，即对所实施广告有深刻记忆而目前也正使用该产品的人，计算出该类人所占比例(如记为Y%)。如不做广告，只有X%的人购买商品；若做广告，则有Y%的人购买商品，其差额即(Y−X)%的人是被广告影响或引导而购买使用该产品的，这个差值就称作“使用牵引率”。

5. PFA 法

“PFA”评估模型是通过询问调查方法，将被调查者划分为接触广告与非接触广告两大群体，进而甄别购买者与非购买者人数，由此测量“因广告而带来的销售效果”。

PFA 的购买率 =UP=(A/A+C)−(B/B+D)

总体 PFA 比率 ={A−(A+C)[B/(B+D)]}/N

所有购买者 PFA 比率 ={A−(A+C)[B/(B+D)]}/(A+B)

其中 A 是看过广告而购买的人数，B 是未看过广告而购买的人数，C 是看过广告而未

① 丁俊杰，康瑾 . 现代广告通论［M］. 北京：中国传媒大学出版社，2005：249.

购买的人数，D 是未看过也未购买的人数，N 为总体人数。

6. NETAPPS 法

这种方法是以销售量作为效果测定的指标，将商品的销售量与广告的接触关系，用数学加以分析。本法是由下列四个阶段测定的：

A. 看到广告者之购买；

B. 未看到广告者之购买；

C. 看到广告者之购买当中，并非因广告刺激而购买；

D. 看到广告者之购买当中，因广告之直接刺激而购买。

本方法问题焦点在于，看到广告与购买商品之间不能认定为单纯的因果关系。因此，以上各阶段中，第三个阶段最为重要，即如何测定看到广告者之购买中，多少人并非因广告之刺激而购买。

7. 固定样本连续调查法

这是研究消费者购买行为的基本手段之一。按简单随机抽样的方法，抽出所要调查人或家庭，对被调查人或家庭进行长期跟踪调查。比如，对所选中的家庭主妇发购物日记簿，请她按照下列项目进行记录：

首先，每日所买的日用品的品牌、包装单位、价格、数量、购买的店铺、所提供的赠品等。

其次，对所阅读的报纸、杂志，收听 / 看的电台、电视节目等媒体接触事项的记录。

调查员定期访问被调查者，收回所记录日记簿，收齐所有日记簿，加以统计。此项资料能表示出各种商品消费者的市场动向、需要量、长期动向、季节变动以及其他的短期变动。由于这种调查是针对同一家庭进行的连续调查，能较清晰地描绘出各商品品牌在某家庭的使用率、市场占有率、品牌忠诚度等，类似于个案研究调查。

消费者固定样本连续调查可以应用于广告效果评估中。如要研究某一报纸广告在某一段时期的效果，可将所有样本户分为接触该广告的家庭和未接触该广告的家庭两组。在刊出广告前后，统计两组家庭购买新产品的数量，分析广告影响的情况。

## （二）实验方法

购买者数和品牌变更者数也是评估广告效果的指标，但主要的标准还是销售额，测定方法有零售店调查法和销售地区测验法。它以实际的零售店和销售地区为对象，在特定期间，以广告商品的销售为中心，进行各种方式的测定。虽然相关测定的准确性还存在着问题，但这仍是一种简便的广告销售效果评价方法。

# 第二节　广告主进行品牌传播效果评估的标准

## 一、品牌传播效果评估的基本标准

### （一）与传播目标的契合度

用传播目标检验传播效果是当前广告主普遍采用的一种评估标准，旨在了解传播目标是否实现以及实现的程度。

这个层面的品牌传播效果评估，其实际发轫于广告效果评估。“在20世纪60年代，广告效果评估是广告经理们非常关心的问题，这些经理们在增加广告的可控性上遇到了挫折，同时又对销售反应模式这一初级问题感到厌烦。”[①]1961年，鲁塞尔·考利.H在《确定广告目标，衡量广告结果》一书中介绍了后来被奉为经典的“DAGMAR”法则，即“为度量结果而确定的广告目标的方法”。它可以简单地概括为“制定广告目标以测量广告效果”。这为当时的品牌传播管理者带来了福音和行之有效的测评原则。到现在，这仍然是许多企业尤其是中小型创业企业进行评估的原则。在这种原则下，评估往往可以用量化的媒体到达率指标来衡量，如点击率、阅读率、参与率、讨论量等。

### （二）对消费者的影响

随着品牌传播大环境的演变，整合营销传播时代来临，品牌传播的信息内容早已不局限于广告，品牌传播的载体更是发生着翻天覆地的变化。以“消费者为核心”的整合营销传播，对传播效果提出了新的评价指标和要求，即需构建以消费者为核心的效果研究模式。如今，整合营销传播已发展至“以消费者核心价值观念”为主导的3.0时代，品牌传播活动对消费者心理、价值观念上的影响效果成为越来越重要的评估标准。但到目前为止，这种对消费者潜意识的认知以及价值观念、喜好程度的影响都较难测量。

### （三）与竞争产品的效果比较

品牌的重要意义之一就是帮助企业形成有效的市场竞争力。品牌传播的过程除了对自身品牌、企业资产、消费者心理产生一定的影响与提升之外，还有一个重要的效果指标就是对竞争产品的影响：自己的传播活动是否与竞争对手形成竞争？是否提高了品牌的竞争优势？

---

① Rajeev Batra，John & Myers，等.广告管理（第五版）[M].赵平，等，译.北京：清华大学出版社，1999：85.

（四）与企业其他营销宣传与整体战略的配合

品牌传播内容应与集团公司、全国的宣传保持一致。

（五）对品牌资产的作用

品牌传播的最终效果还可能是对品牌资产的提升。一次品牌传播活动往往很难在短期内看到显著的效果，但长期进行品牌传播活动而累积的效果，可能会对品牌知名度、认知度、品牌联想以及品牌忠诚等各方面都产生影响，最终还会促成实际购买与消费的增加。这些都是提升品牌资产的重要方面。因此，对品牌资产的作用也成为品牌传播效果评估的一个重要考量，其实际上是包含前面诸多因素在内的一个综合标准。

## 二、不同发展阶段的企业对效果标准的侧重

品牌传播效果有诸多层面，考量标准也有方方面面。在复杂、激烈的竞争环境中，处于不同竞争环境与成长阶段的企业在品牌传播目标的建立上就有诸多不同，因此，表现在品牌传播效果评估的标准上，其实是各有侧重。

对于竞争激烈的环境中的成熟品牌来说，品牌传播的目标是更注重维护品牌与消费者之间的关系，建立品牌持续性，那此时的品牌传播效果评估重心则在于品牌传播内容是否维持了品牌在消费者心目中建立的形象，保持了消费者的品牌好感度、忠诚度等，更加看重长期效果，这种企业往往也会不惜重金长期投放一些看似投资回报较低、对产品销售没有直接帮助的地方，如大版面的高端杂志、央视广告、企业公益活动、创立公益基金等。

对于处在竞争激烈环境下的成长性品牌来说，求生存为先的企业就会以最终是否提高了销售量、增加到客率、增长盈利为评估标准，此类企业则更看重品牌传播活动是否增加了消费者对企业的认知度、企业的知名度等。

对于挺进新兴市场的大品牌来说，能够培育消费者对品牌的好感度与亲近感是首要评估标准。

而当经济发展减速、市场低迷时，无论企业曾经的标准是什么，此时的标准都是销量和盈利的增加，所有企业都首先选择压缩宣传成本，进而寻求投资回报更高、见效更快的方式。从一定程度上讲，这与品牌传播的长期性与复合性特点是不符的，并不利于企业的长期品牌建设。

总之，以上不同重心的评估准则并没有存在哪种更先进、哪种更新颖的说法，从适应性原则看，企业的品牌传播效果评估标准同样需要与企业当前发展情况相一致，这与品牌传播的目标制定相关，毕竟，企业一切传播活动的准则都是以实现传播目标为主。而传播目标则往往需要建立在自身企业的切实需求与亟须解决的问题上。无论是哪种标准，最适

合企业当前发展战略的就是最合适的标准。当然，在新媒体的传播环境中，以消费者为中心的思考模式与评估思想开始占据了越来越重要的位置。

## 本章思考题

1. 品牌传播不同层次效果评估的方法有哪些？
2. 品牌传播效果评估的标准是什么？

# 附录　广告主媒体运作专业知识手册

## 一、广告主媒体运作基本概念

### （一）媒体特性的把握

各类广告媒体的覆盖域、接触率、毛评点、到达率、暴露频次、有效到达率以及个性特征和权威性等指标，都直接影响着广告媒体的选择，因此广告主必须充分了解各类媒体的评价指标，选择最合适、最有效的传播媒体。

媒体可以分为两大主要类别：电波媒体和平面媒体。这两种不同类别因传播方式不同，在特性上也存在着相当大的差异。（如表 1）

**表 1　电视媒体和平面媒体特性比较**

| 媒体类型 | 电波媒体 | 平面媒体 |
| --- | --- | --- |
| 传播方式 | 电波传动，信号还原播出，受众以听或看（电视）的方式接受讯息 | 纸张印刷，人工传送，受众以阅读方式接受讯息 |
| 传播速度 | 较快 | 较慢 |
| 重复能力 | 较高，同一创意讯息，可以在短时间内不断重复 | 较低，对每天发送的刊物，重复所需时间为一天，每周发行的刊物需要一周，月刊需要一个月才有机会让创意讯息重复出现 |
| 讯息内容 | 广播：声音<br>电视：声音及活动画面 | 文字及图片，可以为黑白、套色或彩色 |
| 受众主动性 | 较低，因受电波传送特性影响，当广告出现时，节目即中止，受众只能依靠电台传送讯息，被动地接受，受众无法控制讯息出现的时间 | 较高，广告与内文并存，受众可以根据自身意愿主动选择接收内容；可以在自己方便时重复信息的接触 |
| 创意承载能力 | 较适合承载音乐形式、故事形式、比较形式（电视）、示范形式（电视）及印象形式等创意讯息 | 较适合说明形式、比较形式且讯息量较大、较复杂的创意讯息 |
| 广告贩卖方式 | 以时间为计算单位 | 以尺寸大小为计算单位 |

### （二）媒体量的评估

媒介载具在量上的评估，基本上有三个角度：从受众角度了解对象阶层在各区域内对各媒体的接触状况及各媒体的受众构成；从媒体角度了解该媒体载具在各区域的受众构成及对象阶层在各地区的接触情况；从区域角度了解该区域各媒体的受众构成及对象阶层的媒体接触。

评估角度的选择，依不同的分析目的而有所区别：受众角度为广告媒体计划经常采用的角度，主要用来在对象阶层确定的情况下分析阶层的接触状况；媒体角度为媒体经营角度，提供媒体在区域推广及受众设置上的参考；区域角度则主要是为了了解当地媒体市场状况。

### （三）媒体质的评估

所谓媒介的质，指的是不能根据统计加以量化，但实际影响媒体投资效果的因素。质化因素和量化因素最大的差异是，量化因素计算的是广度及成本效率，而质化因素指的是说服的深度及效果。

质化评估着重针对个别品牌及活动，媒体所能提供的价值，所以在评估项目上也较为主观和不固定。一般使用的项目为：

1. 接触关注点

与收视率调查关注消费者“有没有”收看不同，接触关注度指的是当消费者接触媒体时的质量。基本的假设是消费者专注地接触媒体时的广告效率比漫不经心地接触时高。事实上，在传统的收视率资料上加入质量指数以更准确地评估媒体效果，在作业先进地区已经发展为固定的作业系统。在操作上主要是以问卷调查消费者对各节目的收看频次及连续性、主动选择收看或被动参与收看、节目喜欢程度及错过收看的失望程度等，以此来测定各节目的关注度。

2. 干扰度

干扰度指的是消费者在接触媒体时受广告干扰的程度。广告接触对于消费者而言，通常并不是目的性行为，即观众收看电视的目的是电视节目，并非电视广告，阅读报纸的目的是新闻或娱乐，并非广告。因此广告所占有媒体载具的时间或版面的比率将影响广告的效果，广告所占有比率越高，表示受众受干扰度越高，效果越差。媒体干扰度的评估，是计算广告占有载具比率经常使用的方式。

3. 编辑环境

编辑环境指媒体载具所提供的编辑内容对品牌及广告创意的适切性。这种适切性可以分为两方面说明：载具本身的形象与地位。

载具形象：载具本身存在于市场一段时间后，在消费者心目中会形成一定的形象，例如权威的或轻松的、高级的或大众的、前卫的或包罗万象的。载具本身的形象将吸引具有相同心理倾向的视听众，对于具有类似形象的品牌和创意调性，也提供较为适切的媒体舞台，或许在接触人口的数值上差异不大，但所获得的媒体价值则相对降低。

载具地位：载具地位指特定媒体载具在其类别里所占有的地位，如妇女类杂志、体育类杂志、体育类报纸或新闻类电视节目在其同类中的排名。

4. 广告环境

广告环境指的是载具承载其他广告所呈现的媒体环境。它与干扰指数不同，干扰指数是计算载具内广告的量，而广告环境则是指载具内广告的质。对广告环境进行评估的意义在于，如果载具所承载的其他广告都是形象较佳的品牌或品类，受连带影响，本品牌也会被消费者归为同类形象的品牌。

5. 相关性

相关性是指产品类别或创意内容与载具本身在主题上的相关性。例如，运动类商品刊登在体育类刊物上，婴儿用品出现在育婴节目中，股票分析软件广告刊登在股票版上，以高科技为创意诉求的商品出现在介绍科技新品的载具上。

### （四）媒体环境分析

媒体计划建立在商品行销地区的特定媒体环境中，因此行销当地的媒体环境将对媒体计划具有绝对影响，忽略媒体环境限制也将使计划难以执行而使效果大打折扣。

1. 电视媒体

（1）电视普及率；

（2）有线电视普及率；

（3）当地电视频道数，接受广告的商业频道数，各频道类型及覆盖率；

（4）各时段 HUT（Homes Using TV，家庭开机率）及全年季节性变化及频道占有率 HUT 全年季节性变化；

（5）设定对象在各时段的 PUT（People Using TV，个人开机率）及频道占有率，PUT 全年季节性变化；

（6）各频道观众组合；

（7）平均开机时数，总人口及各个阶层的每天平均开机时数；

（8）各频道节目安排行程；

（9）各节目的对象阶层收视率及排名；

（10）各节目或时段折扣及单价，包括指定位置及特定节庆等的加价；

（11）各节目的 CPM/CPR 及排名；

（12）广告淡旺季与广告干扰度评估（各节目广告秒数 / 节目长度）；

（13）广告段落安排（节前、节内、标版等），广告段落的数量及每个段落长度，广告秒数规定；

（14）购买渠道与机会，即可以通过哪些渠道购买媒体，有无节目赞助或节目交换广告等机会；

（15）购买执行规定：订单期限、确认期限、材料规格、材料缴交期限、付款条件、审批程序等。

2. 广播媒体

（1）收音机普及率；

（2）当地广播频道数、接受广告的商业频道数、各频道覆盖率；

（3）各时段 HUT 及全年季节性变化；

（4）设定对象在各时段 PUT 及全年季节性变化；

（5）各频道观众组合；

（6）平均收听时数，总人口及各个阶层的每天平均开机时数；

（7）各频道节目安排行程；

（8）各节目的对象阶层收视率及排名；

（9）各节目或时段折扣及单价，包括指定位置及特定节庆等的加价；

（10）各节目的 CPM/CPR 及排名；

（11）广告淡旺季分布；

（12）广告段落安排（节前、节内、标版等），广告段落的数量及每个段落的长度；

（13）购买渠道与机会，即可以通过哪些渠道购买媒体，有无节目赞助或节目交换广告等机会；

（14）购买执行规定：订单期限、确认期限、材料规格、材料缴交期限、付款条件、审批程序等。

3. 报纸媒体杂志媒体

（1）市场上报刊数量和分类；

（2）各报刊发行量及全年的季节性变化；

（3）各报刊印刷品质：黑白、套色、彩色、网线多寡；

（4）主要报刊的各期编辑内容计划；

（5）各报刊的读者组合；

（6）平均阅读份数、总人口及对象阶层的平均阅读份数；

（7）刊物阅读地点，平均阅读时数；

（8）各刊物的对象阶层阅读率及排名；

（9）各刊物内容中最受读者欢迎的栏目；

（10）各刊物折扣及单价，包括各种版面、版位及尺寸；

（11）各刊物的 CPM 及排名；

（12）各刊物广告干扰度评估，广告页占总页数比率；

（13）广告淡旺季分布；

（14）广告版面安排（封面、封底、内页等）以及版位安排；

（15）购买机会，即内文编辑配合机会、扩大发行机会、特殊版面购买弹性等；

（16）购买执行规定：订单期限、确认期限、材料规格、材料缴交期限、付款条件、审批程序等。

4. 户外媒体

（1）市场上既有的户外媒体的形态、地点、尺寸、材质等；

（2）重要地点，即人群集中地、交通要道等户外载具评估；

（3）各重要户外载具的购买状况；

（4）各地区的人流特性，如收入、职业等；

（5）任何建立户外载具机会的地点。

5. 其他媒体

（1）市场上是否存在非传统媒体；

（2）非传统媒体的形态、供给方、价格及优缺点评估；

（3）运用机会。

### （五）竞争品牌媒体投资分析

竞争品牌可以有下列从狭义到广义的不同层次的定义：

（1）同一品类中价格和定位类似、铺货路线重叠的品牌；

（2）同类中的所有品牌；

（3）任何具有替代作用的商品。

例如：

| 商品 | 类似价格、定位与通路 | 类似中所有商品 | 任何具有替代作用的商品 |
|---|---|---|---|
| 百事可乐 | 可口可乐 | 所有可乐 | 所有饮料 |
| 肯德基 | 麦当劳 | 所有快餐店 | 所有餐饮店 |
| 麦斯威尔咖啡 | 雀巢咖啡 | 所有冲泡咖啡 | 所有咖啡及茶 |
| 宝马汽车 | 奔驰汽车 | 所有汽车 | 所有交通工具 |

竞争品牌确定后，即可进行竞争品牌投资分析。在媒体运作中的竞争品牌分析，主要是以各市场为轴心或以品牌为轴心对市场或品牌的投放量、投放量成长率、占有率及投放季节性的变化等进行分析。

1. 以市场为轴心分析

（1）各市场投放量占全国投放量的比率及比率的变化；

（2）各市场中有广告的品牌数及品牌数变化；

（3）各市场投放量及投放量的增长；

（4）市场投资季节性及变化；

（5）市场中的主要投资品牌。

2. 以品牌为轴心分析

（1）全国投放量、成长率、占有率及变化；

（2）品牌在各市场投资比率分布状况；

（3）品牌媒体策略运用。

## 二、广告主如何进行媒体计划及实施

### （一）媒体目标

媒体目标是整个媒体计划模式的组成部分，与其他目标相比，媒体目标要求做到精确并以数量表示。如某一广告主可将其媒体目标设定为：通过在一段时间内播出 20 次广告节目，使广告信息的到达率在目标市场中达到 90%，在整个市场中达到 75%。当然，媒体目标主要取决于该广告主业已制定的销售目标及市场策略。

### （二）媒体策略

为了制定媒体策略，广告主必须将媒体目标“翻译”成有助于媒体选择与运用的准则，控制率、到达率和覆盖范围是媒体策略决定的三个重要组成部分。

1. 地理性策略

媒体投资的地理性策略的主要内容是媒体在投资地区上的选定以及各地区的顶算分配。从单纯的投资利润角度看，市场的选择，基本上取决于市场的获利能力，媒体的地理性选择也是从投资角度去评估市场的获利能力，然后加以分级，并制定各市场的优先顺序与投资比率。地理性策略的制定主要包括下列三项作业内容：

（1）各市场获得能力的评估；

（2）决定投资市场及投资优先顺序；

（3）各市场预算分配比例。

2. 媒体选择策略

媒体选择策略的思考角度如下：

从广告整体说服效果的角度，思考媒体如何为创意提供最佳的演出舞台与空间，使广告对消费者产生最佳说服效果。从避免品牌形象及广告效果被稀释的角度，思考媒体在选择与使用上避免投入的环境。在广告作业的程序上，先发展创意策略与媒体策略（包括媒体选择策略），再发展创意作品。因此在媒体策略制定时，媒体类别、载具与单元皆尚未确定。

在确认使用电视、报纸等媒体类别的前提下，媒体选择策略的作业重点将主要在载具环境上考虑，但如此作业程序则意味媒体类别选择被忽略，或媒体类型选择未经媒体选择的策略性分析和思考。

3. 到达率与接触频率目标设定

到达率是指市场中究竟有多少受众（无论是听众、观众，还是读者）至少一次看到或听到广告主播出的广告信息。接触频次则表示广告信息为受传者听到或看到的次数。

接触频率目标分析的主要目的是为了了解暴露于各频次的消费者的比率。消费者的接触频次不同，所产生的广告效果也不同，即接触 1 次广告的消费者，其讯息接收度和记忆度与接触 2 次、3 次、4 次等的消费者将有所不同，主要是因为消费者对广告的接触一般没有高度关注，因此广告也必须通过次数的积累，使讯息一再重复才能产生效果。

4. 媒体行程设定

媒体行程设定所需制定的是媒体在露出行程上的策略，包括媒体应采取何种露出模式、何时上 / 何时下及露出周期等。

在制定行程策略时必需的考虑因素为：

- 广告讯息记忆及遗忘；
- 品类销售与消费的时间性；
- 品牌与品类发展阶段；
- 行销目标及策略；
- 竞争品牌行程模式；
- 预算大小；
- 广告活动类型；
- 媒体环境上的考虑；
- 其他活动配合及需求；
- 执行层面上的考虑。

5. 投资优先程序设定

媒体投资优先程序主要讨论是在资源运用上，根据行销及媒体目标达成的重要性，制定策略各要项的优先顺序，主要目的是确保资源被运用在最有效的项目上，并确定当预算增加或减少时的投资方向。

### （三）媒体方案执行与评估

1. 媒体方案执行

媒体执行方案的形成，主要是根据策略优先顺序，以渐进方式逐步投入媒体预算，直到预算满额。例如：

- 对主要市场的主要对象阶层以脉动式方式投入足够媒体量；
- 再对主要市场的次要对象投入栅栏式行程；
- 依次投入媒体资源；
- 思考运用媒体组合的必要性和运用媒体组合的优点；
- 在运用媒体组合时，必须特别注意下列事项：

——在主要媒体安排足够的预算后，再考虑其他媒体，以免过度分散资源导致各媒体投资均不够；

——注意使用两个一半媒体不等于一个完整的媒体；

- 必须考虑实际作业中所需要的前置时间，以避免计划确认却无法执行。

2. 媒体方案评估

媒体评估的意义有两个方面：一是广告策划工作中不断进行的媒体评价工作，是为确定媒体的各种特点以及不同媒体的适用性；二是在进行一次广告活动规划时，媒体评价工作是以具体的广告目标来测度，以衡量不同媒体的适用性。在进行具体评价媒体的工作中，可从效益和针对性两个方面考虑媒体的可用性。若想获得媒体效益的准确评价，就需要进行指标的综合评价，由此方能得出媒体的一般性效益评价，然后再结合广告主的具体情况，用针对性指标来确定同目标市场沟通的最有效的传播媒体渠道。在实际工作中，经常首先用针对性指标找到若干适合的媒体，然后再比较其他的媒体效益。这样既可以减少媒体评价工作的复杂性，又可以较全面地总结问题。总之，广告媒体评估的意义就在于衡量不同媒体的适用性。

图书在版编目（CIP）数据

品牌传播理论与实务 / 杜国清，陈怡等著. --北京：中国传媒大学出版社，2017.8（2022.12重印）
广告学专业"十二五"规划教材
ISBN 978-7-5657-2061-1

Ⅰ. ①品… Ⅱ. ①杜…②陈… Ⅲ. ①品牌—传播—高等学校—教材 Ⅳ. ①F273.2

中国版本图书馆CIP数据核字（2017）第146972号

广告学专业"十二五"规划教材
品牌传播理论与实务
PINPAI CHUANBO LILUN YU SHIWU

著　　者　杜国清　陈　怡　等
责任编辑　曾婧娴
装帧设计指导　吴学夫　杨　蕾　郭开鹤　吴　颖
设计总监　杨　蕾
装帧设计　陈　粤　滕雅妮
责任印制　李志鹏

出版发行　中国传媒大学出版社
社　　址　北京市朝阳区定福庄东街1号　　邮　　编　100024
电　　话　86-10-65450532　65450528　　传　　真　65779405
网　　址　http://cucp.cuc.edu.cn
经　　销　全国新华书店

印　　刷　艺堂印刷（天津）有限公司
开　　本　787mm×1092mm　1/16
印　　张　19.75
字　　数　387千字
版　　次　2018年1月第1版
印　　次　2022年12月第3次印刷

书　　号　ISBN 978-7-5657-2061-1/F·2061　　定　　价　58.00元

本社法律顾问：北京嘉润律师事务所　郭建平

致力专业核心教材建设　提升学科与学校影响力

# 中国传媒大学出版社陆续推出

## 我校 15 个专业“十二五”规划教材约 160 种

播音与主持艺术专业（10 种）
广播电视编导专业（电视编辑方向）（11 种）
广播电视编导专业（文艺编导方向）（10 种）
广播电视新闻专业（11 种）
广播电视工程专业（9 种）
广告学专业（12 种）
摄影专业（11 种）
录音艺术专业（12 种）
动画专业（10 种）
数字媒体艺术专业（12 种）
数字游戏设计专业（10 种）
网络与新媒体专业（12 种）
网络工程专业（11 种）
信息安全专业（10 种）
文化产业管理专业（10 种）

本书更多相关资源可从中国传媒大学出版社网站下载
网址：http://cucp.cuc.edu.cn
责任编辑：曾婧娴　　　意见反馈及投稿邮箱：39797430@qq.com
联系电话：010-6578 3601